U0576813

黄任·纪昀·阮元

二老砚事考

欧忠荣 著

文化艺术出版社
Culture and Art Publishing House

图书在版编目（CIP）数据

三老砚事考 / 欧忠荣著.
— 北京：文化艺术出版社，2014.10
ISBN 978-7-5039-5863-2

Ⅰ.①三⋯ Ⅱ.①欧⋯ Ⅲ.①黄任（1683~1768）—生平事迹
②纪昀（1724~1805）—生平事迹 ③阮元（1764~1849）—生平
事迹 Ⅳ.①K825.6②K827=52

中国版本图书馆CIP数据核字(2014)第221128号

三老砚事考

著　　者	欧忠荣	
责任编辑	张爱玲	
装帧设计	何志彬　戴奇峰	
出版发行	文化艺术出版社	
地　　址	北京市东城区东四八条52号　100700	
网　　址	www.whyscbs.com	
电子邮箱	whysbooks@263.net	
电　　话	（010）84057666 84057660（总编室）	
	（010）84057696 84057698（发行部）	
经　　销	全国新华书店	
印　　刷	雅昌文化（集团）有限公司	
版　　次	2015年1月第1版	
印　　次	2015年1月第1次印刷	
开　　本	1/16	
印　　张	27	
字　　数	300千字	
书　　号	ISBN 978-7-5039-5863-2	
定　　价	198.00元	

版权所有，侵权必究。印装错误，随时调换。

序

　　《三老砚事考》一书，是写作《端砚史论》过程中的一个"副产品"，也是一个"计划外产品"。是书之《黄任砚事考》，托始于《端砚史论·文化论》中的一段黄任简介，后因越写越长，喧宾夺主，遂将其独立出来，与其后撰写的两篇组合成书。现"正品"未出，"衍生品"先行面世，可谓"有心栽花花未发，无心插柳柳先开"之又一例矣。

　　本书重在考据，力求以文献资料说事，不作无根据之演绎。书中内容，仅是对黄任、纪昀、阮元三人砚事概貌之"速写"，未及详细"刻画"。学海无涯，难以穷尽；砚道不孤，冀后来人。

欧忠荣

2015年元旦于拿云楼

目录

黄任砚事考

纪昀砚事考

阮元砚事考

黄任砚事考

黄任像

上篇 宦海

诗砚双馨黄杨花

黄任（1683—1768），字于莘，更字莘田，福建永福人。二十岁中举，早年得志。然此后好运不继，六次进京参加会试，均榜上无名。后赴吏部铨选，得授知县。林在峩《砚史》卷二黄任小传云：黄莘田于"康熙壬午举于乡，需次为县令，宰粤之四会。寻摄高要邑，故端州也"。黄莘田到任后，因"长于吏干，为上官所器"，"风华雅措，誉闻日隆"（陈兆仑《秋江集诗序》）。终因招人妒忌，遭罢，匆匆结束仕宦生涯。

黄莘田首以诗名。其诗芬芳悱恻，能移人情。清人徐祚永云："闽中近时诗，当以莘田先生为冠。先生诗各体俱工，而七言律绝尤为擅场，清丽芊绵，直入中唐之室。"（《闽游诗话》卷下）黄莘田曾作有一首《杨花》诗，云："行人莫折柳青青，看取杨花可暂停。到底不知离别苦，后身还去作浮萍。"（《秋江集》卷一）时人因此诗称其为"黄杨花"（《闽游诗话》卷上）。袁枚对莘田诗亦推崇备至，尝云："诗有音节清脆，如雪竹冰丝，非人间凡响，皆有天性使然，非关学问。在唐则青莲（李白）一人，而温飞卿（庭筠）继之；宋有杨诚斋（万里），元有萨天锡（都剌），明有高青丘（启）。本朝继之者，其惟黄莘田乎？"（《随园诗话》卷九）

次以嗜砚享誉士林。黄莘田有砚癖，喜蓄砚，专筑"十砚轩"以储其中之尤者，闲暇坐卧其间，摩挲谛审，制款裁铭，如是者数十年。又工书法，能自刻砚铭。其玩砚之美名及逸事，为文坛、艺林、官场中人所津津乐道，尤为玩砚圈人所艳羡、仰慕。在其身后，甚至乾隆帝亦以网罗得几方"十砚轩"砚为幸事，题诗咏赞，更把其中一砚收入《西清砚谱》中，虽非"真黄"，却足见这位"风雅皇帝"对黄莘田砚之珍重。

黄莘田之著作，刊行者有《秋江集》六卷、《香草斋诗集》六卷、《香草笺》一

黄任像
（摘自《清代学者象传》）

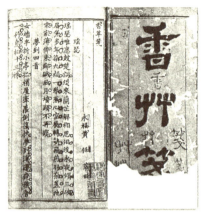

乾隆刻本《香草笺》书影（福建省图书馆
善本部藏）、乾隆刻本《消夏录》书影

寄闻轩主人《新刻香草笺偶注》书影　　　　陈应魁《香草斋诗注》书影
云窗主人《十研老人香草笺诗注》书影　　　　王元麟《秋江集注》书影

卷、《消夏录》二卷等。见于载籍著录者，尚有《十研轩诗集》、《香草斋文
集》、《香草斋诗话》数种。所作砚铭，为林在峩收于《砚史》中，专列一
卷。又热心修志，曾参与《福州府志》、《鼓山志》、乾隆《泉州府志》、乾
隆《永春州志》等志书之纂修。

　　莘田好宾客，常邀友人至斋中雅集，互相唱和，谈笑风生。杭世骏《榕城
诗话》谓其"诙嘲谈笑，一座尽倾"，《清史稿·黄任传》言其"口辩若悬
河"。洒脱诙谐，文采风流。

日本某拍卖会黄任自书诗册中的落款和印章

黄任之印

黄任之印

黄任之印

莘田氏

莘田

莘田

口研翁

（摘自《鼓山志》
卷首）

（摘自谢道承《小
兰陔诗集》卷首）

（摘自黄任行书
《自书诗卷》）

黄任签名及用章

廿年六度赴考路

黄莘田于康熙四十一年壬午乡试中举，翌年春，赴京参加癸未科会试，由此开始了长达二十年之漫漫应试路。清例，乡试每三年一次，在各省城举行，考期在子、卯、午、酉年之秋八月，又称"秋闱"，为正科；逢皇帝登极或寿诞庆典，如有加科，为恩科。会试亦每三年举行一次，于乡试次年，即丑、辰、未、戌年之春季在京城举行，由礼部主持，又称"礼闱"、"春闱"。亦有恩科。会试考期初在二月，乾隆时改为三月，遇恩科则有调整。

黄莘田自康熙四十二年首赴礼部试起，屡考屡败，屡败屡考，前后共参加六次会试，均以下第告终。

二十年间六试礼闱，皆遭摒弃，当中之辛酸唯黄莘田自己体会。其《都下柬张六雪樵、游三心水、许三雪邨、谢二古梅》诗有句云："春明（京城）门外柳毵毵，二十年来对影惭。少不及人今渐老，树犹如此我何堪。"苍凉之情溢于言表。

第六次下第后，黄莘田决定放弃会试，以举人身份参加吏部铨选。清初旧例，举人会试三科，准其拣选知县。然"雍正时进士有迟至十余年而不能得官者，举人之知县铨补，则有迟至三十年外者矣"（商衍鎏《举人之拣选、大挑、截取》，见《清代科举考试述录及有关著作》）。还好，或许是雍正初期举人拣选知县壅滞之情况还不如后来严重，又或因为黄莘田中举已二十年且会试六科，拣选之结果尚算不错，黄莘田先掣得浙江定海县知县缺，后改授广东四会知县。其《赴岭南以便道抵家示家人二首》有云："铨注教乘岛外槎，君恩移种岭南花。"（《秋江集》卷二）获此一职，黄莘田应还称意。

《秋江集》卷二

黄任历次会试一览表

序号	科目	《秋江集注》考证	《黄任年表》考证	本书考证	备注
1	康熙四十二年(1703)癸未科	第一次赴考,落第	第一次赴考,落第	第一次赴考,落第	
2	康熙四十五年(1706)丙戌科	第二次赴考,落第	第二次赴考,落第	第二次赴考,落第	
3	康熙四十八年(1709)己丑科	第三次赴考,落第	第三次赴考,落第	第三次赴考,落第	
4	康熙五十一年(1712)壬辰科	抱病在家,无参加	抱病在家,无参加	抱病在家,无参加	
5	康熙五十二年(1713)癸巳恩科(康熙帝六旬大寿特开)	第四次赴考,落第	第四次赴考,落第	第四次赴考,落第	
6	康熙五十四年(1715)乙未科	第五次赴考,落第	第五次赴考,落第	第五次赴考,落第	
7	康熙五十七年(1718)戊戌科	第六次赴考,落第	第六次赴考,落第	无参加(时或有孝服在身)	赖以作据之《送游心水入都》诗(《秋江集》卷一),乃为戊戌科而作,而非辛丑科。详见本书《年谱》
8	康熙六十年(1721)辛丑科	此时殆衔陟屺之悲,无参加	丁忧在家,无参加	第六次赴考,落第	
9	雍正元年(1723)癸卯恩科(雍正帝登极庆典特开)	本拟赴会试,病阻吴门,无参加	北上谒选,途中患病,停留苏州	改赴翌年吏部谒选,无参加	
10	雍正二年(1724)甲辰科	第七次赴考,落第	第七次赴考,落第	三月已授官,无参加	是科会试改在八月,黄任四月已出都赴四会知县任

注:1.《秋江集注》指清代道光长乐人王元麟所著《秋江集注》;《黄任年表》指福建省文史研究馆整理,陈名实、黄曦点校,方志出版社 2011 年 12 月出版《黄任集(外四种)》附录之《黄任年表》(连天雄、郭云编)。2.历来皆言黄任"七试礼闱",本书考证为"六试"。

爱镌小印端溪吏

　　《广东通志》、《肇庆府志》、《四会县志》等地方志书皆有黄任官四会知县之记载，然而，通志、府志及《高要县志》俱未提及黄任曾"摄高要邑"。

　　虽地方史志对此付诸阙如，而在黄莘田本人及其友人之诗作、杂记中，有明确记载。

　　黄莘田《秋江集》卷三，有诗题为《余在端州十阅月，未尝得一砚。其冬，端之人伐东西岩，群采取焉。馈予片石，予制为井田形，因系以诗。雍正三年十二月八日》，诗云："他山半亩佃秋烟，琢得方形井地连。自笑不曾持一砚，留他片石当公田（自注：包孝肃在端州，不持一砚）。"据《砚史》卷二所录黄莘田砚铭，可知此诗为"井田砚"之砚铭，诗题为砚铭后之附记，且文字略有出入，云"余视端州事八阅月"。"视端州事"，即是在此为官。

　　又，《砚史》卷二《石鼓砚》铭后，有黄莘田本人题记："右集石鼓文二章以为之铭。雍正三年乙巳六月，永阳黄任书于端州厅事。"依此亦可知莘田当时正官"端州"。按：端州在宋徽宗时升格为肇庆府，然文人笔下仍习惯称"端州"，甚至把肇庆府附郭高要县，亦往往称作"端州"。

　　黄莘田"摄高要邑"之时间，据林正青《十砚轩记》："甲辰（雍正二年）春，莘田

井田砚、石鼓砚铭（摘自《砚史》卷二）

三老砚事考

—10

谒选，得粤东之四会令，去端溪数十里……莘田舟过端溪，抚十砚而笑语曰：'今日送若归宁也。'其冬遂有高要之摄篆，则诸坑在其辖内，余意陶泓公之群从，皆入幕之宾矣。适余客东莞，因访莘田于署中，则故砚之外无所新得焉。""莘田于署斋西室仍以'十砚轩'书其额，命予记其后……遂记之，时乙巳（雍正三年）仲春三日。"（见谢章铤《赌棋山庄笔记·稗贩杂录四》）读林正青所记，可知黄莘田"摄高要邑"在雍正二年冬天。

林正青《十砚轩记》（摘自谢章铤《赌棋山庄笔记·稗贩杂录四》）

至于其"摄高要邑"之截止时间，没有明确记载。《秋江集》卷六《哭河阳公八十四韵》有云："昔岁在丙午，摄官端州城。公来岭西游，会面齐心倾。索我县斋诗，谓有姚合清。""丙午"为雍正四年。则雍正四年还在兼摄任上。

再读《砚史》所录诗、铭，有数处称莘田管领端溪三年，如林在峩写黄莘田："三年管领洞西东，下考仍书翰墨工。且垦砚田钻故纸，升沉身世付秋虫。"（次韵黄莘田《题陶舫砚铭册后十八首》之第五首）既可管领高要境内之老坑三年，则此三年必得在高要任上。计年头，为雍正二年至四年。

黄莘田于雍正二年冬天到高要县兼代知县职时，原任高要知县刚免职未久。宣统《高要县志》卷十四《职官表》显示：雍正元年的知县为"佘世德：江南武进人，监生"。而雍正三年的知县为"姜宏焯：山西保德人，监生"。但不知何故姜氏并未按时到任，直至雍正四年，黄莘田还在兼代高要知县。《职官表》显示，雍正五年时，高要知县已变为"戴维贤：四川奉节人，举人"。则姜氏即使在雍正四年后半段已到任，在任时间亦不长。

佘世德于雍正二年被免，但免职后并未马上离开，翌年夏天黄莘田友人游绍安来访时，其尚在高要。游氏《涵有堂诗文集》之《二砚记》云："乙巳

（雍正三年）夏，余至肇庆，假榻于余友黄莘田官斋，端溪即其地也。莘田遗余未雕石一，广额修颔，微坡，蕉青色，傍睨黄云，类水坑新产。嗣窥余意未厌，言诸旧令尹余君，君慨然出藏石一枚，长可半尺，宽减之，厚寸许，锦囊重裹，盖工琢而形具者。视其色，仿佛猪肝。置水盆中照日，隐隐熨斗焦痕。岩耶？坑耶？历耶？余弗能深辨。云得自故家子，价不可议。" "余侯名世德，籍毗陵，仕隐未闻。"毗陵即武进，县志所载之"余世德"，或为"佘世德"之误？时莘田到任仅数月，手中或仅得一可以相赠之"未雕石"，老友"意未厌"，遂只能求助于前任。则其到任高要后，平日应有与余世德谈及砚事，略知其藏砚之"底细"。可知这位"旧令尹"，亦有品砚、蓄砚之好。

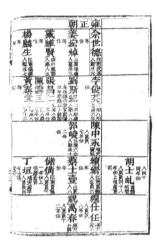

道光《肇庆府志》卷十三职官表

黄莘田尝自称"端溪长吏"。《砚史》卷二《嘉鱼砚》铭云："嘉鱼独产于砚峡，其乐在砚乎？余既知鱼之乐，又喜其与余同嗜，遂镌而玩之，相视而笑，莫逆于心。"落款："雍正七年，舟过端溪书。莘田。"镌印"端溪长吏"。其时，莘田已不在知县任上。

"端溪长吏"为黄莘田曾用镌砚的印章之一，其《题陶舫砚铭册后十八首》（《秋江集》中称《题林涪云陶舫砚铭册后》）之第十二首云："后砾岩连北壁开，丁丁采遍结邻才。爱镌小印端溪吏，管领东西两洞来。"

虽言"管领东西两洞"，实黄莘田本人并未主持过老坑开采。记载仅显示，雍正年间，老坑在雍正三年开采过一次。此次开采，按《砚史》卷二林在峩所撰黄任小传之说法，乃"值大吏弛禁开东西洞"；而黄莘田本人则言"端之人伐东西岩"。不论哪种说法，皆非黄莘田董其事。不过莘田虽非主事者，然趁着老坑重开之难得机会，亦尝派人进洞采凿砚石，只是所得极有限。其《赠砚行寄呈西昌公》云："我昔命工凿两洞，斧斤竟日空丁丁。"

　　"黄氏莘田"印款端砚，见录邹安《广仓研录》。背面有铭文"十研轩妙品"、"君子比德"，并有题记："雍正三年冬，游端州，值开老坑，采中洞，从而得之因制。"印："黄氏莘田"、"太平农"。按：雍正三年，黄任正"视端州事"、"摄官端州城"，用一"游"字，甚不妥当；且黄任诗已言此年为"伐东西岩"，并非"采中洞"。砚铭赝。

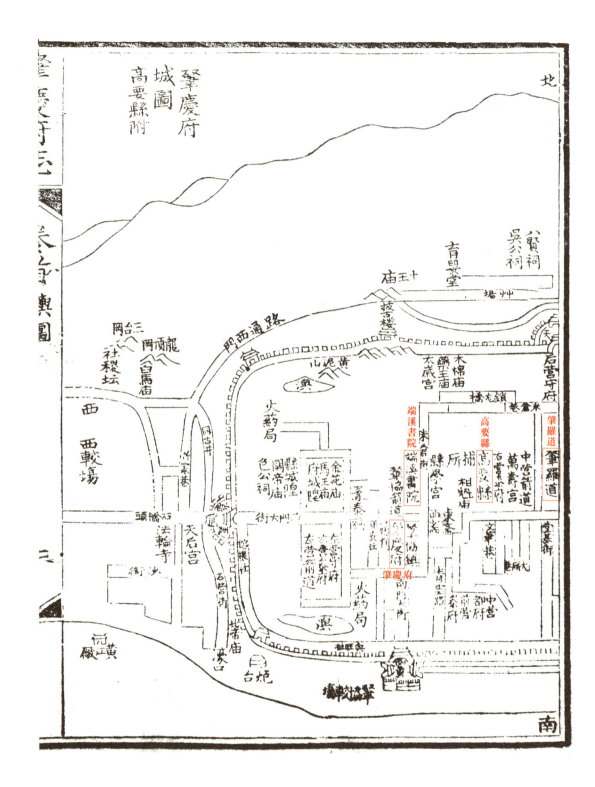

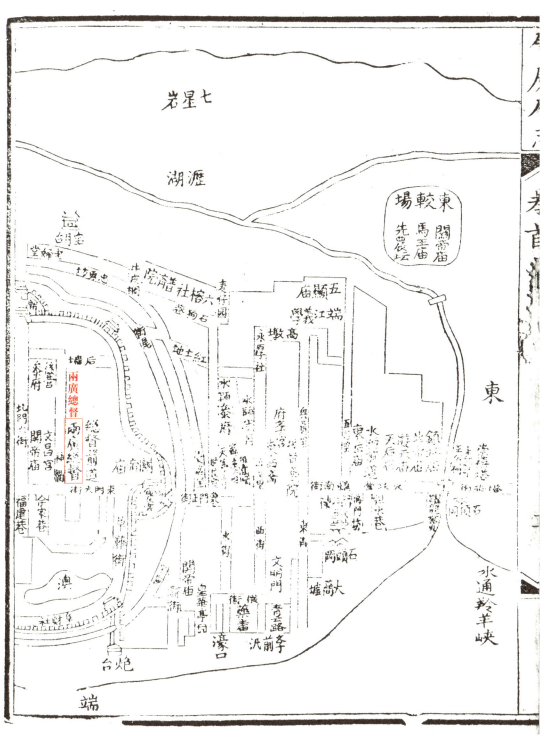

　　明清间，两广总督署、肇罗道、肇庆府、高要县衙及端溪书院等皆集中在同一主大街附近。黄任"摄官端州城"之官署，即高要县衙。（摘自清道光《肇庆府志》）

七品县令有政声

《麟峰黄氏家谱》卷之九《家传》，记黄莘田官粤政绩："出宰粤之四会，至则以经术饰吏事，民咸安之。邑旧有堤，绵亘数十里，淹至则溃不可支。公为之相度土宜，畚筑厚且坚。民竞趋其役，不匝月而蒇事。值岁饥，为粥以饲饿者，全活无算。有《筑基》、《赈粥》二篇载其集中。时巨寇林某者，鼠穴鹿泊塘肆劫掠，数邑并受其害，公设方略招徕之。以才摄高要篆，邻邑有疑狱，多委决焉。"

时人对黄莘田之为官，亦评价甚高。福建巡抚潘思榘在《黄十砚七十寿序》（沈大成代作）中云："吾友十砚黄君，闽之有道而文者也。往余丁未（雍正五年）游南中，即闻君尹四会名。凡在南者，皆曰黄令君为县，有古良吏风。""迨后余宦粤，君复来。游端州之人，犹思君之为理。"可见黄莘田从政，颇得时人称许，有口皆碑。沈大成《香草斋集诗序》云："先生少为才人，壮则为循吏，今为名宿，皎然有显晦出处之大节，诗故不足以尽先生。""循吏"者，奉公守法之官吏也。在《黄莘田任纪曾祖遗集诗卷书后》，沈氏再次言及："先生（指黄文焕）之曾孙任，性行高洁。"

《麟峰黄氏家谱》卷之九《家传》，
记第二十九世黄任之事迹

阮元《广东通志》卷二百五十九，有载黄莘田宦绩，谓其"天才敏捷，判决如流，日不移晷，而案牍已空"。"县有隆腹堤、大沙堤，皆捍田千数百顷。大水陡发，堤溃田潭。任捐赀修筑，未及竣事，以'纵情诗酒'被劾。任既去官，仍典卖衣物以蕆厥事。百姓德之，各赍金钱以偿，任一无所受。归日，惟端坑石数枚，诗束两牛腰而已"。可知颇有政声，极得民心。

黄莘田在四会、高要期间，作诗甚多，如《宿莲塘》、《劝农》、《宿羚羊峡》、《舟过金利墟》、《自广利墟踏月归署》、《柑》、《筑基行》、《赈粥行》、《绥江除夜》等，皆为此一时期所作，后收入《秋江集》卷三中。尤以《筑基行》、《赈粥行》二篇，最能见其对百姓疾苦之同情关怀，可与其政声相印证。

黄任《筑基行》、《赈粥行》（摘自《秋江集》卷三）

一官罢去为吟诗

黄莘田于雍正二年四十二岁时出任四会知县。《砚史》卷一余甸《角折砚》铭附有题记：“丙午浴佛日，四会令君黄莘田扎（札）至，附砚为赠，喜故人别来无恙也，为作铭。”“丙午浴佛日”即雍正四年四月初八。则其时黄莘田还在四会任上。

莘田在任期间，因“长于吏干，为上官所器”。但随着“誉闻日隆，遂有忌之者谗于当轴，以懒慢不亲政罢去”（陈兆仑《秋江集诗序》）。

关于黄莘田被罢之缘由，查陈兆仑本人《紫竹山房文集》卷九《黄莘田诗集序》，有云：“同辈忌之，或谗于某公：‘四会（指黄莘田）匿善石不以献，谓此辈（某公）碌碌，得粗恶者（粗劣砚石）足矣。’闻者大恚，寻署其考曰：‘饮酒赋

與於鄉屢擯禮部中間流寓姑蘇頗事聲色不自顧
藉大病而歸踰年宰粵東四會兼攝高要高要故領
端溪三洞而莘田有硯癖喜過其望又長於吏幹爲
上官所器高要本劇邑延訪以解四會秋帙耳風華
雅措譽聞日隆遂有忌之者讒於當軸以嬾嫚不親
政罷去莘田既廢而嗜硯益篤家居構精舍榜曰十
研軒招三數密友歌嘯其中然終以負宽謗未究施
設爲恨故多託於美人香草繚戾抑塞之音抑或禪
榻茶烟撫今懺昔往復折挫情辭哀到而韻彌長方
秋江集 《陳序》 二
以林鴻二玄曹謝之徒有過之無不及矣別二十年
莘田從子惠成進士訪余邸舍袖出莘田詩且傳命
見督爲序挑燈讀之大率皆曩所見者間有所益亦
不多而其他視舊帙減十之五夫與其過而汰也寧
過而存之如莘田所爲雖賸句小篇皆有可寶而芟
夷至是過矣昔楊子雲悔其少作德祖非之韓杜之
詩後人多求之集外且須收名篇什如追逋亡毋令
後人嗟唏也且夫百工伎術形骸之役多以老廢文
士則不然是故病而猶呻老而更成方余初交莘田

陈兆仑《秋江集诗序》
（摘自黄任《秋江集》卷首）

黃莘田詩集序
庚戌辛亥間余以新進士觀政閩中奉大府檄入叅志
局因獲交於編修謝古梅道承行人劉鱗初敬與二公
學老文鉅卓冠一時而分侑諸生十許輩亦復推激風
騷彬彬如也顧皆不以余謭陋見輒拔分若平生歡論
詩賭酒往往至夜分未已一日見壁間越王臺詩磊磊
魂魂如山鎮紙益以書法疏秀稱其文章不覺失聲咤
曰是所謂建大旗鼓八面受敵者矣惜乎顯於地不可
得見其人衆笑曰公欲見之乎旦日且來是籍永福而
家會城詩人黃二者也余喝大喜就枕不能瞑雞三號
紫竹山房詩文集 《卷九》 七
即披衣起步至光祿坊訪之赤脚婢應門曰官人且堅
坐主方沐未竟也少選曳革屐而出則見其鬚眉如戟
瞳子如點漆面白皙口若懸河適稱向者壁間所見意
中所擬之人遂與訂交自是莘田數見過志局余亦數
至其家歷二三年每誦其詩覺胸中輒有長進蓋余書
因謝以變而余詩由黃以力朋友之益也莘田以康熙
壬午舉於鄉屢擯禮部中間流寓姑蘇頗好色不自顧
藉大病而歸後謁選得粵東四會四會故領端溪兩洞
而莘田有研癖喜過其望又長於吏幹爲上官所器同
輩忌之或讒於某公四會匿善石不以獻謂此輩碌碌

得麁惡者足矣聞者大恚尋署其考曰飲酒賦詩不理
民事罷去莘田既以癖研敗而嗜之益篤家居構精舍
榜曰十研齋招三數密友歌嘯其中然終以負宽謗未
究施設爲恨故多託於美人香草繚戾抑塞之音抑或
禪榻茶烟撫今懺昔往復折挫情辭哀到而韻彌長方
以林鴻二元曹謝之徒有過之無不及矣別二十年莘
田從子惠成進士訪余邸舍袖出莘田詩且傳命見屬
爲序挑燈讀之大率皆曩所見者間有所益亦不多而
其他視舊帙減十之五夫莘田所爲雖賸句小篇者有
可寶而芟夷至是過矣且夫百工伎術形骸之役多以
紫竹山房詩文集 《卷九》 八
老廢文士則不然是故病而猶呻老而更成方余初交
莘田時年纔三十有二而莘田已五十今余覯莘田向
者之年且過之則莘田當復益衰而古梅下世已垂廿
年志局諸舊遊今存者裁一二數每從南人訊莘田近
狀輒云黃二丈頗健在善飲猶昔貧則有加焉十研齋
已別售他主度齋中所貯亦隨以行流光如此人事如
此謂宜懷人感舊一寓於篇而集中蹤入者顧不槪見
何也毋亦牽於兒女婚姻晨夕薪米之累勢有不暇故
耶棄者宜拾缺者宜補莘田且以爲何如嗟乎長逝者
不可復作矣幸而存如吾與莘田鱗初或者可復得相

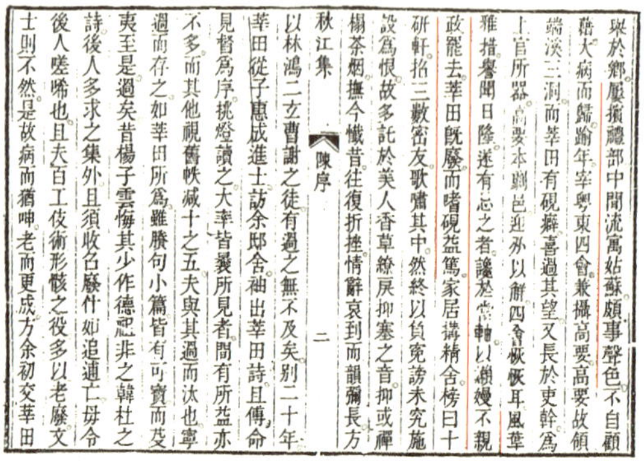

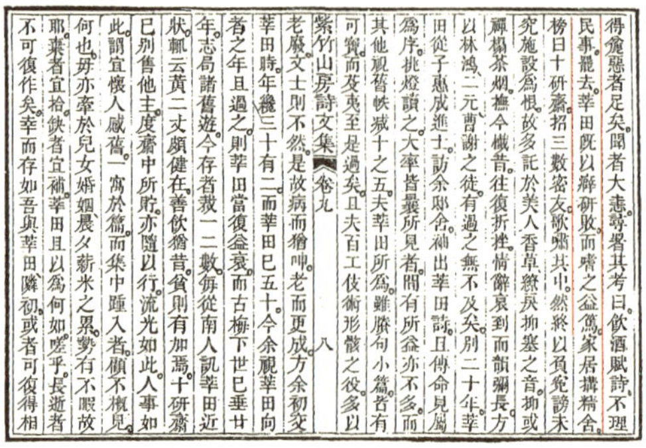

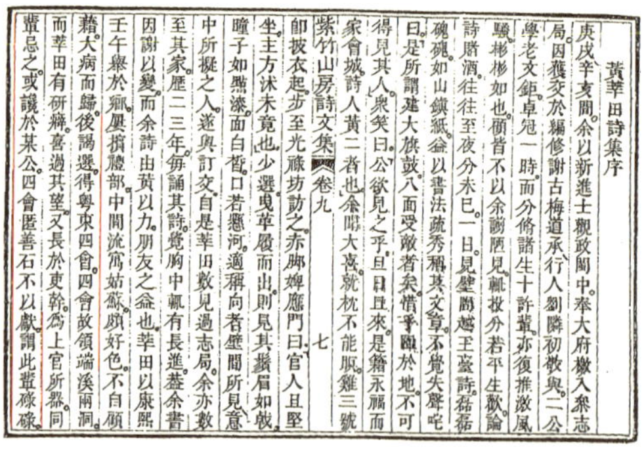

陈兆仑《黄莘田诗集序》
（摘自陈兆仑《紫竹山房文集》卷九）

诗，不理民事。'罢去。"

同一序文，在两书之表述不尽相同。最大差别，为《紫竹山房文集》所录之陈序，比《秋江集》所录之陈序，多了一段"砚"之情节。但黄莘田本人或不大认可此说，故在收录陈序入集时，作了"适当"修改。

不管背后有何种曲折隐情，黄莘田被罢官之公开理由，为"懒慢不亲政"、"不理民事"。

查黄莘田友人陶元藻《泊鸥山房集》卷二十七，有《吊黄莘田明府》一诗，乃陶氏在乾隆三十三年黄莘田去世时所作，中有句云："空庭鸟满绿苔滋，无复茶烟上鬓丝。十砚卖完缘易米，一官罢去为吟诗。"陶氏所云"一官罢去为吟诗"，与《紫竹山房文集》所录陈序"饮酒赋诗，不理民事，罢去"之说相近。

实以黄莘田之性情及为人为官，说其平日"饮酒赋诗"，应有之；至言其"懒慢不亲政"、"不理民事"，必属冤枉，背后之实情，当是政敌之妒忌、中伤。

综合《广东通志》所载黄莘田宦绩及各家所记，黄莘田之罢官，其原因及过程应为：因"长于吏干，为上官所器"，"誉闻日隆"，引起政敌妒忌。其"天才敏捷，判决如流，日不移晷，而案牍已空"。处理公务游刃有余，便于空闲之时，"因复延接俊彦谈诗角艺，日以为常"。遂让政敌抓住"把柄"，向当轴者诬告其"饮酒赋诗，不理民事"。久之，"坐是颇为上官所不喜"，终于"以'纵情诗酒'被劾"。

乾隆时人阮葵生对黄莘田之被罢，有不同表述，其《茶余客话》卷二十一记："侯官黄莘田任，诗才淹雅，为八闽巨手。仕广东令，以耽砚劾归。"阮葵生之弟阮芝生有交于莘田，故《茶余客话》中言莘田事，有可信处。唯"以耽砚劾归"之说，则未切中肯綮。"耽砚"与"饮酒赋诗"一样，仅是所谓"不理民事"的"表现"之一，并非深层次之原因。

黄莘田被罢四会知县之职，在雍正五年。《四会县志》职官表显示，雍正五年，就任四会知县者已变为山西蔚州监生李恒照。

道光《肇庆府志》卷十三职官表

七岁思归此日归

历来多有说法以为，黄莘田既罢官，即携砚离开四会。事实并非如此。《秋江集》卷三录黄莘田被罢后所作《杂诗》，其五云："秃翁菜色足泥涂，野寺相逢再拜扶。牵着老夫垂一泪，去年今日已来苏。"自注："予出野寺纳凉，见寺外村翁数辈，饥色可念。因话予去年赈粥存活之事，初不识予为旧吏也，寺僧相告，遂伛偻环拜涕下，予为之恻然。"所谓"旧吏"，是因黄莘田此时已被免职；而"去年赈粥存活之事"，即《赈粥行》所记黄莘田在知县任上时赈粥之事。

《秋江集》卷三又有《己酉七夕》诗，其一云："迢迢又值一年秋，六载全家岭外游。儿女不知身是客，要修故事上针楼。""己酉"为雍正七年。黄莘田于雍正二年到四会，至雍正七年，头尾共六载，故云。

又往后，有《别梅花二首》，序云："余手植缃梅一株于静镜堂西，既罢职，仍居此堂三载，似与梅有夙因未了者。今将归里，放花倍甚，索笑之余，不胜离思焉……"表述更为确凿，黄莘田自罢职后至作此诗时，已逗留四会三年。

莘田离开四会时，有《归舟杂诗》，一首云："浈阳峡尽是英州，山更玲珑水更幽。峰影坠于孤艇晚，瀑家都在饮牛溪。"自注："是日逢七夕。"黄莘田归闽，从四会出发，行水道自绥江转北江再转浈水，先至南雄，然后度岭。途经英德时，恰逢七夕，即雍正八年七月初七。下

《秋江集》卷三

《秋江集》卷三

三老砚事考

—20

一首云："仙侣同舟入翠微，琴尊安稳片帆飞。也应笑向张公子（自注：谓张东水表弟），七岁思归此日归。"从雍正二年到八年，为"七岁"。最后一首云："便挂萧帆半月余，故人秋梦近何如。南风黎辟滩头夜，与报平安一纸书。"自注："舟泊南雄，灯下作书寄绥江诸子……"可知从绥江船行至南雄，用了半个多月时间，则黄莘田离开四会时，为雍正八年六月下旬至七月初。是年，黄莘田四十八岁。

《秋江集》卷三

黄任归里水路：绥江—北江—浈江（现代地图）

愧过西江掷砚沙

阮元《广东通志》卷二百五十九，记黄莘田启程归闽时之情景："百姓德之，各赆金钱以偿，任一无所受。归日，惟端坑石数枚，诗束两牛腰而已。至贪泉，曰：'吾无愧此君。'掬一勺饮之；至掷砚沙，曰：'人生不可有嗜好，吾有砚癖，惭见此君矣。'命榜人拏舟从他路去。"

贪泉位于广州西郊石门，晋代已有盛名。《晋书·吴隐之传》载：吴隐之，字处默，濮阳鄄城人。美姿容，善谈论，博涉文史，以儒雅标名。弱冠而介立，有清操，不飨非其粟，不取非其道。"广州包带山海，珍异所出，一箧之宝，可资数世。"

贪泉碑，明万历二十二年重刻。
今置广州市博物馆

"故前后刺史皆多黩货。朝廷欲革岭南之弊，隆安中，以隐之为龙骧将军、广州刺史，假节领平越中郎将。未至州二十里，地名石门，有水曰贪泉，饮者怀无厌之欲。隐之既至，语其亲人曰：'不见可欲，使心不乱。越岭丧清，吾知之矣。'乃至泉所，酌而饮之，因赋诗曰：'古人云此水，一歃怀千金。试使夷齐饮，终当不易心。'及在州，清操逾厉，常食不过菜及干鱼而已，帷帐器服皆付外库，时人颇谓其矫，然亦终始不易。""隐之清操不渝，屡被褒饰，致事及于身没，常蒙优锡显赠，廉士以为荣。"

掷砚沙，指肇庆砚洲岛。北宋时包拯知端州，岁满不持一砚归。传说其离去时，归舟至江中，忽风浪大作。检点舟中，案头有端砚一枚。随弃诸水，顷刻恬静。后投砚处，忽长一洲，即今人所称之"砚洲"。

黄莘田为官清廉，自无愧于吴隐之；而惭见包拯，盖包拯"不持一砚

肇庆砚洲岛上纪念包公掷砚的包公楼

归"，而黄莘田却带走"端坑石数枚"。

黄莘田至贪泉如何如何，至掷砚沙又如何如何之说，虽见载于《广东通志》，却未必"史实"，乃通志得自"采访册"中，应为后人"合理加工"之说。《秋江集》卷三《归舟杂诗》，题下有黄莘田

砚洲方位卫星图

自注："自绥江至南雄道中作。"再看诗中述及之沿途地名及景观，可知黄莘田归里之路线为：乘船从四会出发，经清远（看飞来寺）、英德（英州）、韶州（韶关）而到南雄，然后过梅关，至江西南昌（登滕王阁），再返福建。从四会出发，本来就无须路过西江掷砚沙，而杂诗中亦未言及有专程探访贪泉之行。

传说虽有加工，却亦在"情理之中"。黄莘田回闽后所作《与逸斋四兄书》云："岭外劳人，七经寒暑"，"弟归来如水，此亦本分内事，但求不坠清白家声，便完初愿，并无怨尤也"（《麟峰黄氏家谱》引《香草斋文集》）。确是一位清官。

尚存宦念重入粤

乾隆三年秋天，黄莘田再度入粤。《秋江集》卷五《哭谢二古梅（道承）学士》诗中，黄莘田有自注："戊午（乾隆三年）秋，予适粤，古梅入都，予先就道。"又，《秋江集》卷六《哭河阳公八十四韵》云："昔岁在丙午，摄官端州城。公来岭西游，会面齐心倾。索我县斋诗，谓有姚合清。自此缔石交，衔杯纵豪情。迨公守雄州，余已归柴荆。相思不相见，岭云千万层。及余重客粤，使节来自琼。""重客粤"亦即指乾隆三年再度入粤事。

《砚史》卷二黄莘田《蕉白砚》铭后，有谢道承题识："旧冬十一月，道承北行，莘田已先期入粤请开复。余至京师，连得莘田二札，始知其逾限格例，垂翅南归。世无韩张，溧水酸寒，孰与嗟悼？近都门一二同志，颇有促其赴溧中海塘之役者，又闻南安太守游心水（绍安）订与入都，未审果行与否。行迈靡靡，我劳如何矣！秋宵不寐，重读莘田题砚诸制，怆然有怀，口占二截句寄意：（略）。乾隆己未秋九月既望道承题。""乾隆己未"为乾隆四年；"旧冬"指乾隆三年冬天，是年十一月，谢道承入京授太子中允、侍读、国子监祭酒。"开复"指革职或降职官员恢复原官（衔）。莘田此次入粤，为申请恢复原职。然因"逾限格例"，事未如愿，无功而返。

黄任《蕉白砚》铭及谢道承题识（摘自《砚史》卷二）

《砚史》卷二黄莘田《秋水砚赠李霖邨（云龙）》，铭后附记："余自岭南归，以兹石赠玉和……"落款为"乾隆四年八月"。则其时已回到福州。黄莘田赠送李云龙的端砚，不知是否得自此次岭南之行。《秋江集》中，未提及是次入粤有无到端州、四会作故地重游。

《砚史》卷二

岭南第一关（亚德摄）

南粤雄关（亚德摄）

黄任雍正八年、乾隆四年离粤归里时经过的梅关。其《南雄旅店》诗云："往事分明隔十年，全家度岭此间眠。今宵独客重经宿，湿草吟虫月满天。"（《秋江集》卷五）

看尽浮云与逝波

自雍正八年四十八岁时归闽,至乾隆十七年寿届七十古稀,黄莘田之生活境况尚可。查在此期间之历任福建巡抚,雍正八年至十二年为赵国麟,乾隆五年至七年为王恕,乾隆八年至十一年为周学健,乾隆十二年至十七年为潘思榘,皆与黄莘田有交情。此四人贵为地方大员,在与黄莘田交往中,对黄之社会声望乃至生活状况,直接或间接地,总会有所帮助。然自潘思榘后之各任福建巡抚,与黄莘田似乏来往。

历任福州知府中,乾隆六年出任之林兴泗,与黄莘田来往颇密。林氏以后,乾隆十五年出任之徐景熹,与黄莘田或认识于修志,虽间有接触,然应止于"公事公办",私交不深。乾隆二十五年出任之李拔,对莘田颇为尊重,尝请其为自己主修之《福州府志·艺文志续编》作序;而莘田对之亦极为推誉,在李氏丁忧回籍之日,专门作《郡守李公去思碑记》。李有循吏之称,知福州三载,忙于民事、修志,交往多"官方"性质,对私下间之关照,未必上心。晚年与黄莘田交契之福州知府,实只两人:一为乾隆二十七、二十八年间曾短暂代理知府之余文仪(后于乾隆二十九年任福建按察使),一为乾隆二十八年出任之张学举。此数人外,其余各任知府,黄莘田多疏于交往。"强有力"之影响效应,难比畴昔。

晚年的黄莘田,生活困顿。《秋江集》卷六《岁暮陶叔载明府馈米,诗以谢之》有云:"白粲雕胡粒粒香,贫家瓮缶即仓箱。""清厨见说釜生鱼,远道传餐与腐儒。""纸窗竹屋青灯夜,免作平原乞米书。"又,《酬余宝岗(文仪)郡守》诗中,在"岂敢缁衣称好我"句下有自注:"时以束帛见惠。"衣食皆时得朋友扶助。不但生计艰难,又兼体弱多病,可谓"屋漏偏逢连夜雨"。游绍安《涵有堂诗文集》之《莘田病中寄讯》诗有注云:"人参高价至四十换,莘田老年盗汗,非参不克。"贫贱身体富贵病,吃不起,病不起,贫病交加,其苦况可想而知。

七十岁后,黄莘田仍受聘修志,以资生活。《秋江集》卷六《送施北亭归钱塘即赴荆州幕》诗云:"先朝文献未全湮,二百年来讨论新(自注:前岁与北亭同修福州郡志)。衰老惭为文字役,编排翻得友朋亲。"《酬訒斋按察即次其见贻原韵》又云："林泉有福能终老，文献无征要此身。我亦名山收拾去，萧萧行箧未全贫（自注：时余有温陵郡乘之役）。"温陵即泉州，乾隆二十六年，黄任七十九岁时，应聘纂修《泉州府志》。除以上二志外，还应邀修辑《永春州志》、《鼓山志》等。

黄任《鼓山志序》

生活虽然清苦，却也苦中有乐。闲暇间与林正青、陈治滋、刘敬与、李云龙诸友在香草斋中小集，谈诗论艺，无疑乃晚年一大乐事。但随着陈、林等老友相继离世，聚会亦已日渐减少。其《柬兰女》诗有云："老人情性多伤感，到处欢场总不宜。宾客渐稀儿女密，汝来知有柳花诗。"

自乾隆三年请开复折羽而归，黄莘田对官场慢慢看淡。沈大成《香草斋诗集序》云："诸使之来南也，若故相泰山赵公（指赵国麟）欲荐起，不应；吾吴中丞觉罗雅公（指江苏巡抚觉罗雅尔哈善），为锓其诗以传；王公（王恕），故齐年；潘公（指潘思榘），则宿重先生者。此四三公，海内钜人长德，礼先生若是！先生衔杯论诗外，它无言。觉罗公在闽时（觉罗雅尔哈善署江苏巡抚前任福建按察使），则未一踏其台门也。世以此益高先生。"诚如游绍安《留别四会黄莘田任明府》所云："还我儒生真面目，不神仙去不封侯。"（《涵有堂诗文集》）生活上虽不得不接受他人接济，官场事，则坚避之。

岁月渐逝，黄莘田人老诗老，心境也愈通明。《秋江集》卷六《丙子元日》诗云："熙熙又见一回春，自喜闲人是幸人。生长太平无一事，三朝七十四年身。""丙子"为乾隆二十一年，是年，黄莘田七十四岁。"三朝"谓康、雍、乾三朝。《今日》诗云："莽卤到今日，苦辛难具陈。此生殊可惜，终老作何人。有耻方为贵，无闻不称贫。所欣存本性，烂漫与清真。"《八十生日漫成长句十首，自感自嘲不知工拙也》有云："看尽浮云与逝波，百年人世竟如何。""唯应薛老峰头去，般若台西好放歌。"又《偶作》诗云："无事此安坐，坐看微云起。云飞意亦适，据梧复隐几。雀啅蚁行柯，悠然风日美。澄心欣所遇，静观有妙理。""君子贵自然，宁静以致远。本无孳孳念，安得有益损。"

黄莘田八十岁时，重赴鹿鸣宴，"火"了一把。《清史稿·黄任传》记："乾隆二十七年，重宴鹿鸣。"清代科举之制，举人于乡试考中后满六十周年，重逢原科（同一干支之年）开考，经奏准得赴为新科举人所设之鹿鸣宴，谓之重宴鹿鸣，以庆贺曾取中举人而享高寿。黄莘田于康熙壬午（1702）举于乡，至乾隆二十七年（1762），恰满一甲子。《秋江集》卷六《壬午九月十三日即事六首》有云："穷居毫齿敢称尊，多谢公卿礼数存。白发簪花齐一笑，帽檐红重是君恩。""六街传看旧嘉宾，已是龙钟八十身。听了笙簧沾了宴，荷锄长作太平民。"又，《八十生日漫成长句十首，自感自嘲不知工拙也》有云："五斗敢忘君赐食，况叨重宴作家餐。"自注："今年壬午秋闱揭晓日，诸当轴延予修重宴鹿鸣之盛典，予滋愧耳。"

重赴鹿鸣宴，成为盛典中之重要角色，亲朋戚友作诗相贺者甚多，黄莘田难得享受了一回人生中稀有的荣耀。

上海某拍卖会之黄任自书《八十生日漫成长句十首，自感自嘲不知工拙也》其中二首

下篇　砚缘

为访佳砚曾游粤？

黄莘田出宰四会，或非首次入粤。林正青《十砚轩记》："十砚轩者，黄子莘田旧名其读书处也。莘田去端州三千数百里，而精神嗜好独与上下岩片石梦寐，固结不可解。尝游吴、粤、燕、梁，访故家所珍藏，倒箧以求之，甚至典衣而不惜，其好之癖类如此……甲辰（雍正二年）春，莘田谒选，得粤东之四会令。"则黄莘田在雍正二年出任四会知县之前，为觅佳砚，似已有赴岭南"访故家所珍藏"之行。

林正青与黄莘田儿时起即相交，黄莘田为谢道承《小兰陔诗集》作序有云："予髫龄时过来斋老人（林侗）荔水庄中，日与林苍岩（正青）昆季、陈德泉（治滋）、许雪村（均）往来游宴，而谢君古梅（道承）时发未燥，皆总角好也。如是者有年。"既为自小一起玩耍长大的好友，则林正青所言，当有可信处。

查《秋江集》中所录诗作，却并无此番行迹之记载。然据陈兆仑《秋江集诗序》："莘田从子惠成进士，访余邸舍，袖出莘田诗，且传命见督为序。挑灯读之，大率皆曩所见者，间有所益（增加）亦不多，而其他视旧帙减十之五。夫与其过而汰也，宁过而存之。如莘田所为，虽剩句小篇，皆有可宝，而芟夷至是，过矣。"可知《秋江集》所录，与"旧帙"相比，已"减十之五"。如此大量删减，必致部分行迹被"埋没"。故《秋江集》中未见录，并不能证明黄莘田无此番经历。

又查《砚史》卷二《蕉白砚》诗，有"羚羊峡暗秋月高，彩云一片沉江皋"之语，似有到过端州实地探访经历。是诗作于康熙五十八年六月既望，时莘田尚未官粤。

倘若真有此行，黄莘田游粤之时间，大致在何时？读林正青《十砚轩记》，云"尝游吴、粤、燕、梁"，游粤在游燕、梁之前。考黄莘田于康熙四十一年秋天参加福建乡试中举，同年，从福建起行，经浙江、江苏、山东，进入河北，到达京城（燕为旧时河北省之别称，燕京则为北京之别称），准备参加次年春天之会试，则黄莘田踏足燕地的时间，最迟不会迟于康熙四十一年秋冬。而其游梁（开封），则为康熙四十八年第三次会试下第后，出都经河北进入河南，到达开封，寓居三年。

然则黄莘田赴粤访砚之时间，应在二十岁中举以前。

十砚得于官粤前

黄莘田藏砚甚夥，所蓄之砚，质美工良，文气盎然。其砚除题刻铭文外，还往往镌以印章，常用者如"黄任"、"莘田真赏"、"十砚轩图书"、"冻井山房"、"香草斋"、"神品"、"水崖之精"、"端溪长吏"，等等。其中"十砚轩图书"中之"图书"，指"印章"，即"十砚轩印章"。

《秋江集》卷四《题林涪云陶舫砚铭册后》有注云："冻井山房、十砚轩，皆余藏砚斋名。"

冻井山房原为黄莘田曾祖父黄文焕之斋名。王元麟《秋江集注》录："《永福县志》：黄文焕宅在麟峰山下，有冻井山房；井为靖康元年造，上有石刻三十五字。"黄莘田沿用此名以名藏砚斋，有怀念曾祖父之意。

黄莘田本对端砚情有独钟，得宰四会未久又兼摄高要，实在是千载难逢之"美差"。陈兆仑《秋江集诗序》云：莘田"宰粤东四会，兼摄高要。高要故领端溪三洞，而莘田有砚癖，喜过其望"。林正青亦有诗曰："早知天与使君便，合在人前说砚邻。"（《十砚轩记》）正因有此便利，坊间辄以为，黄莘田最著名之"十砚"，即得于此时。

事实并非如此。

《砚史》卷二《十研轩砚》言："己亥过吴，余有诗云：'箧装诔墓千秋纸，囊贮蛮溪十片岩。'或有嗤予者：'人生能着几两屐？研固不必如是之多也。东坡云：墨将磨人，况于研乎！'余笑而谢之。彼世之役，役于宝珠玉者，亦不一而足也。遂构十研轩以贮十石，非质之美兼制之善者不得与焉。兹亦其一云。康熙庚子上巳，任。""己亥"为康熙五十八年，是年黄莘田已经"囊贮蛮溪十片岩"；"康熙庚子上巳"即康熙五十九年三月三日，在此之前，"十研轩"已成。

《砚史》卷二黄莘田小传："先生少时承大王父中允公文焕所遗，并自购砚，凡十。筑十砚轩藏之。至是领端溪，值大吏弛禁开东西洞，稍有获者，然品价无逾十砚，故人仍以'十砚翁'称焉。"十砚轩乃筑在官粤之前。

《秋江集》卷三《岁暮奉檄至开建、广宁二邑录囚，归舟无事，成诗四首》有云："近坑不雨岩常润，入峡无云岫自迷。惭负小轩颜'十砚'，满船簿领下端溪。"自注："十砚轩，余家中斋名。"录囚又称"虑囚"，指有关官吏定期或不定期巡视监狱，对在押犯之状况进行审录，以防止冤狱和淹狱，监督监狱管理之司法制度。时在雍正二年岁暮，黄莘田到任未几月，即受命至肇庆所辖之开建、广宁录囚。从诗句、诗注亦可知，黄莘田来肇庆之前，家中已有斋名"十砚轩"。

又，《砚史》卷八余甸次韵黄莘田《题陶舫砚铭册后十八首》，第一首有注云："莘田好研，辨之甚精。得十砚，构轩以贮。不数年为四会令，携砚之官。未几署端州事，声名籍籍。"对构十砚轩与知四会、署高要之先后，表述极清晰，且言黄莘田还把这些砚带到了四会。余甸还为黄莘田作《十砚歌》，歌中提及"得砚"与"作令"之先后顺序。故黄莘田在《秋江集》卷四《叠前韵奉柬余田生京兆》中有云："唯君知我此缘奇，得砚先于作令时（自注：京兆十砚歌）。"

林正青《十砚轩记》中，对"十砚"之交代更详："十砚轩者，黄子莘田旧名其读书处也。""尝游吴、粤、燕、梁，访故家所珍藏，倒箧以求之，甚至典衣而不惜，其好之癖类如此。既得十砚，乃就吴门顾大家琢磨之，式必入古。""甲辰（雍正二年）春，莘田谒选，得粤东之四会令，去端溪数十里……莘田舟过端溪，抚十砚而笑语曰：'今日送若归宁也。'其冬遂有高要之摄篆，则诸坑在其辖内，余意陶泓公之群从，皆入幕之宾矣。适余客东莞，因访莘田于署中，则故砚之外无所新得焉。""莘田于署斋西室仍以'十砚轩'书其额，命予记其后……遂记之，时乙巳（雍正三年）仲春三日。"黄莘田赴任时，把"十砚轩"中的十方砚悉数带在身边，故过端溪时有"送若归宁"之说。"归宁"本指已嫁女子回娘家看望父母，此处引申为十方端砚重回故乡。林正青作记在雍正三年仲春，至其时，黄莘田尚是"故砚之外无所新得"。

雍正三年冬天，因"值大吏弛禁开东西洞"，黄莘田终有所获，然"品价无逾十砚，故人仍以'十砚翁'称焉"。

历来流传：黄莘田被罢官后，从端州带回十枚佳石，专请顾二娘制为十砚，并筑"十砚轩"以藏之。是说之谬，审矣。

天津博物馆藏"黄任铭墨雨端砚"，除砚底铭文篡改自《砚史》卷二黄莘田《小影砚》铭外，砚额处之绍龙（周瑞峰）款铭文亦大有问题，其云："莘田二丈令四会时，搜三洞石，制砚不下数十方，拔其尤者有十，号为'十砚翁'，此其一也。"周、黄二人乃朋友，又同为闽地"砚圈中人"，黄莘田赴官岭南前筑"十砚轩"藏十砚之事，在圈中影响甚广，周氏当不至于出此"谬论"。是砚必伪。

黄任款铭墨雨端砚（摘自《天津博物馆藏砚》）

黄任款铭墨雨端砚拓片（摘自《天津市艺术博物馆藏砚》）

三载衙斋丽泽工

黄莘田任四会知县兼摄高要期间，除家室外，署院中还客居两位精于制砚的朋友。《秋江集》卷四《题林涪云陶舫砚铭册后》第十三首云："三载衙斋丽泽工，桄榔树下看磨砻。董生老病杨生殁，谁复他山我错攻。"自注："余友董沧门、杨洞一皆善制砚，兼工篆刻，客予署中三载。今沧门病且老，而洞一宿草芊芊矣。"可知董沧门、杨洞一寓其署中制砚达三年之久。

余甸次韵《题陶舫砚铭册后十八首》中，有一首盛赞董、杨二人之制砚技艺，诗云："杨董曾如顾氏工，步趋名款细磨砻。由来邱壑胸中有，得手真同鬼斧攻。"《再次韵》又云："最是文人运斧工，董杨雅制善磨砻。开池深浅凭心曲，错认吴趋女手攻。"把董、杨与比之吴门顾二娘，评价颇高。

康雍年间，江南文人玩砚圈兴起崇尚古雅敦厚之赏砚风。在砚之形制上，以随形为主，追求浑厚饱满、圆活肥润的风格。在题材上，多表现流云、海浪等自然景象，或以石眼喻月，作云月砚；或以圆形砚堂喻日，作海天旭日，诸如此类。亦有略整砚形而不多雕琢、留其天然本色者。在砚材上，则以端石为首选，盖端石更宜于表达此种韵味。顺应时风，闽中出现一批制砚好手，又以谢士骥、董汉禹、杨洞一等人为代表。其时福建玩砚圈中，有浓厚之"崇顾"氛围，对倡导"圆活肥润"制砚理念之吴门顾二娘极为推崇，故此数人之砚风，亦难免受其影响。但在题材上，则与顾之"女性口味"不同，而多雕饰云月海浪等自然景象。今所见公私收藏之清代闽人名款端砚，不论真伪，皆具此种风貌，可知即使在作伪者中亦已"深入人心"。

董沧门、杨洞一在黄莘田署斋客居三年，莘田既罢，一场宾主便也就此分开。《题林涪云陶舫砚铭册后》诗注有"今沧门病且老"之语，是诗作于雍正十一年，其时董沧门已是年老多病；又言"而洞一宿草芊芊矣"，则杨洞一已经离世。

董汉禹，字沧门，闽中人。善写松竹，精治端砚、印钮，工篆刻。与同时之雕刻家魏开通、王桔生、许旭等并驾齐名，作品进贡朝廷（今故宫仍藏有其成套文玩）。陈兆仑在《题林涪云研铭拓本册子十首次黄莘田大令任韵》中有诗注："董二沧门工铁笔，小篆为涪云（林在峩）所服。"（《紫竹山房诗

集》卷一）

　　杨洞一生平事迹暂不可考。其与游绍安交契，二人曾同客京华，又于雍正三年夏天同至端州探访黄莘田，然后杨洞一留下制砚。游绍安《涵有堂诗文集》之《赠杨洞一并别》有注云："洞一临摹碑版、制砚镌石俱精，亦工画笔。"游氏《二砚记》又云："洞一凤擅李少微（南唐著名砚工）艺，别未数年，竟卒于粤东。"可知杨洞一在黄莘田被罢后，虽离开了官署，但并未离开广东，而是继续留在当地制砚，直至客死异乡。

　　天津博物馆藏长方形"三洞神品端砚"，左侧隶书"三洞神品"四字，下镌印"沧门"；砚背篆书铭："古在骨，秀溢出，资著述。"下镌印"柱峰真赏"，后有行书题识云："董汉禹铭是砚也。得石吴门，携游泰山，归成于闽海。始癸巳春初，迄乙未夏仲，三年作客，万里相从。因系岁月，并出所自，弟（第）地易人殊，物移事改，后之守者，将有感于斯言。再识。"查"古在骨，秀溢出，资著述"一铭，实抄袭自《砚史》卷二黄任《著述砚》铭。砚伪。

正面

当代端溪麻子坑"云月
砚"。是砚仿清代"黄莘田"款
端砚制成，砚体敦厚，圆活肥
润。制砚：吴荣开。拿云楼主人
题铭云："一片蟾光一片空，半
天青黛半天红。东边晴朗西边
雨，只见浮云不见龙。"

背面

归装端砚唯数枚？

　　黄莘田罢官归里时，行李中带了多少端砚？《秋江集》卷三《归舟杂诗》第三首云："糇粮囊橐供三宿，妻子琴书共一船。便作浮家老渔父，的应拔宅小游仙。"并无提及端砚。第十五首倒是有言及端砚："一峰千百小冈峦，要把峰峰向背观。何术缩成拳子大，卓来端石砚头安。"然与归舟所载端砚几何亦无关。

王元麟《秋江集注》卷三

　　杭世骏作于雍正十年之《榕城诗话》云："罢官归里，压装惟端坑石数枚，诗束两牛腰而已。"黄莘田之中表兄弟郑方坤，在其《本朝诗钞小传》中亦作如是说："拂衣归里，宦橐萧然，惟端坑石数枚，诗束两牛腰而已。"（《全闽诗话》卷九）此后，道光《广东通志》仍沿袭其说："归日，惟端坑石数枚，诗束两牛腰而已。"

　　"数枚"者，则不过十。果如是乎？

杭世骏《榕城诗话》（中）

杭世骏于雍正十年福建省乡试时"以试举人入闽"，其间获交黄莘田，时为莘田自岭南归里之第三年。同年，杭氏把在闽之所见写成《榕城诗话》。杭氏所言，理当可信。然"端坑石数枚，诗束两牛腰"之叙述，毕竟过于"诗化"；郑方坤为黄莘田之中表兄弟，本亦有获知"实情"之可能，然其不仅直接沿用杭氏之说法，而且在叙述上更加"诗化"。二人之说，显然是一种"诗意化叙述"之"虚数"，并不计较黄莘田实际所携端石之真正数量。

杭、郑之外，袁枚《随园诗话》卷四亦有记及此事："黄莘田妻月鹿夫人，与莘田同有砚癖。先生罢官时，囊余二千金：以千金市十研，以千金购侍儿金樱以归。"

袁枚像
（摘自《清代学者象传》）

袁枚所言，为"十研"。只是袁氏之说极不靠谱：一来，黄莘田罢官时，因捐资筑堤，囊中羞涩；去职后，一家老小又在四会逗留数年，生活开销不少，何来此二千金？二来，"十研"乃黄莘田赴任时随身带来，并非罢官时所购，难不成在原来十砚之外，恰好又再新购十砚一并带回？三来，月鹿夫人并非黄莘田妻。梁章钜《闽川闺秀诗话》卷一记："闽县张宛玉，能诗，尤工绘事。""宛玉归金陵朱豹章参军文炳，自号月鹿侍史，吾乡人所熟闻。而《随园诗话》以为黄莘田妻，与莘田同有砚癖，捕风捉影之谈。随园老人往往孟浪如此。"可见，袁枚之言并不可信。

又，《侯官县乡土志》之《耆旧录内编二（学业）》载黄莘田行迹，云："劾归，唯携砚十枚，诗数束而已。因自署'十砚老人'，卜筑光禄坊许氏紫藤庵，曰'香草斋'。"既言"唯"、"十枚"，则仅有当初带来之数。

黄莘田赴任四会，随身携来"十砚轩"中之"十砚"，归去日，此十砚当在归装之中。除此十砚外，应还有在四会、高要期间陆续所购之砚材及董、杨二人所制砚。两者相加，应远不止"数枚"，亦不止"十枚"。黄莘田八十岁参加"重宴鹿鸣"盛典时，许均妻子廖淑筹作贺诗有句云："官橐萧萧淡若秋，归舟惟载端溪石。"另，《清史稿·黄任传》亦云："罢官归，惟砚石压装。"此二说，虽未言及具体数量，然至为妥当。

词翰题镌夺鬼工

黄莘田喜题砚。《砚史》卷二黄莘田小传云："既有砚癖，缄縢堆几，大小错落，坐卧其间，摩挲谛审，制款裁铭，如是者数十年。"又，《砚史》卷首《凡例》云："同里诸家砚铭，惟余（旬）、黄（任）两家最富。"该书卷二中，共录黄莘田砚铭（诗）三十八首；卷八中，又录其《题陶舫砚铭册后十八首》加《叠前韵》共三十六首，则多写及砚友、砚事。黄莘田蓄砚之乐，实首在品题。其友张炜有诗云："莘田著述古仪型，金石歌声最可听。读汝诗篇与铭句，六朝芳草一时新。"闽县叶观国亦有题诗曰："山谷先生翰墨香，岿然南国鲁灵光。铭词诗句皆无敌，白发如今似遂良。"注云："谓莘田黄丈。"（以上二首皆见《砚史》卷九）

铭既题，尚需镌于砚上。闽地玩砚圈中，不乏善铁笔者，林正青《砚史小引》云："余家藏砚十余枚，皆先君子（林佶）手自磨砻，铭刻其背。""维时许丈月溪（许遇）、余丈田生与先君子称石交，每得佳砚，互相铭刻以为宝"（《砚史》卷首）。晚一辈人中，工镌铭者则首推林在峩，圈中砚友藏砚，刻铭多托付之。

黄莘田刻铭亦不俗。林在峩《砚史》自序云："同里黄君莘田有砚癖，亦时出其所蓄砚与所刻铭相质。"又，黄莘田《题林涪云陶舫砚铭册后》十八首之五云："岩分上下洞西东，丁卯词人鉴最工。苦记清秋池馆静，银钩铁画对雕虫。"自注："雪邨砚铭，皆予与同寓吴门三山会馆时所刻。"（《秋江集》卷四）谢道承次韵黄莘田诗亦云："砚才管领洞西东，词翰题镌夺鬼工。何事凌云掞天笔，壮夫亦复擅雕虫。"自注："谓黄二莘田。"（《砚史》卷八）可知黄莘田应亦能镌铭。

《砚史》卷八

水岩仙客重情义

　　黄莘田虽有砚癖，却非守砚奴，砚友中，多有得其惠赠者。如余甸"角折砚"及"青花砚"、林正青"石田砚"、林在峩"中洞砚"、林玉衡"囊砚"、谢道承"锄砚"、赵国麟"云月砚"、李云龙"秋水砚"及"天然砚"、沈廷芳"双芝砚"、朱景英"圭砚"、叶观国"琳腴砚"等，俱得自莘田所贻。游绍安、余文仪、方日岱、纪昀等人，亦先后得黄莘田赠砚。

　　许均为黄莘田至交，莘田与之亦亲亦友，官粤后曾寄赠其佳砚。《砚史》卷二《赠雪村砚》铭云："经月凿洞，难得佳石。此片尚是吴制府开坑旧物，殊可宝玩。直庐染翰，应记忆岭外劳人也。""奉寄雪村足下，莘田。"黄莘田与许均交情深厚，其《题林涪云陶舫砚铭册后》第六首云："四十年来砚席情，相期研背互题铭。木棉花下音尘绝，此意千秋竟不成。"自注："予在岭南寄雪邨一砚，雪邨书来，以余未镌铭为憾。因约他年当尽出两人所藏砚互题铭词，以志久要。予未归而雪邨已逝，三复遗文，不胜人琴之感。"砚席之情，令人动容。

　　黄莘田一生中，与林正青相交最久。雍正二年，黄莘田官粤第一年，林正青即至端州探访。《砚史》卷二黄莘田《紫云砚》铭后，有林正青题识："余曾至羚羊峡，水落石出，木脱云寒，以未割一片石为过岭恨事。兹展莘田二兄诸铭，精神魂梦犹在蛮溪旧涨间也。"雍正三年仲春，林正青为黄莘田作《十砚轩记》，介绍十砚轩最详。赠砚林正青，自不在话下。

　　"十砚轩"中，有一名品曰"十二星砚"，因赵国麟儿子赵震喜爱，黄莘田忍痛割爱相赠。《砚史》卷七录赵国麟《十二星砚》铭："星精水英，地灵天成。"落款："拙庵铭。"印二："国麟"、"云月轩珍玩"。题识云："此莘田十砚之一。雍正癸丑（雍正十一年），儿子震倩友人借观，爱不忍释，因奉朱提（银）为寿。莘田觉之，割以相赠。乾隆戊午（乾隆三年），予自上江膺内召，震儿请以砚随，余拟'星精水英，地灵天成'八字铭之。次日，遇涪云于京师，浼作小篆镌焉。今识宝人亡，为题截句，爱识哀思：'渊口深藏端水灵，探珠人去泪零零。云轩夜半寒光炯，十砚分来十二星。''云月砚'，予游瀚海所获者，癖与莘田同，因以名轩。"落款："泰山跛道人麟，时庚申阳月（乾隆五年十月）。"砚本为黄莘田割赠赵震，震早逝，是砚实归赵国麟。后来，黄莘田又赠赵国麟"云月砚"，赵氏在《云月砚铭》中赞曰："黄公莘田，水岩仙客。"

又有一名品"美无度砚"，则赠给周学健。黄莘田《赠砚行寄呈西昌公》云："西昌制府癖爱研，勤买惨淡千经营。公有燕许大述作，要选好砚资歌赓。至宝原待至人用，苟非其人天不生。其人求之而不得，必有感召先将迎。公诗远道辱寄我，百四十字铺瑶琼。山水元音公所写，已与抱璞通其诚（自注：公来诗有'携将碧玉美无度，静写山水归元音'之句。美无度，予研名）。笑我茅斋枉位置，终岁但伴秋虫鸣。不如相需庆相遇，锦绨什袭异之

《秋江集》卷五

行。非我爱好失本性，一旦弃汝鸿毛轻。是中趋舍有至理，岩穴要附青云荣。"（《秋江集》卷五）黄莘田所赠之砚，应即诗中提及之"美无度砚"。又据周氏行迹及是诗在《秋江集》中之位置推断，赠砚当在乾隆十二年。

"十二星砚"与"美无度砚"，皆十砚轩中之至宝，因他人相中，黄莘田亦割爱成全，此于一砚痴而言，尤为难能可贵。

黄任赠砚一览表

序号	获赠者	砚名	黄任题铭（诗）	获赠者题铭（诗）	出处
1	游绍安	箕砚		"莘田遗余未雕石一，广额修颀，微坡，蕉青色，傍眼黄云，类水坑新产。" "噫！斯箕也，吾学制于良弓，若无忘夫若翁。" "心水付铣枝。"	《涵有堂诗文集》所录《二砚记》、《砚史》卷三
2	余甸	角折砚		"瑜在握，肤凝雪，角微折，载方策，征轧苴。甸铭。" "丙午浴佛日，四会令君黄莘田扎至，附砚为赠，喜故人别来无恙也，为作铭。"	《砚史》卷一
3	余甸	青花砚	"白石青花出水鲜，羚羊峡口晚生烟。紫云一片刚如掌，染得山阴九万笺。"		《砚史》卷二、陈应魁《香草斋诗注》卷三
4	许均		《赠雪村砚》云："经月凿洞，难得佳石。此片尚是吴制府开坑旧物，殊可宝玩。直庐染翰，应记忆岭外劳人也。" "奉寄雪村足下，莘田。"		《砚史》卷二
5	谢道承	锄砚		"燕台片石重交情，巧制锄犁亦有名。带月横经总虚愿，石田何日有秋成。" "莘田令四会日，曾以锄砚寄予。携上一枝山房，种菊莳蔬时供挥洒。"	《砚史》卷三小传、卷八和诗
6	林在峩	中洞砚		《中洞砚黄莘田赠》铭云："中洞石质清且温，光摇雁荡秋天云，晓窗试墨乐吾群。" "癸丑清和望日铭。"	《砚史》卷六
7	林正青	石田砚		"莘田归（通'馈'）我，笔以耕之。"	《砚史》卷五
8	林玉衡	囊砚		"每话羚羊到夜分，水岩投赠远思君。括囊守口知垂咎，燕市来临乞米文。" "莘田以囊研相赠。"	《砚史》卷八
9	赵震	十二星砚	"踏得穷渊割紫英，濡毫犹听溜泠泠。夜光一壑西岩罅，斜浸秋天十二星。" "康熙庚子初秋十有三日题于冻井山房，莘田。"	赵国麟铭："星精水英，地灵天成。拙庵铭。" "此莘田十砚之一。雍正癸丑，儿子震倩友人借观，爱不忍释，因奉朱提为寿。莘田觉之，割以相赠。"	《砚史》卷二、卷七

序号	获赠者	砚名	黄任题铭（诗）	获赠者题铭（诗）	出处
10	李云龙	秋水砚	"秋水泠泠浸一泓，下岩西洞第三层。与君细腻风光写，丽泽如斯得未曾。""余自岭南归，以兹石赠玉和，他山之助，知不忘琢磨鄙意耳。乾隆四年八月，黄任。"		《砚史》卷二
11	李云龙	天然砚		"水崖之精工所度，美石天然无戕削。十砚轩中贻，摩挲亲矩矱。余将岳渎游，兹焉宝行囊，朝斯夕斯应离索。"	《砚史》卷七
12	赵国麟	云月砚	"余以云月砚寄泰安公，公为镌铭，揭一纸寄示，赋诗四首奉呈。"（诗略）	"万里龙沙，石获云月。天作我砚，伊谁镵阙。伴几颜轩，伊朝伊夕。黄公莘田，水岩仙客。床头宝藏，远寄此石。有月有云，题曰结邻。庶几侣之，毋泪我真。铭以志焉，示我后人。""乾隆辛酉桂月，拙庵跛翁铭。"	《砚史》卷七、《秋江集》卷五
13	方日岱	紫云砚	"紫云一握胜兼金，寄上仙郎索赏音。不负端溪吾与子，琢磨如见两人心。"落款："题奉慕斋使君。黄任。"		《砚史》卷二
14	方日岱			方日岱为林在峩《砚史》题后诗，有云："十砚奇珍我得三，故人情义重如山。"砚为黄莘田所赠（三砚可能已包括《紫云砚》）。	《砚史》卷九
15	周学健	美无度砚	"非君美无度，孰为劳寸心。"落款："康熙己亥六月，任。"		《砚史》卷二、《秋江集》卷五《赠砚行寄呈西昌公》
16	朱景英	圭砚		"稽古之力吾何有？圭田于此终其亩。""莘田二丈赠砚，幼芝铭，承奎书丹璧刻字。"	《砚史》卷七，今所见版本误编入卷八
17	余文仪			余文仪为《砚史》所作序，有"摩挲（黄君莘田）旧所贻研，弗胜感喟"之语。	《砚史》卷首
18	沈廷芳	双芝砚		"猗双芝，竞三秀。苗墨池，曜文囿，端琼之德永宜年。""乾隆甲申元日，过十研轩，黄丈莘田手赠此砚，厥质温润，厥池琢双芝形，妙极自然，因以名焉。之江廷芳。"	《砚史》卷七

序号	获赠者	砚名	黄任题铭（诗）	获赠者题铭（诗）	出处
19	叶观国	琳腴砚		"此莘田黄丈所赠也，质坚而轻，最善发墨，识者以为老坑旧物。顾未有题识，乃颜之曰'琳腴'。缀以铭云：'尔之主，善为铭，胡独遗尔斯尔名？貌虽匪扬用则灵，青琳之腴新发硎。毅庵观国。'"	《砚史》卷七，今所见版本误编入卷八
20	纪昀			《题黄莘田砚》云："诗人藏十砚，憔悴卧蓬庐。零落惟余此，殷勤远寄予。槐厅供视草，藜阁伴雠书。一片韩陵石，相看未忍疏。"	《纪文达公遗集》诗卷十

注：1. 是表大致按赠砚先后次序编排。 2. 第 1 号"箕砚"，黄任赠游绍安时为未雕之石，后杨洞一为其制为箕形砚，游绍安题铭后赠儿子游铣枝。《砚史》卷三所录《箕砚》铭"吾学制于良弓"，《二砚记》中作"吾取法于良弓"。3. 第 3 号"青花砚"，清陈应魁《香草斋诗注》卷三中题为《以砚寄余甸（田）生》（最后一句"染得"作"待染"），可知此砚为赠余甸者。4. 考第 19 号"琳腴砚"，即叶观国《绿筠书屋诗钞》卷七《黄丈莘田以端石砚赠行，赋谢奉寄二首》所指之砚，诗中有"此君虽未经题品"之句。

情爱都付砚台中

黄莘田对亲人之爱，亦总系之以砚，是一位"真砚痴"。

《砚史》卷二录《生春红砚》，黄莘田题曰："余在端州日（《秋江集》卷五作'予宰端江日'），室人蓄此砚，余戏名'生春红'，盖取东坡'小窗书幌相妩媚，令君晓梦生春红'之句。室人摩挲不去手。迩来砚匣尘封，启视，尚墨渖津津欲滴也，而室人已逝兼旬矣，悲何可言！因镌一诗云：'端江共汝买归舟，翠羽明珠汝不收。只裹生春红一片，至今墨渖泪交流。'乾隆甲子（乾隆九年）二月。莘田。"

文后，黄莘田专落两印章："黄绢幼妇"、"香草斋侍史"。按：《世说新语》记，曹娥碑上有题作"黄绢幼妇，外孙齑臼"八字，杨修向曹操解释云，其内含"绝妙好辞"四字。"黄绢幼妇"印，即典出于此。"香草斋侍史"，指莘田妻子庄氏。

黄莘田与庄氏感情融洽，莘田"七年除夜五离家"，卧病开封，庄氏在家乡寄诗，挂念之情溢于言表；莘田赴官岭南，庄氏随侍左右，照顾其起居生活；莘田罢官归里，生活困顿，庄氏贫贱相依，无怨无悔。庄氏去世，黄莘田悲痛欲绝，作《悼亡二十八首（自注：哭内子庄孺人作）》，可见其对爱妻感情之深。此二十八首诗中，就有镌于"生春红砚"上诗。

朱景英《题林轮川先生研铭册十八首次黄莘田二丈韵》，有一首云："生春红砚感情文，未必能同蝶化裙。镌得端江诗一首，何如元相咏巫云。"（《畬经堂诗续集》卷一）唐代元稹有《离思五首》，第四首开头

朱景英《畬经堂诗续集》卷一

两句云："曾经沧海难为水，除却巫山不是云。"朱氏借此诗以言黄莘田对妻子庄氏之感情。

朱景英，字幼芝，一字梅冶，号研北。湖南武陵人。曾任福建连城、宁德、平和、侯官知县。工书法，能诗文，所著《畲经堂诗文集》中，有砚铭十三首。朱氏于乾隆十八年知连城县时与黄莘田相识，此后来往密切，公事至福州，"每就香草斋信宿焉"，是黄莘田晚年所交之挚友，与莘田儿子黄度交亦契。后来清代酿花使者所著之《花间笑语》，竟演绎出朱景英乃黄莘田亡儿转世，"由是以父事先生（莘田）"之怪谈来，读来颇为滑稽。

又，上面所述之"生春红砚"，今人多把其归入"十砚轩"之十砚中。实"十砚轩"构于官岭南之前，而"生春红砚"蓄于"在端州日"，故其肯定不在最初"十砚"之列。颇疑是砚之制作者，为其时正客黄莘田署斋的董沧门、杨洞一二人之一。

《砚史》卷二中，又录《毓凤砚》铭，云："承家翰墨，报国文章。毓凤毛于池上，俾沐浴乎古香。雍正乙巳六月铭于端州署斋。付岱儿，莘田。""雍正乙巳"为雍正三年，是年黄莘田正兼摄高要知县。砚铭乃莘田为儿子黄岱所作，以寄厚望。时儿女皆在身边。

乾隆二十九年，八十二岁的黄莘田赠五弟黄应兆书法，所赠虽非砚台，所书却是一首"端研歌"，即其于康熙五十八年三十七岁时题"蕉白砚""羚羊峡暗秋月高"云云之铭。晚年书年轻时之旧作赠堂弟，当有几多深情在心头。

黄莘田对妻子、儿女、兄弟之情，对端砚之痴，已浑然一体，不可分割。

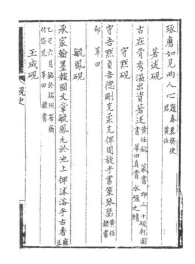

《砚史》卷二

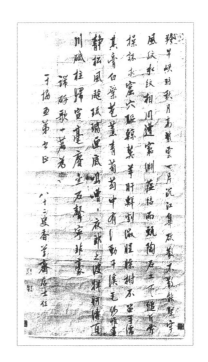

黄任书赠五弟黄应兆的端砚诗

古稀以后砚事疏

黄莘田于雍正五年四十五岁时罢官,雍正八年返闽。归里后,仍以品砚为乐。其初回闽时所作《赁居》诗云:"乌衣巷口夕阳天,旧垒新巢两变迁。垂老居人鸠鹊屋,几时归我郓欢田。殷勤谢客难旋马,早晚携家自刺船。传语丹阳诸好事,研山不作买庵钱。"(《秋江集》卷四)是典出宋代《避暑漫钞》:李后主研山为米芾所得,米携归丹阳;而苏仲恭素称好事,甘露寺下一古基,多古木。米欲得宅,苏欲得研。经人撮合,二人于是以之相易。黄莘田借此典反其意而用之,云"传语丹阳诸好事,研山不作买庵钱",可见中年时的他对砚爱之笃。

《砚史》卷二黄莘田小传云:"一行作吏,为嫉者所中,遽罢去,晏如也。既有砚癖,缄縢堆几,大小错落,坐卧其间,摩挲谛审,制款裁铭,如是者数十年,而先生亦已老矣。"此乃黄莘田罢官后之大致生活状态。

黄莘田砚铭,主要收录于《砚史》卷二。按林在峨在卷前《凡例》所言,是书"至癸丑(雍正十一年)始有成书,嗣余屡事缉缀,迄丙寅(乾隆十一年)而是本乃定"。所录黄任砚铭三十八首,其中十四首有时间款,时间最早者为康熙五十八年,最晚者为乾隆九年。第一首砚铭为作于康熙五十八年六月三日之《活活泼泼砚》,倒数第二首(有标注时间之最后一首)为题于乾隆九年二月之《生春红砚》。未标注年款的砚铭,料大部分亦应在此时段内所作(有少数为后来补入)。黄莘田卒于乾隆三十三年,其在乾隆九年以后所题砚铭,多数应未收入《砚史》。

如上所述,《砚史》所录黄莘田砚铭,有时间标注者,最晚至乾隆九年。乾隆九年时,黄莘田六十二岁。此之后,其对砚之痴,还一如既往否?

《秋江集》卷六《香草斋杂咏四首》中,有《砚》诗一首,云:"青花白叶蔚蓝天,古款新铭小篆镌。每日摩挲三两遍,共君上下百千年。含潮细腻呵能滴,聚沫淋漓啜亦鲜。记在端江夸管领,冰厅水洞冷溅溅。"是诗作于乾隆十六年至十九年之间,即黄莘田七十岁前后。可知古稀之年的黄莘田,对玩砚镌铭依然痴迷不已。

但此后,情况开始发生变化。《秋江集》卷首陈兆仑序有云:与黄莘田分别二十年，"每从南人讯莘田近状，辄云黄二丈颇健在，善饮犹昔，贫则有加焉。而所谓十研斋者，已别售移居，闻斋中所贮，亦销磨过半。流光如此，人事如此，岂不痛哉！"此序作于乾隆十九年，时陈兆仑在京城，序成后，交由是年入都"需次授牧黔之平远州"的李云龙"附入家邮达焉"。是年，黄莘田七十二岁，其斋中藏砚，或赠友人，或因贫困所迫变卖换钱，已"销磨过半"。

查陈兆仑《紫竹山房文集》卷九《黄莘田诗集序》，其表述为："十研斋已别售他主，度斋中所贮，亦随以行。"陈氏用一"度"字，显示其并不十分了解，不敢肯定，只是猜测。想是陈序到黄莘田手后，黄本人据实情加以修改，变成"而所谓'十研斋'者，已别售移居，闻斋中所贮，亦销磨过半"。则其时"销磨过半"之境况，更足可信。

心爱之旧藏亦要变卖，新砚自更无力购买。读《秋江集》卷六，在乾隆十九年后诗作中，已鲜有提及砚事。

江苏溧阳人彭光斗《闽琐记》中有云："黄令某县，有砚癖，所蓄佳砚甚多，自号'十砚老人'。余往候之，年已八十余，卧病不能起，且无子。问其研，散失略尽矣。"

彭光斗，字贲园，号退庵，江苏溧阳人，乾隆二十四年举人，乾隆三十年至三十一年官福建永定知县。工诗。著有《彭贲园诗抄》九卷、《云溪草堂文抄》十四卷。

据彭氏行迹推测，其往福州拜访黄莘田，约在乾隆三十一年前后。此时，黄莘田所蓄之砚，已是散失将尽。

由此，可把乾隆九年后之情况分作两阶段：乾隆九年以后至十九年以前，仍热衷于品砚题铭；乾隆十九年以后至三十三年去世前，因生活贫困，已是砚事渐疏，藏砚渐失。

《秋江集》卷六

迟暮托砚百般了

黄莘田去世前，或自我意识到将不久于世，作出了一个颇具意味之举动：把“十砚”中仅剩下之一砚寄赠纪昀。纪昀得砚后，作《题黄莘田砚》诗，云：“诗人藏十砚，憔悴卧蓬庐。零落惟余此，殷勤远寄予。槐厅供视草，藜阁伴雠书。一片韩陵石，相看未忍疏。”（《纪文达公遗集》诗卷十）

曾讀人間未見書
寄董曲江
五緯宵明壁府寬風雲翕合競彈冠相攜諸子蓬萊島
時憶先生苜蓿盤名士爲官原灑落詞人垂老半飢寒
祇應雪夜哦新句且付彭城𧤼衍看
題黃莘田硯
詩人藏十硯憔悴臥蓬廬零落惟餘此殷勤遠寄予槐
廳供視草藜閣伴讐書一片韓陵石相看未忍疎
鄭編修際唐出其曾祖　賜硯見示敬賦古詩二
十六韻

《纪文达公遗集》诗卷十

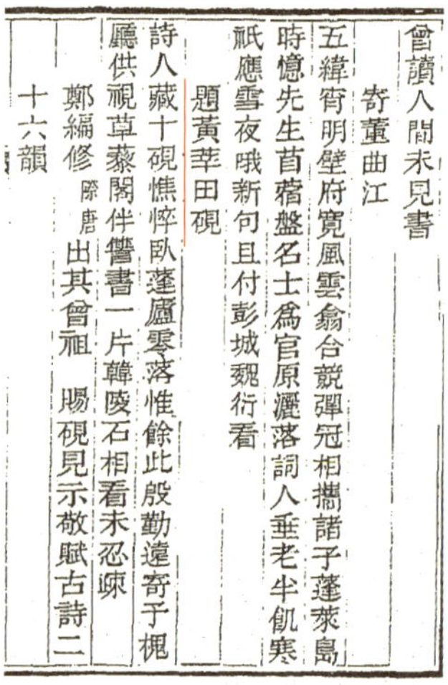

纪昀诗中未对此砚作描述，只指其为“十砚”之一，砚名亦笼统称为“黄莘田砚”，故是砚之详情，如形制、题材、铭文等，皆不得而知。又查收录纪昀藏砚砚拓之《阅微草堂砚谱》，亦未能看出哪一砚与黄莘田有关。

纪为乾隆十九年进士，与莘田侄黄惠是同年。乾隆二十七年，纪昀受命视学福建。在闽期间，结识黄莘田。《纪文达公遗集》文卷九《郭茗山诗集序》中有云：“余督闽学三年，闻永福黄丈莘田时称先生（指郭茗山），顾适当先生解官时，竟弗及一见。”黄莘田在纪昀面前“时称”郭氏，可知其与纪氏颇有交往。纪昀评黄莘田诗：“黄莘田诗从温、李入，不从温、李出，往往刻露清新，别深怀抱，非可以香奁体概之。”

之矣
郭茗山詩集序
鍾嶸以後詩話冗雜如牛毛而要其本旨不出聖人之
一語書稱詩言志是也蓋志者性情之所之亦即人品
學問之所見富貴之場不能爲幽冷之句躁競之士不
能爲恬淡之詞强而爲之必不工即工亦終有毫釐差
阮亭先生論詩絕句有曰風懷澄澹推韋柳佳處多從
五字求解識無聲絃指妙柳州那得並蘇州豈非柳州
猶役役功名蘇州則掃地焚香泊然高寄乎飴山老人
持詩中有人之說亦是意焉耳龍溪郭茗山先生耽書
紀文達公遺集卷九　五
嗜古不爲俗學嘗舉於鄉亦嘗爲學官然識度夷曠蕭
然有松石間意不必不仕進亦不必定仕進卒投老山
林以吟詠自適其所吟詠不必有意不求工如擊壤集
之率易濂洛風雅之迂腐亦不必刻意求工如武功一
派體物於纖微如西崑一派鏤心於組織就其近似者
言之茶山劍南之間拔戟自成一隊殆相當矣余督閩
學三年聞永福黃丈莘田時稱先生顧適當先生解官
時竟弗及一見乾隆癸丑與伊子墨卿話及墨卿始與
先生之子鼇雲攜先生集來求余是正余披閱再四歎
所見殆過所聞鼇雲遂錄其菁華編爲此集乙卯夏鼇

《纪文达公遗集》文卷九

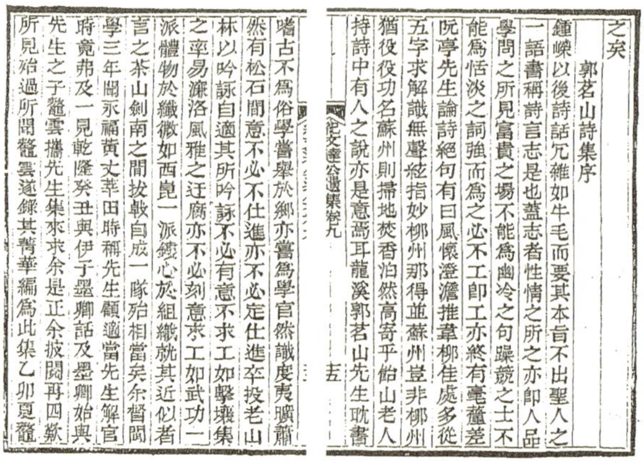

（梁章钜《退庵金石书画跋》卷十《黄莘田自书诗册》）评价甚中肯。

乾隆二十九年八月，纪昀因丁父忧离开福州归里。乾隆三十二年春，服阕赴京，补授翰林院侍读，充日讲起居注官，晋左庶子（《纪晓岚年谱》）。翌年，黄莘田把砚寄付纪昀。

纪昀本喜蓄砚，身在玩砚风气盛行之闽地为官，不可能对砚无动于衷、无所作为。故其入闽时虽尚不足四十岁，然在当地士林砚坛，亦应薄有"砚名"。其在闽时所用之砚，自名之曰"闽中校士砚"。黄莘田在与纪氏交往中，或得观其手边之砚，或得听其谈砚之论，当能得知纪昀实亦一砚痴，故在自感将去之前，把"十砚"中珍藏至最后之爱砚寄赠远在京城的纪昀。此一举，颇有"临终托孤"之意味。正如其在《赠砚行寄呈西昌公》诗中所云："至宝原待至人用，苟非其人天不生。"佳砚赠识者，使物得其主，此亦"真砚痴"之应有举动。至此，"十砚轩"中十方宝砚，或为他人索去，或卖以易米，或慷慨赠人，终于尽散他处。正是：聚也莘田，散也莘田。

除以"十砚"中的最后一砚寄赠纪昀外，是年，黄莘田还赠送了一方端砚给闽县人叶观国。叶氏《绿筠书屋诗钞》卷七有《黄丈莘田以端石砚赠行，赋谢奉寄二首》，诗云："一片溪英琢水苍，琉璃制匣锦为囊。亲从诗老斋头饷，犹带苏黄墨渖香。""仙令亲搜三洞材，铭词片片赏清裁。此君虽未经题品，也友高轩十砚来（自注：东坡谓研为石君，黄丈所居斋曰十砚轩）。"此砚黄莘田未作题铭，非"十砚"之一，然"琉璃制匣锦为囊"，自亦是莘田本人珍重之物。叶观国得此砚，甚为宝惜，题云："此莘田黄丈所赠也，质坚而

叶观国《绿筠书屋诗钞》卷七

轻，最善发墨，识者以为老坑旧物。顾未有题识，乃颜之曰‘琳腴’。缀以铭云：‘尔之主，善为铭，胡独遗尔靳尔名？貌虽匪扬用则灵，青琳之腴新发硎。毅庵观国。’”（《砚史》卷七）

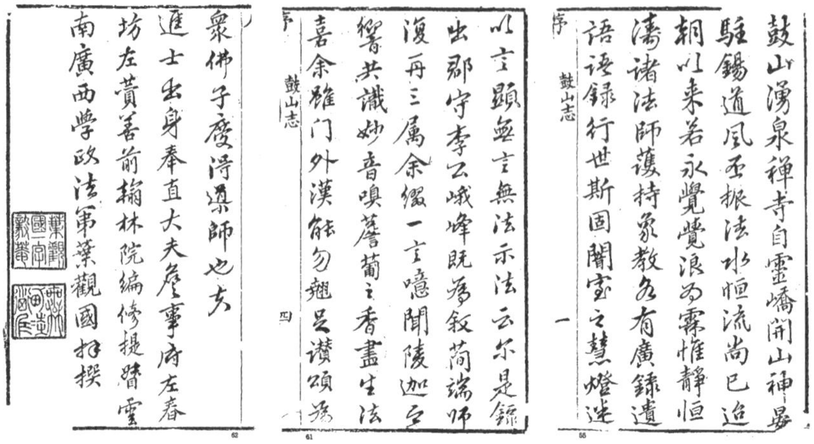

鼓山湧泉禪寺自靈嶠開山神晏駐錫道風丕振法水恒流尚已迨朝以來若永覺覺浪爲霖惟靜恒濤諸法師護持象教多有廣錄遺語語錄行世斯固闡宗之慧燈迷

序 鼓山志 一

以宣顯無言無法示法云爾是錄出郡守李公峨峰既爲敘簡端師復再三屬余綴一言噫聞陵迦之響共識妙音嗅薝蔔之香盡生法喜余雖門外漢能勿翹足讚頌爲

序 鼓山志 四

衆佛子慶得渠師也夫

進士出身奉直大夫詹事府左春坊左贊善前翰林院編修提督雲南廣西學政法第葉觀國拜撰

叶观国为黄任纂修《鼓山志》所作序

叶观国（1720—1792），字家光，号毅庵，晚号存吾。福建闽县人。乾隆十六年进士，选庶吉士，散馆授编修。历任云南、广西学政。升任翰林院侍读学士、詹事府少詹事，入直南书房。晚年归里，在文儒坊建“绿筠书屋”。著有《绿筠书屋诗钞》。

是年，黄莘田驾鹤西去，享年八十六岁。

六十六年后的道光十四年（1834），闽人梁章钜作《题黄莘田先生遗像研》，诗云：“秋江香草想襟期，滨海才名四海知。党锢代传江夏誉，循良情见道州诗。绝无猿鹤归山怨，笑倒蚍蜉撼树时。珍重韩陵一片石，瓣香舍此欲何之。”（《退庵诗存》卷二十三）这方有黄莘田遗像之砚台，不知今日流落何处。

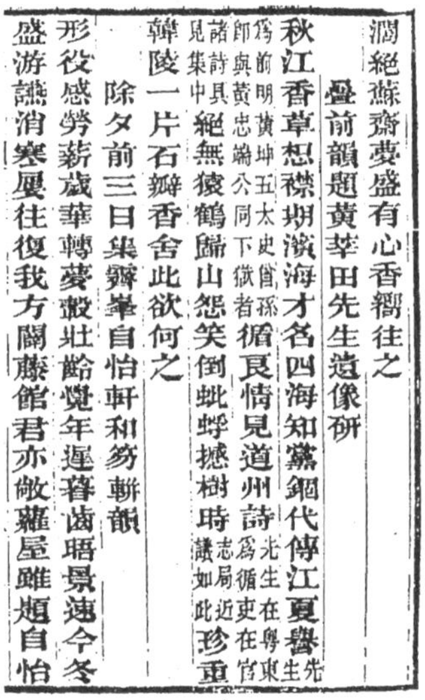

凋絕蕪齋夢盛有心香獨往之

疊前韻題黃莘田先生遺像研

秋江香草想襟期濱海才名四海知黨錮代傳江夏譽先生爲前明黃坤五太史曾孫郎與黃忠端公同下獄者循良情見道州詩先生在粵東爲循吏在官諸詩具見集中絕無猿鶴歸山怨笑倒蚍蜉撼樹時志局近讒如此珍重韓陵一片石瓣香舍此欲何之

除夕前三日集彝峯自怡軒和務軒韻

形役感勞薪歲華轉夢殺壯齡覺年運暮齒晤景速今冬盛游讌消寒屢往復我方闕藤館君亦敞蘿屋雖題自怡

梁章钜《退庵诗存》卷二十三

篇余 十砚

大致符合有十砚

十砚轩中所蓄"十砚"，究竟为哪十方砚，黄莘田本人并无一一罗列。今有指此"十砚"为"美无度"、"古砚轩"、"十二星"、"天然"、"生春红"、"著述"、"风月"、"写裙"、"青花"、"蕉石"，然并无交代依据，空口无凭。兹仅据所知信息，对十砚轩中之"十砚"作一考究。

姑设定入选"十砚"之条件有四：

一者，须出现于《砚史》卷二黄莘田砚铭专卷中。"十砚"为黄莘田最显要之藏砚，且皆有铭，林在峩《砚史》不大可能漏录。

二者，关于制砚及作铭之时间下限。"十砚"在《十研轩砚》铭中所言"己亥（康熙五十八年）过吴"时应已全部制成，黄莘田于同年六月题"美无度砚"时，已使用"十研轩图书"印章。而铭文题刻之时间下限，可延后至林正青作《十砚轩记》之雍正三年二月三日，盖记中言此"十砚"已"铭刻其背"。

三者，具有可供"认定"之重要信息。本书中暂且以镌有"十砚（研）轩图书"印章者为"十砚"标志之一。虽无此印，然有其他可资证明之线索者（如铭者已直言为"十砚"之一），亦可。

四者，砚本身具有特殊之意义。

经比照，大致符合相关条件者为：

1."美无度砚"，铭云："非君美无度，孰为劳寸心。"落款："康熙己亥（康熙五十八年）六月，任。"书体："行书。"镌印二："莘田真赏"、"十研轩图书"。余甸题铭云："不方不圆，不雕不琢。略事磨砻，德修罔觉。如金在冶，如玉离璞。端州多才此超卓，晤言一室君子乐。"落款："甸铭。"附记云："此十砚轩之一砚也，莘田所谓'劳寸心'者是。"（《砚史》卷二、卷一）

2."著述砚"，铭云："古在骨，秀溢出，资著述。"落款："黄任铭。"书体："草书。"镌印三："十砚轩图书"、"莘田真赏"、"水崖之精"。无时间款。（《砚史》卷二）

3."玉成砚"，铭云："惟直方大，含章可贞。兹焉丽泽，玉汝于成。"

落款："黄任铭。"镌印："十研轩图书"。无时间款。(《砚史》卷二)

4. "我心写兮砚",铭云:"他山之石,如琢如磨。我心写兮,独寐寤歌。"落款:"庚子(康熙五十九年)长至后二日,任。"镌印二:"莘田真赏"、"十研轩图书"。(《砚史》卷二)

5. "十研轩砚",题云:"己亥过吴,余有诗云:'箧装谀墓千秋纸,囊贮蛮溪十片岩。'……遂构十研轩以贮十石,非质之美兼制之善者不得与焉。兹亦其一云。"落款:"康熙庚子上巳,任。"书体:"行书。"印:"黄任。"因砚铭言及"构十研轩以贮十石"事,故称"十研轩砚",其本身亦"十砚"之一。又,从"囊贮蛮溪十片岩"一句可知,"十砚"全为端石。(《砚史》卷二)

6. "十二星砚",铭云:"踏得穷渊割紫英,濡毫犹听溜泠泠。夜光一螺西岩矗,斜浸秋天十二星。"落款:"康熙庚子初秋十有三日(康熙五十九年七月十三日)题于冻井山房,莘田。"此砚后归赵家,赵国麟记:"此莘田十砚之一。雍正癸丑(十一年),儿子震倩友人借观,爱不忍释,因奉朱提为寿。莘田觉之,割以相赠。"(《砚史》卷二、卷七)

7. "凤形改制砚",林氏《砚史》中称"橡林精舍砚",有"梅道人"款铭,书中据此定为元代吴镇旧藏。谢道承题拓云:"右砚大尺余,厚二寸许,青花环匝,旁有鹳眼二,高□得于都下。旧款天然巨璞,经吴门顾大家重制两月始成,形如威凤,此十研至宝也。所谓□千仞而览德辉,其在斯乎?古梅。"既为"十研至宝",当属"十砚"之一。颇疑此砚即《砚史》卷二所录之"毓凤砚",莘田铭"毓凤砚"云:"承家翰墨,报国文章。毓凤毛于池上,俾沐浴乎古香。"落款:"雍正乙巳(雍正三年)六月铭于端州署斋。付岱儿,莘田。"书体:"隶书。"按:"古香"原指图书、藏画、法帖等发出的气味。是砚为旧砚改制,且有前人砚铭,莘田故言"俾沐浴乎古香"。郑重题以赠儿,则知此砚之可宝。又,据黄莘田雍正三年十二月八日所言:"余在端州十阅月,未尝得一砚。"其摄篆高要在雍正二年冬天,则至雍正三年六月作铭时,其仍然"未尝得一砚",可知此砚极有可能为从家中带来"十砚"之一。存疑点:"毓凤砚"题铭时间,晚数月于林正青作《十砚轩记》之时间。(《砚史》卷七、卷二,《秋江集》卷三)

8. "蕉白砚",诗云:"羚羊峡暗秋月高,彩云一片沉江皋……百川砥柱归宣毫,赓金石声宁非豪。"落款:"康熙五十八年六月既望,莘田黄任。"书体:"行书。"石质既佳(蕉白),又题长诗,重要性不言而喻。是诗之后,还有谢道承题于乾隆己未秋九月既望之跋文,言及黄莘田于乾隆三年入粤请开复之"重要行迹",内含二诗,有句云:"牂牁一叶下闽江,十砚萧然锁

夜窗。"（《砚史》卷二）

9. "青花砚"，诗云："一寸干将切紫泥，专诸门巷日初西。如何轧轧鸣机手，割遍端州十里溪。"题识曰："余此石出入怀袖将十年，今春携入吴，吴门顾二娘见而悦之，为制斯砚。余喜其艺之精，而感其意之笃，为诗以赠，并勒于砚阴，俾后之传者有所考焉。顾家于专诸旧里。"落款："莘田。"此石未琢制前，已"出入怀袖将十年"，经顾大家琢制成砚，更显重要。存疑点：缺书体、印章等信息。另，据是诗在《秋江集》中之前后文推测，其约题于康熙六十一年。而从"今春"云云可知，制砚与题诗为同一年，不存在砚早制成而铭数年后才题之可能。则要么是诗之编排错位，误向后移（上述"十二星砚"、"蕉白砚"在《秋江集》中之位置俱往后移），要么是砚并非"十砚"之一。（《砚史》卷二、《秋江集》卷二）

10. "清风砚"。铭云："追琢其章，柔嘉维则。穆如清风，君子之德。"落款："莘田任，康熙庚子长至后一日。"书体："篆书。"印三："黄任"、"神品"、"子子孙孙"。查《砚史》卷二所录，镌"神品"印章者仅有二：一为"生春红砚"，一即此砚；又，唯一仅此砚刻"子子孙孙"印，有传之子孙、世守勿替之意，可见此砚在黄莘田心目中之重要地位。（《砚史》卷二）

"生春红砚"是后补

《砚史》卷二录《生春红砚》，云："旁镌'生春红'三字篆书，又印三：'神品'、'莘田真赏'、'十砚轩图书'。"黄莘田题云："余在端州日……"落款："乾隆甲子二月，莘田。"钤印二："黄绢幼妇"、"香草斋侍史"。

此砚不在最初"十砚"之内，然因是黄莘田爱妻庄氏之物，意义非比寻常；且最初之"十砚"中，个别已赠人，此砚遂极有可能"后补"其中，并成为黄莘田"十砚"中最重要之一砚，这从其所钤印章之多、印文之特别即可看出。

《秋江集》卷五《题林轮川（在峩）涤砚图》，有诗句云："我家十匣多尘封，见猎因君起遥羡。"据其前后诗作推算，是诗约作于乾隆十一年。而早在雍正十一年，"十砚"中之"十二星砚"就已为赵国麟儿子赵震索去。此处仍言"我家十匣多尘封"，显然已"缺一补一"，而"生春红砚"极有可能是替补者。

"生春红砚"后来之境况，据乾嘉时人法式善《梧门诗话》卷十二（著者手定底稿本）载："张子白云："生春红砚"后归华亭沈大成学子，学子归于翁布衣石瓠，少年时犹及见之。"

沈大成与黄莘田交契，砚归沈氏，并不唐突。而据黄莘田在去世前把"十砚"中最后一砚寄赠纪昀之事推断，"生春红砚"当在此前已归沈氏。然此砚在沈大成手中停留之时日亦不甚长，盖黄莘田去世三年后之乾隆三十六年，沈氏便已离世。是砚于是转归翁石瓠处。翁石瓠即翁春，字曙鸠，一字辨堂，号澹生，别号石瓠。家贫苦，自学成才，诗宗元人，书好孙过庭。著有《赏雨茅屋诗》、《钓诗》。沈、翁二人皆为江苏华亭人，砚入同乡之手，亦情理中事。

言此事之张子白，即张若采，字谷漪，号子白，江苏娄县人。乾隆五十五年进士，官镇番知县。著有《梅屋诗钞》。

台湾"国立故宫博物院"编《兰千山馆名砚目录》，收录一方"黄任铭生春红砚"，形近椭圆，砚面周边雕云纹。砚背铭文云："余在端州日，室人蓄此砚，戏名'生春红'，盖取东坡'小窗书幌相妩媚，令君晓梦生春红'之句。室人摩挲不去手。迩来砚匣尘封，启视而墨渖津津欲滴也，而室人逝已兼旬矣，悲何可言！因镌此诗云：'端江共汝买归舟，翠羽明珠汝不收。只裹生春红一片，至今墨渖泪交流。'"落款："乾隆甲子二月，莘田黄任。"印章二："十研老人"、"莘田黄任"。对照《砚史》卷二《生春红砚》铭，有多处不同。一是《砚史》卷二"余戏名'生春红'"，此砚中无"余"字；"启视，尚墨渖津津欲滴"之"尚"字，此砚中作"而"字；"室人已逝兼旬"之"已逝"，此砚中作"逝已"；"因镌一诗"之"一"字，砚中作"此"字；落款"莘田"，此砚作"莘田黄任"。二是《砚史》中云"旁镌'生春红'三字篆书，又印三：'神品'、'莘田真赏'、'十砚轩图书'"，而此砚俱无。三是文后之印章，《砚史》云"印二：'黄绢幼妇'、'香草斋侍史'"，此砚则为"十研老人"、"莘田黄任"。是砚必伪。

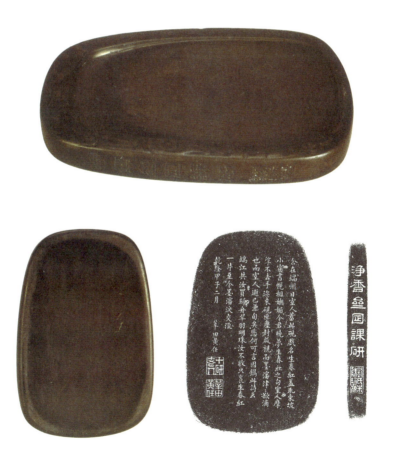

黄任款铭"生春红砚"（摘自《兰千山馆名砚目录》）

今所见"生春红砚"，尚有多款，其中两款作长方渰池式，一款介乎长方与椭圆之间，砚背皆刻"余在端州日"云云之铭。

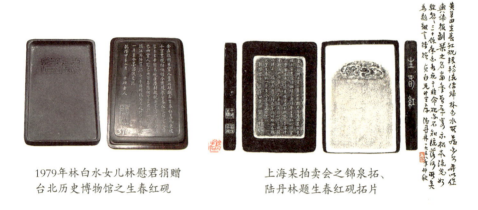

1979年林白水女儿林慰君捐赠
台北历史博物馆之生春红砚

上海某拍卖会之锦泉拓、
陆丹林题生春红砚拓片

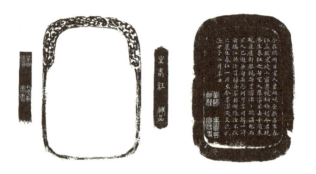

与《砚史》卷二所记内容、书体、印章最接近之生春红砚

关于"生春红砚"之记载，《砚史》版和《秋江集》版稍有出入。

《砚史》卷二《生春红砚》介绍云："旁镌'生春红'三字"，文曰："余在端州日，室人蓄此砚，余戏名'生春红'，盖取东坡'小窗书幌相妩媚，令君晓梦生春红'之句。室人摩挲不去手。迩来砚匣尘封，启视，尚墨渖津津欲滴也，而室人已逝兼旬矣，悲何可言！因镌一诗云：'端江共汝买归舟，翠羽明珠汝不收。只裹生春红一片，至今墨渖泪交流。'"

《秋江集》卷五中，在《悼亡二十八首（自注：哭内子庄孺人作）》第九首"端江共汝买归舟"云云诗后，有注曰："予宰端江日，孺人蓄一砚，肤理细腻，紫翠焕发。砚背刻'生春红'三字，盖取'小窗书幌相妩媚，令君晓梦生春红'之句。孺人摩挲不去手。迩来砚匣尘封，昨开视，墨光尚津津欲滴也，痛何可言。"

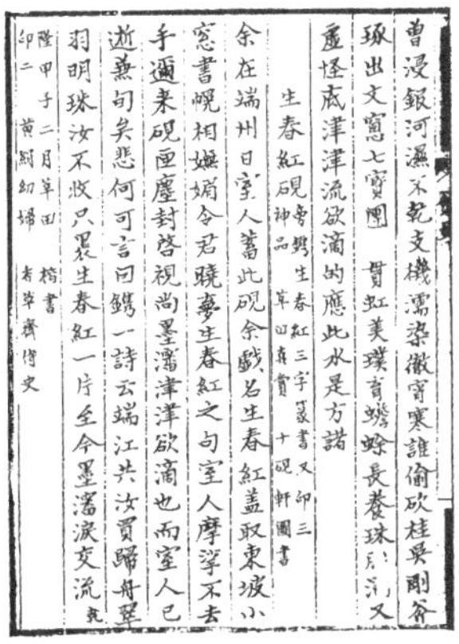

曾浸銀河灑不乾文機濡染徹宵寒誰偷砍桂吴剛斧
琢出文窗七寶圑　貫虹美璞育蟾蜍長養珠兒汀又
盧怪底津津流欲滴的應此水是方諸
生春紅硯　粤端生春紅三字篆書又印三神品　草田真賞　十硯軒圖書
余在端州日室人蓄此硯余戲名生春紅蓋取東坡小
窗書幌相嫵媚令君曉夢生春紅之句室人摩挲不去
手邇来硯匣塵封啓視尚墨瀋津津欲滴也而室人已
逝兼旬矣悲何可言因鐫一詩云端江共汝買歸舟翠
羽明珠汝不收只裹生春紅一片至今墨瀋淚交流　乾
隆甲子二月草田　楷書
印二　黄岡幼婦　右草齋侍史

《砚史》卷二

斷稠桑皂莢湯
有時歌咏到宵深君起持壺我淺斟今夜哭君詩已就枯
腸斷盡獨哀吟
端江共汝買歸舟翠羽明珠汝不收只裹生春紅一片至
今墨瀋淚交流　予宰端江日孺人蓄一硯膚理細膩紫翠煥發硯背刻生春紅三字蓋取小窗書幌相嫵媚令君曉夢生春紅之句孺人摩挲不去手邇來硯匣塵封非開啟還光尚津津欲滴也痛何可言
紅藥翻堦香滿庭一晌春茗睡初醒櫻桃花下無些事自
屑金泥乞寫經
苦將心力事華嚴合十喃喃漏正添每到齋期君不寢小
樓殘燭隔風簾
庭花多是手親栽無主花偏爛熳開寂寂舉家寒食坐任

《秋江集》卷五

两版相对照，引出问题二：

其一："生春红"三字究竟刻于何处？林在峩《砚史》记录"旁镌"，莘田自谓"背刻"。林氏《砚史》录铭，乃据拓片直录。但拓片之搨制，有时搨其全部，有时搨其局部（若是非规矩形的随形砚或天然砚，有时难以搨其整体，只能搨有纹饰或文字部分）。如只搨出"生春红"三字，在未得见实物之情况下，有误认位置之可能。

其二：林氏《砚史》中所录"余在端州日"云云一整段文字，究竟是镌于砚上的铭文还是题拓文字？《秋江集》中只云"砚背刻'生春红'三字"，未言还刻有其他铭文；林氏《砚史》所录，有"因镌一诗云"之语，言"镌"的是"诗"。

综上所述，笔者推测其情形如下：黄莘田在雍正二年冬至雍正四年摄官高要期间，妻子庄氏喜得一砚，肤理细腻，紫翠焕发。莘田遂从东坡"小窗书幌相妩媚，令君晓梦生春红"句中，取"生春红"三字戏名之，刻于砚背。罢官归里，此砚随身带回福州。乾隆九年正月廿一日，妻子庄氏去世，黄莘田作《悼亡二十八首》，并把其中写及"生春红砚"的一首镌于砚上，又搨一纸，在拓片上题跋，述其原委。拓片到林在峩手上，在峩录铭时，为让后之读者能详知是砚之来龙去脉，故照录黄莘田之题拓全文（内已含镌刻砚上的诗文）。《秋江集》中之诗注，原应与拓片上的题跋基本一致，后最终编校定稿时，黄莘田对个别文字作了改动（包括删去"而室人已逝兼旬矣"之时间制约语）。

如以上推测成立，则砚上只刻有"生春红"三字及"端江共汝买归舟"云云诗一首、章数枚。今所见各种版本所载"生春红砚"，皆把《砚史》卷二《生春红砚》之题识全文照刻于砚上。

是砚之真实面目究竟如何，尚待继续考证。

李、沈二砚待考定

一为"天然砚"，李云龙题："水崖之精工所度，美石天然无戌削。十砚轩中贻，摩挲亲矩矱。余将岳渎游，兹焉宝行囊，朝斯夕斯应离索。"可知此砚原为黄莘田十砚轩中之物，而赠予李云龙。（《砚史》卷七）

待考之原因：其虽出十砚轩中，却未知是否"十砚"之一。如前所设条件，若属"十砚"，应在《砚史》卷二有录。此"天然砚"乃据砚形命名，题目较宽泛；而《砚史》所录，由林在峩在"铭前标目"，有据砚形命名，亦有据铭文内容命名，"体例"不一。此"天然砚"因不详是否有黄莘田铭文，其究竟可与《砚史》卷二所录哪方砚对应，难以确定。

李云龙（1710—1761），字玉和，号霖邨，祖籍福清，曾祖时迁家闽县。黄莘田与其父李瑶峰为康熙壬午乡试同年，与李云龙相交尤洽。乾隆十九年，李云龙授贵州平远州知州；七年后，迁任贵州独山州知州，未几以劳卒。有政声，善属文，工汉隶法，富藏书，爱蓄金石书画，藏砚亦夥。

又一为"双芝砚"，其"旁镌'十研轩神品'、'隐拙斋藏'。"沈廷芳铭云："猗双芝，竞三秀。茁墨池，曜文囿，端琼之德永宜年。"又题识："乾隆甲申元日（乾隆二十九年正月初一），过十研轩，黄丈莘田手赠此砚，厥质温润，厥池琢双芝形，妙极自然，因以名焉。之江廷芳。"则此砚原为十砚轩中佳品而赠沈廷

《砚史》卷七

芳者。(《砚史》卷七)

待考之原因：隐拙斋为沈廷芳斋号，"隐拙斋藏"四字及"猗双芝"云云之铭，当为沈氏得砚后所题；而"十研轩神品"五字，究竟是黄莘田赠砚时已刻就，抑或沈氏得砚后一并题刻？不得而知。从《砚史》卷二所录看黄莘田用印习惯，有镌"神品"者，有镌"十砚轩图书"者，亦有两印俱镌者，独不见有镌"十研轩神品"者。故"十研轩神品"极有可能是沈氏之语，非莘田自谓。又，是砚虽出十砚轩中，却难断是否"十砚"之一。查《砚史》卷二所录，从题目、铭文到据文推测之可能砚形与雕饰，皆找不到与此"双芝砚"对应者。

沈廷芳（1702—1772），字畹叔，一字荻林，号椒园，仁和（今杭州）人。乾隆元年举博学鸿词科，选为庶吉士，授编修，任山东道监察御史。能诗善文。曾主讲端溪书院，寓高要一年。乾隆二十八年任鳌峰书院山长。喜蓄砚，尝自云："余有砚癖，藏端溪石甚夥，因名书舍曰'砚林'。"著有《隐拙斋诗文集》等。

沈廷芳像
（摘自《清代学者象传》）

乾隆内府“四美”砚

《西清砚谱》卷十七，录黄莘田藏砚一方，谱中名为“旧端石石田砚”。除此外，乾隆《御制诗》尚录有黄莘田砚三方：

一为“旧端石方池砚”。乾隆帝《题旧端石方池砚》云：“书窗恒是伴人南，活眼一如月沼涵。十砚轩珍得其二，半欣聚古半怀惭。”“十砚轩珍得其二”后注云：“砚覆手铭词后署款曰‘莘田任’，下有‘黄’、‘任’二小印。砚侧有‘莘田自赏’、‘十砚轩图书’二印。考黄任闽人，康熙壬午举人，官县令，有砚癖，以‘十砚’名其轩，此及已入谱之“石田砚”乃其十砚中之二也。”是诗作于乾隆四十五年，收入《御制诗四集》卷六十六中。

古璧何年物完全肉好留代時不知漢蒲穀匪從周蝕
土渾如土入幽還出幽慨然思閱世弗藉屢迴眸
題舊端石方池硯
書窗恒是伴人南活眼一如月沼涵十硯軒珍得其二硯覆手銘詞後署款曰莘田任下有黃任二小印硯側有莘田自賞十硯軒圖書二印考黃任閩人康熙壬午舉人官縣令有硯癖以十硯名其軒此及已入譜之石田硯乃其十硯中之二也半欣聚古半
懷慚
河間道中詠古

乾隆《御制诗四集》卷六十六

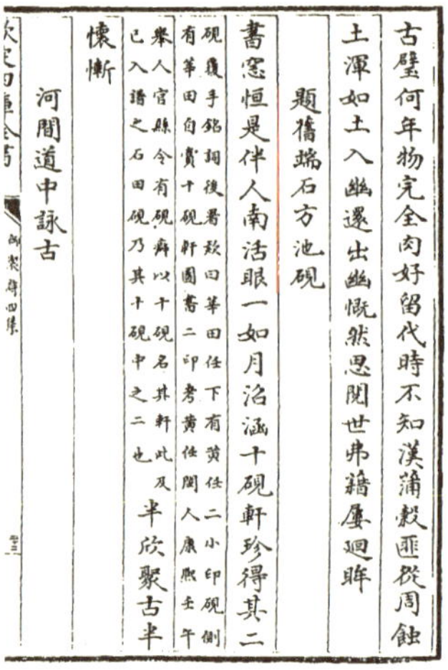

一为“黄任端石玉堂砚”。乾隆帝《黄任端石玉堂砚》诗云：“义取坤三铭

礴不獨刻畫稱工緻疑本大幅被割裂是本運筆沈快超情入神自是北宋能手但裁去名款又所畫遠山工祗留餘縑寸許當是大幅被人割裂別為一副牟利者將問之
誰無實際佳言善行古之人似此泯寞多弗曾此則幸
哉賴歌傳有名無名奚足計
黃任端石玉堂硯
義取坤三銘語鐫是硯銘曰簡而文龍以則含章可貞君子之德十四字隸書款署莘田黃任字也古端曾是弃莘田舊藏十硯軒之一硯右側鈐方印二曰莘田自賞曰十硯軒圖書西清硯譜內舊藏黃任石田硯一得此珠聯璧合亦增韻事也得此欣他珠
有聯
題韓幹春山遊騎圖
三卷兩軸共六馬石渠寶笈舊藏韓幹畫馬三卷照夜白圖一圉人呈馬圖一馬性圖一又二軸明皇試馬圖一又猿馬圖一畫二馬餘各畫一馬凡六馬內圉人呈馬卷并二軸有宣和瘦金書題識均無韓幹款韓幹所繪藏石渠其三宣和瘦金識然皆藍田款
識無即今復遇不脛走覩此春山遊騎圖却亦無韓之
款識徒因蕉林鑑定諸是軸春山遊騎圖畫馬六亦無韓幹款識惟梁清標題籤云唐韓幹春山遊騎圖真跡并蕉林收藏三印以前六馬證之筆法宛肖雖云內廄神豪岸

乾隆《御制诗五集》卷二十八

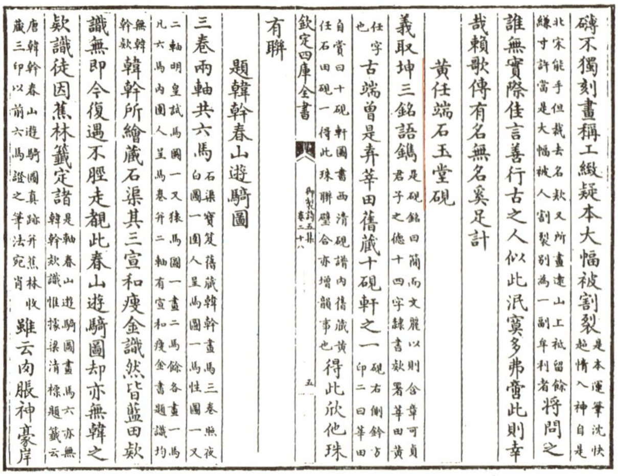

语镌，古端曾是奉莘田。旧藏十砚轩之一，得此欣他珠有联。""义取坤三铭语镌"后注云："是砚铭曰'简而文，丽以则。含章可贞，君子之德'十四字隶书，款署'莘田'，黄任字也。""旧藏十砚轩之一"后注云："砚右侧钤方印二，曰'莘田自赏'、曰'十砚轩图书'。《西清砚谱》内旧藏黄任'石田砚'一，得此珠联璧合，亦增韵事也。"是诗作于乾隆五十二年，收入《御制诗五集》卷二十八中。

一为"旧端石玉堂砚"。乾隆帝《咏旧端石玉堂砚》云："淬（淬）妃盖久别龙宾，呵出瀓濛吐玉津。十砚轩珍今萃四，复宜四美具其邻。""十砚轩珍今萃四"后注云："是砚为闽人黄任'十砚斋'中所珍，任字莘田，康熙壬午举人，官县令，有砚癖。内府旧藏其三，兹又得其一。""复宜四美具其邻"后注云："内府箧奉董其昌鉴藏名画四卷：顾恺之画《女史箴》一，李公麟《蜀川图》一、《九歌图》一、《潇湘卧游图》一，以'四美'具名之。兹黄任所藏十砚中，已得其四，亦可谓'四美'具云。"是诗作于乾隆五十二年，收入《御制诗五集》卷三十一中。

乾隆《御制诗五集》卷三十一

《西清砚谱》成书于乾隆四十三年，以上三砚，皆题于砚谱成书之后，或得于题诗之年，故不见载于砚谱。诗注中所提"石田砚"，即收录于《西清砚谱》卷十七之"旧端石石田砚"，为"四美"中最早所得之"一美"，将在《砚辨》一节中专门述及。

《御制诗》所录之三砚，因无图见载，未知其外貌。

《题旧端石方池砚》诗注云"铭词后署款曰'莘田任'，下有'黄'、'任'二小印。砚侧有'莘田自赏'、'十砚轩图书'二印"。经对照《砚史》卷二所录黄莘田砚铭，"莘田自赏"印与常用的"莘田真赏"印有一字之差，存疑。即使不计较此印之差别，《砚史》卷二中亦无同时能符合此署款及印章者。窃意是砚不大可能为"十砚"之一。

《黄任端石玉堂砚》诗注中有录莘田铭，云："简而文，丽以则。含章可贞，君子之德。"乾隆帝谓此铭"义取坤三铭语镌"。"坤"即坤卦，坤卦三爻之爻辞为："含章，可贞。或从王事，无成有终。"故云。查《砚史》卷二莘田砚铭，有三首如下：一为《方砚为李霖邨铭》，云："温而栗，丽以则。是错是攻，刚克柔克……"一为《玉成砚》铭，云："惟直方大，含章可贞。兹焉丽泽，玉汝于成。"一为《清风砚》铭，云："追琢其章，柔嘉维则。穆如清风，君子之德。"另，清初潘耒《遂初堂集》卷二十《砚铭三十首》，亦有《玉堂砚》铭，铭中有"简而文，温而理"之句。"黄任端石玉堂砚"之铭文，颇有从以上数铭中拼凑而成之嫌。所镌"莘田自赏"印，其可疑与上砚同。

"旧端石玉堂砚"之黄莘田题铭及用印，俱不详，未可考。

麗以則

簡而文

《砚史》卷二

潘耒《遂初堂集》卷二十

君子之德

含章可貞

《砚史》卷二

《砚史》卷二

"黄任端石玉堂砚"铭文，有拼凑之嫌

桐城方氏得其三

《砚史》卷九录桐城人方日岱题诗二首，其一云：“十砚奇珍我得三，故人情义重如山。同心更有涪云（林在峩）叟，雅好莘田伯仲间。”

方日岱，字秩宗，号慕斋，生卒年及行迹不详。方苞《方日崑妻李氏墓表》中有云：“日岱初任闽之沙县，改调泰宁。”（《望溪先生文集》卷十三）此文为乾隆七年方苞蒙恩归里后所作，是年方日岱正在泰宁知县任上。

仁和黃樹穀
圖書清閟孰如君家學傳來異様芬不但洛陽能紙貴
爭從奉研乞銘文 集古梅德泉南豁石泉句
桐城方曰岱慕齋
十硯奇珍我得三故人情義重如山同心更有涪雲叟
雅好莘田伯仲間
晉江諸葛良輔沈雲
搜羅卽墨載芸緗紙貴三都四海傳只是硯田難久戀
行有載筆上凌烟
晉江諸葛良輔沈雲
誰買道山作硯田松紋猶染舊春烟星巖落處光華滿

《砚史》卷九

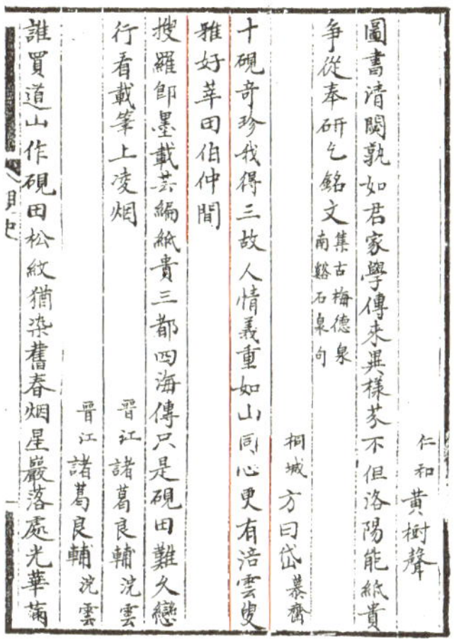

方日岱为黄莘田好友。《砚史》卷二有黄莘田《紫云砚为方慕斋使君铭》，铭云：“紫云一握胜兼金，寄上仙郎索赏音。不贫端溪吾与子，琢磨如见两人心。”落款：“题奉慕斋使君。黄任。”无时间款。“使君”一词，汉代称呼太守

蒙恩賜端硯一方大擴青花乃水坑蕉白之至佳
者子孫珍之以為世寶其製正類此于振恭記
蕢硯
呂谷愛苦吟古錦製方底我以石為之曉窗臨乞米 莘田隸書 印 涑井山房
清風硯
追琢其章柔嘉維則穆如清風君子之德 莘田任康熙庚子長至後一日篆書 印三 黃任 神品 子子孫孫
紫雲硯為方慕齋使君銘
紫雲一握勝兼金寄上仙郎索賞音不貧端溪吾與子
琢磨如見兩人心 題奉慕齋使君 黃任
若述硯
古在骨秀溢出資若述 黃任銘 莘田真賞 篆書 印三 十硯軒圖 水幄之精
守默硯
守吾默貞吾德剛克柔克俾周旋乎書案琴瑟 黃任隸書 印 莘田
鼫鳳硯
承家翰墨報國文章鼫鳳毛於池上俾沭浴乎古香 雍正乙巳六月銘於端州署齋 付岱兒 莘田隸書
王成硯

《砚史》卷二

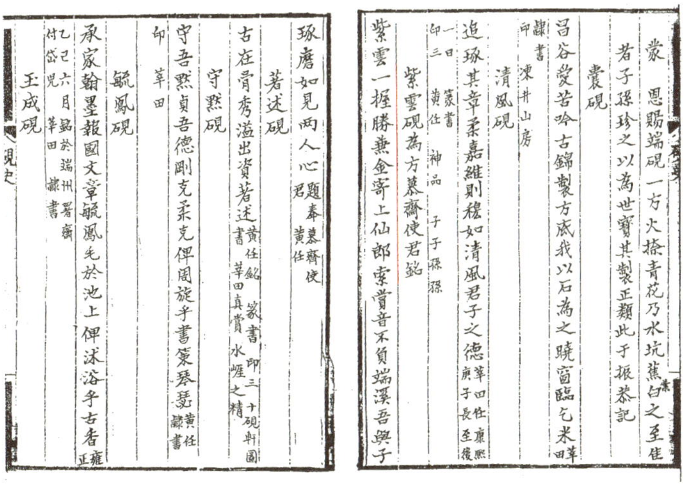

刺史，汉以后用作对州郡长官之尊称，则题砚当在乾隆七年以后，盖其时黄莘田已称之"使君"而非"明府"（知县）。从"紫云一握胜兼金，寄上仙郎索赏音"一句及"题奉"之说，"紫云砚"当为黄莘田题铭后寄赠方氏。

方日岱诗云"十砚奇珍我得三，故人情义重如山"，可知"十砚"中之三砚，当为黄莘田本人亲手所赠。方氏诗，是为林在峩《砚史》一书所作之题后诗，诗中言"同心更有涪云叟"，则作此诗时林在峩尚在世。林氏卒于乾隆十七年，而是书基本编定于乾隆十一年（后来还陆续有补入），方日岱题诗，应在乾隆十一年（或稍前）至乾隆十七年之间。然则截至乾隆十七年，黄莘田最初之"十砚"中，计上雍正十一年赠赵国麟儿子之"十二星砚"、乾隆十二年赠周学健之"美无度砚"，至少已有五砚不在手上，恰占"十砚"之一半。

黄、方二人，颇有惺惺相惜之意。《秋江集》卷五有《柬方慕斋》诗二首，第二首云："闻君早晚要休官，我亦沉吟意不欢。万一满天风雪大，有谁冲冷看袁安？""看袁安"典出东汉袁安困雪事，喻高士生活清贫但有操守，黄莘田以此典称赞方慕斋。有友如此，赠砚自是情理中事。而"十砚"之中赠其三，定非泛泛之交。

所憾者，不知方氏所得之三砚，是"十砚"中之哪三砚？"紫云砚"在其中否？

《秋江集》卷五

福州退庵亦有二?

梁章钜《退庵金石书画跋》卷十《黄莘田白书诗册》云:"先生自粤归,只载端研十枚(此说之误,前文已辨),藏之东轩,自号十研老人。身后渐零落,归他手,而赝鼎遂多。余曾以重价购得两方,一研背自镌'羚羊峡暗秋月高'七古一首,凡百余字,小行楷极精;一自镌七截一首,末句云'斜浸秋光十二星'。盖研之四周有十二鸲眼,莹然欲活也。此十研轩中真品,遽有其二,亦足豪矣。"

据梁章钜所述,其用重价所购得两砚,一即为"蕉白砚",一即为"十二星砚"。其中第一砚梁氏云"小行楷极精",梁氏本人亦精于书法,所作小楷、行书笔意劲秀,其评"极精",则此砚铭文书刻不俗,似有几分"真鼎"之可能。至于第二砚,若真,则为赵国麟儿子赵震索观而莘田举以相赠者,然《砚史》卷二所录莘田题铭末句为"斜浸秋天十二星",与梁氏所得之"斜浸秋光十二星",有一字之别。诚如梁氏本人所言,莘田身后,"赝鼎遂多",此砚颇疑有诈。不过此研"四周有十二鸲眼,莹然欲活",要物色如此一砚作赝,亦自不易。

梁章钜(1775—1849),字茝中、闳林,号茝邻,晚年自号退庵,祖籍福建长乐,清初迁居福州,自称福州人。嘉庆七年进士。官至广西、江苏巡抚,署理两江总督兼两淮盐政。精书擅诗,长于鉴别金石书画。著述甚丰。

梁章钜对黄莘田书法评价甚高,并喜收藏莘田墨宝。其跋《黄莘田自书诗册》云:"吾乡黄莘田先生任,以诗名,于书非所注意,而信手挥洒,自有晋唐风矩。与同时林吉人、谢古梅、周瑞峰诸君子较量腕力,实未易轩轻。其间,余每遇先生遗墨必收,而率多零缣片楮。此逢儿近日在福州所得,哀然成册,殊为可珍。首书《和徐懒云无题》诗八首,并骈体序,而附以杂作。"未知梁氏所藏此自书诗册,今在何处。

尝于网上见黄莘田一行书《自书诗卷》,纵22厘米,横231厘米,落款为"黄任",钤"黄任之印"、"莘田氏"、"囗研翁"三印。卷内所书诗,均见于《香草斋诗集》刻本中。卷前有"际唐私印"、"侯官郑氏"二印,卷后有"云门"印,此三印皆黄莘田友人郑际唐之印章。可知此卷曾经郑氏收藏。

则上述两件黄莘田书作,梁章钜所藏者为册页,郑际唐所藏者为手卷。

黄任行书《自书诗卷》

莘田曾孙获三砚

彭蕴章《松风阁诗钞》卷之十一有《题黄蘅洲太守庆安二砚图》三首，其
一云："十砚飘零存二砚（自注：蘅洲曾伯祖莘田大令藏古砚十，名其居曰十
砚斋。今蘅洲于山东得其一、河南得其一），搜罗早已遍乡关。不图江左留其
一，更借轺车为送还（自注：余三十年前在家得十砚斋砚，今以赠蘅洲，亦异
时佳话也）。"其二云："三年水部旧同
曹，海上相逢感二毛。可惜风吹云出岫，
未容共听郁轮袍（自注：时蘅洲将出
山）。"其三云："衡山手笔早朝诗，尽
是升平雅颂词。一卷感君持赠意，豸
冠归去傍丹墀（自注：蘅洲以文待诏书早朝诗
卷为报）。"

彭蕴章《松风阁诗钞》卷十一

黄庆安，字黄珙，永泰白云人。道光
十二年进士，任工部主事，东河学习，运
河、祥河同知，河南归德、陈州知府，建
溪凤池掌教。

彭蕴章（1792—1862），字咏莪，江苏
长洲（今苏州）人。道光十五年进士，授工部主事。二十六年，督福建学政。
二十八年，擢工部侍郎，仍留学政任。咸丰元年，以非翰林出身在军机大臣上
行走。历官兵部侍郎、礼部侍郎、工部尚书、协办大学士、文渊阁大学士、武
英殿大学士、国史馆总裁。后获罪，未几复起署兵部尚书。

是诗作于道光二十八年（1848），是年，彭蕴章擢工部侍郎，仍留福建学
政任。从诗中可知，彭蕴章与黄庆安为当年水部（属工部）旧同僚。黄庆安是
黄莘田曾侄孙，曾遍搜莘田遗砚，获十砚中之二砚，其中一砚得于山东，一砚
得于河南，并绘为《二砚图》。而彭蕴章也于三十年前在家乡江苏意外得到十
砚之一，后专门托人把此砚送还给黄莘田的后辈黄庆安。黄收到此砚，以文徵
明书早朝诗卷为报。

则黄庆安前后所得曾伯祖黄莘田"十砚轩"砚有三。

窳叟"甲品"必赝品

徐康《前尘梦影录》卷上云：

> 十砚斋主人黄莘田，藏砚最多。余四十年前游云间，曾得其一，背有记六七行，为十砚之一。后于吴门得一小方砚，中起一员（圆）台，台下环绕波涛文突起，背刻莘田铭，下方印曰"黄任"。咸丰己未冬，得大砚，方而四角模棱，天然形，面刻"美无度"三字；厚一寸，四方八寸，面微洼，以受墨渖，旁镌"非君美无度，何以□琼琚"十字。此十砚之甲品，靡颜腻理，扪不留手，令人意消。劫后复得"云月砚"，背傅王露题，画《赤壁图》，阳文。云月在面上左首，山石崎荻，水波微云，各极其妙。两侧图章三，下刻"吴门顾二娘制"，篆书。此砚为潘椒坡携至楚北武穴，遇大灾，仅剩半截。莘田曾任高要、四会，正开坑采石，故所购独多。罢官后，携至吴门，佳石多付顾二娘手琢，而自为铭，题品其甲乙。其友刘慈赠顾诗云："一寸干将切紫泥，专诸门巷日初西。如何轧轧鸣机手，割遍端州十里溪。"亦见《随园诗话》……

文中徐氏共提及两方"十砚"之一者。一为"四十年前游云间"所得，徐氏云"为十砚之一"，然因文中对砚背铭文内容不着一字，无可考。一为咸丰己未冬所得"美无度"砚，徐氏言砚镌"非君美无度，何以□琼琚"十字，为"十砚之甲品"。

徐康《前尘梦影录》卷上

然查《砚史》卷二，《美无度砚》铭为"非君美无度，孰为劳寸心"。末句大异，必伪。徐氏此文，谬误特多，极不可信，下文仍有述及。

徐康（1814—1889），字子晋，号窳叟，长洲（今苏州）诸生。工诗、画、篆、隶、刻印，亦精鉴别书画、金石。兼通岐黄。

篇外（一）　硯辨

鉴砚当以《砚史》准

　　《砚史》卷二所录黄莘田砚铭，有部分为砚诗，亦收入《秋江集》中，但二书在个别字词上略有出入。如《蕉白砚》之"深求窟宅驱鲸鼍"，《秋江集》中作"诛求窟穴驱鲸鳌"；《井田砚》之"留将片石当公田"及"余视端州事八阅月"，《秋江集》中作"留他片石当公田"及"余在端州十阅月"；《生春红砚》之"余在端州日，室人蓄此砚……"，《秋江集》中作"予宰端江日，孺人蓄一砚……"等等。

　　《砚史》之《凡例》云："是编托始于砚铭册，盖砚铭从砚背揭出，款识不一，字体亦殊，兹专录铭词，曷能仿肖，惟于铭前标目，铭下细注名款、书体、印章，少存梗概，俾阅者仿佛形似。"可知《砚史》中之铭词及落款、用印等信息，乃林在峩据所存砚铭拓片照录而得，当足可信。林氏所言"砚铭册"，即其所编"陶舫砚铭册"。砚铭册为砚拓集，《砚史》则仅录文字。

　　《秋江集》卷前有三序，最晚者为乾隆二十一年桑调元序。是年，黄莘田七十四岁，集中所录历年诗作，乃其本人删减后所剩，并作过润色、修改。序成之后，至乾隆二十八年八十一岁时，仍陆续有新诗补入卷六之中。

　　要之，鉴定黄莘田铭文砚，当以《砚史》卷二所直录者为准，若某砚铭文与《秋江集》所录相同而与《砚史》有出入，可疑其伪。盖题铭镌砚在前，《秋江集》成书在后，而书中内容可作修改。虽《砚史》在乾隆十一年基本编定之后，林在峩、林擎天父子仍断断续续有所增补，但其原据拓片所直录之内容，当不会改动。

　　《砚史》卷二所录黄莘田砚铭中，有六首只有铭文，而无关于落款、印章、书体之记录，与另外三十二首砚铭明显不同。此六首为《结邻砚》、《方砚》、《安矩砚》、《井田砚》、《磨崖砚》、《月砚》。按照林氏做法，其录铭乃据拓片照录，此六首有铭文而无其他信息，可知其并未亲眼见过原砚，亦无拓片，砚铭内容是从其他途径得来。其中，《磨崖砚》、《月砚》诗在《秋江集》卷六中亦有收录，内容一致，但题目作《题砚》、《题月砚》。据前后文推测，二铭约作于乾隆十八年。《砚史》或在此后才由林擎天将二铭补录进去（在峩乾隆十七年已卒），或又因《题砚》之题目在砚铭集中显得过于宽泛，故从铭辞最后一句"飞入磨崖一片来"中，取"磨崖"二字为题。对以上六砚之鉴定，尤需谨慎，盖传抄得来的砚铭，毕竟无原砚或拓片作直接依据，或记忆之误、或传闻出错、或后来修改等因素，皆可导致所补录的砚铭未必与原砚所刻完全一致。

《砚史》卷二所录，已把黄莘田在雍正十一年前所作绝大部分砚铭收入其中。黄氏作于雍正十一年的《题陶舫砚铭册后十八首》之第十六首云："亦有铭词未受裁，尚烦束皙补遗才。"自注："予尚有数砚铭未附，当补入之。"可知其时仅遗漏"数砚铭"而已。林氏砚铭册后改编为《砚史》，初成于雍正十一年而基本编定于乾隆十一年，雍正十一年前所漏数铭，料已补入其中。

天津博物馆藏一"汝奇"款"云月端砚"，砚背有黄莘田铭，云："曾浸银河溼（湿）不干，支机濡染彻宵寒。谁将砍桂吴刚斧，琢出文窗七宝团。""贯虹美璞育蟾蜍，长养珠胎满又虚。怪底津津流欲滴，的应此水是方诸。"

云月端砚（摘自《天津博物馆藏砚》）

落款："辛未（乾隆十六年）花朝，黄任题。"印："黄"、"任"连珠印，"莘田自赏"。右下方，另有"环翠楼"大印。对照《砚史》卷二《月砚》及《秋江集》卷六《题月砚》，"谁将砍桂吴刚斧"之"将"，二书皆作"偷"字。由于《砚史》中此砚漏录落款信息，林氏未必亲见原砚或拓片，故颇难据此断定津博之砚必伪。盖有可能《砚史》所录来源于《秋江集》稿本，而《秋江集》稿本经润色、修改，已把原本之"将"字改为"偷"字（一字之差，意味确大不同），砚铭则早已作"将"字刻就。又，"的应此水是方诸"之繁体"應"字，偏旁为"广"，而此砚作"疒"无上一点，有人凭此指其赝，亦不足据，盖古人有此写法。倒是"环翠楼"一印偏大，与砚背铭文不太协调，且对照《砚史》所录黄莘田砚铭，无一砚用此印。

　　另，本书所引用之黄任款砚中，有"莘田自赏"印者五六方，印之概貌接近，疑来源于同一"母本"。从笔画及篆法考之，印文为"莘田自赏"无疑（揣测乾隆帝《御制诗》中言及之"莘田自赏"印，亦大致相类）。查《砚史》卷二黄莘田砚铭，只标注有"莘田真赏"印而无"莘田自赏"印，有人遂认为印文中"真"字之脚与"赏"字之头共用笔画，故解读为"莘田真赏"亦未尝不可，颇显牵强。林在峩工铁笔，常为圈中人刻砚铭，刻字镌印乃其"拿手好戏"，其《砚史》辑录砚铭，当不至于"自"、"真"不分。且林、黄二人相交甚契，黄莘田所用之"莘田真赏"、"十砚轩图书"二印，闽地圈中人无不知，更不应有此失误。颇疑后来流传之"莘田自赏"印，为始作俑者有意无意之错而误传，并为作赝者转相抄袭。则凡带此印之黄任款砚，皆有可疑。

莘田款长虹端砚）莘田自赏（摘自

黄莘田款守默砚）莘田自赏（摘自

余甸、鹿原款九龙纹砚）真赏（摘自故宫博物院藏

清吴让之印谱）仲海平生真赏（摘自

自赏、真赏之别

《砚史》卷二黄任砚铭落款、书体、印章一览表

序号	砚名	落款时间	砚铭书体	落款名字	名字印章	莘田真赏章	十研轩图书章	其他印章
1	活活泼泼砚	康熙五十八年六月三日	行书	莘田				
2	紫云砚●		行书		黄任			
3	蕉白砚●	康熙五十八年六月既望	行书	莘田黄任				
4	青花砚●			莘田				
5	天然砚	癸卯（雍正元年）十月		莘田				
6	写裙砚		行书	莘田				
7	美无度砚	康熙己亥（五十八年）六月	行书	任		莘田真赏	十研轩图书	
8	囊砚		隶书	莘田				冻井山房
9	清风砚	康熙庚子（五十九年）长至后一日	篆书	莘田任	黄任			神品、子子孙孙
10	紫云砚为方慕斋使君铭			黄任				
11	著述砚		草书	黄任		莘田真赏	十砚轩图书	水崖之精
12	守默砚		隶书	黄任	莘田			
13	毓凤砚	雍正乙巳（三年）六月	隶书	莘田				
14	玉成砚			黄任			十研轩图书	
15	汲古砚		旁镌"东井"二字，隶书；又镌八字，篆书					
			铭文篆书	莘田任	黄任			
16	云月砚		篆书	莘田任	黄任			冻井山房珍藏
17	井田砚●			莘田				
18	东井砚			莘田				
19	结邻砚							
20	十二星砚●	康熙庚子（五十九年）初秋十有三日		莘田				

三老砚事考

— 78

序号	砚名	落款时间	砚铭书体	落款名字	名字印章	莘田真赏章	十研轩图书章	其他印章
21	方砚							
22	秋水砚赠李霖埜•	乾隆四年八月		黄任				
23	方砚为李霖埜铭			莘田				
24	安矩砚							
25	井田砚							
26	青花砚		行书					古处、困学
27	我心写兮砚	庚子（康熙五十九年）长至后二日		任		莘田真赏	十研轩图书	
28	石鼓砚	雍正三年乙巳六月	篆书	永阳黄任	黄任			
29	井田砚	丙午（雍正四年）初秋八日			莘田			
30	十研轩砚	康熙庚子（五十九年）上巳	行书	任	黄任	莘田		
31	嘉鱼砚	雍正七年		莘田				端溪长吏
32	赠雪村砚			莘田				
33	箕砚		篆书					
34	彩笔砚		隶书	莘田	黄任			真赏、香草斋
35	磨崖砚•							
36	月砚•							
37	生春红砚•	"余在端州日"	旁镌"生春红"三字，篆书			莘田真赏	十砚轩图书	神品
		乾隆甲子（九年）二月	铭文楷书	莘田				黄绢幼妇、香草斋侍史
38	小影砚			莘田				

注：有"•"者，为《秋江集》中有录。

几多蛮烟上玉堂？

广东省博物馆藏"锄云砚"，砚额雕云纹，上刻隶书"锄云"二字。砚背铭文云："何年修斧属吴刚，带得蛮烟上玉堂。一片忽生云五色，蓬莱新写两三行。"落款："庚子长至，黄任。"镌"黄"、"任"连珠印。砚背另有其他收藏者款识及印章。"庚子"为康熙五十九年。

黄任款锄云端砚（摘自《中华古砚》）

《砚史》卷七录赵国麟《云月砚》铭，砚名下注："旁镌'岩穴青云'四字篆书。"铭云："万里龙沙，石获云月。天作我砚，伊谁镌厥。伴几颜轩，伊（《砚史》此字右边脱笔，仅得左边'亻'；《秋江集》则写为'匪'）朝伊夕。黄公莘田，水岩仙客。床头宝藏，远寄此石。有月有云，题曰结邻。庶几侣之，毋汩（《砚史》此字左边脱笔，仅得右边'日'；《秋江集》则写为'汨罗江'的'汨'，水名，不可解。应作'汩'，作'淹没'解）我真。铭以志焉，示我后人。"落款："乾隆辛酉桂月，拙庵跛翁铭。""乾隆辛酉"为乾隆六年。后附黄莘田题记："余以云月砚寄泰安公，公为镌铭，揭一纸寄示，赋诗四首奉呈（《秋江集》此数句为诗题，无'四首'二字）："几年修斧属吴刚，带得蛮烟上玉堂；一握忽生云五色，蓬莱新署两三行。""三洞惊传焕紫泥，亦分典策到端溪。丁丁宫漏丝纶笔，特为寒岩一品题。""嘉名偶合在平津，应象天章信有神（自注：'公斋名云月砚轩，余寄公砚适相符合。'《秋江集》此注放在是诗后，前一句同，后一句为：'予寄砚适相符合，故铭词及之。'）得作西园结邻客，胜他东府扫门人。""岩穴何缘到玉除，十年曾此伴穷居。但将肤寸供霖雨，不上昌黎宰相书。"落款："黄任。"

赵国麟在黄莘田赠砚上题铭，时间为乾隆六年（1741），镌铭后，揭一纸寄给黄莘田，黄莘田为此赋诗四首奉呈。广东省博物馆藏"锄云砚"，砚背题诗出自黄莘田奉呈赵国麟四首中之第一首，但落款时间却在成诗前二十一年之康熙五十九年（1720）。则乾隆六年才作的诗，康熙五十九年时已提前刻到砚上！且原诗之"几年"改"何年"、"一握"改"一片"、"新署"改"新写"。是砚之真伪，不容赘言。

又，天津博物馆藏有"黄任铭景星庆云端砚"，据王念祥、张善文著《中国古砚谱》载：砚为随形端石所制，砚面浅开随形砚堂、墨池。砚首雕浮云飘游，中有一眼为月，砚堂上又有一小眼为星，宛若"景星庆云"之图。砚背铭文云："几年修斧属吴刚，带得蛮烟上玉堂；一握忽生云五色，蓬莱新署两三行。"落款"莘田"，镌"黄"、"任"连珠印。

黄任款铭景星庆云端砚（摘自《天津博物馆藏砚》）

是砚背面所铭，与《砚史》所录四首之第一首全同，且无年份款，难从中挑其破绽，显然比广博所藏"高明"得多。问题在于：黄莘田会不会把奉呈赵国麟四诗中之一首，又用于铭另一"云月砚"？

时下所见"黄任款"伪砚甚多，其中不乏琢制不错之"真古砚"，不易辨别。据游绍安《二砚记》："（杨）洞一凤擅李少微艺，别未数年，竟卒于粤东。粤工犹有师其法，制石赝莘田鉴识，匣以紫檀，漆里嵌玉，号'四会款'，珍重炫肆，索价

黄任款铭景星庆云端砚背面拓片
（摘自《中国古砚谱》）

无量，见者咸朵颐啥呀焉。莘田，故四会令，是年兼缩高要也。"除此种"四会款"外，其他窃取莘田铭镌于砚上，并落黄任款者，更不胜数。冒黄莘田砚之作伪者，在黄莘田在世时已大有人在。至莘田卒后，赝者更多，难怪梁章钜云：黄莘田砚"身后渐零落，归他手，而赝鼎遂多"（《退庵金石书画跋》卷十《黄莘田自书诗册》）。

游绍安《二砚记》（摘自《涵有堂诗文集》）

戊子铭罢甲午再？

　　《西清砚谱》卷十七录"旧端石石田砚"，其"砚说"云："砚背上方镌'石田'二字篆书，覆手内镌铭二十四字，后有'甲午花朝铭'五字款，俱楷书，旁有'鹿'、'原'二字连方印二；右旁镌七言绝句诗一首，左旁镌'右请莘田先生鉴政'、'甸'九字款，俱行书，下有'田生'二字长方印一、'青玉山房'四字长方印一。砚右侧面下方，有'莘田十亩之间'六字长方印一……""黄任号莘田，永福人，康熙壬午举人，官粤东四会令，工诗，有砚癖，名其斋曰'十砚'……是砚或系黄任十砚之一而经林佶、余甸所题识者，亦可珍也。""林佶铭：'象其体以守墨，象其用以畜德，譬农夫之力稽，戒将落于不殖。'""余甸诗：'剖来青紫玉如泥，几度经营日驭西。一自神君拂袖去，至今魂梦绕端溪。'"

　　按理，《西清砚谱》成书于乾隆四十三年，而黄莘田卒于十年前之乾隆三十三年，相隔不远，编书馆臣之言，当有可信。然此砚其中之疑点甚多：

　　一者，既然此砚"或系黄任十砚之一"，而黄莘田本人只镌一"莘田十亩之间"印，除此外不铭一字，与《砚史》卷二所录之风格颇不相类。对照林正青《十砚轩记》所云"既得十砚，乃就吴门顾大家琢磨之，式必入古，装以异木，钤以玉石，铭刻其背，'莘田半亩'在是矣"之记述，颇有出入。且此印亦未见于《砚史》卷二所录。

　　二者，林佶之铭，见《砚史》卷四《畜德砚》，所标书体、印章亦同，唯落款为"戊子花朝铭"，而"旧端石石田砚"则为"甲午花朝铭"。"戊子"为康熙四十七年，"甲午"为康熙五十三年，同一铭隔数年后用以再铭另一砚，非"砚圈中人"之习，更非擅作砚铭如林佶者之习。

　　三者，余甸此诗，为次韵黄莘田《青花砚》诗而作，从"一自神君拂袖去，至今魂梦绕端溪"一句看，写的是黄莘田罢官归里后，至今脑海中仍牵挂着端州的端溪砚坑（"神君"为旧时对贤明官吏之敬称）。则余甸此诗，当是黄莘田雍正八年从岭南归里后，余甸在莘田手上见到当年顾二娘所制之"青花砚"而题的和诗（或就题在该砚拓片上）。若要镌刻入砚，道理上亦应刻在"青花砚"上才妥当。

　　四者，余甸此诗，《砚史》卷二中有录，首字作"割"，而此砚则作

甲午花朝銘

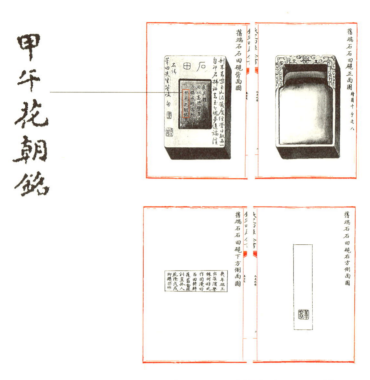

旧端石石田砚（摘自《西清砚谱》）

戊子花朝銘

畜德砚（摘自《砚史》卷四）

"剖"字。

综合以上各点，是砚有"赝鼎"之嫌。

有趣者，黄氏家族极重此砚，修于乾隆年间之《麟峰黄氏家谱》，把《西清砚谱》之"旧端石石田砚砚说"文字，作为皇帝"龙章"全部照录置于卷首。黄氏后人以此作家族至高荣耀之意图固可理解，只恐"所托非砚"。

御製舊端石石田硯說硯高五寸寬三寸五分厚一寸
水巖舊坑端石色青紫而潤面正平斜八妙下方
上刻雙螭抱池內向磨治瑩滑渾古八妙下方墨池
微帶黃龍文三硯背上方鐫石田二字篆書覆
手內鐫銘二十四字後有甲午花朝銘五字欵
俱楷書旁有鹿原二字連方印二右旁鐫七言
絕句詩一首左旁鐫右靖莘田先生鑒歧印九
字欵俱行書下有田生二字長方印一青玉山

房四字長方印一硯右側面下方有莘田十畝
之間六字長方印一下右側面鐫
御題詩一首楷書鈐寶二曰古香曰太璞匣蓋金刻
是詩隸書鈐寶二曰會心不遠曰德充符按林
佶字吉人號庀原候官人
本朝康熙年間中書累官知府善草隸黃任號莘
田永福人康熙壬午舉人官粵東四會令工詩
有硯癖其齋曰十硯余甸字田生亦闖人曾任

蜀江津令青玉山房當即其齋名是硯或係十
硯之一而經林佶余甸所題識者亦可珍也
御製題舊端石石田硯
幾年瑞玉出溪濱學稼何效此作固漫日石田
耕舞獲笛會經訓豈無人
林佶銘
象其體以守墨象其用以蓄德譬農夫之力穡
戒將落於不廸

余甸銘
刻來青紫玉如泥幾度經當日馭西一自神君
拂袖去至今硯夢繞端溪

《麟峰黄氏家谱》卷首《龙章》

夙好良缘多"一段"

承德避暑山庄博物馆藏有一"宣德下岩砚"，长25厘米、宽17.3厘米、厚2厘米，质极佳。砚由朱家溍、朱家濂兄弟遵其父、近代文物收藏家朱文均遗命所捐。朱传荣编著《萧山朱氏藏砚选》附录朱家濂《黄任和所藏宣德下岩砚》（亦见《文物》1985年第3期）一文，介绍此砚颇详，云："砚面周雕夔纹，砚背有王士禛行书题刻五行。文曰：'岁壬午长至，宣城梅雪坪，潜江朱悔人，海宁查夏重集麓原寓斋，抚宣德下岩，宝光四射，信为巨观。夙好良集，一段因缘，堪传胜事。'后署'济南王士禛识'六字，下署'阮亭'，'结翰墨缘'二方印。砚左侧刻'十砚轩神品'端楷五字，下署'莘田黄氏珍藏'六字长方印。""王氏所题壬午之岁，是康熙四十一年。""同观此砚的梅雪坪名庚、朱悔人名载震、查夏重名慎行、林鹿原名佶，都是一时知名之士，也都是王氏的后辈。其中林佶是王氏的入室弟子，曾手写《渔洋精华录》付刻，在当时极负盛名。林佶又是一个藏砚家，宣德下岩砚是他的藏砚之一。至于黄任所题'十砚轩神品'五字边款，则是几十年后，砚归黄氏所有，才刻上去的。"

是砚今人多断为真品，然细究之下，亦存疑点。

林佶三子在我《砚史》卷七"王士正"条下，有录《宣德下岩砚》，题云："岁壬午长至，宣城梅雪坪、潜江朱悔人、海宁查夏仲集麓原寓斋，抚宣德下岩，宝光四射，信为巨观。夙好良缘，堪传盛事。"落款："济南王士正识。"镌印二："阮亭"、"结翰墨缘"。后有陈兆仑题拓跋文，又有林佶长子林正青跋，云："阮亭先生为昭代诗人之冠，先君子（即林佶）称入室弟子。其《放鹇》、《禅悦》、《倚杖》各图，皆索先君子题句。研后随意落笔，亦情见乎词，信为风雅之宗。字为陈香泉（奕禧）太守笔，洵称双美。"落款："已未（乾隆四年）六月，舟过武城，正青谨识。"

王士禛（1634—1711），字子真、贻上，号阮亭，又号渔洋山人，人称王渔洋。王士禛的"禛"字，在他死后，于雍正时因避"胤禛"讳，被人改称王士正，后乾隆帝赐名士祯，并追谥"文简"。新城（今山东桓台县）人，常自称济南人。官至刑部尚书。博学好古，能鉴别书、画、鼎彝之属，精金石篆刻，诗为一代宗匠。所著《香祖笔记》、《池北偶谈》、《分甘余话》等，均有论及砚事。林佶诗师王士祯，尝为王士祯手书《渔洋山人精华录》。

　　《砚史》所录铭辞与朱家所捐砚对照，不同之处主要在：前者之"凤好良缘，堪传盛事"，后者变作"凤好良集，一段因缘，堪传胜事"。又，前者之"查夏仲"，后者作"查夏重"。林在奚《砚史》铭辞乃据实物拓片照录，

宣德下岩砚（承德避暑山庄博物馆藏）

宣德下岩砚拓片（摘自《萧山朱氏藏砚选》）

宣德下岩砚（摘自《砚史》卷七》）

凤好良集 一段因缘 堪传胜事

凤好良缘 堪传盛事

"宣德下岩砚"又为其父所藏，直接可见实物，所录铭文，当更具可信性。另，《砚史》未言砚上有"十研轩神品"五字及"莘田黄氏珍藏"六字长方印，按朱家濂先生之解释，为"几十年后，砚归黄氏所有，才刻上去的"。即使有此可能，但对照《砚史》卷二所录黄莘田砚铭及其用印习惯，亦有出入。莘田用印，有单独或同时使用"神品"、"十砚轩图书"者，亦有同时使用"黄任"、"冻井山房珍藏"者，独未见有直接镌以"十研轩神品"铭词者（沈廷芳藏"双芝砚"所铭，疑为沈氏题刻），亦未见有"莘田黄氏珍藏"之印章。朱家所捐之砚，虽质美工良，但难保"真鼎"。

至于对"宣德下岩"之解释，朱氏在文中云："宣德岩在端州屏风山半，开自明代宣德年间，故有此称。其品在老坑之上，下岩尤佳。此砚石质细腻温润，是下岩中的上品。"此说甚不妥当。宣德年间，宣德岩始开，同年，老坑（即下岩、水岩）亦有重开。此处所云"宣德下岩"，当理解为宣德年间所开采之老坑，盖宣德岩本身并无上岩、下岩之分。另，言宣德岩"品在老坑之上"，亦牵强。

墨香、守默皆可疑

　　见刊《萧山朱氏藏砚选》之黄莘田砚，有数方，其中一方为"黄莘田藏墨香砚"，砚背有铭文两首，一首云："妙质深藏古洞中，谁知人巧夺天工。小窗昼静挥毫久，墨渖香浓饱鞠通。"落款"莘田任"，镌"黄"、"任"连珠印。一首云："龙无定形，云无定态。形态万变，云龙不改。文无定法，是即法在。无骋尔才，横流沧海。"落款"文甫铭"。查黄莘田《秋江集》及林在峩《砚史》，不录此诗。而"龙无定形"云云之铭，实乃纪昀所作（作于嘉庆九年），见《阅微草堂砚谱》之"云龙砚"。"文甫"不知何许人，纪昀并无此字号，可知此铭为抄袭之作。黄铭若真，藏者自无必要再张冠李戴抄袭一首砚铭上去，故黄铭亦不看好。是砚看伪。

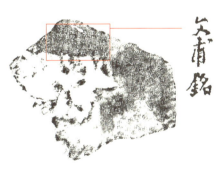

莘田任款墨香砚（摘自《萧山朱氏藏砚选》）

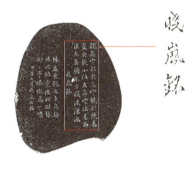

纪昀铭云龙砚（摘自《阅微草堂砚谱》）

朱氏又有一方"黄莘田藏守默砚"，砚面一凤团身为砚堂、砚池，背有铭云："守吾默，贞吾德。刚克柔克，俾周旋乎书策琴瑟。"落款"黄任"，印"莘田"。砚铭右侧，又有两印："十砚轩图书"、"莘田自赏"。是铭见录《砚史》卷二，书体"隶书"及落款亦合，然《砚史》中仅言有"莘田"印，未提及尚有另外二印。是砚亦存疑。

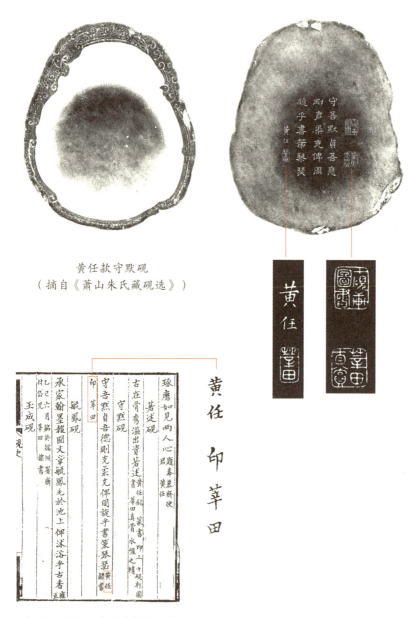

黄任款守默砚
（摘自《萧山朱氏藏砚选》）

守默砚（摘自《砚史》卷二）

辛卯抱病未赴粤

故宫博物院藏"端石莘田款云形砚"，砚背环刻隶书铭云："月受日光，当心而出。前揆长庚，遥联太乙。露滴方诸，花生不律。琼瑛兆贵，兹宝无匹。"落款在环刻之铭文内，分三列竖刻，云："辛卯夏五月得于羚羊峡，莘田宝用。"镌印："任。"

羚羊峡指肇庆之西江羚羊峡，"羚峡归帆"，向为"肇庆八景"之一，亦即黄莘田《蕉白砚》诗首句"羚羊峡暗秋月高"所指之处。著名之端溪砚坑，就在羚羊峡之出峡口附近。

黄莘田生于康熙二十二年（1683），卒于乾隆三十三年（1768），其间只经历一个辛卯年，即康熙五十年（1711）。铭中之"辛卯夏五月"，只能是康熙五十年五月。

考黄莘田在康熙五十年前后之行迹，大致如下：

康熙四十八年赴京会试，落第，离京。出卢沟桥。经河北沧州、邢台、邯郸，到达河南开封。沿途经河间，谒扁鹊庙，临滹沱河，见豫让桥，过乐毅墓，至铜雀台；进入河南，经淇水、汲冢，到达开封境内，游陈桥、夷门、屠户坟、蔡中郎祠。在开封与吴晟会面，作《汴中晤宫允吴鹤皋（晟）先生感旧赋赠》。又谒元圣祠。翌年，客于河南开封。康熙五十年在开封得病。与时知开封陈留县之舅父许遇言别，于冬天自开封归里。途中谒归德府（在今河南省商丘市）之双忠祠，经江苏徐州（彭城），过安徽滁州游醉翁亭，再过滁州清流关；到达浙江，行船富春江上。由浙入闽，回到里中。因染疾在身，未能上京参加康熙五十一年壬辰会试。其《闲居杂兴》题记云："辛卯冬，余自汴中抱病归里，今春不得与计偕北行，掩关寥落，触绪兴怀，辄成诗若干首，聊志起居安适云尔。""不得与计偕北行"意谓不能上京参加会试。以上行迹，皆见于《秋江集》卷一。

又，《秋江集》卷五《悼亡二十八首》有诗注云："予己丑（康熙四十八年）下第出都，复客汴中三载。"

可见，康熙五十年五月，黄莘田身在开封，并无粤东之行。铭中所谓"辛卯夏五月得于羚羊峡"，显为杜撰之语。

端石莘田款云形砚（摘自《文房四宝·纸砚》）

鹭溪何至窃莘田

　　黄莘田为官前，尝至苏州请顾二娘制砚。《砚史》卷二录顾二娘制"青花砚"，莘田铭云："一寸干将切紫泥，专诸门巷日初西。如何轧轧鸣机手，割遍端州十里溪。"后有题识云："余此石出入怀袖将十年，今春携入吴，吴门顾二娘见而悦之，为制斯砚。余喜其艺之精，而感其意之笃，为诗以赠，并勒于砚阴，俾后之传者有所考焉。顾家于专诸旧里。莘田。"是诗亦见于《秋江集》卷二，题目作《赠顾二娘》，后无附注。是诗乃黄莘田所作无疑。

　　袁枚《随园诗话》补遗卷三记："春巢（何承燕）在金陵得端砚，背有刘慈绝句云：'一寸干将切紫泥，专诸门巷日初西。如何轧轧鸣机手，割遍端州十里溪。'跋云：'吴门顾二娘为制斯砚，赠之以诗。顾家于专诸旧里。时康熙戊戌（五十七年）秋日。'后暱顾竹亭，云：'顾二娘制砚，能以鞋尖试石之好丑，人故以顾小足称之。'春

袁枚《随园诗话》补遗卷三

巢因调《一剪梅》云：'玉指金莲为底忙？昔赠刘郎，今遇何郎。墨花犹带粉花香，制自兰房，佐我文房。片石摩挲古色苍，顾也茫茫，刘也茫茫。何时携取过吴阊？唤起情郎，吊尔秋娘。'"

　　对照《砚史》及《秋江集》所录，何承燕所得砚之赝审矣。邓之诚《骨董琐记》已有言："按此诗黄莘田所作，刻在《香草斋诗》卷二，注云：'余此石出入怀袖将十年……俾后之传者有所考焉。铭曰：出匣剑，光芒射人。青花砚，文章有神。与君交，如饮醇。纪君寿，如千春（大椿）。'然则非刘慈窃

取黄诗，即作伪者托名无疑矣。独怪子才与莘田相去不远，何以未及详考？春巢刘郎、何郎之词，更属梦梦。"

刘慈，字康成，号鹭溪，有《鹭溪集》。《砚史》录其《染翰砚》铭一首及题《砚史》诗三首，诗中有"记得洣云乌石畔，高楼杯酒共论诗"句，则与林正青（洣云）有交。又查《金门县志》，知刘慈为巴县（重庆主城区古称）人，举人，雍正八年任浯洲盐场大使。后任福建将乐知县。则刘慈与黄任为同时期人，皆举人出身，尝官县令，亦能诗，料刘慈不至于"窃取黄诗"，当为"作伪者托名"而已。

刘慈《染翰砚》铭
（摘自《砚史》卷七）

刘慈题《砚史》诗
（摘自《砚史》卷九）

又，"出匣剑"云云之铭，实余甸所作，收入《砚史》卷一，题目亦为《青花砚》，然余甸未言此铭是专为莘田此砚而题。邓之诚于此不稍作交代，难道亦"未及详考"，以为乃黄莘田之铭？

兰千"黄砚"不可靠

　　台湾"国立故宫博物院"编《兰千山馆名砚目录》一书，录黄莘田砚数方，多有可疑，除前面已述及之"生春红砚"外，再举几方如下：

　　"黄任铭三星砚"，长方抄手式，砚背三星柱各具一石眼。砚之一侧有铭云："踏遍穷渊割紫英，濡毫犹听溜泠泠。夜光一鏊西岩罅，斜浸秋天十二星。"落款："康熙己亥秋。莘田老人。"砚之另一侧，有铭云："洞有石，工则度之，美如英，匠斯削焉。得诸他山可攻错，安诸几席星文灿，晤言一室君子乐。"落款："鹿原。"查《砚史》卷二《十二星砚》铭，内容与此砚之"莘田老人"款铭同，仅首句"踏遍"之"遍"字，《砚史》中作"得"字。而落款则为："康熙庚子初秋十有三日题于冻井山房。莘田。""十二星砚"，是因砚中有石眼十二颗，此砚仅得三颗，故"莘田老人"款铭必伪。另一首"鹿原"款铭，前数句抄自《砚史》卷一余甸《业在研田砚》铭，其中"得诸他山可攻错，安诸几席星文灿"二句，余铭为"得诸他山可以错，安兹

莘田老人款铭三星砚（摘自《兰千山馆名砚目录》）

几案殊不恶"。至于最后一句"晤言一室君子乐",则抄自同一卷中余甸题黄任《美无度砚》铭之最后一句。是砚必伪。

"黄任铭飞燕砚",长方形,砚面三边雕卷草纹,落潮处雕双凫。砚背,雕双飞燕及落英,左边铭:"只衔花片与多情。"对落左下角镌印章"莘田";右下燕尾处,镌葫芦形印章"得趣"。查《砚史》卷六林在峩《杏花春燕砚》铭,题目下注云:"旁镌'只衔花片与多情'七字篆书。"另有楷书题记,署名"轮川峩",有印二:"得趣"、"暖风来燕子"。两书所录显非同一砚,但"只衔花片与多情"一句,乃林在峩铭语则无疑。黄莘田断无抄袭林氏铭语用以铭砚之可能;若言砚为林氏赠予莘田,则背面铭文与印章之交代,亦含混不清,非古人赠砚题铭之习惯。是砚存疑。

莘田印款飞燕砚(摘自《兰千山馆名砚目录》)

"黄任铭瓜瓞砚",随形,砚面雕瓜瓞图案。砚背覆手有铭云:"守吾默,贞吾德。刚克柔克,俾周旋乎书策琴瑟。"落款:"雍正二年三月。莘田任。"印"十砚轩图书"。查《砚史》卷二,有《守默砚》铭,铭文正与此砚同,记为"隶书"亦合,但落款为"黄任",印章为"莘田",亦无时间款。再者,此砚为"瓜瓞砚",刻此守默铭颇感牵强。是砚疑伪。

莘田任款瓜瓞砚拓片(摘自《兰千山馆名砚目录》)

莘田任款瓜瓞砚（摘自《兰千山馆名砚目录》）

"黄任铭蕉月砚"，长方形，砚面雕蕉叶，开月池掩映其间。砚背雕一老僧双手抱膝坐蒲团上，目视摊放地上的经书。人物上方，有隶书铭云："危坐觉蒲团，不是逃禅醉。片石旧精魂，三生成妙谛。秋月印昙心，春云凝道气。抱膝默无言，谁解西来意。"落款："莘田黄任"。右下角，镌"黄氏珍藏"印；人物左侧，刻"吴门顾二娘制"六字行楷（藏印、制款皆不见录于《砚史》）。而在同一书中往前数页，录"许遇铭云星砚"，正面就石眼刻星云，背面亦雕一僧人抱膝坐蒲团上，图略小，其上竟亦刻是铭，仅有两字不同："昙心"作"禅心"（与"逃禅"重字），"默"作"寂"。落款却是"真意道人题"，镌"许"、"遇"连珠印及"真如"、"烟云供养"二印。许遇为黄莘

黄任款蕉月砚（摘自《兰千山馆名砚目录》）

许遇印款云星砚（摘自《兰千山馆名砚目录》）

田舅父，舅甥二人，竟"争当"同一砚铭之作者。二砚皆有可疑。

"文徵明停云馆砚"，自然形，就材琢制，砚背线刻山水，有铭云："停云馆图。"印"周臣"。左侧刻"乾隆己未八月唐焯收藏"。配漆盒，盒盖篆书铭"停云馆图之砚"六大字，旁刻行书小字云："文氏停云馆在平江之西，乃衡山先生读书所也。戊辰夏日，余道出东鲁，获于市肆，珍之以匣，又结一重金石缘也。"落款："康熙己巳长至前一日，莘田黄任并记。"镌"黄任印"。"康熙己巳"为康熙二十八年（1689），是年，黄莘田年仅七岁；而"戊辰（康熙二十七）夏日，余道出东鲁"时，黄莘田更只得六岁！砚盖必非黄莘田所铭。

文徵明停云馆砚（摘自《兰千山馆名砚目录》）

故宫珍藏亦堪虞

故宫博物院藏文物珍品大系之《文房四宝·纸砚》，录"端石洞天一品砚"，书中介绍："砚随形，略呈长方形。砚面上端开长方形墨池，池周雕夔纹。右镌'莘田真（自）赏'、'十砚轩图书'印。左刻阴文行书：'非君美无度，孰为劳寸心。康熙己亥六月任。'镌'黄'、'任'印。砚背刻余甸阴文楷书砚铭和林佶篆书砚铭。砚侧刻'吴门顾二娘造'篆书款。"

查《砚史》卷二《美无度砚》，著录为："非君美无度，孰为劳寸心。康熙己亥六月任。行书。印二：'莘田真赏'、十研轩图书'。"《砚史》乃据拓片直录，仅指有"印二"，而故宫所藏却有四印，多出"黄"、"任"二印。《砚史》亦无著录砚侧有"吴门顾二娘造"篆书款。又，《砚史》有录黄任、余甸题"美无度砚"铭文（见卷二、卷一），但无林佶题该砚之铭。查《砚史》卷

端石洞天一品砚（摘自《文房四宝·纸砚》）

七，可知此"林佶"款题"敦厚凝重以为质也"云云之铭，实乃抄袭自赵国麟《崇德砚为起夏铭》。是砚必伪。

故宫博物院又藏一"端石莘田款凤纹砚"，砚背有林佶铭，云："夺彼凤池，挥尔凤藻。入席之间，兹焉是宝。"落款："鹿原林佶篆为莘田研铭。"

镌"林"、"佶"、"佶人之辞"印。又有黄莘田铭，云："壹寸干将切紫泥，专诸门巷日初西。如何轧轧鸣机手，割遍端州十里溪。"跋云："吴门顾二娘家专诸旧里，善制砚，一出其手，人争重之。兹石是其所制，经三阅月始成。感其工之精而心之苦也，因勒廿八字以识之。辛丑（康熙六十年）小春，莘田任。"镌"黄"、"任"及"莘田自赏"、"十砚轩图书"印。砚侧篆书款"吴门顾二娘造"（摘自《文房四宝·纸砚》）。

砚中之黄莘田铭，显从《砚史》卷二《青花砚》中移植并改头换面而成。《青花砚》诗后，有题识云"余此石出入怀袖将十年"，而故宫博物院所藏之"端石莘田款凤纹砚"，长21.5厘米、宽18.1厘米、高2.6厘米，算得上是一方大砚（未制成砚时之原材更大），并非可以"出入怀袖"之物，作伪者或正因之改动《青花砚》诗后之题识。至于林佶此铭，《砚史》中不见录。查《砚史》卷二《青花砚》诗后，并录有余甸、陈兆仑之和诗，林在岱断无在《砚

端石莘田款凤纹砚（摘自《文房四宝·纸砚》）

史》中（包括卷二《青花砚》诗后、卷四林佶砚铭卷）独漏掉其父林佶此铭不录之理。是砚看伪。

　　故宫博物院另有一方"端石雪村铭砚"，椭圆形，砚背铭文抄袭《砚史》卷二黄莘田《蕉白砚》"羚羊峡暗秋月高"云云之铭（亦见录《秋江集》卷三，题为《端砚》），然落款为"雪邨（许均）"，"作案手法"毫无"技术含量"可言。

端石雪村款铭砚（摘自《文房四宝·纸砚》）

津博"黄系"少"真鼎"

今所见各地博物馆藏涉及黄任、余甸、林佶等人之砚，抄袭或篡改自林在峩《砚史》所录砚铭者甚多，其作伪手法大致有二：一是"乾坤大挪移"，把甲所作之砚铭嫁接于乙名下；二是作者不变，铭辞稍作改动。自清中以来，《砚史》成为制赝者竞相抄袭之"砚铭库"，而同时又成为鉴定家识别赝砚之"照妖镜"。

"朱彝尊款翔凤流云端砚"（见文物出版社出版《天津博物馆藏砚》一书050号），砚背有朱彝尊铭及周篆题记，其中隶书铭云："承家翰墨，报国文章。振凤毛于池上，俾沐浴乎古香。"落款"朱彝尊"。是铭抄袭《砚史》卷二黄莘田《毓凤砚》铭，只把"毓"字改为"振"。

朱彝尊款翔凤流云端砚（摘自《天津博物馆藏砚》）

"徐霖铭长方形抄手式端砚"（见《天津博物馆藏砚》022号），左侧有隶书铭云："毓凤毛于池上，俾沐浴乎古香。"下有"徐霖"、"髯翁"二印。徐霖（1462—1538），字子仁，号九峰、髯仙，长洲（今江苏苏州）人，一说华亭（今上海松江）人，工书善画。是铭抄袭黄莘田《毓凤砚》铭后两句挂于明人徐霖名下。

徐霖印款抄手式端砚（摘自《天津博物馆藏砚》）

"林佶铭天成端砚"（见《天津博物馆藏砚》059号），砚雕海天旭日，砚侧有"汝奇"款，砚背篆书铭云："星精水英，地灵天成。"落款"林佶"，印"紫薇内史"。是铭抄袭《砚史》卷七赵国麟《十二星砚》铭。"十二星砚"本为黄莘田十砚之一，为赵国麟儿子赵震索去，国麟为作此铭。

林佶款天成端砚（摘自《天津博物馆藏砚》）

林佶款天成端砚
2014年6月12日——8月3日在深圳市博物馆展出的《雅韵清玩——天津博物馆藏文房用具展》展品（观炎摄）

"林佶铭三台端砚"（见《天津博物馆藏砚》060号），砚面有石眼三颗，上雕流云，右边镌林佶铭。砚背有余甸及黄莘田铭。莘田铭云："踏得穷渊割紫英，濡毫犹听溜泠泠。夜光一壑西岩鳞，斜浸秋天三两星。"落款："庚子初秋，莘田任。"是铭抄袭《砚史》卷二黄莘田《十二星砚》铭，最后一句本为"斜浸秋天十二星"。此砚因只有三颗石眼，作伪者遂改为"斜浸秋天三两星"。

"林佶铭端砚"（见《天津博物馆藏砚》061号），随形而作，无雕纹饰。砚面左侧有铭云："蕉白隐见金沙文，大璞不雕含奇芬，宝此可以张吾军。"落款"道承"。砚背有铭文："静而能专，动而能圆，安安而能迁，是用永年。"落款"鹿原"，印："林"、"佶"、"朴学斋章"。是砚之谢道承铭文，抄袭《砚史》卷一余甸《蕉白砚》铭，余铭首句为"蕉白隐见朱螺文"，大概此砚无"朱螺文"而有"金沙文"，故作此改动。又，余铭第二句"大樸不雕"之"樸"字，被改为"璞"。至于砚背之林佶铭，则一字不变抄袭《砚史》卷二黄莘田《安矩砚》铭。

林佶款三台端砚
（摘自《天津博物馆藏砚》）

林佶款端砚（摘自《天津博物馆藏砚》）

"黄任铭流云端砚"（见《天津博物馆藏砚》070号），砚作长方形，砚背篆书铭云："白叶青花出水鲜，羚羊峡口晚生烟。云枊弐片刚如掌，染得山阴九万笺。"落款"莘田黄任"，印"十研轩"。是铭抄袭《砚史》卷二黄莘田《青花砚》铭，黄铭首句之"白石"，此砚改为"白叶"；第三句之"紫云"，此砚改为"云枊"。又，黄铭本为行书，镌"古处"、"困学"二印；此砚作篆书，所镌"十研轩"印，亦未见于《砚史》卷二所录，黄莘田常用者为"十研轩图书"印。

黄任款流云端砚（摘自《天津博物馆藏砚》）

　　"顾二娘制双燕衔花端砚"（见《天津博物馆藏砚》075号），是砚之形制及砚背图案与《兰千山馆名砚目录》之"黄任铭飞燕砚"相似。砚右侧隶书铭云："弐寸干将切紫泥，专诸门巷日初西。如何轧轧鸣机手，割遍端州十里

顾二娘款双燕衔花端砚（摘自《天津博物馆藏砚》）

溪。"落款："康熙己亥六月。莘田题。"印"黄任"。砚背刻双燕衔花图，右上角篆书刻"只衔花片与多情"，左下角楷书刻"吴门顾二娘制"，葫芦形印"得趣"。砚侧铭来自《砚史》卷二黄莘田《青花砚》诗，然莘田云此诗"勒于砚阴"，而此砚勒在砚侧。"只衔花片与多情"一句，出《砚史》卷六林在峩《杏花春燕砚》铭，林氏自记旁镌此七字，并有题记及署名，有印二："得趣"、"暖风来燕子"；无提及有刻"吴门顾二娘制"六字。"青花砚"与"杏花春燕砚"皆出顾二娘手制，藏者分别为黄莘田、林在峩。津博此砚，乃摘抄两砚之铭合二为一的"混合体"。

"黄任长虹端砚"（见《中国历代名砚拓谱》上册），亦天津博物馆所藏。砚额雕流云，右上角流云间以篆书刻孟浩然"微云淡河汉"五字，砚面右边刻篆书"神品"二字，左边刻"冻井山房"、"莘田自赏"二印。砚背右半位置，刻行书诗一首，云："雨暗羚羊半壁昏，何年浸着紫云根。野夫割去山窗玩，认得蛮溪旧涨痕。"落款"莘田"，刻"黄"、"任"连珠印。砚背左半位置，刻楷书铭云："练而白，光熊熊；隐而显，花青葱。忽有一道走进空，宛如银汉亘天中，又如长虹贯西东。粹面盎背君子容，名言在兹运无穷。"落款："辛亥长至日，甸铭。"印"田生"。黄莘田诗，经对照《砚史》卷二《紫云砚》铭，内容、书体皆合；莘田亦确有"微云淡河汉"砚，《秋江集》卷四《叠前韵奉柬余田生京兆》之第八首有句云："我欲为君吟五字，匹如河汉淡微云。"自注："余有砚，书'微云淡河汉'五字"（《砚史》卷八所录则无注文）。而余甸砚铭，经对照《砚史》卷一《粹盎砚》铭，有数处改动："练而白"，《砚史》中为"练而紫"；"忽有一道"，《砚史》中为"忽有两道"；"又如长虹贯西东"，《砚史》中为"又如鸿沟割西东"等。津博所藏此砚，明显抄袭《砚史》卷一余甸铭，并据石品状况"偷梁换柱"而成。必伪。

黄任款长虹端砚（摘自《中国历代名砚拓谱》）

練而白

忽有一道

又如長虹貫西東

練而紫

又如鴻溝劃西東　　忽有兩道

皆墓草宿矣每念故人不勝於邑正青

粹盎硯

練而紫光熊熊隱而顯花青蔥忽有兩道走遂空宛如

銀漢亘天中又如鴻溝劃西東粹而盎背君子容名言

在兹運無窮貼　粘書

辛亥深冬余旬
書齋粘書

龍尾之溪子此巨璞其光雷電其章追琢即之也温叩
之如鑭一書九萬而墨嘗渥而手不覺以佐君子之學

巨璞硯

光明磊落硯

粹盎砚（摘自《砚史》卷一）

篇外（二） 二娘

吴门顾家工琢砚

顾二娘本姓邹，"顾"乃其夫姓。丈夫顾启明，早逝。顾二娘之制砚技艺，乃得自夫家所传。乾隆《江南通志》卷一百七十载："顾圣之字德邻，吴县人，父顾道人，工于制砚，人称之（指德邻）为'小道人'，所制砚皆仿古式，朴雅可玩。子死，媳独擅其艺者二十余年。"

清人朱象贤《闻见偶录》载《制砚名手》一篇，记顾家颇详：

> 国初吴郡有顾德麟、号顾道人者，读书未就，工琢砚，凡出其手，无论端溪、龙尾之精工镌凿者，即腴村常石，随意镂刻，亦必有致，自然古雅，名重于世。德麟死，艺传于子，子不寿，媳邹氏袭其业，俗称"顾亲娘"也。常与人讲论曰："砚系一石琢成，必圆活而肥润，方见镌琢之妙，若呆板瘦硬，乃石之本来面目，琢磨何为？"其意乃效宣德年铸造香炉之意也。其所作，古雅之中兼能华美，名称更甚，当时实无其匹。邹氏无子，螟蛉（指义子）二人，俱得真传，惜夭其一。邹死，仅存一人，名顾公望，号仲吕，此人实邹女之侄而冒姓顾者。公望亦无子。即螟蛉，未有相得之人，将来不知何所传也。

朱象贤《闻见偶录》

朱象贤，字行先，号清溪子，吴县人，曾受业于杨宾、沈德潜，生卒年不详。朱氏对金石印章研究颇深，著有《印典》，成书于康熙六十一年。可知朱氏为康雍时人。

对比乾隆《江南通志》与朱象贤《闻见偶录》所载，最大区别在：前者指顾道人与顾德邻（小道人）为父子关系，后者指顾德麟（邻）号顾道人，乃同一人。按理，乾隆《江南通志》纂成于乾隆元年，与顾氏所处年代相去不远，且为官修志书，本足信。而朱象贤乃康雍时江苏吴县人，与顾家同县，所处年代贴近，论人事更详尽，亦当非虚言。然则二者所说，谁更确凿？

且再看其他人如何说法。有据可查，林佶至少曾两次请顾二娘制砚，最先一次在康熙三十九年秋末（事见《砚史》卷七所录《独孤砚》之林佶题识），第二次在康熙五十一年以后（事见《砚史》卷四所录《奎砚》铭后之林在峩题跋）。林佶《朴学斋诗稿》卷九有诗题为《吴门顾氏以斫砚名，且三世矣。大家上承其舅，下教其子，所制尤古雅浑成，因赠以诗》，诗云："分来天上支机石，占取人间玉斧仙。传与金门待诏客，好将玄象动星躔。""大家"，乃对顾二娘之尊称；古代称丈夫之父亲为"舅"，"大家上承其舅"，指顾二娘制砚技艺得自丈夫顾启明父亲顾德邻所传授。林佶关于顾氏制砚"三世"之说，正好与朱象贤所言相印证。林氏与

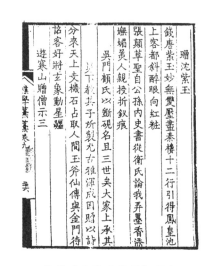

林佶《朴学斋诗稿》卷九

顾二娘有过直接交往，所言当更接近事实。则顾德麟（邻）与顾道人实为同一人，顾二娘上承家公，下教义子，乃顾家砚艺之承上启下者。

又，按乾隆《江南通志》所云，德邻乃顾圣之表字，而见于各家笔下，尚有"德麟"、"德林"之写法，音同而字不同，所指乃同一人。

综上所述，可约略得知顾家三代砚艺之传承，即顾圣之——顾启明、顾二娘——顾公望。所憾者，今鲜见落有顾氏款识且确切可信之实物，亦缺乏相关文献资料之记载。《砚史》卷一录顾德邻制"云锦砚"，余甸铭云："切玉如截筒，云锦夺天工。谁能奏此技，德邻顾老翁。"落款"芳初"（余甸晚年所更字）。《砚史》录此铭时仅注："楷书。"按照林在峩据拓片全录之做法，可知此砚并无专门刻有顾氏名款，只是余甸在题铭中作了"透露"。

二娘制砚不具名

清代舒仲山《批本随园诗话·补遗》卷三第三四条处有批语："乾隆丙午（五十一年），余在福州，画师姚根云赠砚一方，刻七绝一首，云：'绣出端州石一方，纤纤玉指耐春凉。摩娑细腻玲珑处，多谢吴门顾二娘。'余所藏制砚，尚有六方；其托名顾制者，有二十一方。""伪顾"之泛滥，可见一斑。究其原因，顾之名声使然。阮葵生《茶余客话》卷二十，有列诸工艺之能手，其中包括"顾青娘、王幼君治砚"，"皆名闻朝野，信今传后无疑也"。盛名之下，求者必众，冒者便生，此亦"无疑也"。

今所见落有"吴门顾二娘制"款识之砚甚多。实际上，以当时之社会伦理道德观之，砚乃文人最相亲傍之物，顾二娘一介女流，若砚作刻上自己名款在他人掌间反复摩挲把玩，成何体统？是故，窃以为顾二娘本人不大可能落此名款。然则，会不会是得砚者担心外人不知砚为顾二娘所制，而越俎代庖、自作主张刻上"吴门顾二娘制"之款识以作标识？此种做法，有如冒人签名，非君子所为，而且往往会弄巧成拙，反招人因款疑砚，得不偿失。

从《砚史》所录顾二娘砚观之，文人笔下，多尊称其为"顾大家"，且皆未提及砚上落有顾氏名款。文人欲要说明砚乃出自顾二娘手制，只需在铭辞、题识中述及，自无必要"代人落款"。邓之诚《骨董琐记》云："顾制其著也，特无款识，不易辨别。凡细书八分款'吴门顾二娘制'六字者，大抵皆伪。"信然。

故宫博物院藏"端石菌纹砚"（见《文房四宝·纸砚》），砚左侧有阳文篆书"吴门顾二娘制"六字款，据以上分析推断，是砚存疑。《萧山朱氏藏砚选》中，亦录一"菌砚"，砚面左侧有篆书款"吴门顾二娘造"。其疑亦同。

萧山朱氏又藏一"凤砚"，正面与故宫博物院收藏之"端石莘田款凤纹砚"颇相似，背面则差别甚大，故宫所藏砚背面余留大片空间，而此砚几乎满雕，留空甚小，刻工则极精致。砚背左下方署款"吴门顾大家制"，印文"人间玉斧仙"。既称"顾大家"，定非顾氏自署，亦非"代人落款"，其"文法"相当于题识。是砚颇近真，憾无铭者落款。"人间玉斧仙"语出林佶题赠顾二娘诗，可否据此定为林家藏砚？俟考。

端石菌纹砚（摘自《文房四宝·纸砚》）

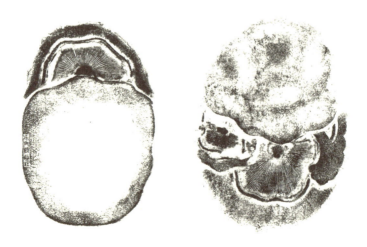

顾二娘款菌砚（摘自《萧山朱氏藏砚选》）

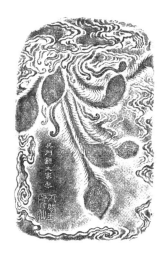

顾二娘款凤砚（摘自《萧山朱氏藏砚选》）

首都博物馆藏"绵绵瓜瓞端砚"，砚背篆书题"绵绵瓜瓞"四字，其后有题识云："研为吴门顾女史所制，经三阅月始成，感其功之精而心之苦也，因书以识。"落款为"李云龙"。另有藏印四枚："曾在李鹿山处"、"曾在吟香别馆"、"北阡"、"梅溪家藏"。是砚题识言"研为吴门顾女史所制"，并无直刻"吴门顾二娘制"，属"正常文法"。砚若真，从题识之内容及位置（砚背正中）看，则此砚应是顾二娘为李云龙所制，李得砚后最先一个题铭，其后是砚才辗转落入他人之手，并镌藏印。李云龙本亦作铭高手，沈大成《学福斋集》卷十四有《跋李霖村（云龙）砚铭册》，谓李氏"蓄砚尤多，所至访求名贤诗若铭，搨而装潢之……日久，遂得十册，其兴方未艾也"。此其中，料亦必有李云龙本人砚铭。《砚史》卷七录其《天然砚》铭及《芝砚》铭，虽仅见两首，然皆为题端"名篇"，尤《芝砚》铭之"精于美璞滑于脂，出水青花墨满池"句，至今脍炙人口。然其得顾大家砚后，虽"感其功之精而心之苦"，却仅题一砚名及几句识文"对付"，无诗无铭（指带韵者），似不太合情理，亦颇不合当时闽地"砚圈中人"之习气。且此砚背面之空间，足够其亦铭亦跋。另，是砚之题识，与故宫博物院藏"端石莘田款凤纹砚"雷同，或前者抄后者，或后者抄前者，或两者皆出同一人之手，又或皆抄自另外第三者。是砚制作虽精，但是否真出顾二娘之手及李云龙所题，尚俟考。

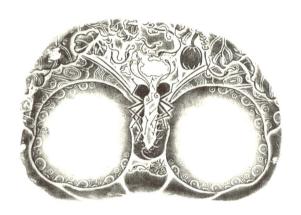

绵绵瓜瓞端砚（摘自《中华古砚》）

蓄斋"索砚"是"真顾"

清人黄中坚与顾家颇有"砚缘"，其《蓄斋二集》卷十《砚铭（并序）》，以亲身经历，记及顾家三代及顾二娘为其琢制"索砚"事，云：

> 吾乡顾德林善制砚，他人虽抚而仿之，终莫能及。尝为许子允文制索砚一，余甚爱之，因亦以端溪石二方授之。石固不佳，而式亦迥异，弗之慊也。方欲觅一佳石令之重制，而德林死矣，石亦了不可得。积十余年，始以三金易片石。时德林嗣子启明亦死，其孙公望，又以善制砚召入内廷，吴中绝无能手。闻启明之妻，实得家传，而未之察，已而其名日益著。壬辰（康熙五十一年）仲秋，乃令随意制之，不拘何式，而彼竟为制"索砚"。细玩之，惟索纽过于工巧，似不若德林古朴，其他则温纯古雅，有余韵矣。廿年素愿，一旦得偿，喜而为之铭，铭曰："是名'索砚'，顾家妇制。质美工良，宝之勿替。"又："不圆不方，依质成章。似为予戒，言括其囊。"

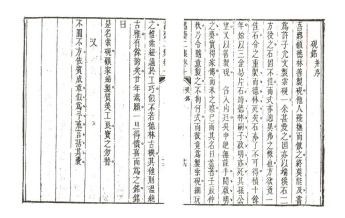

黄中坚《蓄斋二集》卷十

从铭文最后一句，可知所谓"索砚"者，即"括囊砚"也。盖袋口有绳索，故名。

此一砚，乃顾砚之"绝对真品"，文中并无提及有"吴门顾二娘制"之类款识，黄中坚通过题铭明言为"顾家妇制"。综合朱象贤及黄中坚二文，可知顾二娘制砚技艺固高，然比之家公顾德邻，实亦属各有所长。顾德邻制砚，自然古雅中偏于古朴；顾二娘制砚，温纯古雅中兼能华美。都是古雅一路，而各有侧重。

　　黄中坚，字震生，吴县人，岁贡生，著有《蓄斋集》、《蓄斋二集》等。

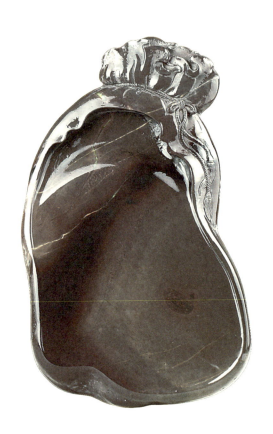

　　当代端溪老坑"索砚（括囊砚）"。是砚石质上佳，鱼脑冻中有青花结粒大如珠。随石形制为一布袋，袋口处雕绳索紧扎，索纽极精巧。拿云楼主人题铭云："缄口少语，言多必失。有容君子，腹藏珠玑。壬辰年芒种后一日，欧忠荣题。"四平斋藏。

董诰"顾砚"或真品

　　张祥河《关陇舆中偶忆编》记："余藏宋坑鹅池研，为吴趋顾二娘所制，山水浑朴，双鹅戏池，富春相公所赠。铭曰：'琢者谁？顾二娘。宝者谁？董富阳。卅载随直军机房，甲戌冬赠华亭张（自注：祥河），归铭墨池旁。'""甲戌"为嘉庆十九年。

　　是砚亦见于张氏《小重山房诗词全集》之《诗舲诗录》卷一，诗题为《相国激赏小诗，传示宾客，复以先文敏书山鸡舞镜诗册暨鹅池砚为赠，且云："书册本君家物，其善守之；砚则从余枢直四十年矣。"感老人宏奖之意，谨缀数言以志私幸》，诗中有句云："研池复摩挲，双鹅隐水雾。下墨釜涂蜡，琢手吴趋顾。从公军机房，卅载贺宠遇。""宛宛彩羽翻，容容紫云沍。宝气萃小斋，风月永持护。"

　　"富春相公"、"董富阳"、"相国"指董诰（1740—1818），字雅伦，一字西京，号蔗林，一号柘林，董邦达长子，浙江富阳人。乾隆二十九年进士。以善画受高宗知，累官至东阁大学士、太子太傅，直军机先后四十年。

张祥河《诗舲诗录》卷一

　　张祥河（1785—1862），原名公藩，字元卿，号诗舲，一号鹤在，又号法华山人，华亭（今上海松江）人。嘉庆二十五年进士，官至工部尚书。尝客董相国邸，并从董诰学画，间为之代笔。

　　从张祥河所记，未见此砚有何可疑处，或是一方"真顾"。

独擅其艺廿余年

顾二娘制砚，不但是"好手"，亦是"快手"。其为黄莘田改制凤形砚，"经吴门顾大家重制两月始成"，言下之意，两月已算长；为林在峩制"杏花春燕砚"更爽快，"今春偶得中洞石，访顾于专诸旧里，因出片笺乞余书之，随于砚背制《杏花春燕图》酬余。"许均称赞："吴趋媚女女娲手，炼石如泥工剪刻。"而据乾隆《江南通志》所载，顾二娘"独擅其艺者二十余年"，姑以顾二娘平均每两月制一砚，每年制砚六方计，制砚二十余年，则其作品起码有百二十方，是个不算少的数目。只因其作品未落名款，后人或得见之，却无法得知其出顾二娘手而已。徐珂《清稗类钞》谓"二娘生平所制砚不及百方，非端溪老坑佳石不奏刀"，未可全信。

"顾砚"之藏家，闽地以黄莘田、林佶家族、余甸所藏为夥，尤以黄、林二家为"大宗"。翁方纲《题候（侯）官林氏摹刻玉枕兰亭三首》有句云："又看仿制林家研，白发萧萧顾二娘。"自注："林氏研多吴门顾大家制。"（《复初斋诗集》卷八）可与黄、林匹敌者，尚有李馥。李官至浙江巡抚，喜藏砚，尤喜"顾砚"。陈兆仑《题林涪云研铭拓本册子十首次黄莘田大令任韵》中，有一首云："昌谷新词雅树标，吴门妙手善开雕。多情才子时留珮，细意佳人解剥蕉。"注云："李鹿山先生馥好研，家蓄名款（指好砚佳制，非指名字落款）多出吴门顾二娘手。"（《紫竹山

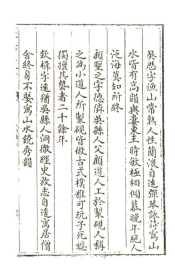

《江南通志》
卷一百七十·人物志

翁方纲《复初斋诗集》卷八

房诗集》卷一）陈兆仑与黄莘田交契，在闽期间"数至其家"（陈兆仑《秋江集诗序》），所见莘田珍藏之"顾砚"自不少，其本人手中亦有一方顾二娘制"井田砚"，是见惯"顾砚"者，其言当非虚语。可推测"顾砚"仅在闽人圈中，就应不少于数十方。同为收藏"顾砚"之"大藏家"，李、顾之关系远不如黄、顾之关系引人注目，原因或在李馥多几分大官人之矜持，而黄莘田则更多几分大才子之热情，两首写顾之诗，足以在唱响顾氏声誉之同时，亦打响了"顾黄组合"之名头。

陈兆仑《紫竹山房诗集》卷一

前述顾二娘"独擅其艺者二十余年"，从黄莘田作于雍正十一年的《题林涪云陶舫砚铭册后》诗可知，顾二娘其时已不在世（诗中有"谁倾几滴梨花雨，一洒泉台顾二娘"之句），倒推二十余年，则大致为康熙五十年前后。此二十余年间，应是顾二娘声名大振之时。

再读《蓄斋二集》所记，黄中坚于康熙五十一年仲秋请顾二娘制砚，得砚后，有"廿年素愿，一旦得偿"之感慨。从康熙五十一年倒推二十年，为康熙三十一年，在此前后，黄中坚曾以端溪石二方请顾德林制砚，但因"石固不佳，而式亦迥异，弗之慊也。方欲觅一佳石令之重制，而德林死矣，石亦了不可得"。又"积十余年"，大约在康熙四十一年至往后三几年，"始以三金易片石"。然而，"时德林嗣子启明亦死，其孙公望，又以善制砚召入内廷，吴中绝无能手。"如此又过几年，才渐"闻启明之妻，实得家传，而未之察，已而其名日益著"。遂于"壬辰（康熙五十一年）仲秋，乃令随意制之"。则可知顾二娘在康熙四十一年至往后三几年，制砚之名声尚未响亮，故黄中坚方有"吴中绝无能手"之叹。

名声未响，并不等于技艺不行，黄中坚关于"吴中绝无能手"之说法，只是其了解不深、"未之察"的"片面之词"。事实上，早在康熙三十九年，闽人林佶便已找到顾二娘改砚。《砚史》卷七录《独孤砚》，据铭辞，是砚原为元代独孤长老赠予赵孟頫，并经明代文徵明、项元汴递藏，有赵、文、项三人砚铭（实伪），后传至林佶手中。林题云："庚辰（康熙三十九年）秋杪，归自京师，过吴下，停舟阊门，得于桃花坞之汤氏。爱其石质温腻，歙之上品，松雪翁跋语笔法生气奕奕，珍同和璞。微嫌开池小而墨堂狭，因付顾大家廓而大之，顿改旧观。"从"顿改旧观"一语，足可知当时顾二娘制砚之手段实已高明。

又，时隔十年，又一闽人余甸亦找到顾二娘制砚。《砚史》卷一余甸《蕉白砚》铭云："蕉白隐现朱螺文，大朴不雕含奇芬，宝此可以张吾军。"题识曰："己丑（康熙四十八年）冬十月客吴门，顾大家为造此砚，用铭三语，索何屺瞻（焯）先生书之。镌手亦先生所素许者。越三日而竣事。"从"大朴不雕含奇芬"一语，可再次印证"顾大家"技艺之精湛。

从康熙三十九年至康熙四十八年此十年，为顾二娘累积名声阶段，当时，其影响还仅局限在一个小圈子内，且属"墙内开花墙外香"，其砚作主要流播于以林佶、余甸等人为代表的福建玩砚圈子。此后，"其名日益著"，终于，在康熙五十一年仲秋，"后知后觉"之本地人黄中坚决定请顾二娘制砚。或许此前黄中坚已有所耳闻，只是对一女流之辈，并未怎么重视。而到其真正下决心请顾制砚时，顾之声望已今非昔比，使黄中坚心理上发生变化，砚石交与顾二娘后，黄氏没有多提要求，让顾"随意制之，不拘何式"。

能像林佶、余甸如此"嗅觉敏锐"、早就慧眼识英才者，毕竟少数；黄中坚对顾二娘技艺之"后知后觉"，更能代表当时之普遍现象。由"孀女"而从事制砚，不可能一夜成名；欲得世人之认可，更非一朝一夕可达。

要之，顾二娘制砚之旺盛期，大致从康熙三十九年（或稍前）起，至康熙末年，共二十余年；而顾二娘真正得到广泛认同闻名于世，是在康熙五十年前后，至雍正十一年（或稍前）离世，从声望论，属最风光之时，亦二十余年。

"顾琢黄铭"有几何？

　　清早期，制砚以顾二娘名头最大，玩砚则以黄莘田名声最响。"顾琢黄铭"之砚，合二者之名望，声誉更隆。

　　顾二娘为黄莘田所制之砚究竟有多少，难以考定。林正青《十砚轩记》云："既得十砚，乃就吴门顾大家琢磨之。"又，林氏《舟中口占简四会莘田明府》有云："凤眼龙文十砚陈，大家琢就品题新。早知天与使君便，合在人前说研邻。"（《瓣香堂诗集·粤游集》）按林正青所言，黄莘田十砚轩中之十砚，全部为顾二娘所琢制（包括新制及改制）。则顾二娘为黄莘田所制之砚，起码有十方。如林正青所言为确，则据前文对"十砚"所作之分析，所列诸砚中，可首先认定为顾二娘琢制者有五方，分别为："美无度砚"、"十研轩砚"、"十二星砚"、"凤形改制砚"和"青花砚"，盖前四砚确认为"十砚"中物已无可争议（其中"凤形改制砚"谢道承已言为顾大家重制），"青花砚"黄莘田已直言为顾二娘所制；而可确认非顾二娘制作者有一，即在端州时庄氏所蓄之"生春红砚"。

　　今有学者指"美无度砚"并非顾二娘所制，而是出于"端工"之手，盖余甸有铭云："不方不圆，不雕不琢。略事磨砻，德修罔觉。如金在冶，如玉离璞。端州多才此超卓，晤言一室君子乐。"学者谓"端州多才此超卓"，是言砚乃端工良匠所琢。又分析"多才"是否为"多材"之误，终认为从铭语看，纯言砚艺，故必指"端工"无疑。笔者则以为，此句实指砚材。其一，文人笔下，常以石拟人，如端砚即有"石虚中字居默，南越高要人"之说，又有喻之为"风流学士"及"端友"者，此处作"多才"而非"多材"，理正同。其二，砚铭中先赞雕工，再赞材质，或顺序相反，皆属常见。"美无度砚"之美，不仅在工，亦在材，是一件质美工良之佳品。若余甸铭文只言工而不及质，反倒不妥。其三，"端州多才此超卓"之前，已有一句"如玉离璞"作铺垫，语意上不会唐突。其四，清初文人对端工颇有微词，如曹溶《砚录》指责"粤工多俗"，在《与客谈砚三首》中又言至岭南后："僻地良工少，镌磨欲自供。"施闰章《砚林拾遗》亦直言"石产于端而工不善斫"。就连黄莘田到端州后，亦专门把董、杨二人请来署斋琢砚。故这里之"端州多才"若是形容

"端工"，余甸之看法未免过于"反潮流"。其五，林正青《十砚轩记》中，已言"既得十砚，乃就吴门顾大家琢磨之"，没道理"十砚"中之"明星""美无度砚"，首先就不是顾二娘所制，林氏岂非睁眼说瞎话？其六，余甸另有题"七星砚"之铭，云："如霞之赤，如蕉之白。其眼莹然，其数维七。朝夕摩挲，殆不忍释。三洞多才，头地出一。"（《砚史》卷一）此"三洞多才"之"三洞"，乃指端溪老坑内之东、中、西三洞，"多才"显指砚材。"端州多才"之用法亦然。

关于"美无度砚"之作者，清代彭元瑞有《美无度砚》诗，末二句云："吴门夸妙制，粉印墨花融。"（《恩余堂辑稿》卷四）彭氏意指此砚乃吴门女制砚人（即顾二娘）所制。

顾二娘为黄莘田制砚，主要集中在康熙晚期，其时，黄莘田尚未官粤。莘田入粤后至雍正五年，制砚主要交由客其署斋的董、杨二人。黄莘田罢归后，是否还有请顾二娘制砚呢？考黄莘田于雍正八年秋天自岭南归，于雍正十一年作《题林涪云陶舫砚铭册后》，中有"谁倾几滴梨花雨，一洒泉台顾二娘"之诗句，可知其时顾二娘已离世。顾有可能在莘田回闽前已去世，亦有可能在雍正八年秋天后至雍正十一年之间去世，但亦已是人之将去。

由此可知，黄莘田归闽后，已不大可能再找顾二娘制砚。而《秋江集》所存诗作中，亦未见黄莘田回福州后，尚有出闽之记述。徐康《前尘梦影录》卷上云："莘田曾任高要、四会，正开坑采石，故所购独多。罢官后携至吴门，佳石多付顾二娘手琢。"徐氏之说，显为想当然之语，不可信！

《砚史》所录顾二娘制砚一览表

序号	砚名	铭文和题记	制砚时间	收藏者	备注
1	蕉白砚	余甸题："蕉白隐现朱螺文，大樸不雕含奇芬，宝此可以张吾军。"题识云："己丑冬十月客吴门，顾大家为造此砚，用铭三语，索何屺瞻（焯）先生书之。携亳亦先生所素许者。越二日而竣事。"	康熙四十八年	余甸	见卷一
2	水月镜花砚	余甸题："水中月，镜中花。品美石，不争差。征雅款，顾大家。甸铭。"楷书。		余甸	见卷一
3	奎砚	林佶题："曜合纬联天降符，撰赋纪瑞帝曰都，凤池捧砚征斯图。紫薇内史臣佶恭纪。"篆书。 林在峩记："砚为宣德时旧坑，岁壬辰先君子购于慈仁寺集，磨砻于吴门女史顾氏，挥毫于丝纶阁下者，十有二年。携归偕隐，未几捐馆舍。越明年，不戒肤箧，遂入台江江氏，来归于我。公羊子曰：'宝玉大弓，国宝也。'得之书，丧之书，子孙其世守勿替。雍正壬子秋霜，携此以志风木之感。在峩谨书。"楷书。	康熙五十一年或之后	林佶	见卷四
4	歙石改制砚	载称，砚原为元代独孤长老赠予赵孟頫，经明代文徵明、项元汴递藏，有赵、文、项三人砚铭，后归林佶。 林佶题云："庚辰秋杪归自京师，过吴下，停舟阊门，得于桃花坞之汤氏。爱其石质温腻，歙之上品，松雪翁跋语笔法生气奕奕，珍同和璞。微嫌开池小而墨堂狭，因付顾大家廓而大之，顿改旧观。鹿原佶识。"楷书。	康熙三十九年秋末	林佶	见卷七 砚为歙石。砚上赵、文、项三人之铭伪。
5	宋坑砚	林佶题："水崖之精琢乃成，子能宝之实家桢。峩儿来省侍，携顾大家所制砚乞铭，因书付之。丁酉冬日鹿原。"篆书。 林正青题："此石乃宋坑，温而栗，经顾氏磨砻墨积，如数百年物，尤可玩。正青。"	约康熙五十六年冬日之前	林在峩	见卷四 此"宋坑"非今时所谓之"宋坑"坑口。
6	青花砚	黄任题："一寸干将切紫泥，专诸门巷日初西。如何轧轧鸣机手，割遍端州十里溪。"题识云："余此石出入怀袖将十年，今春携入吴，吴门顾二娘见而悦之，为制斯砚。余喜其艺之精，而感其意之笃，为诗以赠，并勒于砚阴，俾后之传者有所考焉。顾家于专诸旧里。莘田。"		黄任	见卷二

序号	砚名	铭文和题记	制砚时间	收藏者	备注
7	凤形改制砚	《砚史》中称"橡林精舍砚",有"梅道人"款铭,书中据此定为元代吴镇旧藏。后入十砚轩中。 谢道承题:"右砚大尺余,厚二寸许,青花环匝,旁有鸜眼二,高□得于都下。旧款天然巨璞,经吴门顾大家重制两月始成,形如威凤,此十研至宝也。所谓□千仞而览德辉,其在斯乎?古梅。"		黄任	见卷七 是否吴镇旧物,俟考。
8	井田砚	陈治滋题:"产于粤,游于燕。吴顾氏,画井田。伴我芸阁归林泉,如影随形二十年。德泉。"行书。		陈治滋	见卷三
9	月仪砚	许均题:"端溪璞玉夜珠色,探向骊龙颔下得。吴趋媚女女娲手,炼石如泥工剪刻。蚌形琢出月初圆,秋水澄江练一幅。案傍亦有玉蟾蜍,对此垂涎敢吞蚀。镂肝刻肾玉川子,笺奏天工枉费墨。何如研露写乌丝,翠袖佳人勤拂拭。壬寅九月九日雪邨居士。"行书。印:雪邨。	康熙六十一年九月九日之前	许均	见卷三
10	杏花春燕砚	旁镌"只衔花片与多情"七字篆书。 林在峩题:"吴门顾氏三世以斫砚名,大家所制尤古雅浑成,先君子旧有'分来天上支机石,占取人间玉斧仙'赠句。今春偶得中洞石,访顾于专诸旧里,因出片笺乞余书之,随于砚背制《杏花春燕图》酬余。细腻风光,得未曾有,所谓'玉斧仙'不其然乎?轮川峩。"楷书。印二:得趣,暖风来燕子。	雍正年间(称"先君子",必在林佶卒后)	林在峩	见卷六
11	凤砚	林兆显题:"具丹穴(凤凰代称)姿,回翔超越。制自顾大家,探从羚羊窟。紫云入袖日含毫,翾羽丹山鉴身发。凤池吾欲扬先芬,万里桐花有根骨。"		林兆显	见卷六 林兆显,林在峩子。
12	星月砚	旁镌"吴门顾大家制",隶书。 铭云:"月之从星,时则风雨。汪洋翰墨,将此是似。墨云浮空,漫不见天。风起云趋,星月皎然。"篆书。 题识云:"庚辰(康熙三十九年)秋日,一畝居良集,渔洋夫子出砚书铭,篆□者朱竹垞,旁观者汪东山、潘稼堂、顾侠君,识名者陈奕禧。后之揽者,得毋哂其生涯之太拙乎?"草书。	康熙三十九年秋日之前	王士正(士祯)	见卷七 砚为顾二娘制,王士祯藏。王于雅集时出此砚篆书苏轼砚铭,由朱彝尊篆铭刻字。题识者陈奕禧。

附录

拿云楼简编黄任年谱

康熙二十二年（1683） 癸亥 1岁

十二月十六日，出生于福建永泰县白云乡。

按：《秋江集》卷六《丙子元日》诗有云："生长太平无一事，三朝七十四年身。""丙子"为乾隆二十一年（1756），则黄任生于康熙二十二年（1683）。又，沈大成《学福斋集》卷九《黄十砚七十寿序（自注：代）》云："季冬月在辛，君齿斫轮之年矣。"据《庄子·天道》：齐恒公曾问轮扁斫轮之术，轮扁答话中有"行年七十而老斫轮"之语，可知"季冬月在辛"为黄任之生日。"季冬"为农历十二月，"月在辛"为十六日（据宋王应麟《六经天文编》卷上《月生明生魄》），则黄任出生于康熙二十二年十二月十六日，以公历计，为公元1684年2月1日。关于黄任之出生地，福建省文史研究馆整理《黄任集（外四种）》附录之《黄任年表》（连天雄、郭云编）云："故关于黄任的出生地似定于省城福州光禄坊为宜。"本书不从此说。永泰，曾名永福，雅称永阳。

又按：据黄惠修、黄虞世增订《麟峰黄氏家谱》：黄任排麟峰黄氏家族第二十九世。曾祖父黄文焕，明天启乙丑进士，官至翰林院编修、左春坊左中允。祖父黄琇，顺治间岁贡生，大田学训导，未任；父亲黄绍洽，邑庠生。《麟峰黄氏家谱》卷之八《仕官》有注云："吾族科名官职在闽称甲姓，而支分派异，远莫可稽。"

又按：黄文焕有遗砚间接传至黄任。林在峩《砚史》卷二黄任小传云："先生少时承大王父中允公文焕所遗，并自购砚，凡十，筑'十砚轩'藏之。"又，陈应魁《香草斋诗注》卷一录黄任《恭纪中允公遗集诗十六首有序》之第六首有注云："甲申后，中允公侨居金陵，有宅一区，列典籍图书，尊彝古玉甚富。平生著作等身，咸在其中。忽遭一炬灰烬，今所存者什一耳。"可知黄文焕富收藏，此处虽未直接言及砚，然当不乏其中，并或有在火厄中得幸存者。

是年春，端溪老坑延续去冬重开，继续采石。

按：屈大均《翁山诗外》卷之十《七言律二》有《从端州采研归有作》诗，第一首云："采得紫云东洞石（老坑内其中一洞），归来书案有辉光。"第二首云："归舟此度欢无极，采得青花自烂柯（自注：水岩石以有小青花为美）。"考屈氏作诗时间，可推知此次老坑开采，为康熙二十一年冬天至康熙二十二年春天的采季。批准开采者，为两广总督吴兴祚。据《清史稿·吴兴祚传》：吴于康熙十七年晋福建巡抚，二十年擢两广总督，其时正驻节肇庆。

康熙二十六年（1687） 丁卯 5岁

冬，两广总督吴兴祚再次重开端溪老坑。

按：高兆《端溪砚石考》记："丁卯冬，予游端州，值开坑。"高兆字云客，号固斋，福建闽县(今福州市)人。清代中前期，闽地砚圈中人于砚有两种不同"玩法"：一以研究砚坑及石质石品为方向的"科学派"，以高兆为代表；一以赏砚裁铭、品题唱和为乐事的"文学派"，以余甸、林佶、黄任等为代表。前一种，砚材本身即研究之对象；后一种，砚只是寄情托意之载体。二者各有成就。高兆曾与黄任外祖父许友结"平远社"。

又按：《砚史》卷二黄任《赠雪村（许均）砚》题云："经月凿洞，难得佳石。此片尚是吴制府开坑旧物，殊可宝玩……"吴制府即吴兴祚。

康熙二十八年（1689） 己巳 7岁

冬，代理两广总督、广东巡抚朱弘祚重开端溪老坑。

按：高凤翰《砚史》摹本第二十五《曼睩》砚，砚拓上有高凤翰题记："此砚为济南朱潜园所赠。其总督公在广南亲开老坑所获。"查山东朱潜园祖父一代，"总督公"有二人，即朱昌祚、朱弘祚兄弟。其中朱弘祚曾任广东巡抚，其间一度代理两广总督，时在康熙二十八年六月，原两广总督吴兴祚因在肇庆铸钱被革职，同年八月，朱弘祚受命代理两广总督莅肇庆（时总督驻地），移驻肇庆共三个月。开采老坑，应就在摄制府篆期间。

康熙三十年（1691） 辛未 9岁

住福州光禄坊舅父许遇家，与许均同砚席，朝夕相处。

按：《秋江集》卷四《题林浯云陶舫砚铭册后》写许均："四十年来砚席情，相期研背互题铭。木棉花下音尘绝，此意千秋竟不成。"许均卒于雍正八年（1730），为黄任认识许均之第四十年。据此诗推测，黄任从乡下迁居福州，当在康熙三十年。黄任与许均，既是表兄弟，又是砚友，黄任前半生，与许均至为相知。

又按：黄任少年时，一面学书，一面学诗。《麟峰黄氏家谱·家传》录"县志参余大司寇撰传"云：黄任"初学书于其乡先辈林鹿原（佶），后长洲汪退谷（士鋐）授以笔法，而其书益工"。网上资料流传："黄任家学渊源，少俊好学，12岁受业于福州著名诗人许友外祖父处学诗。"而据郑珊珊《许友生卒年考》：许友卒于1663年（见《明清侯官许氏家族文学研究》）。则许友卒后二十年，黄任才出生。可知流传之谬。

康熙三十三年（1694） 甲戌 12岁

从江南山阳人吴晟问学。

按：《秋江集》卷一《汴中晤宫允吴鹤皋先生，感旧赋赠》有注云："君入闽，主于余家，余年十二。"吴晟，字西李，号鹤皋。

康熙三十九年（1700） 庚辰 18岁

秋末，林佶请顾二娘改制"独孤砚"。

按：据《砚史》卷七载称，是砚原为元代独孤长老赠赵孟頫，并经明代文徵明、项元汴递藏，有赵、文、项三人砚铭（实伪），后传至林佶手中。林佶题云："庚辰秋杪，归自京师，过吴下，停舟阊门，得于桃花坞之汤氏。爱其石质温腻，歉之上品，松雪翁跋语笔法生气奕奕，珍同和璞。微嫌开池小而墨堂狭，因付顾大家廓而大之，顿改旧观。鹿原佶识。"

又按：林家数代蓄砚，林在峨《砚史》自序云："先世多遗砚，先君子（即林佶）续所得者亦夥，暇日各系以铭，镌砚背，藏簏衍有年矣。"

康熙四十年（1701） 辛巳 19岁

是年，结识游绍安。

按：游绍安《涵有堂诗文集》之《留别四会黄莘田任明府》开首云："屈指过从廿五年，居贫生计总相怜。"集中此诗无标年份，其后数首，有《辛亥调回京曹呈别长官暨诸僚友》、《壬戌生日口占》等诗，辛亥为雍正九年（1731），壬戌为乾隆七年（1742），则《留别四会黄莘田任明府》当作于雍正九年之前。查雍正三年（1725）夏，游绍安曾到端州探访时任四会知县兼代高要知县的黄任，《涵有堂诗文集》之《跋陶舫砚史（有序）》记："乙巳（雍正三年）夏，访吾友黄莘田明府于端州。"二人再次相见，已是十五年后的乾隆四年（1739），《秋江集》卷五《南雄旅店》有注云："时游心水守南安郡，余别心水十五年矣。"是诗作于乾隆四年自粤返闽途中。可知《留别四会黄莘田任明府》一诗，只能作于雍正三年。倒推二十五年，则黄莘田结识游绍安在康熙四十年。

康熙四十一年（1702） 壬午 20岁

秋，参加乡试中举，列第二十四名，极得主考官许志进器重。

按：《清代官员履历档案全编》第九卷黄任自书履历："由康熙四十一年壬午科本省乡试中式举人第二十四名。"又，《麟峰黄氏家谱》卷之九《家传》："年二十举于乡，时武进许谨斋（志进）主康熙壬午试事，亟器重之，称高足弟子。"

冬，赴京，准备参加次年会试。

康熙四十二年（1703） 癸未 21岁

二月，第一次参加会试，落第。

康熙四十三年（1704） 甲申 22岁

是年，娶侯官庄氏为妻。

按：《秋江集》卷五《悼亡二十八首》有注云："予己丑（康熙四十八年）下第出

都，复客汴中三载。孺人除夕寄诗，有'万里寒更三逐客，七年除夜五离家'之句。时孺人归予七年矣。"黄任于康熙四十八年至五十年客开封，五十年冬天归里。《秋江集》卷一《闲居杂兴》（作于康熙五十一年）序云："辛卯（康熙五十年）冬，余自汴中抱病归里，今春不得与计偕北行……"康熙五十年除夕时应已回到家中。则庄氏寄诗，当在康熙四十九年除夕。从康熙四十九年开始倒推七年，可知与庄氏结婚在康熙四十三年。

康熙四十四年（1705） 乙酉　23岁

长女黄淑窕出生。

按：黄惠为黄淑窕《墨庵楼试草》所作序云：淑窕"临笃，复口占二律，以示翁氏媳，即奄奄不起。时乾隆三十七年壬辰十二月念五日午时，年六十八"。则黄淑窕出生于康熙四十四年。

经林正青介绍，结识谢道承。

按：《秋江集》卷四《题谢古梅（道承）编修兰陔图》有云："昔君年十五，能吟春草词。我初识君面，濯濯春华姿。我友林苍岩（正青），为我联交期。"谢道承出生于1691年，林正青介绍道承给黄任认识时，谢十五岁，则时在1705年。又，黄任为谢古梅《小兰陔诗集》所作序云："予髫龄时过来斋老人（林佪）荔水庄中，日与林苍岩昆季、陈德泉（治滋）、许雪村（均）往来游宴，而谢君古梅时发未燥，皆总角好也。如是者有年。"

赴京准备参加次年会试。

按：林正青《辫香堂诗集》之《送莘田北上和渭云（林在华）兄韵》，第一首有句云："秋香已见折枝易，春苑何愁拾芥艰。""五年敛翮凭风积，高兴凌云始出山。"是诗乃林氏送友人黄任及堂兄林在华上京赴考的送行诗。又，第三首有注云："君新订交谢又绍（道承）。"

康熙四十五年（1706） 丙戌　24岁

二月，第二次参加会试，落第。

余甸得第三甲赐同进士出身。（《康熙四十五年丙戌科殿试全榜》）

按：余甸长黄任二十八岁，既是前辈又是砚友，好蓄砚题铭，友人中持砚乞铭者众。林在峩《砚史》自序云："维时余丈田生以少京兆归老，每见必击赏，盖田生丈铭砚极浩博。而同里黄君莘田有砚癖，亦时出其所蓄砚与所刻铭相质。自是里中以案头有无片石为雅俗，且以不得佳铭为憾事。亦一时风尚。"

二月，翁嵩年为黄任舅父许遇作《双翠砚为许月溪铭》。

按：《砚史》卷七录翁嵩年《双翠砚为许月溪铭》，铭云："介如石焉，宁用终日。知微知显，万夫之望。"落款："学昌老人书。丙戌寒食前二日，时余将归矣。"

康熙四十六年（1707） 丁亥 25岁

初秋，与许均游涛园。（《秋江集》卷一）

按：关于涛园，许友《石林自记》云：许子四时读书处，有城南之园一区，在古城深巷间，入门修篁夹庑，旧主人榜以"石林"。一庵曰"匏居"，入门休足处也。登山有亭翼然，颜曰"梵闻"，盖以吾亭之邻神光寺也。亭左为"松岭"，先大夫手镌二大字。岭皆长松对峙，坐卧其下，听云海寒涛声，若身立天上，故予易此为"涛园"，而因自号者。

又按：《秋江集》所录诗作，少数带有明确年份，但大多数不带年份，仅能通过诗文内容、卷中所在位置前后诗作之时间关系、相关人物之行迹等综合推断。下同。

作《游心水夜话》诗。（《秋江集》卷一）

冬日，作杂诗五首，其一有句云："大女如母长，纫针倚床席。小女不解事，娇啼索金碧。嘈嘈环我旁，谁能即呵斥。"可知次女黄淑畹已出生。（同上）

除夕，赋《除日戏作》诗。（同上）

是年，福建巡抚张伯行建鳌峰书院，置学舍，出所藏书，搜先儒文集刊布为正谊堂丛书，以教诸生。（《清史稿·张伯行传》）

康熙四十七年（1708） 戊子 26岁

社日，与周莲峰（易）、蓝采饮（涨）、高话山、许梅崖（鼎）、陈梅谷（学良）、游心水（绍安）、陈廷枢诸友在紫藤花庵雅集。（《秋江集》卷一）

按：道光长乐人王元麟《秋江集注》卷一按："国朝《福建通志》：提学许豸宅在侯官县光禄坊，中有紫藤花庵，豸子友读书处，后为友外孙黄任所居，易名香草斋。"又，《麟峰黄氏家谱》卷之七《宅墓》录《福建续志》："香草斋在省城光禄坊，初名'墨庵'，许友筑。后十砚翁居此，易名'香草斋'。"

九月八日，与许鼎、游绍安、林在华等人游涛园，作《重九前一日同许梅崖、游心水、林渭云、陈廷枢登涛园》诗。（《秋江集》卷一）

再次启程赴京。经福建最北端之浦城县，宿渔梁旅舍，见亡友陆邺书壁上题诗，怆然和韵作诗一首。过渔梁岭观积雪。再过浙江衢州江郎山。一路北上。（同上）

康熙四十八年（1709） 己丑 27岁

进入山东。夜宿伴城、垛庄。作诗有句云："明发又驱马，高歌过古原。"在泰安遇雪。晓发张夏途中，作长诗示许均，有句云："况我光禄结一军。"下注曰："余与雪邨诸同社有'光禄坊派'之称。"（《秋江集》卷一）

二月，到达京城，第三次参加会试，落第。

赵国麟得第三甲赐同进士出身。（《康熙四十八年己丑科殿试金榜》）

作诗《赠方扶南（世举）》。最后一首云："我来同借一枝栖，诗话轩中警露西。只隔子云居十步，不愁载酒没春泥。"自注："扶南僦屋颜曰'诗话轩'；余侨寓'警

露轩',为林鹿原先生所居。"(《秋江集》卷一)

离京,作《出都留别房山公》。(同上)

按:王元麟《秋江集注》卷一注:"巢震林,号集斋,常州武进人。顺治乙未进士,官刑部侍郎,居瀑水山庄,原元高克恭房山道人故宅。"

出卢沟桥。经河北沧州、邢台、邯郸,到达河南开封。沿途经河间,谒扁鹊庙,临滹沱河,见豫让桥,过乐毅墓,至铜雀台;进入河南,经淇水、汲冢,到达开封境内,游陈桥、夷门、屠户坟、蔡中郎祠。(《秋江集》卷一)

与许均对床夜谈,作《与许三雪邨夜话》诗,有句云:"异乡永今夕,有此对床眠。每别皆多事,何欢比少年。"(同上)

在开封会吴晟,作《汴中晤宫允吴鹤皋先生,感旧赋赠》。诗中自注:"大王父中允公(黄文焕)曾令山阳,与君尊甫先生有通门之谊。"又注:"君入闽,主于余家,余年十二。"(同上)

按:王元麟《秋江集注》卷一注:"按阮葵生《茶余客话》云:莘田礼闱下第,垂翅南归,附舟至淮,资斧告匮。时许谨斋方远宦,不得已走谒吴中允西里(李)所。时吴与黄未识面也,中允云:'君即赋某诗黄莘田耶?念中(即谨斋)言子久矣。'商之夫人,举钗环尽付质库,得百金,为偿身中逋。居久之,资送归闽。""今观先生自注,则固少时相识者,阮说恐传闻之误。"又,许志进(谨斋)与吴晟为同里。

十月,余甸客苏州,顾二娘为其制"蕉白砚"。

按:《砚史》卷一余甸《蕉白砚》铭云:"蕉白隐现朱螺文,大朴不雕含奇芬,宝此可以张吾军。"题识曰:"己丑冬十月客吴门,顾大家为造此砚,用铭三语,索何屺瞻(焯)先生书之,镌手亦先生所素许者,越三日而竣事。"

是年,林逊卒。

按:《砚史》卷四载林逊"寿九十有一"。又录林逊《甘露砚》铭:"静而寿,朴弥光。唯甘露之降祥,征永宝乎青箱。"落款:"时康熙戊寅(康熙三十七年,1698)秋八月望前二日,甘露降于松楸。八十老人立轩书砚后以勖子孙。"则可知林逊生于明万历四十七年(1619),卒于康熙四十八年(1709)。

康熙四十九年(1710) 庚寅 28岁

客河南开封。

作《梦归》诗云:"梦归初款款,梦破忽腾腾。急鼓家何处,呼灯仆不应。"(《秋江集》卷一)

作《秋晚》诗,有句云:"秋晚客京洛,缁尘衣裳单。""飞鸟投故林,浮云归旧峦。如何奔驰子,欲往无羽翰。""常恐瘦形骸,高堂梦里看。昨来双鲤鱼,勤勤问眠餐。知我未归去,老泪不肯干。器业无成就,强慰其实难。"时父母来书信问及近况。(同上)

作《拨闷三十四韵》,有句云:"客心摧落日,归思羡回潮。"(同上)

康熙五十年（1711）　辛卯　29岁

汴中得病，作《卧病》诗，有句云："漳滨卧病在天涯，魂转销深瘦更加。""正值陇头人寄泪，玉珰缄札问秦嘉。"时收到妻子庄氏来信。（《秋江集》卷一）

按：《秋江集》卷五《悼亡二十八首》有注云："予己丑下第出都，复客汴中三载。孺人除夕寄诗，有'万里寒更三逐客，七年除夜五离家'之句。时孺人归予七年矣。"黄任收到庄氏来信，信内所附的或正是此诗。庄氏诗作于康熙四十九年除夕，黄任收到时应已到康熙五十年春天。所谓"七年除夜五离家"，当指：四十四年、四十七年除夜在上京赴考途中，四十八年、四十九年除夜客于开封。尚有一次暂未能确定，应为四十三、四十五年之其中一年除夜。

与舅父许遇言别。作《别许贞翁舅氏明府》，有句云："山堂烛影围鸡黍，古巷书声出薜萝。"自注："鸡黍山堂、薜萝书舫皆舅氏斋名，余与中表共读书处。"时许遇知开封陈留县。（同上）

冬，因病自开封归里。途中谒归德府（在今河南省商丘市）之双忠祠，经江苏徐州（彭城），过安徽滁州游醉翁亭，再过滁州清流关；到达浙江，行船富春江上。由浙入闽，回到里中。（同上）

是年秋天，许均举乡试。随身携带"论交可久砚"，准备参加翌年会试。（《砚史》卷三）

康熙五十一年（1712）　壬辰　30岁

林佶服丧期满，参加壬辰会试、殿试，得第二甲赐进士出身。（《康熙五十一年壬辰科殿试金榜》）

按：林佶在京期间，购得端石，并请顾二娘琢为砚。《砚史》卷四林佶《奎砚》铭云："曜合纬联天降符，撰赋纪瑞帝日都，凤池捧砚微斯图。紫薇内史臣佶恭纪。"林在砚记："砚为宣德时旧坑，岁壬辰，先君子购于慈仁寺集，磨砻于吴门女史顾氏……"

许均落第。

黄任因病未能上京赴考，闲居里中。

按：《秋江集》卷一《闲居杂兴》序云："辛卯（1711）冬，余自汴中抱病归里，今春不得与计偕北行，掩关寥落，触绪兴怀，辄成诗若干首，聊志起居安适云尔。""计偕"指举人赴京会试；"不得与计偕北行"，谓不能上京参加会试。《闲居杂兴》之四云："儿女穿窗闹未宁，几年羁馆泪零丁。思量争忍嫌嘈杂，彻夜娇啼亦好听。"时儿女渐长大。又，《闲居杂兴》之八云："今年百计少相关，终笑投闲未是闲。十载姬岩抛不上，借人亭馆看乌山。"自注："余别墅在姬岩山中，去郡城二百余里，别十年矣。"王元麟《秋江集注》卷一注："按香草斋面对乌山，原先生外祖许友所居。"

八月，吴县人黄中坚请顾二娘制砚，顾二娘为之制"索砚"。

按：黄中坚《蓄斋二集》卷十《砚铭（并序）》云："闻启明之妻，实得家传，而未之察，已而其名日益著。壬辰仲秋，乃令随意制之，不拘何式，而彼竟为制'索砚'。细玩之，惟索组过于工巧，似不若德林古朴，其他则温纯古雅，有余韵矣。廿年素愿，一旦得偿，喜而为之铭。铭曰：'是名索砚，顾家妇制。质美工良，宝之勿替。'又：'不圆不方，依质成章。似为予戒，言括其囊。'"

康熙五十二年（1713） 癸巳 31岁

是年，康熙帝六旬大寿，首开万寿恩科。

按：商衍鎏《清代科举考试述录及有关著作》书中，有《乡试之定制》一文，云："清万寿恩科始于康熙五十二年。""又有乡、会试同在一年举行者，如康熙五十二年癸巳六旬万寿恩科，于二月乡试，八月会试。"

第四次参加会试，落第留京。许均第二次落第。

陈治滋殿试得第二甲赐进士出身。（《康熙五十二年癸巳恩科殿试金榜》）

按：陈治滋有顾二娘手制"井田砚"。《砚史》卷三陈治滋《井田砚》铭云："产于粤，游于燕。吴顾氏，画井田。伴我芸阁归林泉，如影随形二十年。德泉。"

九月，林佶授中书。

按：林佶《朴学斋诗稿》卷七《癸巳九月初授中书纪事》末二句云："惭愧七年留内直，备员今始厕微躬。"

康熙五十三年（1714） 甲午 32岁

在京期间，与林佶至慈仁寺购砚。

按：《秋江集》卷四《题林涪云陶舫砚铭册后》（《砚史》卷八题为《题陶舫砚铭册后十八首》）有诗句云："记共慈仁寺里回，手持数片重琼瑰。"自注："甲午都中，余与鹿原先生慈仁寺购砚，今披阅铭词，犹历历在目也。"

离京归闽。

初夏，与游绍安、林正青等夜游福州之西湖。

按：游绍安《涵有堂诗文集》录《癸酉三月十又七日，同人宴集西湖宛在堂，并饯陈补堂明府九龄镛州之游》，诗中有注云："甲午初夏，西湖夜泛，各赋诗章，载入湖志。今存者予与苍岩、莘田耳。"

九月，许遇任长洲知县。

按：《苏州府志》卷三十五《职官四·知县（长洲）》："许遇，侯官人，监生。康熙五十三年九月任。"

冬，再度赴京，途中到长洲探访舅父许遇。

按：游绍安《涵有堂诗文集》录《送黄莘田任北上过其舅氏真意先生官舍》诗，首四句云："囊剑担书指帝都，却因此舅望姑苏。枫桥暂治新词客，花县重来旧酒徒（自注：真意翁令陈留，调任长洲）。"黄任乃上京赴考途中到长洲探望舅父。游绍安诗不具年款，此据许、黄行迹推断系于是年。

康熙五十四年（1715） 乙未 33岁

正月十六夜，第五次赴考途中，与许均一起登泰山。

按：《秋江集》卷一《送游心水入都》有自注："乙未余上春官（即礼部，指参加礼部主持之会试），心水赠余诗，有'记取官家新样锦，他年留赠嫁衣裳'之句……"又，《秋江集》卷二《泰安道中山行》有自注："乙未正月十六夜，予与雪邨登岱岳，达旦至绝顶，今十年矣。"是诗作于雍正二年（1724）。

乙未会试，第五次落第。许均第三次落第。

傅王露殿试得第一甲赐进士及第，成探花。（《康熙五十四年乙未科殿试全榜》）

冬日，翁嵩年为许鼎铭"守真砚"。

按：《砚史》卷七翁嵩年《守真砚》铭云："守真璞，含冰雪。风发泉涌，云蒸霞蔚。寸田可耕，千秋之业。"落款："乙未冬日，萝轩老人为梅崖铭。"

康熙五十六年（1717） 丁酉 35岁

在里中。

四月十日，与族中五位叔辈同看黄氏家族聚饮之石井阑，作《石井阑歌并序》。（《秋江集》卷一）

作《白云家山呈诸叔父》，言及曾祖父黄文焕所建环翠楼。

按：王元麟《秋江集注》卷一注："白云在永福县治北麟峰山下，黄氏世居于此。"诗中有句云："环翠楼前一轮月，夜深还照子云居。"王元麟注："《福州府志》：'鬟翠楼在永福县姬岩，黄文焕所建。''鬟'一作'环'。"《麟峰黄氏家谱》卷之五《山川》："有楼巍然翼然者曰'鬟翠楼'。"注云："中允公读书处，莘田公镌'鬟翠楼'三字于其下。"家谱又录黄文焕《题鬟翠楼》诗："满室烟云满院霞，闲将笔砚养丹砂。野夫鬟翠楼前坐，元是神仙第一家。"《白云家山呈诸叔父》中又有句："十年三度返家山，猿鹤都应笑钝顽。"

游白云山下之上带溪，又至永福县治东边福善庵。（《秋江集》卷一）

归里期间，并作有《永阳寓斋杂诗》、《暑雨后坐月》、《入秋》、《秋日即事》、《病起作》等诗。（同上）

离乡至福州。宿竹崎官舍，作《宿竹崎官舍赠朱豹南三首》。

按：朱豹南为月鹿夫人张季琬丈夫，袁枚《随园诗话》误以月鹿夫人为黄任妻子。王元麟《秋江集注》卷一注："《福州府志·公署志》：竹崎巡检司在府城西北十六都，明正统六年置。朱文炳字豹南，时为竹崎巡司。"

游绍安上京准备参加翌年会试。作《送游心水入都》。

按：《秋江集》卷一《送游心水入都》其一有句云："海滨来上国，况瘁此求名。""苦心事场屋，直道见公卿。稳稳骅骝步，天街看一鸣。"又一首有句云："不得奉鞭弭，临岐（临别）暗自伤。向隅多难日，失约少年场。""君家新锦样，自制嫁衣裳。"自注："乙未（康熙五十四年）余上春官，心水赠余诗，有'记取官家新样锦，他年留赠嫁衣裳'之句，徒增愧耳。"是诗既有祝游绍安会试成功之意，亦有自己屡考不中之自愧心理。黄任未有与游氏一同赴京参加次年之戊戌会试。

又按：王元麟《秋江集注》卷一在《送游心水入都》诗后有注："按此诗当为辛丑（康熙六十年）科作，盖前科戊戌（康熙五十七年）先生尝入试礼闱。是岁遭家多难，当心水入都时不得奉鞭弭以偕行，故自增伤感耳。考先生先丧母而后丧父，则此时殆衔陟岵（悲母之典）之悲也。至是而年已三十九岁矣。"王元麟推论之年份、会试科目及黄任年龄皆误。

是年，林在峩进京，与修《古今图书集成》。

按：《砚史》卷六林在峩《精纯温雅砚》铭后，有陈治滋长跋，言林氏"丁酉岁入都与修《古今图书集成》，凡七载"。

冬，林佶为儿子林在峩所藏顾二娘制"宋坑砚"题铭。

按：《砚史》卷四林佶《宋坑砚》铭云："水崖之精琢乃成，子能宝之实家桢。峩儿来省侍，携顾大家所制砚乞铭，因书付之。丁酉冬日鹿原。"林正青题："此石乃宋坑，温而栗，经顾氏磨礲墨积，如数百年物，尤可玩。正青。"今有人据林正青"此石乃宋坑"之说及林在峩所加《宋坑砚》标题，认为此砚乃产于肇庆北岭山之宋坑石，大误。清代闽地玩砚圈中人笔下言及端砚，"水岩"、"水崖"同义。《砚史》卷七录蓝涟砚铭一首，题目作《水崖砚》（林在峩所加），而砚铭则为"水岩之精"，于此可见。又，《砚史》卷二黄任《著述砚》，连镌"十砚轩图书"、"莘田真赏"、"水崖之精"三印，应为一方端溪水岩。黄莘田尝赠李云龙一方"天然砚"，李氏题："水崖之精工所度，美石天然无成削。十砚轩中贻，摩挲亲矩矱……"亦应作水岩解。故从林佶所题"水崖之精"一语，可知此"宋坑"当指宋代所开老坑砚石，其或宋开之老坑昔日旧采所遗，或宋开之老坑近时重开所得，非今日所指北岭山出产之"宋坑"砚石。

康熙五十七年（1718） 戊戌 36岁

春，会试、殿试揭晓，许均、张炜得第二甲赐进士出身。许均改翰林院庶吉士。（《康熙五十七年戊戌科殿试金榜》）

是年会试，游绍安因故未得入闱。林佶作砚铭安慰并鼓励之。

按：《砚史》卷四林佶《囊砚为游心水铭》云："荆山璞，未尝刖。长安米，终须乞。先具此囊罗万物。"后有林正青题跋："此戊戌春先君子为心水游三兄铭。时心水随计偕入都，以磨勘未得入闱，心殊不乐，铭以慰之。"

春，离开福州，启程赴江浙。作《江上言别》。

按：《秋江集》卷二《江上言别》诗云："蓬蒻草香春近岸，渚边沙没晚平潮。征帆目断劳亭远，烟锁洪山十里桥。"王元麟《秋江集注》卷二注："《福州府志》：洪山桥属侯官县，距城西十里。"

又按：自康熙五十四年第五次落第后至《江上言别》之前，诗作中未见有离闽之记述，亦未参加戊戌会试，其时，黄任或有孝服在身。福建省文史研究馆整理之《黄任集（外四种）》附录《黄任年表》，记黄任康熙五十七年"春，赴京会试"，时间及事件记述有误。

重游白云寺，并作诗。

按：《秋江集》卷二《重游白云寺》诗有句云："浮生又逐征帆去，半日溪桥结净缘。"

行舟途中，衣物为窃儿所盗。过万石滩。（《秋江集》卷二）

过枫岭。（同上）

按：枫岭在浦城县安乐里闽浙交界处，上有枫岭关，一名大竿岭。

游杭州孤山、葛岭、表忠观、西湖。作《西湖杂诗十四首》、《西湖七夕》等。（同上）

至苏州，游虎丘，看元墓，入四宜堂，过横塘。（同上）

春，拜访顾二娘，以端溪青花石请顾二娘为之制砚。

作诗《寄李鹿山观察》。（同上）

按：李鹿山名馥，喜蓄砚，《砚史》卷八录有李氏次韵黄任《题陶舫砚铭册后十八首》诗。

泛舟鸳湖，会郑瑞山。作《鸳湖舟次晤郑二瑞山判官率赠》。

按：《秋江集》卷二《鸳湖舟次晤郑二瑞山判官率赠》有句云："使君从政多风雅，不肯低眉事折腰。领郡惟装太湖石，分司来煮浙江潮。""今日相逢更相赏，高楼烟雨木兰桡。"鸳湖在嘉兴府城南，一名南湖。

重游七松草庐避暑，作诗赠姨丈朱蓼汀。

按：《秋江集》卷二《避暑七松草庐赠朱蓼汀姨丈》有句云："四五年前此地经，再来不改旧台亭。"王元麟《秋江集注》卷二注："国朝《江南通志》：七松草庐张氏别墅，在松江府娄县西，水木清美，老松七株尤奇，故名。"松江府地域相当于今上海市，清属江苏省，治华亭、娄县等。

赋诗《七月十二夜作（自注：是日立秋）》。（《秋江集》卷二）

按：康熙五十七年立秋为农历七月十二日。

寓苏州，作《吴门怀归》，有句云："十载萍踪暗自惊"、"怀古思乡两不平"。（同上）

按：从康熙四十八年下第客开封，至是年客吴门，为十年。

秋，顾二娘为制青花砚成。作《赠顾二娘》诗。

按：《秋江集》卷二《赠顾二娘》诗云："一寸干将切紫泥，专诸门巷日初西。如何轧轧鸣机手，割遍端州十里溪。"《砚史》卷二《青花砚》诗内容相同，并有题跋："余此石出入怀袖将十年，今春携入吴，吴门顾二娘见而悦之，为制斯砚。余喜其艺之精，而感其意之笃，为诗以赠，并勒于砚阴，俾后之传者有所考焉。顾家于专诸旧里。"落款："莘田。"

又按：《赠顾二娘》诗在《秋江集》卷二中的编排位置，据前后文推断已到康熙六十一年。而黄任"己亥（康熙五十八年）过吴"时，已经"囊贮蛮溪十片岩"，十砚轩之"十砚"已成。"青花砚"应不会成于"十砚"之后，甚至有可能是黄任请顾二娘所制最早之砚。理由有三：其一，第一次请名家制砚，多会精心挑选上佳之石。此石"出入怀袖将十年"，有名贵石品青花，可见其质品之佳，符合名工"石不美不作"之要求。其二，第一次得"名家名作"，激动之余，"喜其艺之精，而感其意之笃，为诗以赠，并勒于砚阴"。诗虽刻于砚阴，却非题砚诗，而是写人诗。《秋江集》卷二中，是诗即题为《赠顾二娘》。此亦是黄任砚铭之"特例"。其三，题跋特别言明"顾家于专诸旧里"，第一方砚上才有作此交代之必要。另，题跋中有"今春携入吴"之语，而实际上此石近十年以来本就一直"出入怀袖"，并非"今春"才"携"，故此说带有"今春"专程到苏州请顾二娘制成砚之意，并非上京赴考途中顺道带来。黄莘田康熙五十七年并未参加会试，此次"入吴"是专程来吴。故系于康熙五十七年与此相符。又，袁枚《随园诗话》补遗卷三记："春巢在金陵得端砚，背有刘慈绝句云：'一寸干将切紫泥，专诸门巷日初西。如何轧轧鸣机手，割遍端州十里溪。'跋云：'吴门顾二娘为制斯砚，赠之以诗。顾家于专诸旧里。时康熙戊戌秋日。'"是砚为伪托之作，但时间落款或有一定参考意义。综上所述，《赠顾二娘》诗在《秋江集》中之编排顺序或有误，姑移至此。

是年，以纪曾祖父黄文焕遗集绝句示顾嗣立，顾为之题诗《黄孝廉莘田，明中允坤五先生曾孙也，有纪乃祖遗集绝句二十首，出以示余，因题其后》。

按：是诗见顾嗣立《秀野草堂诗集》卷五十一《学诗楼集》，该集作于戊戌正月至十二月。

康熙五十八年（1719） 己亥 37岁

过苏州。

按：《砚史》卷二《十研轩砚》铭云："己亥过吴，余有诗云：'箧装谀墓千秋纸，囊贮蛮溪十片岩。'……"可知此时"十砚"已成。

与游绍安同客许遇官舍。

按：游绍安《涵有堂诗文集》之雍正三年所作《纪行诗》中，有"示莘田"八首，其中一首有注云："余外舅（岳父）许月溪令长洲，己亥岁，偕莘田同客官舍。"

二月，许均邀张炜等人到京城八里庄看杏花。

按：游绍安《涵有堂诗文集》之《己亥春日，内弟庶常许雪邨均招其同年庶常张雪樵炜、中翰张北湖梦拓，偕力爵夫、林湘云、涪云、杨洞一、张兴五八里庄看杏花》，诗中有句云："去年二月至京华，千山万水历舟车。故人相见叙离索，告余磨勘为咨嗟（自注：余戊戌至京，方知春秋房同举乡闱七人俱以主司错误□题停试）。"诗中又有"倏忽之间复仲春"句，可知时值二月。又，清震钧《天咫偶闻》卷九《郊坰》："八里庄，前代未有称之者。自国初诸老时往看花而名著。"

归闽。途中过秦淮。

按：《秋江集》卷三《夜来香》诗有注云："予于己亥秦淮舟中初见此花。"

春夜，与游绍安访林正青北阡草庐。

按：林正青《辧香堂诗集》卷一有《春夜莘田、心水访予北阡草庐，渭云、兴井二兄，泾云弟感集分韵》。是诗前有《戊戌夏自三山至宁德山行纪游》，后有《除日口占简诸同学》、《庚子元正》。可知此诗作于期间之己亥春日。

六月三日，作《活活泼泼砚》铭，云："活活泼泼，元气淋漓兮流行触发，沛然莫之能遏，确乎其不可拔。虚中开豁，方外包括，匪斤斤乎，风批而月抹。"落款："康熙五十八年六月三日。莘田。"（《砚史》卷二）

六月十六日，作《蕉白砚》诗，诗云："羚羊峡暗秋月高，彩云一片沉江皋。欲散不散能坚牢，风纹水纹相周遭。穷渊蕴结而甄陶，石工下绠斤斧操。深求窟宅驱鲸鼍，羊肝鲜割微腥臊。抔不留手濡其膏，白叶芭蕉青蒲萄。中有浮动千溪毛，纱帷昼静松风骚。琉璃匣底鸣嘈嘈，夜郎之波烊泂涛。百川砥柱归宣毫，赓金石声宁非豪。"落款："康熙五十八年六月既望，莘田黄任。"（《砚史》卷二）

按：《秋江集》卷三中，此诗题为《端砚》，文字略有出入，"深求窟宅驱鲸鼍"作"诛求窟穴驱鲸鳌"，"蒲萄"作"葡萄"，"骚"作"飅"。

同月，作《美无度砚》铭，云："非君美无度，孰为劳寸心。"落款："康熙己亥六月，任。"镌"莘田真赏"、"十研轩图书"二印章。（《砚史》卷二）

按："非君美无度，孰为劳寸心"之铭，乃黄任引自南朝齐诗人谢朓（464—499）《郡内高斋闲望答吕法曹诗》中句。

又按：铭后镌刻"十研轩图书"印章，可知康熙五十八年六月时，"十砚"之数及"十研轩"之名已具。又，《砚史》卷一有余甸《美无度砚》铭，云："不方不圆，不雕不琢。略事磨砻，德修罔觉。如金在冶，如玉离璞。端州多才此超卓，晤言一室君子乐。"落款"甸铭"。又题识："此十砚轩之一砚也，莘田所谓'劳寸心'者是。"

八月，许遇去世，作《哭真意舅氏》。（《秋江集》卷二）

按：许遇《家山杂记》自注云："忆丙申春，雪大作，遇时七龄。"丙申为1656年，则许遇生年当在1650年。又，郭柏苍《乌石山志》卷七《人物》："友子遇，字不弃，一字真意"，"年七十，以劳卒于官。"则许遇卒于1719年。《苏州府志》卷三十五《职官四·知县》："许遇，侯官人，监生。康熙五十三年九月任，五十六年八月以盗犯越狱劾去。五十六年十月再任，五十八年八月卒于官。"与《乌石山志》所记可相印证。

十二月十六日，与谢道承鉴赏碑帖，饮酒高歌。

按：《秋江集》卷六之《八十生日漫成长句十首，自感自嘲，不知工拙也》有注云："古梅二梅亭、予家十研轩，各贮汉隶、唐碑百十本，每日持螯相过从，考订题识。己亥予生日，悬小像于西斋，罗列清供。古梅辧香载拜，纵饮高歌。是日，适有携浯溪磨崖碑旧本来售，古梅拍案叫绝，浮大白至夜分不息。后两人各宦游南北，升沉聚散。垂二十年，两家所藏金石皆云散烟销，无有完本，而古梅亦宿草芊芊矣。感何可言！"

康熙五十九年（1720）　庚子　38岁

三月三日，作《十研轩砚》铭，云："己亥过吴，余有诗云：'箧装诹墓千秋纸，囊贮蛮溪十片岩。'或有嗤予者：'人生能着几两屐？研固不必如是之多也。东坡云：墨将磨人，况于研乎！'余笑而谢之。彼世之役，役于宝珠玉者，亦不一而足也。遂构十研轩以贮十石，非质之美兼制之善者不得与焉。兹亦其一云。"落款："康熙庚子上巳，任。"（《砚史》卷二）

五月十七日，作《清风砚》铭，云："追琢其章，柔嘉维则。穆如清风，君子之德。"落款："莘田任，康熙庚子长至后一日。"（同上）

按：长至为夏至的别称。一说亦指冬至。此处姑作夏至。是年夏至为五月十六日。

五月十八日，作《我心写兮砚》铭，云："他山之石，如琢如磨。我心写兮，独寐寤歌。"落款："庚子长至后二日，任。"（同上）

七月十三日，作《十二星砚》铭，云："踏得穷渊割紫英，濡毫犹听溜泠泠。夜光一壑西岩罅，斜浸秋天十二星。"落款："康熙庚子初秋十有三日题于冻井山房，莘田。"（同上）

按：《砚史》卷七赵国麟题"十二星砚"有云："此莘田十砚之一。""十砚"成于康熙五十八年六月之前，而题铭则陆续为之，譬如此砚，题于康熙五十九年七月十三日，在构"十研轩"以后。

八月，福建乡试，谢道承名列第一，为解元；许鼎次子许苌臣亦于同榜中举。

按：郭柏苍《乌石山志》卷七《人物》载："谢道承，字又绍，一字古梅，又曰种芋山人，闽县人。幼孤力学，康熙庚子科，以上舍生举乡试第一……母林氏，州守逊女，伺、倡姐也。""苌臣，字思进，康熙庚子举人，上虞知县。"

离闽。

至润州（今江苏镇江），谒韩蕲王庙。（《秋江集》卷二）

八月，游苏州山塘，作《山塘口占》，有注云："吴人呼八月天气为'木樨蒸'。"（同上）

按：王元麟《秋江集注》卷二在《山塘口占》诗后按云："自卷首（指《秋江集》卷二开头）至此，皆离家时就道途所历而作也，虽未详作何年，然读《江上言别》诗，有'廿年故国但魂销'之句，自壬午（康熙四十一年，是年莘田中举）计之，大抵皆辛丑（康熙六十年）以后作也。阅历者不一时，而所纪或不循其序；经过者非一地，而所行或弗顺其途。其时与地若皆难以先后求之者。闻先生当年诗篇最富，以后芟夷（裁减、删削）过甚，故所留者前后若不相联属。即此以观，亦可知其大概矣。"王元麟此处之年份推断，亦谬。

动身赴京，准备参加翌年辛丑科会试。

按：《黄任集（外四种）》附录《黄任年表》记康熙六十年，"游绍安入都赴礼闱。时黄任父母相继去世，丁忧在家，不得偕行。"乃从王元麟之说，记述有误。《秋江集》卷四《题谢古梅编修兰陵图》有云："明年君领解，初与庭闱离。遂留金马门，我亦趋京师。"又，黄任为谢古梅《小兰陔诗集》所作序有云："古梅亦于庚子领解，捷南宫，读书中秘。每公车集都下，烹茗谈艺，饮酒赋诗，率至宵分不倦。"从庚子年"我亦趋京师"一句，可知黄任有赴京参加辛丑科会试。

康熙六十年（1721） 辛丑 39岁

二月，在京城参加会试，第六次落第。

谢道承、邵泰、黄之隽等得第二甲赐进士出身；王恕、李开叶等得第三甲赐同进士出身。（《康熙六十年辛丑科殿试金榜》）

回闽。

六月，与许均游长庆寺，作《同许三雪邨宿长庆寺》诗，有句云："千层石磴露华凝，六月禅门夜夜冰。"（《秋江集》卷二）

按：王元麟《秋江集注》卷二注："《福州府志》：西禅寺在省西门外，原名怡山。《三山志》：后唐长兴中，闽王延钧奏名长庆。《闽都记》：兹寺为侯官第一禅林。"

康熙六十一年（1722） 壬寅 40岁

作《春日杂思》。有句云："夕阳大是无情物，又送墙东一日春。""凉月不知人已散，殷勤犹下画帘来。"又有云："又带三分酒病余，樱桃花下闭门居。"（《秋江集》卷二）

四月，作《初夏偶成》，有句云："佛桑如血榴如火，艳绝墙头四月天。"（同上）

初夏，出闽，作《建溪舟行》。遇水涨受阻，作《舟行阻涨不得发，晚晴，与雪邨、亦哲（陈帝简）登岸坐乱石小饮，醉后口占长句》，有句云："其日四月十有九，四山月黑时在酉。"（同上）

按：时许均守孝期已满。清吴荣光《吾学录初编》卷十六之《丧礼门二·品官丧一》："丁忧事例。《会典》：内外官员例合守制者……开明呈报，俱以闻丧月日为始，不计闰，二十七个月，服满起复。"

过大竿岭，入浙江。时值伏天，自清湖镇乘小舟至三衢城。（《秋江集》卷二）

按：王元麟《秋江集注》卷二注："《大清一统志》：清湖镇在江山县南十五里，为闽浙水陆之冲。《一统志》：衢州府旧名三衢；《元和志》：以州有三衢山故名。"

在浙江，游兰溪、丛祠、七里泷、钓台，谒谢皋羽祠；再至严州，经富春江，到孟家堰。（《秋江集》卷二）

会翁嵩年（萝轩）先生，获赠珊瑚笔架。

按：《秋江集》卷二《晤翁萝轩先生感旧赋赠》有句云："脱了朝衫十七秋，画师词伯五湖舟。"翁嵩年督学广东，于康熙四十五年卸官归里（《砚史》卷七录翁嵩年康熙四十五年寒食前二日所作《双翠砚为许月溪铭》，落款中已云"时余将归矣"），至康熙六十一年为十七年，故言。《秋江集》卷二中，是诗紧接在《哭真意（许遇）舅氏》之后，许遇过世在康熙五十八年八月，是处编排由五十八年一下跳至六十一年，顺序有错乱。今据实际年份归置于此。又，翁嵩年归里后，筑别业于杭州西湖之西葛岭，退休其中，以诗酒自娱，黄任此次为登门拜访。是诗又有句云："殷勤赠我珊瑚架，犹是灵洲铁网收"，注云："是日承惠珊瑚笔架。公曾视学岭南，故云。"接下又有句："苦记春明二月天，兰成射策拜床前。"自注："予公车入都，馆公邸舍。""春明"代指京都，"二月天"为会试时间，举人进京应试称"公车"。黄任昔日进京赴考，曾馆翁嵩年邸舍。翁嵩年离开京城督学广东在康熙四十二年，黄任馆其邸舍，应为是年春第一次参加会试期间。

至沈塘湾观竞渡。（《秋江集》卷二）

按：王元麟《秋江集注》卷二注："《浙江通志》：沈家塘在仁和县北二十五里。"

在苏州养病。

秋天，作《病后夜不能寐枕上口占》，有句云："昔年亦是深秋病，病后残宵别有情。""今年卧病在吴阊，飋飋秋风夜正长。"（《秋江集》卷二）

按：王元麟《秋江集注》卷二在此诗后注云："按自《宿长庆寺》至《春日杂诗（思）》，皆在家时作；《建溪舟行》以下至此，则自闽抵吴作也。陈星斋谓先生'流寓姑苏，颇事声色，不自顾藉，大病而归'（见陈兆仑《秋江集诗序》），兹云卧病吴阊，即此时事。考雍正元年癸卯恩科改期九月会试，时首夏（四月）做装（整理行装），至吴病阻，因作此诗。"王氏"考雍正元年"云云，以此年为雍正元年，亦误。

九月九日，许均题顾二娘制"月仪砚"："端溪璞玉夜珠色，探向骊龙颔下得。吴趋媚女女娲手，炼石如泥工剪刻。蚌形琢出月初圆，秋水澄江练一幅。案傍亦有玉蟾蜍，对此垂涎敢吞蚀。镂肝刻肾玉川子，笺奏天工枉费墨。何如研露写乌丝，翠袖佳人勤拂拭。壬寅九月九日雪邨居士。"（《砚史》卷三）

雍正元年（1723） 癸卯 41岁

正月二日，与许均在丹阳城下分别；正月八日，舟泊维扬城下，作诗思念许均，有句云："中年兄弟伤哀乐，赖汝同消去国愁。才入新春即背面，偏于胜地不同舟。"有注云："初二日，予与雪邨在丹阳城下分手。"（《秋江集》卷二）

沿途谒延陵季子庙、李太白庙。舟过淮阴。（同上）

拜见当年主持福建壬午乡试之许志进（时已致仕），并在许宅留宿话旧。作诗二首，有句云："沧江一卧金台冷，回首春明二十霜。"从壬午乡试翌年（1703）首次参加会试，至雍正元年（1723），已整整廿年。又有句云："草堂卜筑养微疴，为我新吟十砚歌。"在许家留宿期间，许志进为其十砚斋题诗。（同上）

按：阮葵生《茶余客话》卷二十一记：黄任为"许谨斋黄门壬午典试所得士，师弟之谊至笃，往来淮南十数年，与乡先生多相契。"

是年，雍正帝因怀疑林佶与诸皇子争夺皇位有牵连，将其免职下狱，不久释归原籍。林佶作《癸卯罢官出都宿磐石庵》，首二句云："银铛才释放归田，愿挈鸡豚共上天。"（《朴学斋诗稿》卷七）

四月，许鼎与儿子许良臣同举于乡。

按：郭柏苍《乌石山志》卷七《人物》载："鼎长子良臣，字思夔，雍正癸卯与鼎同乡举。"

五月，与许均同舟北上。

按：林正青《瓣香堂诗集》卷四有《癸卯仲夏，许太史雪邨、黄大令莘田同舟北上，诗以送之》。则黄任与许均又已会合。又，时黄任入都调选，尚未任官，而林正青称之为"黄大令"，或已知黄任铨选有期，故作如是称。

六月，许均题"括囊砚"，云："余自随侍先君子羊城县斋，后复量移茂苑，前后趋庭凡十六年。每奉提命，必以慎言为戒。戊戌余倖入史馆，尤捧家训谆谆。今年六月，以服阕还朝，重过吴趋，风木痛深，音容莫即。偶制'括囊'一砚，忽有警于慎言遗训，遂志兹铭，庶几求无忝于所生云尔。岁在癸卯七月既望依阿生均谨书。"（《砚史》卷三）

按："茂苑"为古苑名，又名长洲苑，故址在今江苏省吴县西南，后也作苏州之代称。"风木痛深"指丧父母之悲伤，许遇卒于长洲任上，许均盖触景生情。

林佶作《送许雪邨太史入都》，其一有句云："里巷过从五十春，论交三世缔重姻。"其二云："涉世已周易序卦，休官才遂赋归田。容吾农圃垂垂老，看尔云衢步步高。"（《朴学斋诗稿》卷十）

按：林、许两家来往密切，相交长达半世纪，且三代联姻。林佶与许遇、许均父子皆交契，许均又为林侗女婿。时林佶六十四岁，方罢官归田。

林佶作《送黄莘田谒选入都》，有句云："息机才得赋归兮，又送君行上玉闺。"（《朴学斋诗稿》卷十）

按：时林佶或在归途中与许、黄二人相遇，或仅是获悉二人入都而未有遇见。又，《朴学斋诗稿》卷四录林佶《北夏结禅》诗，序云："癸卯中元日，陈甥德泉招湄云任及诸儿结夏于北禅，有至有不至者，因分韵赋诗。"可知林氏于七月十五日前已抵闽。

九月九日，许均题"论交可久砚"："岁之辛卯，余初入都，即携此石偕行，从此囊箧往返……回首十三寒暑，相对犹记忆历历。人生几何，计惟此论交为可久耳。"落款："癸卯九月九日，雪邨道人客于吴兴之鸥波亭畔识之。"（《砚史》卷三）

九月，恩科会试。

十月，殿试，于振高中状元。周学健、周绍龙、游绍安三人得第二甲赐进士出身；范咸、刘敏与、陈依德、黄岳牧、郑方坤以及翁嵩年儿子翁藻得第三甲赐同进士出身。（《雍正元年癸卯恩科殿试金榜》）

按：是年会试，为雍正帝登极恩科会试。清代福格《听雨丛谈》卷九："（雍正）元年癸卯恩科会试。主考：阁臣朱轼、吏部尚书张廷玉。""九月会试，十月殿试，两主司叠典春、秋两闱。"清例，会试考期在二月，殿试一般在四月。是年恩科，乡、会试同在一年举行。商衍鎏《乡试之定制》："登极恩科始于雍正元年。""雍正元年登极举行癸卯恩科，于四月乡试，九月会试。"黄任此次北上，与许均同行，而九月九日许均题铭时仍云"客于吴兴之鸥波亭畔"，则黄任并未参加九月之恩科会试。林佶作诗，亦只言"送黄莘田谒选入都"，而非参加会试。

十月，作《天然砚》铭，云："伴朱丝琴，和秋虫吟。古貌古心，唯汝赏音。"又题识云："水岩有东、西、中三洞，中洞石久已绝响。萝轩先生以此石尚是中洞旧坑，尤可宝也。"落款："癸卯十月，莘田识。"（《砚史》卷二）

途经山东道中，望见一路流亡行乞之饥民，感触万千，作《山东道中口号》，末四句云："体国足经野，利济功非迂。谁为郑监门，一绘流民图。"（《秋江集》卷二）

按：王元麟《秋江集注》卷二注："山东自康熙丁酉（康熙五十六年）后频岁旱荒。"

是年，林佶卒，享年六十四岁。

按：《砚史》卷四林在嶅在林佶《奎砚》铭后有记："砚为宣德时旧坑，岁壬辰（康熙五十一年，1712），先君子购于慈仁寺集，磨砻于吴门女史顾氏，挥毫于丝纶阁下者，十有二年。携归偕隐，未几捐馆舍（死亡之婉辞）。"林佶卒前，尚作《立言不朽砚》铭，云："藏之深，其色黝。琢之坚，其质厚。朝于斯，凹成臼。以立言，垂不朽。"落款："六十四叟鹿原铭于陶舫。"

雍正二年（1724）　甲辰　42岁

在京日，作《都下柬张六雪樵、游三心水、许三雪邨、谢二古梅》，有句云："春明门外柳毵毵，二十年来对影惭。少不及人今渐老，树犹如此我何堪。""怕说牵丝称制锦，此身已似再眠蚕。"（《秋江集》卷二）

按：王元麟《秋江集注》卷二在诗题下注："按诸公皆先生凤好，时已成进士，各在京供职，故都下折柬招之。"又，"牵丝"指佩绶，谓初次任官；"制锦"为贤者出任县令之典。

又按：是诗之后，王元麟云："自正月八日泊舟维扬城下至此，皆作自甲辰年（雍正二年），盖客秋抱病姑苏，今兹病愈顺道入都。考旧冬无还家之作，新春亦无离家之作，星斋谓'大病而归'，误也。此诗云'怕说牵丝称制锦'，知先生之铨选有期；又云'京华还逐少年场'，是又与春试也。计自癸未（康熙四十二年）至甲辰，先生还七试礼闱，皆遭屏弃，自是一行作吏不复争声价于场屋间矣。"王元麟此注，时间有误。"正月八日"乃雍正元年之正月初八，非雍正二年。又，雍正二年之会试亦非"春试"。商衍鎏《乡试之定制》："雍正元年登极举行癸卯恩科，于四月乡试，九月会试；二年甲辰补行正科，于二月乡试，八月会试。"而雍正二年四月，黄任已起程离京赴岭南出任四会知县，不可能再参加是年秋天才补行之会试。则黄任仅为"六试礼闱"，而非"七试"。又，《黄任集（外四种）》附录《黄任年表》记雍正二年"春，赴礼部试，不第"。其误与王元麟同。

三月二十五日，授浙江定海知县。

按：《清代官员履历档案全编》第九卷黄任自书履历云："于雍正二年三月二十五日挈得浙江宁波府定海县知县缺。"

尚未离京，又改授广东四会知县。

四月，余甸授山东按察使，与之出都同行，途中行至山东德州分别。经山东邹县、泰安。作《泰安道中山行》诗，有句云："晓月坚冰十八盘，十年前此上高峦。"注曰："乙未正月十六夜，予与雪邨登岱岳，达旦至绝顶，今十年矣。""乙未"为康熙五十四年（1715），至此为第十年。（《秋江集》卷二）

一路风尘，返回福州。自西湖缓步入城，回到家中。（同上）

作《赴岭南以便道抵家示家人二首》。（同上）

按：是诗有句云："铨注教乘岛外槎，君恩移种岭南花。"王元麟《秋江集注》卷二注："按先生初授浙江定海县，改广东四会县。"又有诗句云："殊方久困萑苻患。""萑苻"代指盗贼。王元麟注："按先生引见日，上有广东盗贼充斥、百姓凋残之谕。"又有诗句："甘棠父老望承家（自注：予三世筮仕皆在粤东）。"王元麟注："按先生曾祖文焕任海阳、番禺令，曾伯祖堪任广肇道，至先生凡三世。"

又按：《赴岭南以便道抵家示家人》原为四首，今集中仅存其二。王元麟在是诗后注曰："按雍正甲辰，先生年四十二岁，会试后赴部铨选，得粤之四会县。时将抵任，便道归家。自途次德州以下至此，皆出都后及旋里作也。"王元麟关于雍正甲辰会试后赴部铨选之说误，原因前已有述。

携家眷启程赴四会。途中过泉州府城东北洛阳江万安桥，谒漳州城南二十里之木棉庵，拜漳浦北山演武亭后之黄道周墓。（《秋江集》卷三）

按：黄任曾祖父黄文焕正因受黄道周案牵连而同下刑部狱，文焕自称为"钩党之祸"。文焕官至翰林院编修、左春坊左中允，曾与黄道周等登台讲学。时逢黄道周以论弹劾军权在握的朝中重臣杨嗣昌、陈新甲，兼之直言敢谏，奏对失旨，激怒崇祯皇帝，被捕下狱。黄文焕虽受道周案牵连下狱，然表现出正直士人品格，并在狱中著《陶诗析义》四卷。《麟峰黄氏家谱》卷之九载："既释狱，乞身归里，后寓居金陵，卜筑钟山之畔。"入清后，虽经洪承畴举荐，未应，甘为明遗民。"终其余年，寿六十九。"

进入潮州，宿海阳县（今广东潮安县）。曾祖父黄文焕曾令海阳。（《秋江集》卷三）

大女儿黄淑窕作《泛舟（自注：随父宦粤）》，诗云："轻烟漠漠路悠悠，隔岸声闻拂羽鸠。绿水青山芳草渡，夕阳江上一帆秋。"（黄淑窕《墨庵楼试草》）

按：黄任宦粤，妻子庄氏及女儿、儿子皆随行。

到达四会。

按：《光绪四会县志》之编五《宦迹》："黄任字莘田，福建永福人。举人。世宗雍正二年甲辰。"

是年冬天，兼署高要。

按：林正青《十砚轩记》："甲辰春，莘田谒选，得粤东之四会令……其冬，遂有高要之摄篆。"

岁暮，奉檄至肇庆府辖下开建、广宁二县录囚。时刚至端砚故乡未久，想及所藏砚台，成诗有句云："惭负小轩颜十砚，满船簿领下端溪。"（《秋江集》卷三）

时在腊月，代邻邑谳讼，宿莲塘破寺。（同上）

林正青到端州探访。

按：《砚史》卷八林正青次韵黄任《题陶舫砚铭册后十八首》之第一首有句云："忆向端溪访故知，插天岩壑七星奇（指肇庆七星岩）。"自注："甲辰访莘田于端州。"《砚史》卷二黄任《紫云砚》铭后，又有林正青题记："余曾至羚羊峡，水落石出，木脱云寒，以未割一片石为过岭恨事。兹展莘田二兄诸铭，精神魂梦，犹在蛮溪旧涨间也。何日道山亭前，蟠桃桥上，各出所有，分赋赠铭，为陶泓公增重声价，不亦乐乎！"

雍正三年（1725） 乙巳 43岁

二月三日，林正青为黄任作《十砚轩记》，记云：

十砚轩者，黄子莘田旧名其读书处也。莘田去端州三千数百里，而精神嗜好独与上下岩片石梦寐，固结不可解。尝游吴、粤、燕、梁，访故家所珍藏，倒箧以求之，甚至典衣而不惜，其好之癖类如此。既得十砚，乃就吴门顾大家琢磨之，式必入古，装以异木，钤以玉石，铭刻其背，"莘田半亩"在是矣。尝云："人生能着几两屐？砚固不必若是之多也。"意盖自嘲而实自誉也。甲辰春，莘田谒选得粤东之四会令，去端溪数十里。予简以诗曰："早知天与使君便，合在人前说砚邻。"莘田舟过端溪，抚十砚而笑语曰："今日送若归宁也。"其冬，遂有高要之摄篆，则诸坑在其辖内。余意陶泓公之群从，皆入幕之宾矣。适余客东莞，因访莘田于署中，则故砚之外无所新得焉。是何笃好于昔而薄于今，求之异地而失之当前？将莘田之嗜好，少壮易趣，抑精神梦寐之所结，固自有在，而不仅一砚之轻重也。则莘田之为政可知矣！昔包文（孝）肃公莅端州，去日不携一砚，至今以为美谈。余谓包公素不好砚，即不一砚，何难？今莘田之爱砚，如襄阳之爱石，形影相随，廿载不去身；而一旦入砚乡，却之不一盼，此其识力尤有难者。余久与莘田同砚癖，至今不衰，对莘田有馀愧焉。然易地以处，使莘田非官守，扁舟入端峡，安知不故态复萌耶？莘田于署斋西室，仍以"十砚轩"书其额，命予记其后，余曰："事固有相反而皆可传者，包公不持一砚，子囊中偏有十砚，而仍于端州誓不取一砚，皆可为陶泓公添一佳话也。"遂记之。时乙巳仲春三日。（谢章铤《赌棋山庄笔记·稗贩杂录四》）

按：今有人据《十砚轩记》中"既得十砚……铭刻其背，'莘田半亩'在是矣"之说，认为"十砚"背面皆镌有"莘田半亩"之印，并以之作为鉴定"十砚"真伪之"要件"，甚不妥。查《砚史》卷二所录黄任铭辞及用印，并无此印文。《砚史》卷五所录林正青砚铭，有《苍岩半亩砚》；另卷六林在豰自录砚铭，有《瓜砚》铭云"瓜田半亩"。文人中亦时有以"蕉田半亩"名蕉叶砚者。如此种种，乃为暗合古人"以砚为田"之意。所谓"'莘田半亩'在是矣"，窃意乃指黄任既得十砚，乃于背面刻上砚铭，则黄莘田之砚在此矣（意谓刻上砚铭显示此乃莘田之砚），而未必黄任真有此一印刻于砚上。

春耕时节，作《劝农》诗。（《秋江集》卷三）

作《署院橘花》、《题厅壁二首》。（同上）

作《藤鼓》诗，有句云："蒙皮作两鼓，鼓声非凡恒。一置藩署（四会县有布政分司行署，在县署西），已施山寺僧；一鼓绥水县（四会县南有绥江，故名），至今厅事登。""端州亦藤鼓，此鼓分两层。静夜百里中，响应双鼖鼖。我时下车初（王元麟注：'先生时摄高要县'），父老相夸矜。"（同上）

作《五铢钱》诗，有句云："及来此蛮乡，古贝纷市廛。""儿女强好事，拣选朱丝穿。""儿女一笑散，使我心凛然。"（同上）

六月，在端州作《毓凤砚》铭赠儿子黄岱，铭云："承家翰墨，报国文章。毓凤毛于池上，俾沐浴乎古香。"落款："雍正乙巳六月铭于端州署斋。付岱儿，莘田。"（《砚史》卷二）

六月，在端州作《石鼓砚》铭，云："烝彼淖渊，迄涌盈盈。我水既静，我导既平。君子渔之，君子爱猎。爱猎爱游，君子何求。宪宪文武，振振复古。""我来自东，灵雨奔流，出于水一方。君子之求，致其方艺，朝夕敬惕。余及如兹邑，曷不余及。"落款："右集《石鼓文》二章以为之铭，雍正三年乙巳六月，永阳黄任书于端州厅事。"（《砚史》卷二）

按：黄任后来又向余甸索铭"石鼓砚"。《砚史》卷八余甸三次韵黄任诗有注："莘田以石鼓索铭。"余甸铭云："古石鼓，科斗字。与岣嵝，等奇邃。今石鼓，兴所寄。象其形，会斯意。出人工，均天瑞。古雄俊，今细腻。古莫致，今同嗜。古有十，今可二。主人曰：谈何易。"（《砚史》卷一）索铭之余，又请余甸书铭。《秋江集》卷四《叠前韵奉柬余田生京兆》第十三首有句云："他日陈仓歌石鼓，乞君一首比车攻（自注：予有石鼓砚，乞京兆书铭）。"林佶亦为之铭，《砚史》卷四《石鼓砚为黄莘田铭》云："夔乎鼓，轩乎舞，莘田宝之精华聚。"

夏，游绍安到端州探访。入粤前，先与杨洞一会合偕行。

按：游绍安《涵有堂诗文集》之《纪行诗》有云："清源十日累居停，曲罢骊驹酒半醒。有客攀舆邀信宿，家书亲拆是枫亭。"注曰："余由仙游入粤，同学杨洞一自省抵枫亭候偕行，得仲兄并儿子家信。"《纪行诗》中，并有"示莘田"八首。

赠砚石予游绍安。

按：游绍安《涵有堂诗文集》之《跋陶舫砚史（有序）》记："乙巳夏，访吾友黄莘田明府于端州，口占数绝（见《纪行诗》）有云：'半生耕耨耦陶泓，此去端溪合拜兄。我便探囊攫一砚，悬知不累使君清。'至则莘田赠两石（实则有一石为原高要知县余世德所藏），友人杨洞一为制'萁研'寄付铣枝儿，一号'心水'铭以自佩。壬子（雍正十年）出守南安，与粤东隔壤，然望端溪已千里。而遥溯昔游，历八载矣。乾隆壬戌（乾隆七年），苍岩（林正青）邮《砚史》属予传讹，系两截句：（略）。"《砚史》卷三有载"箕研"、"心水"二砚铭文，文字略异。又，杨洞一擅制砚，《涵有堂诗文集》之《赠杨洞一并别》有注云："洞一临摹碑版、制砚镌石俱精，亦工画笔。"

又按：后，游绍安作《二砚记》，记得砚及其后之境况。全文云：

乙巳夏，余至肇庆，假榻于余友黄莘田官斋，端溪即其地也。莘田遗余未雕石一，广额修颏，微坡，蕉青色，傍睨黄云，类水坑新产。嗣窥余意未厌，言诸旧令尹余君，君慨然出藏石一枚，长可半尺，宽减之，厚寸许，锦囊重裹，盖工琢而形具者。视其色，仿佛猪肝。置水盆中照日，隐隐熨斗焦痕。岩耶？坑耶？历耶？余弗能深辨。云得自故家子，价不可议。余方逡巡乏铜剑，然蒯簦已心许矣。喜甚！莘田嗜研成癖，适巡管是邦，殆天纵使聚其所好，无待于强有力。若余者，三灾是惧，何敢贪焉。顾幸游衾云驻鹭之处，复有博雅如莘田其人，奚必斤斤效昔人计重直不受。友人杨洞一，端详久，语余曰："此二石均宜有池有堂，君欲何款，吾为君刊。"余每念儿子铣枝垂髫居乡里，望其恒父业，乃以自然石制箕遗之，且镌其背以箴曰："噫！斯箕也，吾取法（《砚史》卷三作'学制'）于良弓，若无忘夫若翁。"其余侯赠石，只仍旧式，开池辟堂，稍敲烂方隅，铭以"动与君行，静与君止。适性陶情，一泓心水"十六字，记用自佩。岁之孟冬，谒铨上公车，装累资涩，二砚先后寄付枝儿。今箕存，而心水所记，二十年前为余次女邵倩携去。讵吾女若婿相继夭亡，遗孙澄，闻几冠矣。为羊叔子与陶泉明，姑不逆料，但相去三千里。心爱之物离侧，心爱之人未觌，何日摩其顶，为问砚无恙否？不禁忆故物而泫然。于死者骨白，物倘在，人奈何触绪情长也。向者喜，今者悲矣，曾日月之几何哉？余侯名世德，籍毗陵，仕隐未闻。洞一凤擅李少微艺，别未数年，竟卒于粤东。粤工犹有师其法制石，赝莘田鉴识，匣以紫檀，漆里嵌玉，号"四会款"，珍重炫肆，索价无量，见者咸朵颐晗呀焉。莘田，故四会令，是年兼绾高要也。丁卯初秋，雨中偶记。（《涵有堂诗文集》）

是年，政绩渐显，誉闻日隆。

是冬，老坑重开，得赠片石，制井田砚。作诗一首，题为《余在端州十阅月，未尝得一砚。其冬，端之人伐东西岩，群采取焉。馈予片石，予制为井田形，因系以诗。雍正三年十二月八日》。诗云："他山半亩佃秋烟，琢得方形井地连。自笑不曾持一砚，留他片石当公田。"自注："包孝肃在端州，不持一砚。"（《秋江集》卷三）

按：是诗与《砚史》卷二所录黄任题"井田砚"略有出入："余在端州十阅月"，后者作"余视端州事八阅月"，亦无时间款；"留他片石"后者作"留将片石"。

又按：据前述，黄任到任后，尝得一"未雕石"，但已赠游绍安。此"未雕石"，或是黄任因"有朋自远方来"，而临时觅得相赠。

雍正四年（1726） 丙午 44岁

春，遣人入老坑洞中采石。

按：《秋江集》卷五《赠砚行寄呈西昌公（周学健）》有句云："我昔命工凿两洞，斧斤竟日空丁丁。"雍正年间，老坑只一开，故"命工凿两洞"当为雍正三年冬至四年春老坑重开期间事。然不知何故，却是"斧斤竟日空丁丁"。据是次开坑得以入洞采石的梅山周氏在《砚坑志》中记，其所得"前后共二百余片"，一人即得此数，可知是次开采不乏砚材。或黄任派人入洞时，已接近采季尾声。

因无采得佳石，遂以一老坑旧石寄赠许均。《题雪邨砚》云："经月凿洞，难得佳石。此片尚是吴制府（吴兴祚）开坑旧物，殊可宝玩。直庐染翰，应记忆岭外劳人也。奉寄雪邨足下。莘田。"（《砚史》卷二）

按：从"经月凿洞"一语，可知是次派人入洞采石，时间亦不短，只是因为步人后尘，经过他人前面大半个采季的开采，所开凿坑道之砚材已少，佳材更是难得。

寄赠余甸"角折砚"。

按：《砚史》卷一余甸《角折砚》铭云："丙午浴佛日，四会令君黄莘田扎（札）至，附砚为赠，喜故人别来无恙也，为作铭。""丙午浴佛日"即雍正四年四月初八。又，《秋江集》卷四《叠前韵奉柬余田生京兆》第十四首云："案头拂拭字流香，是我前年远寄将（自注：予在端州，曾以一砚相遗）。五色炼来供绚烂，掺掺磨遍越珠娘（自注：黄冈制砚数千家，多出女手）。"所指或即此砚。则是砚当出女工手制。

春，宿羚羊峡。（《秋江集》卷三）

作《题游心水〈纪行诗〉后》。有注云："心水赴铨选。"（同上）

三四月木棉花开时节，坐舟经过高要县金利墟；至五羊城（广州），夜泊珠江。（同上）

作《花田》诗。（同上）

按：王元麟《秋江集注》卷三注："《广东通志》：花田在广州府城西平田，弥望皆种素馨花。"

游三君祠。（《秋江集》卷三）

按：王元麟《秋江集注》卷三注："《广东通志》：三君祠在广州北城镇海楼东廊，祀秦南海尉任嚣、南越武王赵佗、汉大中大夫陆贾，明广州知府陈锭重建，今废。"

作《酬张六雪樵郎中、游三心水员外、许三雪邨郎中、谢二古梅编修》诗，有句云："一行簿领困蛮烟，霜满髭须雪满颠。行义艰难居下位，别情哀乐感中年。"（《秋江集》卷三）

七月八日，作《井田砚》诗，云："不学临池不力田，散衙高咏晚凉天。野夫本是农桑客，多写豳风七月篇。"落款："丙午初秋八日。"印："莘田。"（《砚史》卷二）

秋日，至高要广利，夜归，作《自广利墟踏月归署》诗，有句云："秋露一瓯香一缕，自公忙了共僧闲。"（《秋江集》卷三）

四会产红柑，为岭南之冠。作《柑》诗，有句云："何当簿领抽身去，别署头衔作橘官。"（同上）

冬日，作《筑基行》。首几句云："筑基本护田，卖田为筑基。哀此眼前疮，却剜心肉医。""基长冬日短，促迫忧稽迟。"末数句云："拟上河渠书，言高嫌位卑。谁是采风者，为吾陈此诗。"（《秋江集》卷三）

是年，潘思榘游粤，与之在肇庆结识。

按：《秋江集注》卷六《哭河阳公八十四韵》有云："昔岁在丙午，摄官端州城。公来岭西游，会面齐心倾。"王元麟注："按先生时摄高要县篆，适公丁内艰去官游粤。"后潘思榘一度权知肇庆道。

雍正五年（1727） 丁未 45岁

二月始，米价高企。仅两三月，穷人饿死者多。乃煮粥赈灾，作《赈粥行》。（《秋江集》卷三）

十月，于振得雍正帝御赐端砚一方，形制与黄任"美无度砚"相类。

按：《砚史》卷二黄任《美无度砚》铭后，有于振题跋："丁未十月，蒙恩赐端砚一方，火捺、青花，乃水坑蕉叶白之至佳者，子孙珍之，以为世宝，其制正类此。"

是年，被罢去知县职。

按：黄任被罢官之缘由，《秋江集》卷前陈兆仑序，谓其"誉闻日隆，遂有忌之者谗于当轴，以懒慢不亲政罢去。"而查陈兆仑本人《紫竹山房文集》卷九所录《黄莘田诗集序》，则云："同辈忌之，或谗于某公：'四会（指黄任）匿善石不以献，谓此辈（某公）碌碌，得粗恶者（粗劣砚石）足矣。'闻者大恚，寻署其考曰：'饮酒赋诗，不理民事。'罢去。"

罢官后，逗留四会。

按：黄任既去官而不归，或欲为自己作辩解申诉。

腊月三十夜，作《绥江除夜》诗，有句云："进本无营退更宽，将心不必遣人安。归持一砚非空橐，坐享双柑亦素餐（自注：绥邑产名柑）。"（《秋江集》卷三）

雍正六年（1728） 戊申 46岁

入夏，作《杂诗》，有句云："今日蒙茸昨絺綌，炎凉即在一宵中。""不曾邀结不逢迎，直得人称懒慢名。""出去本迟归又早，小山只当不曾离。"（《秋江集》卷三）

外出纳凉遇村翁，感激其去年赈粥活命。

按：《秋江集》卷三《杂诗》之五云："秃翁菜色足泥涂，野寺相逢再拜扶。牵着老夫垂一泪，去年今日已来苏。"注云："予出野寺纳凉，见寺外村翁数辈，饥色可念。因话予去年赈粥存活之事，初不识予为旧吏也，寺僧相告，遂伛偻环拜涕下，予为之恫然。"

是年，侄子黄惠出生。

按：《清代官员履历档案全编》第十九卷黄惠自书履历云："臣黄惠，福建福州府永福县人，年三十八岁。"落款："乾隆叁拾年（1765）拾月贰拾玖日。"据此可推知黄惠出生于雍正六年（1728）。黄惠幼年，曾一度师事黄任。黄淑窕《墨庵楼试草》中，有《梅花诗同纫佩妹、心庵（黄惠）弟分韵》、《归永阳舟中别弟心庵》等诗；黄淑畹《绮窗余事》中，亦有《梅花八首同姒洲姊、心庵弟分韵》、《夏夜同姒洲姊、心庵、千波二弟看残月分韵》、《春杪随家大人、千波、心庵两弟及诸姑伯姊往鼓山》等诗。黄淑畹后来曾客黄惠高安任所，其《寄远》诗题下有自注云："时在心庵二弟高安任署。"黄惠则有《题细佩女兄梅花诗卷后》等诗，并为黄淑畹《墨庵楼试草》作序。从以上诗题可知，其时黄惠与伯父黄任一家来往甚密。道光侯官人廖鸿荃为黄惠《余事斋诗文集》作序有云：心庵先生"其学问文章又实能继莘田翁轨躅"。

是年，翁嵩年去世。

雍正七年（1729） 己酉 47岁

三月，作《席上咏兰花豆限韵》。（《秋江集》卷三）

作《感兴六首》，末两句云："逝将息尘虑，长揖归林邱。"萌生归意。（同上）

与诸友音信隔绝，作《久不得诸故人消息》，有句云："朋旧都无信一行，更疏踪迹到韦郎。""日月几时供聚散，山川何处问行藏。羁人归去加餐饭，瘴海双鱼免寄将。"（同上）

作《偶成》诗，有句云："半世画成名士饼，何人语与夏虫冰。""对床旧雨几晨星，孤馆飘蓬又散萍。须友每怀南北巷，梦归多数短长亭。"（同上）

舟过端溪，题"嘉鱼砚"，云："嘉鱼独产于砚峡，其乐在砚乎？余既知鱼之乐，又喜其与余同嗜，遂镌而玩之，相视而笑，莫逆于心。"落款："雍正七年，舟过端溪书，莘田。"钤印："端溪长吏。"（《砚史》卷二）

七月初七，作《己酉七夕》诗，其一云："迢迢又值一年秋，六载全家岭外游。儿女不知身是客，要修故事上针楼。"又有《即事》诗："妻儿异地供多病，弟妹经年断好音。岭树千重万重隔，羁人何处寄归心。"（《秋江集》卷三）

作《别龚广文》，有句云："几年心绪一朝完，未卜劳生可闭门。""便挂孤帆从此别，江山何地不销魂。"（同上）

按：王元麟《秋江集注》卷三注："《广州府志》：龚朝伸，四会人，岁贡生，雍正七年任南海训导。"

雍正八年（1730） 庚戌 48岁

作《新年》诗，有句云："占定别人花月地，拨开连日瘴云天。"（《秋江集》卷三）

按：王元麟《秋江集注》卷三在"占定别人花月地"后注云："时先生尚居县署西偏。"黄任于雍正五年罢职，同年，山西蔚州监生李恒照接任四会知县。黄任仍居于县署西偏未搬，处境实颇尴尬。

三月三日，游四会县东面凤台山，作长诗，有"岭南七载意寥落"句。（《秋江集》卷三）

作《别梅花二首》，题记云："余手植缃梅一株于静敬堂西，既罢职，仍居此堂三

载，似与梅有夙因未了者。今将归里，放花倍甚。索笑之余，不胜离思焉。"（同上）

按：黄任雍正五年罢官，至雍正八年，应为四年。故王元麟《秋江集注》卷三末尾有注云："《别梅花二首》疑己酉冬日作而误编于后耳。"

自拟弃妇，作《弃妇词》，有句云："高堂渐渐有烦言，谓妾不堪主苹蘩（家内妇职）。妾身菅蒯（微贱人或物）轻遭弃，妾心日月光无异。三年纺织坐春机，去时还着嫁时衣。翠羽明珰妾不取，出门椎髻单车归。归时环抱诸儿女，痛我勃劳和泪语。寄声儿女不须啼，汝别有母如我齐。"（《秋江集》卷三）

按：王元麟《秋江集注》卷三末尾有注云："考先生于雍正二年知四会县……至五年以'纵情诗酒，不亲民事'去官……是先生作令四年而实止三年也，故《弃妇词》有'三年纺织坐春机'之语。"

许均卒于扬州行馆。

按：据《秋江集》卷五，乾隆八年（1743），黄任有贺许均妻廖淑筹六十寿诗，诗中有注云："时雪邨殁十四年矣。"又有诗句云："而夫与我同生长，四十余年内外兄。"则许均当与黄任生于同年（康熙二十二年，1683），许均仅享年四十八岁。又，陈应魁《香草斋诗注》云："雪邨雍正庚戌奉旨清查江南亏空，卒扬州公署。"

又按：乾隆《福州府志》载：许均曾任"吏部主事，在考功，冰心铁面，人不敢干以私。前官余甸亦慷慨任事，人有'闽中二考功'之谣。寻擢礼部郎中，以荐出清查江南亏空钱粮，均分查扬州，不苟不纵。方以上绩奏，俄卒于署。扬州守陈公宏谋为殡焉，复捐俸归其丧。均在官严正有重望，与人交，久要不忘。"许均去世时，黄任尚未回闽，故未得知其去世消息。后在《题林澔云陶舫砚铭册后》记云："予在岭南寄雪邨一砚，雪邨书来，以余未镌铭为憾。因约他年当尽出两人所藏砚互题铭词，以志久要。予未归而雪邨已逝，三复遗文，不胜人琴之感"（《秋江集》卷四）。游绍安《涵有堂诗文集》之《怀亡友》中，有写"春官郎中许雪邨"诗，云："风流吾友许，追忆莫能先。传世工诗画，仪郎擢考诠（自注：雪邨由文选考功主政历转礼部仪制郎中）。尺书心力殚，两地死生悬（自注：雪邨奉命清查，卒于扬州。余时分曹陪京比部）。敏羽文犹在，将军老墓前（自注：余许氏婿也）。"

六月下旬，全家启程归里。自四会绥江出发，舟行半月余至南雄。作《归舟杂诗》，有句云："七岁思归此日归。"（《秋江集》卷三）

翻梅岭，过梅关。至南昌，游滕王阁。返回福州。（同上）

按：王元麟《秋江集注》卷三末尾有注云："考先生于雍正二年知四会县，三年摄高要县事，四年仍兼摄，至五年以'纵情诗酒，不亲民事'去官。代之者，为山西李恒照，详见《广东通志》。是先生作令四年而实止三年也，故《弃妇词》有'三年纺织坐春机'之语。当时留滞未归。己酉七夕云'六载全家岭外游'，庚戌《三月三日游凤台山》诗'岭南七载意寥落'，盖自叹其久于羁维。《别梅花二首》疑己酉冬日作而误编于后耳。《归舟诗》自注'是日逢七夕'，计束装已在暑退时矣。读卷首《万安桥》诗，知赴任时由泉南而往；读卷末《登滕王阁》诗，知罢官时由江右而归。自是而先生绝意功名，遂穷居以终老矣。"王元麟此注，有误：其一，据林正青《十砚轩记》，黄任在雍正二年冬已兼摄高要；其二，谓"自是而先生绝意功名"亦不确，盖黄任后又于乾隆三年入粤请开复，只未遂愿而已。

居福州光禄坊，作《赁居》诗云："乌衣巷口夕阳天，旧垒新巢两变迁。垂老居人鸠鹊屋，几时归我郏欢田。殷勤谢客难旋马，早晚携家自刺船。传语丹阳诸好事，研山不作买庵钱。"（《秋江集》卷四）

按：王元麟《秋江集注》卷四注："《避暑漫钞》：李后主研山为米芾所得，米携归丹阳。而苏仲恭素称好事，甘露寺下一古基，多古木。米欲得宅，苏欲得研。"二人乃以之相易，"后米号为海岳庵是也。"

作《与逸斋（黄学麟）四兄书》，言及归来心境。云：

岭外劳人，七经寒暑。故园兄弟，每与小山松桂，共深寤寐。弟归来如水，此亦本分内事，但求不坠清白家声，便完初愿，并无怨尤也。四哥近履安吉，玩好山水，读好诗书，是文人第一乐事。弟思展先坟，并欲与阿大中郎、封胡遏末（喻优秀子弟）倾倒夙怀。而一枝飘摇，尚未旋定安集，或于春初登姬岩一叫啸耳。（《麟峰黄氏家谱》卷十《艺文》引《香草斋文集》）

按：此札不具年款，揣文意，当在归闽居福州后不久所作，今姑系于雍正八年条下。

九月九日重阳节，与林渭云（在华）、林兴井（溥）、陈师颜（发其）、刘邻初（敬与）、谢古梅（道承）、何其芬（兰）、廖天瑞（炳）诸友在越山雅集，归后作长诗，有句云："嗟我十年堕世网，羁绁有如辕下骖。归来蓬首复茧足，如此束缚非所甘。"（《秋江集》卷四）

按：王元麟《秋江集注》卷四注："《榕城景物录》：越王山在会城西北隅，以闽越王无诸封土得名。"

结识许廷鑅。

按：许廷鑅《秋江集诗序》有云："庚戌予重至三山，一见（莘田）定交，相得欢甚无间。"

是年，赵国麟任福建巡抚。

按：《乾隆福州府志》卷三十《职官三·巡抚》："赵国麟，泰安人，雍正八年任。"

雍正九年（1731） 辛亥 49岁

二月十二花朝日，应陈德泉（治滋）所邀，与施澍岩（霖）、叶芸山（绍芳）、林玉伯（和）、陈紫山（学孔）、林肃斋（缙）、张雪樵（炜）、李磁林（开叶）、陈少峰、李梅亭（建勋）、陈君丰、陈若蟠（学梅）诸人在学圃雅集。黄任作诗有句云："人如洛社耆英会。"自注："澍岩年七十七、芸山年七十五、玉伯年七十五、紫山年七十三、肃斋年七十、雪樵年七十一、磁林年六十一。"（《秋江集》卷四）

按：郭白阳《竹间续话》卷三载："闽以二月十二日为花朝。"又，《秋江集》卷五中，有《二月十二日林容斋太守同泾云、思敬、承明集余香草斋看藤花，赋诗十首》，直言"二月十二日"。

又按：王元麟《秋江集注》卷四注："周绍龙《学圃小记》：德泉先生于舍旁隙地葺精庐，环蒔花竹中，列图史，俯仰之间，旷然有尘外想。每风晨月夜，宾从如云，命酒赋诗，曾无虚日也。因属予书'学圃'以悬于堂。"

七月，至陈治滋学圃欣赏元明人墨迹，作《初秋过陈德泉编修学圃，阅元明人墨迹，忽风雨交作，几席翛然。清欢竟日，归赋四首奉柬》。（《秋江集》卷四）

结识陈兆仑。

按：陈兆仑《秋江集诗序》写及初识黄任时之情状：余"鸡三号即披衣起，步至光禄坊访之。莘田方沐，遣僮奴报客，且坚坐以待。少选曳革履而出，则见其须眉如戟，瞳子如点漆，面白皙，口若悬河。"

又按：据《紫竹山房诗文集》录《陈兆仑年谱》：陈兆仑是年摄鳌峰书院山长，并总领福建通志局。

冬，叶祖烈升任泉州知府，作《赠泉州太守叶虞封四首》，有句云："全家船泊讼庭前，牛渚清秋月满天。"自注："去岁中秋，余自岭南归，停舟顺昌城下，与君话旧连日。"（《秋江集》卷四）

按：是诗自注有"去岁中秋，余自岭南归"之语，黄任于雍正八年中秋归自岭南，可知是诗作于雍正九年。《秋江集》卷四中，是诗之编排顺序后移。

雍正十年（1732） 壬子 50岁

五月廿八日，余甸作砚跋，提及请林在峩镌刻《青花砚》铭事。跋云："既铭此砚，乞轮川世好镌之，附以'灌畦暇语'图书（印章）。轮川铁笔精工，能掩余书之拙；乃其篆文坚老，亦非余原印所及，故当弃置前印，勿使形秽。壬子五月廿八日，跋于星槎亭畔。"（《砚史》卷一）

闰五月十一日，余甸应林家之请，为林佶《小圭砚》题跋："先生偶得片石，觅工人斲酌磨砺，凡三日始成此砚。余时应庚午（1690）秋试，适过林亭，依稀畴昔也，屈指已四十三年矣。壬子闰五月十一日志于万卷楼下。余甸。"（《砚史》卷四）

是年，福建省乡试，杭世骏"以试举人入闽"，"颇有见闻，未忍删弃，随意笔述，勒为三卷"，成《榕城诗话》。卷中，述黄任颇详：

> 黄任，字莘田，永福人，壬午乡贡，官四会令。罢归，家居食贫，僦屋委巷。七绝秀韵独出，兼饶逸气，较诸体尤为擅场。《泰安道中》云："岩岩典则鲁千峰，玉检金泥拜秩宗。七十二君销歇尽，夕阳驴背话东封。""倡条冶叶拂珑璁，帽影鞭丝困午风。十里枣花香不断，行人五月出东蒙。"《昭陵石迹》云："际会风云未足难，始终恩礼羡贞观。汉家多少韩彭将，不得铭旌一字看。"《梦游仙》云："雾縠冰丝幅幅存，故香犹染旧帷痕。彩鸾归去文箫别，彻夜西风写韵轩。"《七里泷》云："终日岚光湿画幢，有时松露滴篷窗。一声橹板千岩响，知在诸峰未出泷。"《孟家堰》云："草店危扶老树腰，江头沽酒布旗招。一帆细雨西兴渡，正趁钱塘未落潮。"

莘田有砚癖，自号"十砚先生"。中林（吴廷华）作歌赠之云："十砚先生淡无欲，作官不恋五斗粟。归来傲杀黄菊花，俗尘不敢闲相触。叩门唯有陈（自注：学圃太史）赵（自注：明府）予，城北徐公（自注：媚云）交倍笃。室中更喜吟伴多，饥来顿顿餐珠玉。砚癖不顾千金雠，诗成自谓万事足。今春见我绝粮诗，大笑谓我未免俗。相别先生二十日，近状直登高士录。闻有阳翟大贾人，推毂先生造门数。先生坚卧竟不起，谓此衡茅不足辱。贾人归望长者车，寄声无事苦踯躅。囊中自有千黄金，可为先生具醽醁。先生笑谓我不贫，明月清风皆我属。田荒偏喜令威瘦，水清且给陶泓浴。三山作邻不待买，倚阁年年眉黛绿。此身一落阿堵中，入山恐愧红踯躅。春风春雨日杜门，把笔自谱游仙曲。"

莘田丰髯秀目，工书法，好宾客，诙嘲谈笑，一座尽倾。罢官归里，压装惟端坑石数枚，诗束两牛腰而已。侍儿金樱，明艳绝世，妙解文翰，兼工丝竹，是其千金所购。酒间，子逊举其《夜来香》绝句云："知隔绛纱帷暗坐，谢娘头上过来香。"风致固自不浅。

莘田二女，皆擅诗名。长曰淑宛，字姒洲；次曰淑畹，字纫佩。纫佩有《题杏花双燕图》诗云："艳阳天气试轻衫，媚紫娇红正斗酣。记得春明池馆静，落花风里话呢喃。""夕阳亭院曲阑东，语燕时飞扇底风。不管春来与春去，双双长在杏花中。"时人皆称之。（杭世骏《榕城诗话》卷中）

按：《榕城诗话》作于黄任归闽第三年，且作者有交于黄任，所记黄任其时境况，别去"诗化"描述成分（如"端坑石数枚"、"诗束两牛腰"、"千金所购"等），其概况应有可参考处。杭世骏《道古堂文集》卷二十中，另有《与黄莘田论诗书》，举例指出黄诗瑜中之瑕。陈衍《石遗室诗话》卷二十六云："或传先生《西湖杂诗》有云：'只今耆旧无新语，风月销沉四百年。'浙人恨之。于时董浦《道古堂集》中有《与黄莘田论诗书》，刺摘莘田诗疵累殆尽，以为报复。"陈衍"报复"之说，似太过。

招同杭世骏等游乌石山，遇雨不果，复集山房看菊。众人请见金樱，不许。

按：杭世骏《道古堂诗集》卷五《闽行杂录》，有《黄大令任招同许大令廷镖、刘行人敬与、谢编修道承、郭明经金鉴、林上舍溥、何孝廉兰、陈进士兆仑游乌石山，雨阻不果，复集山房看菊》，末二句云："风怀输尔樊通德，翠髻遥知隔绛纱。"自注："黄侍儿金樱明艳绝世，座客请见不许。"

年末，作《岁暮感怀》，有句云："乘除似织去如飞，又送堂堂一岁归。聚铁固应难铸错，行年何不早知非。"自注："余今年正五十。"（《秋江集》卷四）

按：黄任生日，为农历十二月十六日，是值岁暮。

雍正十一年（1733） 癸丑 51岁

正月初八，作《首春八日柬梅崖（许鼎）》。（《秋江集》卷四）

作《题林涪云陶舫砚铭册后》十八首，诗中分别写及余甸、林佶、许均、林在华、谢道承、林在峩诸砚友及董汉禹、杨洞一、顾二娘等制砚家。（同上）

按：写林佶诗云："记共慈仁寺里回，手持数片重琼瑰。廿年拭眼摩挲认，曾看研朱滴露来。"自注："甲午都中，余与鹿原先生慈仁寺购砚，今披阅铭词，犹历历在目也。""甲午"为康熙五十三年（1714），至雍正十一年（1733），为"廿年"。可知《题林涪云陶舫砚铭册后》约作于雍正十一年（颇有可能作于雍正十年末至雍正十一年初之间）。《秋江集》卷四中，是诗置于《岁暮感怀》之前，兹据此时间推断改置其后。又，写顾二娘诗云："古款微凹积墨香，纤纤女手切干将。谁倾几滴梨花雨，一洒泉台顾二娘。"可知时顾二娘已离世。

作《叠前韵奉柬余田生京兆》十八首。（同上）

按：此十八首，专为奉柬余甸而作。其中有云："即此床应上下分，砚铭首首不如君。端溪一字称知己，何必还贪九锡文。""葭湄日日吐清芬（自注：京兆有葭湄草堂），书尽红霞与紫云。一语故应君绝倒，人田多过己田耘（自注：蓄研者多向京兆乞铭）。""风气因君渐渐开，砚铭群见一斑才。固应尺寸人争搨，是割磨崖片段（段）来。"可见余甸品砚题铭之才情及成就。《砚史》卷一共录余甸砚铭八十二首，据林正青在余甸《相随砚》铭后所题："此册所制砚词，皆壬子（雍正十年）归田后作。"今所见《砚史》卷一所录，有小部分作于壬子之前，或为后来补入。

余甸作次韵、再次韵、三次韵黄任十八首题诗。（《砚史》卷八）

按：余甸三和黄任诗，共计五十四首，可知其雍正十年归田后，所作砚铭砚诗皆夥。又，自黄任题砚铭册后十八绝，和者甚众，除余甸三赓其韵外，谢道承、陈治滋、李馥、陈兆仑、周长发、林兴泗、郑方坤、朱景英以及林在峩兄弟等均陆续有唱和，并收录于《砚史》卷八中，蔚为大观。

二月十三日，林在峩作《砚史》自序，云："余不敏，追惟先君子（林佶）向所研究者而津逮焉。偶师其意，铭所获砚，书刻之……维时余丈田生（甸）以少京兆归老，每见必击赏，盖田生丈铭砚极浩博。而同里黄君莘田有砚癖，亦时出其所蓄砚与所刻铭相质。自是里中以案头有无片石为雅俗，且以不得佳铭为憾事，亦一时风尚然也。予既拥多砚，又目赏诸名家所储单词剩字，恒用寸笺搨出。岁月积久，楮墨遂多，乃装成八册……复重加编次，并辑投赠诸作，付钞胥厘为十卷，目曰'砚史'。"（《砚史》卷前自序）

春，林在峩把《砚史》寄"以观政秋曹留都下"的兄长林正青。（《砚史》卷前所录《砚史小引》）

作《雪中口占示家人》，有句云："呵冻侍儿安笔砚，忍寒稚子踏琼瑶。女夸沸鼎茶铛熟，妻喜装盘菜甲饶。不合时宜供汝笑，老夫泼墨写芭蕉。"（《秋江集》卷四）

按：是诗写及侍儿、儿子、女儿、妻子及黄任本人，是一幅暖意融融之《天伦之乐图》。侍儿，当即金樱。

四月十五日，林在峩作《中洞砚黄莘田赠》铭，云："中洞石质清且温，光摇雁荡秋天云，晓窗试墨乐吾群。"落款："癸丑清和望日铭。"（《砚史》卷六）

六月十六日，余甸为林擎天"小夔龙砚"题铭。未满一月，去世。

按：《砚史》卷六附录林擎天《小夔龙砚》铭后，有林在峩题跋："癸丑六月既望，予至台江书舍，时田生丈已卧病，强起手谈，遂请为儿子皖作砚铭。丈立就。未匝月即弃世。草书腕力清劲，饶有生意，岂知即为绝笔乎。轮川老人。"

九月十六日，林正青作《砚史小引》，云："余家藏砚十余枚，皆先君子（林佶）手自磨礱，铭刻其背……忆余童时侍侧，日供洗涤役，盖与陶泓君未尝须臾离。维时许丈月溪（遇）、余丈田生与先君子称石交，每得佳砚，互相铭刻以为宝。以是，予与雪邨两家子弟各以文艺相琢磨。雪邨，月溪丈叔子也；黄子莘田，则许所自出；而陈子德泉（治滋）、谢子古梅（道承），又予中表兄弟行。少同学，长同好，临池之余，所收藏砚材亦略相敌。"落款："雍正十有一年季秋霜降日，林正青书于都门宣武坊之警露轩。"（《砚史》卷前）

林正青作诗和黄任《题陶舫砚铭册后十八首》，第一首云："忆向端溪访故知，插天岩礐七星奇。十年聚散烟云态，万里诗筒认好词。"自注："甲辰访莘田于端州。"（《砚史》卷八）

按：自甲辰（1724）至癸丑（1733），为十年，故言"十年聚散烟云态"。

是年，以"十二星砚"割爱相赠福建巡抚赵国麟儿子赵震。

按：《砚史》卷七赵国麟题"十二星砚"有记："此莘田十砚之一。雍正癸丑，儿子震倩友人借观，爱不忍释，因奉朱提为寿。莘田觉之，割以相赠。""朱提"，银之代称。

雍正十二年（1734） 甲寅　52岁

春，长女黄淑宛出嫁，作《送女归永阳》诗，云："廿年婉娈足承欢，今日辞家事伯鸾。看汝和鸣齐比翼，一双飞上汰王滩。""一官牵累汝迟归，贞吉临岐莫泪挥。带去女儿香一片，蛮烟曾为我薰衣。"（《秋江集》卷四）

按：《福建续志》卷九十《杂记二》录黄任《十砚轩随笔》："余女淑宛，字姒洲，适游婿诸生艺。淑畹，字纫佩，逢林婿春起。"游艺为本县（永福）诸生。时黄淑宛年已三十，故黄任诗中有"一官牵累汝迟归"之说。黄淑宛亦作有《别母归永阳》、《舟中忆母》、《留别纫佩妹》、《归永阳舟中别弟心庵（黄惠）》等（见《墨庵楼试草》）。黄淑畹则有《送姒洲姊归永阳》（见《绮窗余事》）。时黄任一家居于福州。

为巡抚赵国麟藏恽寿平画册题诗。

按：《秋江集》卷四有《为赵中丞题山水画册十首》，王元麟注："恽寿平笔。"又有《又题折枝画册十八首》，王元麟注："亦恽寿平笔。"谢道承《小兰陔诗集》卷八亦有《题恽南田折枝画册二十首（自注：为赵仁圃中丞题）》。

作《无题八首和徐懒云（并序）》。

按：王元麟《秋江集注》卷四注："按《全闽诗话》载：吴中林赠先生（指黄任）诗云：'城北徐公交最笃。'注谓：'懒云是也。'"

陈句山（兆仑）、戚渭艇（豫言）、林渭云（在华）、郭威予（金鉴）、刘邻初（敬与）、谢古梅（道承）、陈师颜（发其）、何其芬（兰）、张立仲（岳）、廖天瑞（炳）各赋诗索黄任菊花酒。黄任馈以一瓶，并戏作九言长句奉答。

按：王元麟《秋江集注》卷四注："窦苹《酒谱》：汉人采菊花并茎酿以黍米，至来年九月九日熟而就饮，谓之菊花酒。"黄任诗中有句云"大约愆期宿诺我所致"，王元麟注："谢道承《怀酒诗序》：莘田曾许以菊花酒醉馆中诸友，已而寂然。因邀陈星斋、陈师颜同赋《怀酒诗》以索。"谢道承诗首句云："端溪使君过我忘形骸，掀髯自诩菊酿清而佳。"诗中并调侃黄任："使君风月味谙本情种，吴宫花草箫鼓喧秦淮。襟上酒痕一半啼痕湿，宁忍薄幸辜负相睽乖。假如君之所欢爽誓约，画船明月不见双行钗。"诗中有注："是日三月之晦。"（《小兰陔诗集》卷四）

秋，陈兆仑作《题林涪云研铭拓本册子十首次黄莘田大令任韵》。（《紫竹山房诗集》卷一）

按：此十首亦见于《砚史》卷八陈兆仑次韵黄莘田《题陶舫砚铭册后十八首》中，部分诗句有改动，顺序则大异。诗后，陈兆仑题识云："甲寅秋中，余将自闽中北上，涪云三兄属题研谱，时尚未汇成巨帙，而题词亦只有黄、余两先生作耳。"可知《砚史》卷八所录诸家和诗，除余甸诗外，其余（包括林正青和诗）在雍正十二年秋中时尚未录入。亦可知林在癸去年二月十三日作《砚史》序时，是书仅初具规模，尚未完善。

谢道承作《题林涪云砚铭册和黄二莘田韵十八首》，第五首云："砚才管领洞西东，词翰题镌夺鬼工。何事凌云掞天笔，壮夫亦复擅雕虫。"自注："谓黄二莘田。"（《小兰陔诗集》卷八）

按：谢道承诗作无标年份，今系于此一年度，乃据其在诗集中所处位置前后诗作之时间关系，并比照黄任诗集及谢、黄、陈（兆仑）三人行迹推定。

七月初七日，在福州法海寺内罗山堂雅集。

按：谢道承《小兰陔诗集》卷八《七日罗山堂雅集六首》，题目下注："集同陈星斋（兆仑）、戚渭艇、林涪云、黄莘田、刘邻初、林兴井、陈师颜、廖天瑞。"第三首有句云："何事风情狂杜牧，连呼移席看星河。"注云："星斋藏阁赌酒，莘田苦之，连促下阶看牛女。"第四首云："月帐云笙寂寞过，笛声能和郑樱桃（自注：莘田出歌儿侑酒）。当筵莫唱长生曲，钿合前盟巳不牢（自注：莘田数夸奇遇，故云）。"

秋日，应刘敬与之邀，与张炜、林在华、陈治滋、林溥、陈发其、陈兆仑、谢道承、许良臣诸友在罗山堂雅集，共话福州旧胜，并各赋二律。（《秋江集》卷四）

按：谢道承《小兰陔诗集》卷六有《秋集罗山堂话榕城旧胜二首》。时陈兆仑将离闽赴京应博学鸿词科试，故诸友聚会不断。

八月十三日夜，许良臣招集紫藤花庵。黄任作《八月十三夜，许石泉招同张雪樵（炜）、李磁林（开叶）、陈德泉（治滋）集紫藤花庵，限"帘"字》。（《秋江集》卷四）

八月二十一日，与诸友在谢道承一枝山房为陈兆仑饯行。

按：陈兆仑《紫竹山房诗集》卷一有《去闽前五日，编修家学圃（陈治滋）、谢古梅、庶常刘邻初、秋部张雪樵、大令黄莘田、贡士谢微云、诸生林兴井、渭云、涪云及家师颜（陈发其）辱饯于一枝山房，舟中却寄》。是诗后第三首，为《保安驿二首》，标题下有注云："已度岭（指仙霞岭，为闽浙分界）第一站也。自八月二十六日发闽，至此距重阳裁二日。"

十月，福建巡抚赵国麟奉调安徽巡抚。

忆及在四会时所种红梅，作《余在绥邑日，曾植红梅于厅事，偶成长句寄忆》。有句云："故园何限相思处，不在梨云晓梦中。"（《秋江集》卷四）

雍正十三年（1735） 乙卯 53岁

春日，以《瓶花》为题，嘱女儿作诗。

按：黄淑宛《墨庵楼试草》之《瓶花》诗序云："乙卯春日，家大人偶作命题。余与纫佩妹各成五首，三姑月鹿夫人精绘事，因画是图，嘱录诗其上。"黄淑畹亦作《瓶花五首，家大人命题》（见《绮窗余事》）。

周绍龙服满起复，黄任作《送周二通参奉命还朝》。

按：王元麟《秋江集注》卷四注："《福州府志》：周绍龙成进士，后丁内艰归。丁未（雍正五年）以荐授庶吉士。时四川有清丈之役，承命以行，以绩最擢编修，寻改监察御史，巡察山西，迁右通政。积劳以疾，闻上命巡抚为医治。途中丁生母艰，上慰留。绍龙请终制，上悬缺以待。皆异数也。服阙，晋顺天府丞。"又，《光绪山西通志》卷十三《职官谱四·巡察御史》："周绍龙，福建侯官人，进士，（雍正）九年六月任。王玒，江南太仓人，举人，（雍正）十一年五月任。"可知周绍龙在雍正十一年五月前丁艰归里。清代官员守孝期为二十七个月，服满起复，则周绍龙最迟在雍正十三年八月已服满。

乾隆元年（1736） 丙辰 54岁

二月十二日，作诗有句云："相约百花生日日，玉钗不折一枝新。"（《秋江集》卷四）

夏，作《枫亭荔枝》诗。（同上）

按：王元麟《秋江集注》卷四注："《福建通志》：枫亭在兴化府仙游县东北。曹蕃《荔枝谱》：枫亭地宜荔，弥山蔽野，所产最盛。枫亭荔枝遂甲天下。"

五月，许良臣奉旨前往广东，赴增城知县任。

按：《明清时期澳门问题档案文献汇编·署广东巡抚周人骥题请由许良臣升补广州府海防同知本》："由举人乾隆元年五月内拣选引见，奉旨命往广东以知县委署试用，随委署增城县事，闻讣丁忧回籍，服满回粤。"又，《嘉庆增城县志》卷十《职官·知县》："许良臣，福建侯官人，举人，乾隆二年正月任。王廷铎，广西灌阳人，解元，乾隆二年八月任。"可知许良臣真正到任增城知县为乾隆二年正月，然仅半年多便丁忧归里。

作《送许石泉表侄之官岭南》诗，有句云："六年晨夕快论文，赁庑鸣春亦共闻。双院书声深巷合，一门山色对楼分。"（《秋江集》卷四）

按：王元麟《秋江集注》卷四注："先生与石泉同居光禄坊。"

乾隆二年（1737） 丁巳 55岁

作《酬林容斋司马四首》。林容斋名兴泗，是年升署福州海防同知。（《秋江集》卷四）

七月七日，作《七夕》诗。（同上）

九月，林正青拜访金农，请其为《砚史》题识。金氏题云："福州林君苍岩与予交三年矣，乾隆丁巳九月以鹾之曹掾赴广陵（扬州），访予北郭僧舍，出其先舍人所制砚铭并君之乡人余、黄诸公所作，而征予题记……"（《砚史》卷十）

作《题谢古梅编修兰陔图》，写及当初经林正青介绍，结识谢道承之情景及二人感情之融洽。诗中有云："昔君年十五，能吟春草词。我初识君面，濯濯春华姿。我友林苍岩，为我联交期。如以乳投水，如以珠贯丝。背面三四日，夜则梦见之。"（《秋江集》卷四）

按：谢道承《小兰陔诗集》卷四亦有《赠黄莘田》诗，云："吾有好友林洙云，为我数见言黄君。""忆识君时年尚少，凛凛未敢期同调。"黄莘田比谢道承大八岁。

乾隆三年（1738） 戊午 56岁

秋天，入粤请开复（申请恢复原职）。出发前，谢道承到访。

按：《秋江集》卷五《哭谢二古梅（道承）学士》诗自注："戊午秋，予适粤，古梅入都，予先就道。古梅过予斋，夜话至三鼓。"又，《砚史》卷二黄任《蕉白砚》铭后，有谢道承题跋："旧冬十一月，道承北行，莘田已先期入粤请开复。""乾隆己未秋九月既望道承题。""乾隆己未"为乾隆四年，"旧冬"指乾隆三年冬天。是年十一月，谢道承入京授太子中允、侍读、国子监祭酒。

时在粤，作诗《赠王楼山(恕)按察》，有句云："锦江水沛珠江泽，碧海春生万里宽。"又云："十载岩廊秉上钧，阁门谁不识平津。力扶大雅归先进，勤引群蒙接后尘。心是千间寒畯屋，手为万类冶陶人。"（《秋江集》卷五）

按：黄任是次入粤，或拟通过时任广东按察使的王恕帮助以求"开复"。

乾隆四年（1739） 己未 57岁

同庞屿（石州）、许廷镽（子逊）相聚，即席咏尘二首，有句云："惟有洁身归去好，断无一点到幽栖。"（《秋江集》卷五）

按：此行"请开复"未能如愿，萌生归意。

春，顾之珽（月田）游西粤，分别前，同宿王元枢（斗南）观察斋中。作送别诗，有句云："送行人是欲行人。"自注曰："时余亦将归里。"（《秋江集》卷五）

按：王元麟《秋江集注》卷五注：顾之珽"时知电白县，从广督鄂尔泰往广西查捐垦事。"

王恕官署中新建葵亭，邀黄任赴饮。作《王楼山方伯署中新构葵亭，招饮赋诗》。（《秋江集》卷五）

按：时王恕已升任广东布政使，故黄任称其"王楼山方伯"。

到电白县探访许良臣。作《高凉道中》，诗末自注："许石泉时宰电白县。"（《秋江集》卷五）

按：前有王元麟注顾之玵"时知电白县"，或其时因顾氏"从广督鄂尔泰往广西查捐垦事"，遂由许良臣暂代。又，王元麟《秋江集注》卷五注："《一统志》：广东高州府汉为合浦郡之高凉县，有高凉山，群木森然，盛夏若秋。"

将归里，与傅王露、顾之玵夜话，作《与傅玉笥、顾月田夜话联句，时余将归里》。（《秋江集》卷五）

作诗《别潘补堂按察》。潘补堂即潘思榘。是年，潘氏接王恕任广东按察使。（《秋江集》卷五、《清史稿·潘思榘传》）

秋，与庞屿话别，作《别庞石州观察》，有句云："薄游寻旧踪，投契谐新欢。""凉飔感秋暮，将返闽江浔。""仆本江海人，早被儒冠误。归田无良谋，怀古多远慕。"（《秋江集》卷五）

启程归里。途中，舟泊韶州城下，知府高纲（姜田）以诗相赠，黄任次韵奉答。其中一首云："灰心宜证小乘禅，贪去栽花误种田。今日鬓丝春不管，天涯沦落杜樊川。"（《秋江集》卷五）

宿南雄，作《南雄旅店》诗，云："往事分明隔十年，全家度岭此间眠。今宵独客重经宿，湿草吟虫月满天。"（《秋江集》卷五）

按：黄任上次于雍正八年（1730）度岭归闽，至乾隆四年（1739），刚好第十年。《南雄旅店》又有句云："明日梅关关下路，故人为郡有冰衔。"自注："时游心水守南安郡。余别心水十五年矣。"王元麟《秋江集注》卷五注："《大清一统志》：大庾岭在江西南安府大庾县南，与广东南雄府交界，多植梅，因又名梅岭。宋立关于岭上，植柱碣石名梅关，以分江广之界。"

与游绍安久别重逢，赋诗《喜晤游心水作》。（《秋江集》卷五）

按：黄任上一次与游绍安见面，为雍正三年（1725）夏游绍安到端州探访，至此已分别十五年。

宿江东桥，作《宿江东桥怀许石泉》。（《秋江集》卷五）

按：王元麟《秋江集注》卷五注："《漳州府志》：虎渡桥即江东桥，为郡之寅方，故名虎渡。"

八月，赠李云龙端砚，并作《秋水砚赠李霖邨》，诗云："秋水泠泠浸一泓，下岩西洞第三层。与君细腻风光写，丽泽如斯得未曾。"又题："余自岭南归，以兹石赠玉和，他山之助，知不忘琢磨鄙意耳。乾隆四年八月，黄任。"（《砚史》卷二）

按：《秋江集》卷五中，是诗题为《以端砚赠李霖邨并镌一诗》，可知赠砚时诗已镌刻入砚。

九月十六日，谢道承在京城展读黄任砚铭，并题跋、题诗。（《砚史》卷二）

按：谢道承在《砚史》卷二《蕉白砚》铭后题跋云："旧冬十一月，道承北行，莘田已先期入粤请开复。余至京师，连得莘田二札，始知其逾限格例，垂翅南归。"落款："乾隆己未秋九月既望道承题。"跋中录谢氏口占二截句。此二诗，《小兰陔诗集》卷八中题为《阅黄二莘田砚铭因题二首》，其一云："踏遍蛮烟琬琰空，诗人笔墨尚熊熊。文昌乐府三千首，谁为修书李浙东。"其二云："牂舸一叶下闽江（自注：黄时自粤归闽），十砚萧然锁夜窗。起剔残灯拜东野，寒风袭袭影幢幢。"《砚史》所录，"蛮烟"作"蛮溪"，"残灯"作"秋缸"，"牂舸一叶下闽江"后亦无注。

作《恭颂惠献贝子功绩诗并呈制府镇国将军》。（《秋江集》卷五）

按：王元麟《秋江集注》卷五注："《福建通志》：康熙十三年三月，耿逆精忠反，上命康亲王同贝子宗室福喇哈入闽讨平之。乾隆四年，贝子孙、镶蓝旗镇国将军德沛总督闽浙，特建惠献贝子祠于乌石山，并修《功绩录》。按贝子谥惠献，德沛号济斋。"《功绩录》由黄任、陈绳同修。

乾隆五年（1740） 庚申 58岁

居福州。

作《初春》诗，有句云："今岁芳菲春较早，试灯时节满城花。"（《秋江集》卷五）

按：王元麟《秋江集注》卷五注："《宛署记》：十四夜试灯，十五夜正灯，十六夜罢灯。"

作《过紫藤庵怀许石泉》，诗云："青粉墙高日未斜，开门放尽一篱花。主人何处栽花去，不忆潜夫合忆家。"（《秋江集》卷五）

二月十二日，知府林容斋（兴泗）与泾云（林玉衡）、思敬（许雍）、承明（林中声）在香草斋相聚，看藤花并赋诗。林兴泗时知建州。（同上）

是年，王恕调任福建巡抚。（《清史稿·王恕传》）

四月，福州大旱，巡抚王恕作《望雨》诗，嘱黄任和之。黄任作《王楼山中丞以望雨诗属和，次韵奉呈》，首句云："清和忽作蕴隆深，万井生烟正望霖。"又作《连日得雨，再叠前韵奉呈楼山中丞》。（《秋江集》卷五）

按：清和为农历四月之代称。

乾隆六年（1741） 辛酉 59岁

作诗题许廷鑅《南山射虎图》。（《秋江集》卷五）

按：是年，福建巡抚王恕延许廷鑅主鳌峰书院讲席。王元麟《秋江集注》卷五注："《归愚文钞》：许廷鑅字子逊，吴县举人……乾隆辛酉，中丞王恕延主鳌峰讲席。邑人闻之，有不远千里裹粮问业者。"

六月二十六日，作《立秋》诗。（《秋江集》卷五）

七月，谢道承卒于任上，归葬福州西北平潭山。

按：吴文焕为谢道承《小兰陔诗集》作序云："辛酉七月，谢古梅同年卒于京师。"

作《哭谢二古梅学士》，自注云："余田生、张雪樵、林渭云、林白岩、周瑞峰、许雪邨及谢古梅，屈指十年，皆相继下世矣。"（《秋江集》卷五）

七月，许石泉署理镇平县知县。

按：《明清时期澳门问题档案文献汇编·署广东巡抚周人骥题请由许良臣升补广州府海防同知本》："题署镇平县知县，乾隆六年七月二十六日署理。奉文实授，乾隆八年六月二十五日到任。"

以"云月砚"赠赵国麟。八月，赵国麟镌铭后，揭一纸寄示，铭中有句云："黄公莘田，水岩仙客。"黄任赋诗四首奉呈，诗云："几年修斧属吴刚，带得蛮烟上玉堂。一握忽生云五色，蓬莱新署两三行。""三洞惊传焕紫泥，亦分典策到端溪。丁丁宫漏丝纶笔，特为寒岩一品题。""嘉名偶合在平津，应象天章信有神。得作西园结邻客，胜他东府扫门人（自注：公斋名'云月砚轩'，予寄砚适相符合，故铭词及之）。""岩穴何缘到玉除，十年曾此伴穷居。但将肤寸供霖雨，不上昌黎宰相书。"（《秋江集》卷五、《砚史》卷七）

年底，作《岁暮奉寄容斋太守》诗，自注云："容斋以建州太守来摄吾郡。"又云："去岁容斋集余香草斋，各赋寒宵诗四首。"是年，林兴泗调任福州知府。（《秋江集》卷五、乾隆《福州府志》卷三十二）

作《送李霖邨（云龙）别驾入都谒选》。（《秋江集》卷五）

按：王元麟《秋江集注》卷五注："按时霖邨谒选授通州。"《砚史》卷七录李云龙《芝砚》铭："精于美璞滑于脂，出水青花墨满池。知有珊瑚人住近，随身终日见琉璃。"题记言及此次到京后一"砚事"，云："辛酉客京师，古肆见兹石，窃心赏之。他日轮川（林在峩）适以相贻，携归制就。是夏出山，重聚都门，忆舟南车北三年，砚铭未尝一日离，因题廿八字。乾隆八年十月，霖邨记。"印三："霖邨"、"水妨"、"美人之贻"。

又按：朱景英《畬经堂文集》卷七《李州牧墓志铭》记：李云龙"屡预秋试不得志，以大父命援例就选，通判苏州府"。则其入都应在乾隆六年八月参加乡试再次落败之后，而谒选则在乾隆七年（李云龙并非举人，属援例就选），乾隆八年十月题砚时已在任上。又按：《李州牧墓志铭》记：李云龙"女三，长锦，适内阁中书林讳佶孙、候选州同讳在峩子畅"。可知李云龙与林在峩是儿女亲家。

是年，《惠献贝子功绩录》修成。署"广东肇庆府四会县知县黄任、福建汀州府长汀县儒学训导陈绳恭辑"。（《惠献贝子功绩录》）

乾隆七年（1742） 壬戌 60岁

十月十六日，王恕去世。

按：沈大成《学福斋集》卷十七《太原王楼山先生传略》云："壬戌四月，罢镇还朝，其秋改藩于浙。到官仅一月，出送过客，疾作座上，舆归而薨，十月十六日也。距生时康熙壬戌六月二十四日，得年六十有一。"

是年，江苏武进（今属常州市）人刘于义由直隶布政使调福建巡抚。（《清史稿·刘于义传》）

乾隆八年（1743） 癸亥 61岁

长至前二日，许均妻子廖淑筹六十岁生日，其子许雍乞黄任作诗以祝。时许均已去世十四年。

按：廖淑筹为林侗女，出继廖氏。《闺秀正始集》称其随舅官陈留（家公许遇曾任河南陈留县知县）时，会官署灾，先拥护其小郎小姑，而后及其子。夫卒归里，困踬无以为生，乃写花竹以自适，课子孙读书。有"清时弦诵重，廉吏子孙贫"句，为世传诵。黄任祝寿诗有句云："冰壶旧养双珠树。"王元麟《秋江集注》卷五注："恭人（廖淑筹）生二子，曰思敬、思恭。"思敬即许雍，思恭即许王臣。

福建巡抚刘于义调山西巡抚，召补户部尚书。正月，上命山西兴县人孙嘉淦署福建巡抚，因事夺官而未赴。四月，调江西新建县人周学健任福建巡抚。（《清史稿·刘于义传》、《清史稿·孙嘉淦传》）

乾隆九年（1744） 甲子 62岁

正月二十一日，妻子庄氏去世，作《悼亡二十八首（自注：哭内子庄孺人作）》。诗中有注云："正月二十夜，孺人与诸女伴烧灯角采，笑语极欢，忽洒半疾作，仓皇归房，天明即逝。"又有注："去岁（乾隆八年）孺人约同往白云家山宿姬岩环翠楼，为家累不果期，以今年必行而孺人逝矣。"（《秋江集》卷五）

按：黄任悼亡诗中有句云："马鞍山下奠壶浆。"王元麟《秋江集注》卷五注："《福州府志》：马鞍山在侯官县四十九都。按先生先茔在马鞍山。"

二月，妻子去世二十天，黄任取出妻子当年所蓄"生春红砚"，题诗镌铭。题曰："余在端州日，室人蓄此砚，余戏名'生春红'，盖取东坡'小窗书幌相妩媚，令君晓梦生春红'之句。室人摩挲不去手。迩来砚匣尘封，启视，尚墨渖津津欲滴也，而室人已逝兼旬矣，悲何可言！因镌一诗云：'端江共汝买归舟，翠羽明珠汝不收。只裹生春红一片，至今墨渖泪交流。'"落款："乾隆甲子二月，莘田。"（《砚史》卷二）

按：《秋江集》卷五《悼亡二十八首》所录，略有出入："予宰端江日，孺人蓄一砚，肤理细腻，紫翠焕发，砚背刻'生春红'三字……"无时间落款。

是年，侄子黄虞世出生。

按：黄虞世《冻井山房诗钞》之《庚申正月初三日感怀》有句云："历年甲子又庚申，景物看来总一新。""自愧吾年五十七，敢将白傅比吾身。"庚申为嘉庆五年（1800），可知黄虞世出生于乾隆九年。又，道光初闽清知县方亨衢为黄虞世《冻井山房诗钞》作序有云：黄虞世"少师事黄任，从居会城。家有凌沧楼，藏书颇富，日枕藉其中。后弃制举业，归永福之白云。所居有冻井，因借以颜其居，自号冻井山人"。民国《永泰县志》卷八《艺文志》中，录有其《菜花步十砚翁韵》。

是年，周学健任浙闽总督、福建巡抚、刑部左侍郎、兵部右侍郎、都察院右副都御史。

乾隆十一年（1746） 丙寅 64岁

沈大成以王恕笠屐图遗照寄来，题诗四首。

按：《秋江集》卷五《沈学子以王楼山先生笠屐图遗照寄示，怀恩感旧，奉题四诗》有句云："五年尸祝满瓯闽，丹荔黄蕉合有神。"王恕卒于乾隆七年，至今五个年头。又，沈大成《学福斋集》卷十四亦有《题太原王公笠屐图》。

中秋节，作《八月十五夜》诗。（《秋江集》卷五）

作《柬方慕斋》诗。（同上）

按：方日岱，号慕斋。《砚史》卷二另录有黄任《紫云砚为方慕斋使君铭》，铭云："紫云一握胜兼金，寄上仙郎索赏音。不贫端溪吾与子，琢磨如见两人心。"落款："题奉慕斋使君。黄任。"

作《题林轮川（在峩）涤砚图》，诗云："美人之镜名士砚，入手摩挲日几遍。托君照耀生光华，讵忍文房受垢面。春潮上砚梅气蒸，麝煤滑作松膏碾。冻胶宿沜粘其毫，伸纸疾书墨屡溅。怒嗔掷笔起郎当，一塈澄波比净练。琉璃匣底黑云翻，翻盆手与蛟螭战。昏晦仰来闪烁光，垂虹掣起流金电。须臾过雨蔚蓝天，捧出芭蕉叶一片。叶中喷沫浮青花，欲谛视之目已眩。霏霏如雾如微尘，每以清泉濯之见。元气淋漓湿不干，夕阳天际和风扇。君从何来得粉本，一一追摹最工善。画师写形兼写意，规模略同法小变。臭味潜通五百年，遂与元明妙相擅。桃花庵接水晶宫，陶舫分明后身现。我家十匣多尘封，见猎因君起遥羡。倘许图添涤器人，为役为佣我自荐。"（《秋江集》卷五）

许均子许雍赴岭南，作诗《送许思敬东游》。（同上）

按：王元麟《秋江集注》卷五在是诗之后，附录许均妻廖淑筹《送子雍东游》诗，有句云："画戟油幢十七秋，一生肠断在扬州。"许均雍正八年（1730）卒于扬州，迄今十七年。另，黄淑窕《墨庵楼试草》有《送许思敬表弟之岭南》、黄淑畹《绮窗余事》有《送许表弟思敬东游》。

作《庭前樱桃》诗，其中一首云："当年手种爱垂檐，今岁累累子渐添。晓露千枝红泪滴，更无人卷水晶帘。"自注："树为室人所植。已没再周矣。"庄氏去世已两周年。（《秋江集》卷五）

是年，李云龙丁祖父忧归里。

按：朱景英《畲经堂文集》卷七《李州牧墓志铭》："丙寅以嫡长承重丁大父忧归里。"李云龙"生四龄失怙（父亲去世）"，古代礼制，其人及父俱属嫡长而父先死，于祖父母丧亡时，则本身受祖父母之传重而为承重孙，服丧三年。又，沈大成《学福斋集》卷十四《跋李霖村砚铭册》云："霖村自吴郡别驾奉讳归，键户读书，日事鉴别金石文字，蓄砚尤多，所至访求名贤诗若铭，揭而装潢之……日久，遂得十册，其兴方未艾也……吴故都会，霖村归，唯此册及碑版书籍数簏而已。"

是年,《砚史》编定。林在峩在卷前《凡例》言:是书"至癸丑(雍正十一年)始有成书,嗣余屡事缉缀,迄丙寅而是本乃定"。(《砚史》卷前)

是年,湖南祁阳人陈大受调福建巡抚。(《清史稿·陈大受传》)

乾隆十二年(1747) 丁卯 65岁

初秋,游绍安作《二砚记》,追记雍正三年到端州探访黄任得二砚及其后之景况。(《涵有堂诗文集》)

八月十五夜,儿女仿当年在四会时所见岭南中秋遗俗制作柚灯,因赋柚灯诗。(《秋江集》卷五)

题张学举(乾夫)《南坪修竹图》及许齐卓(武田)《晴湖秋棹图》、《镜塘图小照》。(同上)

九月初七日,周学健任江南河道总督,黄任作《送宫保西昌公总制南河》诗。(同上)

按:周学健于乾隆十二年九月初七任江南河道总督兼刑部左侍郎、兵部右侍郎、都察院右副都御史、太子少保,兼管七省漕运总督印务。

宿李云龙金锋山庄,并作诗。(《秋江集》卷五)

按:王元麟《秋江集注》卷五注:"《福州府志》:金峰山庄在大夫岭,奉政大夫李范丙舍。按范字士畴,子二:建极、建勋。"黄任《宿李霖邨金峰山庄》其中一首有句云:"四十余年暗自惊,霓裳同咏大罗情。青山埋骨无知己,紫陌寻春有隔生。"自注:"谓李瑶峰同年。"李瑶峰为李云龙父,与黄任同举于康熙壬午(1702),故有"四十余年"及"同年"之说。

失手坠砚,作《坠砚诗》。序云:"斋头宝一砚,滑腻可爱。偶失手坠地,微有伤痕。磨以墨,了无挂碍,盖幸非瓦裂可比也,作《坠砚诗》。"诗云:"美人好肌肤,生长芙蓉逻。抙之不留手,偶然失一蹉。惊魂裂微痕,抱置案旁坐。隃麋濡其膏,幸牢不至破。有如梅花断,百衲琴所佐。又如蛛丝纹,谛视拭以唾。试磨无间然,不以一毫挫。转令极护惜,无一日厌惰。我家管城子,虽秃未受饿。麝煤剩半叚(段),其锋尚可剉。萧斋老弃物,与汝成二个。坐废仍有用,短歌为汝贺。"(《秋江集》卷五)

周学健寄诗,隐寓欲求"美无度砚",因赠之,并作《赠砚行寄呈西昌公》。诗云:"鹑首鹑尾摇火精,南离炎德司文明。羚羊峡接芙蓉逻,端江横亘钟淑清。旁有东西两岩洞,风水吐纳春砰訇。青虹贯岩月射壁,孕育美璞山之瑛。遂为陶泓美窟宅,每割径寸矜连城。黄龙浮动羊肝紫,火捵所结多精英。残霞一抹挂不散,界出卵色秋天晴。青花白叶纷烂漫,一点两点鸲鹆睛。最上一种比玄玉,其神穆穆其质莹。抙不留手稍用腕,已有腻汻淋漓倾。是其利用在潜德,发硎都不大色声。兹石百不一到手,无有福慧无由擎。我昔命工凿两洞,斧斤竟日空丁丁。捧持一片天所与,褐夫怀璧恒恐惊。西昌制府癖爱研,勤买惨淡千经营。公有燕许大述作,要选好砚资歌赓。至宝原待至人用,苟非其人天不生。其人求之而不得,必有感召先将迎。公诗远道辱寄我,百四十字铺瑶琼。山水元音公所写，已与抱璞通其诚（自注：公来诗有'携将碧玉美无度，静写山水归元音'之句。'美无度'，予研名）。笑我茅斋枉位置，终岁但伴秋虫鸣。不如相需庆相遇，锦绵什袭异之行。非我爱好失本性，一旦弃汝鸿毛轻。是中趋舍有至理，岩穴要附青云荣。有材在楚实用晋，得出于谷还迁莺。南河万窦胥托命，公之大智参生成。安澜砥柱本无事，咸若鱼鳖逃鲵鲸。铃阁风微昼日永，琉璃匣底鸣琼玲。吮毫泼墨颂明德，捧砚歌与宣房争。请公一日三拂拭，毋嗤处士虚声名。"（同上）

按：周学健诗有句云："携将碧玉美无度，静写山水归元音。"透露欲得"美无度砚"之意。黄任心领神会，自明其意，故诗中云："公有燕许大述作，要选好砚资歌赓。至宝原待至人用，苟非其人天不生。""公诗远道辱寄我，百四十字铺瑶琼。山水元音公所写，已与抱璞通其诚。"诗末，黄任云："请公一日三拂拭，毋嗤处士虚声名。"是祈新主人勤加护惜此砚，以免蓬头垢面，让人讥笑"美无度"乃虚有其名。

是年，福建巡抚陈大受召授兵部尚书。江南阳湖（今江苏常州）人潘思榘调任福建巡抚。（《清史稿·陈大受传》、《清史稿·潘思榘传》）

乾隆十三年（1748）　戊辰　66岁

春，游绍安作《戊辰岁春日即事》，其中一首云："石交强半赴修文，惆怅星星欲大昕。趁取百年人未老，忍教兰臭到秋风。"注云："总角知交，仕者十居八九，今林下尚有林苍岩、黄莘田、刘邻初、陈履元数人，宜早归以待陈德泉也。"（《涵有堂诗文集》）

作《述德陈情呈中丞潘补堂先生》。有句云："三千弟子敦儒行，六十诸侯受政经。如保无伤心力瘁，二年丝竹不曾听。"（《秋江集》卷五）

四月二十日，许良臣到任电白县知县。

按：《明清时期澳门问题档案文献汇编·署广东巡抚周人骥题请由许良臣升补广州府海防同知本》："调补电白县知县，乾隆十三年四月二十日到任。"

五月三日，游绍安寄诗，题云《戊辰五月三日，寄林场官苍岩正青、黄明府莘田任、刘行人邻初敬与、陈广文履元广诸君，总角石交，今遂志归田矣。余尚浮沉官海，翘首暮云，抒怀尺素，伏望教正，并盼垂和》。（《涵有堂诗文集》）

闰七月，周学健因在孝贤皇后丧中剃发，被罢官、抄家。后又发现贪赃罪证，被乾隆皇帝赐死。（《清史稿·周学健传》）

十一月，潘思榘集民夫重新疏浚西湖。

按：乾隆《福州府志》卷之七《水利》录潘思榘《福州重浚西湖碑记》："乾隆戊辰春，余自皖移闽（戊辰春为到任时间）。初至，天久不雨，西湖之浅可涉也……会制府喀公将有事于兹，因与藩伯永君集议，而命郡守王君董其役，农陈水涸，工遂以兴。始于十一月二十日，逾十二月晦而竣。"

十二月中旬，为亡友谢道承《小兰陔诗集》作序并手书。（《小兰陔诗集》卷前）

按：黄任序云："予髫龄时过来斋老人荔水庄中，日与林苍岩昆季、陈德泉、许雪村往来游宴，而谢君古梅时发未燥，皆总角好也。如是者有年，厥后诸同志先后撷科第以去。古梅亦于庚子领解，捷南宫，读书中秘。每公车集都下，烹茗谈艺，饮酒赋诗，率至宵分不倦。自古梅、德泉、雪村而外，如周瑞峰、刘邻初、吴剑虹（文焕）诸君子，击钵分题，更唱迭和，宛似荔水庄故事，亦一时佳话也。""予与古梅交最早，谊最笃，每当春秋佳日，评隲古今石刻，既足以快汲古之胸；暇则以所作互相研摩，苦吟竟日，一字推敲，真不啻如青莲之低首宣城也。"末署："乾隆十有三年嘉平中浣，永阳黄任撰并书。"钤白文"黄任之印"及朱文"莘田"。

乾隆十四年（1749） 己巳 67岁

暇日，游福州西湖，成诗二十首，题为《毗陵潘中丞重浚西湖，余暇日出游，感今追昔，成诗二十首，殊愧鄙俚，聊当棹歌渔唱云尔》。（《秋江集》卷五）

六月四日，应官绍宁（纶）之邀，与傅玉笋（王露）、杜松风（昌丁）、林苍岩（正青）、刘邻初（敬与）、李霖邨（云龙）、赵敬山在福州西湖荷亭雅集，泛舟西湖，并至开化寺吃荔枝，归后赋长诗一首。（同上）

按：福州开化寺在福州西湖内，寺中有荔枝数十株，相传为王氏之女十八娘手植，故有"十八娘"之谓。

再会沈大成，作《重晤沈学子赋赠》。时沈大成由粤至闽，客巡抚潘思榘幕中。（同上）

七月七日，应杜昌丁之约，与傅王露、林正青雅集。（同上）

八月十五日，作《中秋同傅玉笋编修集河阳公使院赋诗奉呈》。"河阳公"即巡抚潘思榘。（同上）

十一月九日，许良臣因升补崖州知州，离任电白知县。

按：《明清时期澳门问题档案文献汇编·署广东巡抚周人骥题请由许良臣升补广州府海防同知本》："奉行升补崖州知州，乾隆十四年十一月初九日离任。请咨引见，奉旨准补，乾隆十六年七月十二日到任。"

张学举作《赠黄莘田》，首句云："纵横十研散琼雯，手触端溪一洞云。"

按：张学举《南坪诗钞》卷四《峤外剩稿》之《赠黄莘田》诗，前数首有《己巳春正舟中》，后两首有"己巳冬月"诗，可知是诗作于己巳年。

冬，李云龙招集金峰山庄。

按：张学举《南坪诗钞》卷四有《己巳冬月，李霖邨别驾招同傅阆陵编翰、黄莘田明府集金峰山庄，留题五首》。

张学举丁艰归里，作诗《送张乾夫归里》。（《秋江集》卷五）

按：王元麟《秋江集注》卷五注："乾隆戊辰乾夫任长乐令，己巳丁艰归里。"

是年，巡抚潘思榘聘傅王露为鳌峰书院山长。

按：《福建续志》卷五十六《寓贤二》录《香草斋文钞》："乾隆己巳，巡抚潘思榘聘为鳌峰山长。时王露年七十余，进弟子讲艺，犹謦欬若洪钟。每课文，雌雄甲乙，必作蝇头小楷。暇与闽士大夫结文酒之欢，胜地名场，题咏殆遍。居二载，归与礼部尚书长洲沈德潜纂《杭州西湖志略》。"

乾隆十五年（1750）庚午 68岁

正月十二日，应傅王露之邀，与土瞻斐（文昭）、潘健君（汝龙）等相聚鳌峰书院。归后作诗，有句云："雅兴固应推老辈，衰龄何忍负韶华。六街灯火千门月，照我郎当醉到家。"（《秋江集》卷五）

二月，潘思榘入京，黄任在福州闽王祠送行。

按：《秋江集》卷六黄任《哭河阳公八十四韵》："庚午之二月，公当朝帝京。送公闽王祠，回车勤叮咛。"

二月十二日，邵泰（北崖）来访，在环翠楼中赏砚。

按：《砚史》卷七《梅道人砚》后有邵泰题记："庚午花朝，予过访莘田先生寓斋，登环翠楼，鉴赏水岩神品。主人蓄名砚甚夥，恒不轻示人。此为梅花道人题识，气体瑰伟，宝光参错，把玩真未忍释手，宜其珍逾球璧。而予获观所未见，尤为厚幸也。"

四月七日，与沈大成等相聚香草斋。

按：沈大成《学福斋诗集》卷九有《庚午初夏七日，冒雨过黄十砚香草斋，与林苍岩、李霖郎、许石泉谭燕竟日，归而作诗》七首，第七首云："千秋盛业商知己，后世谁当定我文。寂寞江天风雨夜，少微光气自氤氲（自注：十砚以《香草斋集》索序）。"沈大成《香草斋诗集序》云：

> 往余客岭南，会闻黄十砚先生亦来重游（莘田于乾隆三年入粤请开复）。余之获交于先生也，以西蜀王公恕，时则会稽傅公王露、长洲许大廷鑅俱聚羊城，始得快读先生之诗。久之，王公抚闽，先生归。次年，傅公来，即去。又一年，许大将开席鳌峰而公罢镇，先生偕许大出，送竹崎之江上，月落鸡鸣，坐客沾醉僵卧，而先生与公犹击桉（案）画酒汁，慨然长吟也。自庚申（乾隆五年）至壬戌（乾隆七年），胜日良会，公必迎致先生。其时，余读先生诗最多。迨后，余从晋陵潘公（思榘）于杭州。戊辰（乾隆十三年）春，潘公自皖移闽（十三年春为到任时间）。莫（通"幕"）府过从，余获再读先生诗，又三年于兹矣（乾隆十三年至十五年）。今春，潘公朝京师（潘思榘入京在乾隆十五年二月。从"今春"云云，可知此序亦作于乾隆十五年），余叩元亭，先生则出酒饮余，手一巨编曰："此吾删存五十年来诗也，盍为我序之。"盖有喁者、于者、即事者、状物者、吊陈迹者、怀友者、感逝者、摅愁而惜别者；有得之疾病引枕者，发之对酒狂歌者，托之美人神仙、眇倩婑媚、悄悦而不可即者。源于选，而泛滥于三唐，而回溯于风骚，而得其宗，余盖至是尽读先生之诗焉。先生自随计京师，遍游四方，之齐、之鲁、之梁宋，而于吴最久。中宦粤东，不肯阿上官，投劾归。所至贤士大夫，无不乐从先生游。诸使之来南也，若故相泰山赵公（指赵国麟。赵卒于乾隆十六年，而此文作于乾隆十五年，疑在翌年赵卒后有修改，方有"故相"之说）欲荐起，不应；吾吴中丞觉罗雅公（指江苏巡抚觉罗雅尔哈善），为锓其诗以传；王公（王恕），故齐年；潘公（潘思榘），则宿重先生者。此四三

公，海内钜人长德，礼先生若是！先生衔杯论诗外，它无言。觉罗公在闽时（觉罗雅尔哈善署江苏巡抚前任福建按察使），则未一踵其台门也。世以此益高先生。先生少时，犹及见诗人蓝采饮（涟）；而余田生、谢古梅诸公，则同学弟兄，相切劘为诗文，即诸公亦自以为不及也。先生少为才人，壮则为循吏，今为名宿，皎然有显晦，出处之大节，诗故不足以尽先生。而海内慕先生者，骤见先生不得，读先生诗，如御先生焉。归昌之片羽，迦陵之一鸣，顾不重哉！回念畴昔，西州墓木已拱，许丈息影久不出，傅公以主鳌峰重入闽，与先生齿俱杖国，饮兴吟情，尚若壮少年。而余佗傺失志，发亦种种白。盖反复先生之诗，而益增友朋离合之感也已。（沈大成《学福斋集》卷三）

夏初，浙江海盐刮起"争尚端石"之风。

按：海盐人陈龄《端石拟》自序云："庚午夏初，邑人之好事者争尚端石。凡市廛村学，搜索殆尽。于是砚估叠至，动以水坑、青花、蕉白、紫玉、淡紫为名，咸得厚值。购藏之家，莫之或辨，每每出以品定，不过宋人一燕石耳，未免见嗤于识者。"

七月，潘思榘自京还。

按：《秋江集》卷六黄任《哭河阳公八十四韵》："七月公还镇，宾兴歌鹿鸣。""示我纪行作，锵锵响敲铿。"又言及沈大成："府中沈东阳（自注：云间沈学子），诗笔凌金茎。风骚互推激，奉公为持衡。"

游绍安作诗《题林苍岩正青一砚归耕图》，在"吾侪四五人"下注云："林正青七十一、黄任六十八、陈广六十八、刘敬与六十七、游绍安六十九。"（《涵有堂诗文集》）

按：黄任出生于康熙二十二年（1683），则可知游绍安出生于康熙二十一年（1682），林正青出生于康熙十九年（1680）。

乾隆十六年（1751） 辛未 69岁

会晤傅王露，作《喜晤傅玉笥翰编赋赠》，有句云："河汾散去西州别，说着羊城涕泪多。"注云："谓王楼山中丞。时楼山公藩伯岭南，玉笥主讲席，予适至粤西……今楼山公已逝十年矣。"（《秋江集》卷五）

按：王恕逝于乾隆七年，至乾隆十六年，去世已十年。又，去年傅王露已离开鳌峰书院，归与沈德潜纂《杭州西湖志略》。此次见面，或傅王露由杭至闽。

请傅王露为福州西湖宛在堂作记。（《秋江集》卷五）

按：傅王露和韵黄任《喜晤傅玉笥翰编赋赠》诗末有注云："君新构宛在堂，属余为记。"

题吴至慎（林塘）《板舆图》。吴时知闽县。（《秋江集》卷六）

许良臣擢崖州知州，入觐途中，便道归里，黄任喜晤良臣，作诗有句云："投荒自昔多名辈，谪地于今是晋阶。能使海隅声教讫，雕题争拜许珠崖。"（同上）

按：据《明清时期澳门问题档案文献汇编·署广东巡抚周人骥题请由许良臣升补广州府海防同知本》，许良臣实际到任崖州知州为乾隆十六年七月十二日。

题郑方坤（荔乡）《郑圃图》。（《秋江集》卷六）

作《望雨》诗。（同上）

按：王元麟《秋江集注》卷六注："乾隆辛未夏大旱。"

夏，参与纂修《福州府志》。

按：据乾隆《福州府志》卷前所载：该志始开于乾隆十六年之夏，成于乾隆十九年之春，共七十六卷。"总裁：福州府知府、前翰林院编修钱塘徐景熹"，"提调：原任闽县知县吴至慎"等。"纂修：翰林院庶吉士会稽鲁曾煜、贡生钱塘施廷枢、原任以州判衔管理泰州小海场事侯官林正青、原任南安府知府福清游绍安、原任四会县知县永福黄任、原任铜陵县知县福清陈九龄"。"分修：闽县附监生林玉衡、甲戌科进士永福黄惠、福州府学增生林擎天"等。林、黄两家均为"主力"。

重阳节，登福州乌石山，作《辛未九日登乌石山》。（《秋江集》卷六）

十二月十六日，福建巡抚潘思榘等为黄任祝寿。

按：《秋江集》卷六《八十生日漫成长句十首，自感自嘲不知工拙也》有注云："予七十生日，河阳公饮予于使院，撰文为寿，座客皆赋诗。"黄任七十岁生日在乾隆十七年十二月十六日，而潘思榘于乾隆十七年春已卒，可知黄任之七十岁生日，实际上是在六十九岁时提前做寿。俗有生日过九不过十之做法，逢整十则提前。

沈大成作《黄十砚七十寿序（自注：代）》。（《学福斋集》卷九）

按：此文为沈大成代巡抚潘思榘所作，时沈大成客潘氏幕中。寿序有云：

　　吾友十砚黄君，闽之有道而文者也。往余丁未（雍正五年）游南中，即闻君尹四会名，凡在南者皆曰："黄令君为县，有古良吏风。即其诗，亦杨盈川、姚武功流亚也。"因与君订交，温然其容，蔼如其言。徐而出其诗，金石谐而韶钧鸣，其唐贤之遗乎？迨后余宦粤，君复来游，端州之人犹思君之为理。而君诗益缠绵悱恻，眷其人勿忘，骎骎乎鲁山、次山矣。久之，余迁浙，有西泠、三竺诸胜，诗人之囿也，数招而不至。戊辰春，自皖移闽，继与君相见，三稔于兹。季冬月在辛，君齿斫轮之年矣。所编《香草斋诗集》，弃糟粕而孕神奇，喙鸣合与天地为合，其合绵绵，盖有道者之言也。……

　　君以康熙壬午得举而仕，距今且五十载。当时同举、同仕者，煦煦者或萎而落矣，翘翘者或摧而枯矣。而君行年七十，有儿兰芝，有孙含饴，有弟子载酒，而问奇厨以菊为储，而庭有鹤栖，醉则哦吾诗，高密、东皋，一人兼之矣，岂非吉祥止止者与。盖君之早就闲也，得以乐其志；其托于诗自娱也，因以葆其真。大椿八千岁为春秋，有尽者也；守道而其名不朽，无尽者也。以有尽观无尽，熙熙然与造物者游。仙人王子乔、千岁方婴孩，吾安知其所纪极哉？（《学福斋集》卷九）

是年，赵国麟卒。（《清史稿·赵国麟传》）

乾隆十七年（1752）　壬申　70岁

春，潘思榘卒。黄任作《哭河阳公八十四韵》，游绍安作《挽潘补堂思榘中丞五十韵》。（《清史稿·潘思榘传》、《秋江集》卷六、《涵有堂诗文集》）

按：乾隆《福州府志》卷四十六《名宦一·潘思榘传》："乾隆十二年任福建巡抚……十七年春以劳卒于位。卒之日，僚吏哭于庭，绅士哭于门，军民哭于道。"

夏秋间，陈治滋蒙恩旋里途中，舟过苏州胥江，与林在峩久别重逢。

按：《砚史》卷六林在峩《精纯温雅砚》铭后，有陈治滋长跋，云："轮川邀至寓斋，出其箧笥所藏弄与几案陈列水岩神品，精光异采，炳炳麟麟，洵巨观也。"

八月十五日，李云龙邀集金峰山庄。

按：游绍安《涵有堂诗文集》有《壬申中秋，倅守李霖邸邀同林苍岩、黄莘田、陈补堂、武林施北亭宴集金峰山庄，赠诗四首》。

冬，浙江钱塘人、肇庆知府吴绳年重开水岩，得石千枚。（吴绳年《端溪砚志》）

是年，黄任妾侍去世。

按：游绍安《涵有堂诗文集》录《莘田丧妾，诗以唁之并慰》，其中一首有云："最是五更孤枕上，鹦哥犹自唤金陵。"注云："莘田称姬为金陵，从所产也。"意为黄任称呼姬名"金陵"，是名从出生地而起，则"姬"为金陵人。颇疑此"金陵"即"金樱"，"金樱"乃黄任谐"金陵"之音而称之，可猜"金樱"应非姓"金"。又一首云："老翁七十岂枯梯，旧事回肠日已西。丝竹场中乐趣损，转教悼妾并思妻。"注云："莘田内人早亡。"是诗不具年款，此处据"老翁七十"之语，系于此年。

是年，林在峩卒于苏州。

按：《砚史》卷六有林擎天撰林在峩小传，云："会开古今图书集成馆，先君子预纂修。书成，例授官，以有所格弃去。嗣被荐起入都，仍不乐就仕。遽南旋，客吴门七年，捐馆舍，是为乾隆壬申岁也。"

是年，广西临桂(今桂林)人陈宏谋调任福建巡抚。（《清史稿·陈宏谋传》）

乾隆十八年（1753） 癸酉 71岁

春，作《庭前三花树诗》，分别为《新柳》、《小桃》、《藤花》。《新柳》有句云："家在永丰坊里住，上头三日试腰身。"《藤花》有句云："残霞一老青衫坐，二月全家紫府居。争忍茶烟禅榻畔，白头抛汝去佣书。"自注曰："时有文字之役。"指修志事。（《秋江集》卷六）

春，鼓山寺僧送牡丹花至。作《鼓山寺僧每春饷牡丹数枝，花期已届，诗以探之》及《次日寺僧送牡丹至》二诗。（同上）

题张季琬（月鹿夫人）《蛱蝶图》。

按：王元麟《秋江集注》卷六注："《香草斋诗话》：张季琬字宛玉，别号月鹿侍史，闽县人，新安县河厅张洪之女，适江宁府参军朱文炳。能诗，尤工绘事，自题《蝴蝶图》云：（略）。按《随园诗话》以夫人为先生（指黄任）妻，误也。"

二月二十三日夜，成诗一首。（《秋江集》卷六）

三月十七日，与林正青、游绍安诸友宴集福州西湖宛在堂。

按：游绍安《涵有堂诗文集》录《癸酉三月十又七日，同人宴集西湖宛在堂，并饯陈补堂明府九龄镛州之游》，诗中有句云："四十年来迹叹陈，白头话旧只三人。"注云："甲午初夏，西湖夜泛，各赋诗章，载入湖志。今存者予与苍岩、莘田耳。""甲午"为康熙五十三年（1714），至是年恰为四十年。

春末，朱景英（幼芝）入闽。未久，结识黄任。

按：朱景英《畬经堂诗集》之《榕城叩钵吟自叙》云："余自癸酉春杪入闽，未逾月，得晤黄丈莘田。"

又按：黄、朱二人间，传有一段奇谈。清代酿花使者《花间笑语》卷五记："（莘田）年将古稀，家渐中落，每鬻田以自养，殆将尽矣。一日，有莆田新令朱进士景英至，以先生为邑之先达，投刺请谒。既登其堂，谓先生曰：'堂之右偏有轩乎？'曰：'有。'曰：'无可奈何花落去，似曾相识燕归来为轩中联乎？'先生愕然曰：'是为亡儿所书，令曷知之？'曰：'惝恍若有所识，亦不知其故。'请入其轩。先生泫然流涕曰：'此轩为亡儿一郎读书处，扃户已十九年，尘积殆不可纳履矣。'亟请扫除之。既入，启笥出其遗稿，凡令自入学及科第文字皆在焉，始信令为一郎后生。令由是以父事先生，为复其田畴，立其后，使侍奉之至。今莆之耆旧尚能详述其事。"谓朱氏乃莘田亡儿之转世，事颇无稽。

题林正青《一砚归耕图》，有句云："七十年来齐健在，石田还作耦耕人。"（《秋江集》卷六）

按：林正青此图，题者甚多，黄任、游绍安、朱景英、桑调元等人皆有题诗。

作《题砚》诗，云："元气淋漓劈乍开，如何肤寸墨兼苔。破窗彻夕惊风雨，飞入磨崖一片来。"（同上）

按：《砚史》卷二中，是诗题目作《磨崖砚》。

作《题月砚》诗，云："曾浸银河湿不干，支机濡染彻宵寒。谁偷砍桂吴刚斧，琢出文窗七宝团。""贯虹美璞育蟾蜍，长养珠胎满又虚。怪底津津流欲滴，的应此水是方诸。"（《秋江集》卷六）

按：《题砚》、《题月砚》二诗，皆无时间款，此据其在《秋江集》中所在位置前后诗作之时间关系推断，姑系于此年。

八月十二日，邀诸友在香草斋雅集。作诗《八月十二日，柬范浣浦（咸）侍御、吴林塘（至慎）明府、沈浴凫（芝）筦库、施北亭（廷枢）上舍、林苍岩（正青）判官、游心水（绍安）太守、陈德泉（治滋）京兆、吴茹原（履泰）侍讲、李霖邨（云龙）别驾、廖敦轩（淮）主政香草斋小集》。（同上）

按：游绍安未赴，作《八月十二日，黄樵谷任诗招诸同学宴集，予不克赴，依韵奉答》，自注云："时正值秋闱，与夫为举子雇备，不能入城。"《涵有堂诗文集》中，此诗前有《癸酉三月十又七日，同人宴集西湖宛在堂，并饯陈补堂明府九龄镛州之游》，后有《癸酉腊后赋送吴林塘至慎明府复职入京》，可知其时适值癸酉科乡试时。又，从游绍安诗题，可知黄任晚年有"樵谷"之号。

作《香草斋杂咏四首》，分别为《古铜器》、《寿山石》、《砚》、《汉唐碑刻》。《砚》诗云："青花白叶蔚蓝天,古款新铭小篆镌。每日摩挲三两遍,共君上下百千年。含潮细腻呵能滴,聚沫淋漓啜亦鲜。记在端江夸管领,冰厅水洞冷溅溅。"(《秋江集》卷六)

朱景英作《怀黄十砚任先生三首》,其一有云:"息影掩关久,幽居近薜萝。一官轻弃掷,十砚耐摩挲。"其二有云:"言悲筝笛耳,忽结水云心。远胜萧思话,风流片石寻。"

按:是诗收入《畲经堂诗集》卷二之《石客庐诗钞》中,其后面数首,有《除夕连城寓斋作六首》及《甲戌(乾隆十九年)春正月将去连城,留别邑中诸同学暨众父老四首》。朱景英与黄任相识于乾隆十八年春末,可知是诗作于是年春末至除夕之间。又,朱景英在闽期间,与闽地玩砚人接触甚多,受风气熏陶,亦雅好赏砚题铭,其《畲经堂文集》卷六中,录砚铭十三首。

是年起,朱景英作《榕城叩钵吟》,诗作多与黄、林、许三家相关。(《畲经堂诗集》卷二)

按:朱景英《榕城叩钵吟自叙》云:"余自癸酉春杪入闽,未逾月,得晤黄丈革田。嗣是一官连城,一官宁德,中间以公事来三山,每就香草斋信宿焉。谭艺之余,间有篇什,大都得于率尔操觚者。故所就止此。乾隆乙亥春王(乾隆二十年正月),一百八松亭长书。"可知《榕城叩钵吟》中所录诸作,起自乾隆十八年春末,止于乾隆二十年正月。其中以题黄任儿子黄度画作诗最多。如:题《梨花白燕图》(题目下注:黄千波写生,予题句,林心香作楷)、《题黄千波度落花蛱蝶图》、题《千波双钩牡丹》、《题千波蛱蝶画扇五首》(诗中有注:十砚先生官粤,时君曾随侍)。又有为黄任孙子黄秉元作诗,题云《黄钟篇为黄郎秉元作》,题目下注:"秉元,十砚先生孙,予字之曰声九,歌以赠之。"其余诗作尚有:《题林苍岩正青先生〈一砚归耕图〉四首》、《月鹿夫人花卉草虫二首》、《林心香擎天示余汉甘泉宫瓦并诸名人题诗册,赋长歌书后》、《赠许思恭》(题目下注:王臣,雪邨先生子)、《寿竹夫人画竹》、《香草斋分咏二首》(含《玉尘》、《沉香笔架》二首),等。

乾隆十九年(1754) 甲戌 72岁

正月初七,邀林苍岩(正青)、游心水(绍安)、陈德泉(治滋)、刘邻初(敬与)、陈浴斋(衣德)、郭复斋(起元)、郑绍庵(基)、魏济川(作楫)、李霖邨(云龙)、施北亭(廷枢)在香草斋雅集,作诗有句云:"七十二回过人日,还招老辈一尊同。"自注云:"余与苍岩、心水、德泉、邻初皆年迈七十矣。"(《秋江集》卷六)

按:游绍安《涵有堂诗文集》有《和黄革田人日招饮诗》,有句云:"七十三翁多甲子,也应开险作通津。"游绍安是年七十三岁。

正月十二日,许良臣离崖州知州任。

按:《明清时期澳门问题档案文献汇编·署广东巡抚周人骥题请由许良臣升补广州府海防同知本》:"历俸期满,乾隆十九年正月十二日离任。"

春正月，朱景英将离开连城赴任宁德，作《甲戌春正月，将去连城，留别邑中诸同学暨众父老四首》。（《畲经堂诗集》卷二）

四月十七日，黄任邀集香草斋。

按：游绍安《涵有堂诗文集》有《四月十七日，招集香草斋，雨阻，代札》诗，有句曰："还同司马咏金波，入梅犹未逢庚日。"自注云："十五日立夏，廿一日逢庚。"查乾隆十九年四月十五日为立夏，廿一日干支为庚子。

是年殿试，纪昀得第二甲第四名，获赐进士出身；黄任侄儿黄惠得第三甲赐同进士出身。（《乾隆十九年甲戌科殿试金榜》）

殿试揭晓后，黄惠在京拜访陈兆仑，受黄任所托把《秋江集》诗稿交付陈氏，请其为之作序。因黄惠归期急促，陈兆仑未及完成诗集序交其带回。（陈兆仑《秋江集诗序》）

黄惠归里，黄任作《喜惠侄成进士归里》长诗，有句云："汝祖中允公，少壮能穿杨。捧檄三令尹，晚乃登岩廊。汝当需铨注，勿轻视为郎。""承家在报国，不独绍书香。汝父老书生，我亦贫柴桑。门户恐衰替，宗族希宠光。""我老不痛饮，因汝倾巨觞。"冀望晚辈光宗耀祖。（《秋江集》卷五）

按：是诗在《秋江集》中位置前移，编排有误。

七月，许廷鑅为黄任诗集作序，序云：

闽中故多诗人，作者代出。至今日而论诗，则舍吾莘田谁归哉？莘田弱冠登贤书（乡试中式），高步翰墨场，宦粤之四会，有惠政。罢官归，贫不能自存，而独耽于诗。清词丽句，错落于弓衣罗帕间。莘田负异才，终日闭门手一编，自经史子集以及稗官百家，无所不窥。采其菁华，朝涵夕咀，浸灌酝酿于胸中。而于诗，日事参会源流正变间，皎然如辨渑淄矣。性伉直，介然独立，不能随俗为委蛇。遇四方才俊，为声势气力者所激赏，一时名籍甚。……

庚戌（雍正八年），予重至三山（福州），一见定交，相得欢甚无间。盖相感在风尘外，为世俗交者弗识也。随手录其诗相属，近复数千里寓书，为之细加决（抉）择。七古出入于韩、苏，《弃妇词》有乐府遗意；五言古《筑基》、《赈粥》诸篇，恺直悱恻，香山之《秦中吟》也；七律以大历为宗，时得刘、卢、张、李诸家境趣；《无题》数章，则造义山室矣；至于七言绝句，实兼玉溪、金荃、樊川之长，有妙思，有新色，有跌宕之致，有虚响之音，一唱三叹，深情流注于其间，令人读之悄焉以悲，怡然以悦，黯然魂销而不自持。……时乾隆甲戌秋七月，东吴学弟许廷鑅。（《秋江集》卷前）

中秋，傅王露为黄任《香草斋诗集》作序。（《香草斋诗集》卷首）

按：傅王露序有云：黄莘田"尝出其《香草斋诗》，属余点定序而梓之"。"顾交莘田垂三十载，既稔其为人，而尤笃嗜其诗，往往吟讽不去口。""盖莘田生平所为诗不下数千首，六十年间，直与放翁埒。最初为《十砚轩稿》，既而有《秋江集》，最后曰《香草笺》。斋前环植兰蕙，以颜其斋，即以香草名其集。香草者，沅澧潇湘之产，骚坛中以之喻美人者也。"末署"时乾隆甲戌中秋，同学弟会稽傅王露拜撰，年七十有七"。可知傅王露长黄任五岁，二人约相识于雍正初年。

秋，余文仪出任福建福宁知府，结识黄任。

按：《乾隆福建续志》卷二十五《职官三·福宁府知府》载："余文仪，诸暨人，进士，（乾隆）十九年任。"余文仪《嘉树楼诗钞》卷一，有《秋日访黄莘田》及《余以甲戌秋来闽，神往鼓山者久矣……》二诗，则余氏结识黄任在乾隆十九年秋天。又，黄任《消夏录》卷前，有余文仪作于乾隆四十年四月上旬序，云："忆予出守长溪（即福宁）时，即访先生于香草斋中，裕契若平生交。迨宦闽既久，益复密迩。每自公休暇，必郑重式庐，第见夫彝鼎斑斓，与三洞精英错列几案；而细青竹素，更狼藉床榻间。盖先生好学读书，至老不衰。"又，《砚史》卷前，有余文仪作于乾隆四十年序，言其本人素有砚癖，"昔岁出守长溪，获交黄君莘田"，每过十研轩，辄取所藏砚玩赏。后"屦内召，复建节闽中（乾隆三十六年任福建巡抚），则黄君下世已久，轩中故物不知存佚若何。摩挲旧所贻研，弗胜感喟。"可知余氏昔日曾得黄任赠砚。另，《砚史》卷七录余文仪《为霖砚》铭，后题记："余自比部出守福宁，携一石自随。青花烂然，盖端州水岩物也。莘田翁怂恿成砚……"

是年，李云龙授贵州平远州知州。

按：朱景英《畲经堂文集》卷七《李州牧墓志铭》："甲戌入都，需次授牧黔之平远州。"

陈兆仑趁李云龙来京之机，托其把为黄任诗集所作序"附入家邮达焉"。陈兆仑《秋江集诗序》云：

闽士多文，尤笃于朋友之谊，盖其俗厚而缙绅先生风示使然也（《紫竹山房文集》卷九《黄莘田诗集序》无开头此句）。庚戌、辛亥（雍正八年、九年）间，余以新进士观政闽中，奉大府檄，入参志局，因获交于编修谢古梅道承、行人刘邻初敬与。二公学老文钜，卓冠一时。而分修诸生十许辈，亦复推激风骚，彬彬如也。顾皆不以余谫陋，见辄投分，若平生欢，论诗赌酒，往往至夜分未已。一日，瞥见（《紫集》无"瞥"字）壁间《越王台》诗，磊磊块块，如山镇纸，益以书法疏秀，称其文章。不觉失声诧曰："是所谓建大将旗鼓，八面受敌者。惜乎阻于地，卒（《紫集》无'卒'字）不可得见其人。"众笑曰："公欲见之乎？旦暮（《紫集》作'旦日'）且来，是籍永福而家会城，诗人黄二者也。"余闻大喜，就枕不能暝，鸡三号，即披衣起，步至光禄坊访之。莘田方沐，遣僮奴报客，且坚坐以待（《紫集》作："赤脚婢应门曰：'官人且坚坐，主方沐未竟也。'"）。少选，曳革履而出，则见其须眉如戟，瞳子如点漆，面白皙，口若悬河，适称向者壁间所见、意中所拟之人，遂与订交。自是，莘田数见过志局，余亦数至其家。历二年（《紫集》作"历二三年"），每诵其诗，觉胸中辄有长进。盖余书因谢（道承）以变，而余诗因黄（任）以力，朋友之益也。莘田以康熙壬午举于乡，屡摈礼部，中间流寓姑苏，颇事声色（《紫集》作"颇好色"），不自顾藉，大病而归。逾年，宰粤东四会，兼摄高要。高要故领端溪三洞（《紫集》作："后谒选，得粤东四会。四会故领端溪两洞"），而莘田有砚癖，喜过其望。又长于吏干，为上官所器。高要本剧邑，迎刃以解，四会（指黄任，下一'四会'同）恢恢耳，风华雅措，誉闻日隆，遂有忌之者，逸于当轴，以懒慢不亲政罢去。莘田既废，而嗜砚益笃。（《紫集》作："同辈忌之，或谗于某公：'四会匿善石不以献，谓此辈碌碌，得粗恶者足矣。' 闻者大恚，寻署其考曰：'饮酒赋诗，不理民事。' 罢去。莘田既以癖研败，而嗜之益笃"）。家居构精舍，榜曰"十研轩"（《紫集》作"十研斋"）。招三数密友，歌啸其中。然终以负冤谤未究施设为恨，故多托于美人香草、缭戾抑塞之音；抑或禅榻茶烟，抚今忏昔，往复折挫，情辞哀到而韵弥长。方以林鸿、二玄、曹、谢之徒，有过之无不及矣。别二十年，莘田从子惠成进士，访余邸舍，袖出莘田诗，且传命见督（《紫集》"督"作"属"）为序。挑灯读之，大率皆曩所见者，间有所益（增加），亦不多，而其他视旧帙减十之五。夫与其过而汰也，宁过而存之。如（《紫集》作"夫"）莘田所为，虽剩句小篇，皆有可宝，而芟夷至是，过矣。昔杨子云悔其少作，德祖非之；韩、杜之诗，后人多求之集外。且须收召废什，如追逋亡，毋令后人嗟唏也（《紫集》无此一段）。且夫百工伎术，形骸之役，多以老废，文士则不然，是故病而犹呻，老而更成。方余初交莘田时，年才三十有二，而莘田已五十。今余年视向者莘田之年且过之，则莘田当复益衰。而古梅由编修累迁阁学，卒官；邻初未改官，遽引疾去。志局诸生十许人中，存者裁一二数（《紫集》作："而古梅下世已垂廿年，志局诸旧游，今存者裁一二数"）。每从南人讯莘田近状，辄云：黄二丈颇健在，善饮犹昔，贫则有加焉。而所谓"十研斋"者，已别售移居。闻斋中所贮，亦销磨过半（《紫集》作："十研斋已别售他主，度斋中所贮，亦随以行"）。流光如此，人事如此，岂不痛哉（《紫集》无此一句）！谓宜怀人感旧，一寓于篇，而集中踳入者，顾不概见，何也？毋亦颓然自废，任其散失而不自收拾耶？抑钞誊简略，吾见之不广也。如前之说，弃者宜藏；如后之说，缺者应补，莘田且以为何如也？进士惠告别期促，未有以报。会其年家子李霖邠云龙州牧，需次吏部，俾附入家邮达焉。嗟乎，甲寅（雍正十二年）之秋，与莘田别洪山桥舟次，且泣且叹，如昨也。诸公见赠金石文及周彝汉俎，二十年来，类为见者偷夺殆尽，而其依依见爱之意，故不忘也（《紫集》作："毋亦牵于儿女婚姻、晨夕薪米之累，势有不暇故耶？弃者宜拾，缺者宜补，莘田且以为何如？嗟乎"）。长逝者不可复作矣，幸而存如吾与莘田、邻初，或者可复得相见，为兹集中增一老友联吟之作，此则存乎强有力之天，而非我与君（《紫集》作"目前"）之所敢望也。钱塘学弟陈兆仑撰。（《秋江集》卷前、《紫竹山房文集》卷九）

按：对照陈兆仑《紫竹山房文集》卷九《黄莘田诗集序》，《秋江集》卷前之陈兆仑序有多处不同，其中有润色、有更正、有补充，对比读来颇具趣味。料陈序到黄任手中后，黄任亲自作过修改；而陈氏后来将此序收入本人文集时，亦有所改动。

施延枢归钱塘即赴荆州幕，作诗送行。其一有句云："别去定深秋后感，梦来犹共月中行。"其二有云："先朝文献未全湮，二百年来讨论新（自注：前岁与北亭同修福州郡志）。衰老惭为文字役，编排翻得友朋亲。"（《秋江集》卷六）

按："福州郡志"即乾隆《福州府志》。王元麟《秋江集注》卷六注："北亭乾隆辛未福州太守徐景熹延修郡志，甲戌还杭，复应荆州叶太守之聘纂集郡志。"

作诗《寄朱幼芝明府》。时朱景英令宁德。（《秋江集》卷六）

乾隆二十年（1755）乙亥 73岁

首春二日，游绍安以江南名酒相赠，作诗奉酬。诗后有注云："是日儿子度（即黄度）出南台（游绍安家南台），心水以酒纳其舆中载归。"（《秋江集》卷六）

正月，朱景英作《晋安五老诗》，分别为：《林判官苍岩》（题目下注：正青时年七十六）、《游太守心水》（题目下注：绍安时年七十四）、《陈京兆德泉》（题目下注：治滋时年七十三）、《黄大令莘田》（题目下注：任时年七十三）、《刘行人邻初》（题目下注：敬与时年七十二）。其中《黄大令莘田》诗云："黄丈耆旧最，结茅邻米友（自注：翁外祖许有介先生堂名）。四壁坐苍然，一官竟何有？墨王海右亭，诗老溪南叟。十砚一生心，摩挲无恙否？"

按：从题目下所注各人年龄，可知《晋安五老诗》作于乾隆二十年。又，是诗收录于《畲经堂诗集》卷二之《榕城叩钵吟》中，《榕城叩钵吟自叙》作于"乾隆乙亥春王（乾隆二十年正月）"，是诗当亦成于正月。

春，桑调元（弢甫）经雷鋐（翠庭）推荐，拜访黄任。

按：是年，桑调元掌教福州道山书院。其《秋江集诗序》云："客春，予应道山书院之聘，别雷学使翠庭。学使闽人，手条列其乡之俊哲姓名，盛推黄君莘田……予至之日，即访君庐……促席论诗，一见即成衿契。"是序作于乾隆二十一年，"客春"指乾隆二十年春。

许廷鑅（竹素）以新诗寄示，赋诗奉酬。有句云："昔时分手两华颠，别后争禁十四年。过岭人来知汝健，新诗老去与谁传。"（《秋江集》卷六）

作《玉麈》、《沉香笔架》诗。（同上）

按：去年朱景英亦有题诗，见《畲经堂诗集》卷二之《香草斋分咏二首》。

罹患肺病，作《肺疾》诗，有句云："老饕一病连三月，误了鲥鱼又荔枝。"又作《病起偶书》。（《秋江集》卷六）

夏，作《夏日香草斋即事同朱六幼芝作》，言及朱景英书法、二人论诗情景及与朱之友情。（同上）

五月，朱景英归里服丧，黄任作《送朱幼芝奉讳归里》。（同上）

按：朱景英《畲经堂文集》卷七《李州牧墓志铭》："乾隆癸酉春，予沿牒宦闽……未几，予之官连城，明年移宁德……又明年夏五，予以内艰归。"

杜昌丁赴京，作《送杜松风入觐》诗。（《秋江集》卷六）

按：王元麟《秋江集注》卷六注：松风"时以永春州秩满送部引见"。

作《悼辞》诗，有句云："从此丹枫是红泪，一生不敢上秋江。"（《秋江集》卷六）

作《斗室》诗，有句云："斗室都无十笏宽，得来闲坐便清欢。"（同上）

冬，郑方坤卒。

按：游绍安《涵有堂诗文集》有《口号哭林苍岩正青（自注：丙子年）》诗，末有注云："自去年冬迄今，哭荔乡（郑方坤）、德泉、苍岩三友矣。""丙子年"为乾隆二十一年，郑方坤卒于陈治滋之前，而陈治滋卒于乾隆二十年，则知郑、陈二人皆卒于乾隆二十年冬天。

冬，陈治滋卒。

按：游绍安《涵有堂诗文集》之《奉天府府丞陈德泉墓志铭》云：陈治滋生于康熙二十二年（1683），与黄任同年；卒于乾隆二十年（1755），享寿七十三岁。

乾隆二十一年（1756） 丙子 74岁

正月初一，作《丙子元日》诗，云："熙熙又见一回春，自喜闲人是幸人。生长太平无一事，三朝七十四年身。"（《秋江集》卷六）

按：黄任生于康熙二十二年，身历康、雍、乾三朝，至是年七十四岁。

正月初六夜，作诗有句云："新岁见新月，银钩净似磨。""冻色春犹浅，衰征夜更多。"（同上）

作《寄陈句山奉常二首》，有句云："操弦不弃筝琶响，覆瓿犹沾翰墨香。"注云："公为拙集作序。"（同上）

按：陈兆仑为《秋江集》作序在乾隆十九年。

六月，桑调元为黄任诗集作序。序云：

> 客春，予应道山书院之聘，别雷学使翠庭。学使闽人，手条列其乡之俊哲姓名，盛推黄君莘田，予心异焉。汪征士槐塘，夙游闽，亦向予津津齿君，为是中之钜才长德，而诗之驳驳及古，匪今所多有。予至之日，即访君庐，怪石嵌蹲，老藤蟠荫，乌几尊敦，斑斑然，蕉叶之研，墨气未干。君古须眉，啜苦茗，吟其中，兀然山泽之臞也。促席论诗，一见即成袂契。予出户必谐君，相得如老昆弟。君善病，予亦中海峤岚瘴，右臂几不仁，急辞归，别君帏榻间，依依不能舍。予酷爱君诗，惜无书人缮录。君辄举平生所著作《秋江集》授予，属订定。予归，事箴砭，病良已。秋走南岳，岁暮抵舍。今年江右，主濂溪书院，携君诗行笈中，至是乃得卒业……
>
> 君掞皮皆真，相对俱见肺腑。自为孝廉，频上公车，不肯趋迳途，卒蹭蹬不得志。其时，长安要津，莫不倾倒，君而持节崭崭如是。牵丝出粤东，强项倦折腰，敝屣一官，固宜而为粥食饿者，不敢出嗟来之声，旧爱至今在人口。集中恻悯时艰，仿佛元道州《舂陵》之作。吾有以知君之为政，不负夙昔之志也。既归田，贫且老，生事益微，风雨独吟，不问户外事。而名公之知君者，拥节至是邦，必式庐郑重邀吟唱。陈蕃、昌黎，以款接孺子、玉川为华，而二三老成，皆童时钓游之侣。琴歌酒赋，相与徜徉于山椒湖溆之间，信足以破岑寂之孤踪，洽衰迟之清兴已。予独怅不得常与君数晨夕，共赏析，数千里外，聊写此素心，序而归之。乾隆丙子季夏，桑调元。（《秋江集》卷前）

按：清乾隆兰陵草堂刻本《桑弢甫集》卷三，此序题为《香草斋诗集序》。文中"君辄举平生所著作《秋江集》授予"一句，桑集中作"君辄举平生所著《香草斋集》授予"。另个别字眼有异。桑集文末无时间落款。又，《弢甫续集》卷十三另有《诵黄莘田任诗集奉赠》。

岁暮，陶叔载赠米，作诗致谢。有句云："白粲雕胡粒粒香，贫家瓮缶即仓箱。""清厨见说釜生鱼，远道传餐与腐儒。""纸窗竹屋青灯夜，免作平原乞米书。"（《秋江集》卷六）

是年，与侄儿黄惠受永春知州杜昌丁之聘，纂修《永春州志》。

按：志于二十一年始修，翌年成书付梓，有首一卷，正文三十五卷，分二十四目，约十六万字。据《永春州志》卷前所载："总裁：分巡福建兴泉永道合河白瀛；督修：福建永春直隶州知州青浦杜昌丁；纂修：原任广东四会县知县永福黄任、甲戌科进士永福黄惠。"杜昌丁有序云："丙子夏，敦聘余友永福黄十砚偕其小阮成迪，同属笔焉。""凡十阅月而书成。"

是年，林正青卒，享年七十七岁。

按：游绍安《涵有堂诗文集》有《口号哭林苍岩正青（自注：丙子年）》诗，末有注云："自去年冬迄今，哭荔乡、德泉、苍岩三友矣。"

乾隆二十二年（1757） 丁丑 75岁

陈兆仑收到黄任去年寄诗，作《奉酬福州黄二莘田见寄二首次元韵》。（《紫竹山房诗集》卷六）

是年，闽县人孟超然从黄任游。

按：孟超然《瓶庵居士诗钞》卷三《林心香以尊人轮川先生涤砚图遗照属题》诗有自注："丁丑、戊寅，数从莘田先生游。"又，孟超然与黄任儿子黄度亦交好，黄惠《余事斋诗稿》卷二《题正肃侄侠蝶画册》诗有注云："余故弟千波，工画蝶，与孟瓶庵郎中交好。"

乾隆二十三年（1758） 戊寅 76岁

是年，桑调元为黄任选刻《香草斋诗钞》六卷。

按：桑调元《香草斋诗钞序》云："襄游闽，得交古君子黄君莘田。寻以疾归，手其诗不忍释。君别无副本，即慷慨授予曰：'存子所，胜庋于家。'予曰：'万一有水火、盗贼何？'君笑曰：'数当水火盗贼，独能我免乎？'予拜受。既为编定，序而归之。复撷其尤六卷，付剞氏公诸同好。"末署"乾隆戊寅重三日，五岳诗人桑调元又书"。

是年，余文仪调任漳州府知府。

乾隆二十四年（1759） 己卯 77岁

八月，孟超然参加福建乡试，中解元。

九月，孟超然等人邀黄任宴集福州西湖。

按：孟超然《瓶庵居士诗钞》卷一有《同陈钧溪丈、杨勉斯、张宏轩、黄次庐、倪用两、陈畏民、余辑庭、端木贤赞、郭苾庵、郑云门邀黄莘田先生宴集西湖》，诗中有注云："十砚先生今年七十七矣，先生有《西湖竹枝词》廿首。"

九月，应聘纂修《泉州府志》。

按：是志从乾隆二十四年九月开局于承天寺，至乾隆二十八年十二月完成，历四年余。共七十六卷，首一卷，四十六目。据《泉州府志》卷前载："总裁：泉州府知府怀荫布修"，"纂修：广东四会县知县黄任、贵州安顺府知府郭赓武"，"同纂：截选知县黄惠"等，"分修：福州府学增广生员林擎天"等。郭赓武《重修泉州府志序》对黄任于其中之作用颇为推崇，云："莘田先生识高才博，虚己相商。""是役也，指示要领，与予先后订成者，莘田先生也；分门别类，详要得宜，与莘田始其基者，心庵（黄惠）也。"

作《酬訒斋（黄岳牧）按察即次其见贻原韵》，有句云："林泉有福能终老，文献无征要此身。我亦名山收拾去，萧萧行箧未全贫。"自注："时余有温陵郡乘之役。""温陵郡乘"即指《泉州府志》。（《秋江集》卷六）

十月，许良臣回任广州府海防同知。

按：《明清时期澳门问题档案文献汇编·两广总督李侍尧题参广州府海防同知许良臣怠玩公务请革职本》："乃自乾隆二十四年十月引见回任以来……"

冬，孟超然请教黄任有关摹拓乌石山薛老峰李阳冰般若台篆事。

按：孟超然《瓶庵居士诗钞》卷四之《李阳冰般若台篆题后》云："乾隆二十四年冬，吾师王西庄先生过仙霞关，贻书问般若篆可得否，余问之莘田先生，先生曰：'此必不能，五十年前曾与周瑞峰、林苍岩坐山下，遥望叹自息而已。'"《秋江集》卷一，有黄任《李阳冰般若台篆字歌》。

是年，受鼓山涌泉寺住持遍照和尚之请，开始修辑《鼓山志》。

按：鼓山涌泉寺住持遍照（释兴隆）《鼓山志序》云："延郡绅纂修三年，编茸成书。"是书成于乾隆二十六年，则始修于乾隆二十四年。书中署"郡人黄任修辑"。

乾隆二十五年（1760）庚辰 78岁

是年殿试，孟超然得第二甲赐进士出身，选庶吉士。（《乾隆二十五年庚辰科殿试金榜》）

四月，福建福宁知府李拔调任福州知府。

按：《福州府志·艺文志续编》卷末补刻黄任撰《郡守李公去思碑记》，有云："乾隆庚辰初夏，郡大夫西蜀李公来守福州。"

五月，许良臣罢官回乡。

按：《明清时期澳门问题档案文献汇编·两广总督李侍尧题参广州府海防同知许良臣怠玩公务请革职本》："题参请旨，将许良臣革职，以肃吏治……乾隆二十五年五月初七日。"梁章钜《闽川闺秀诗话·许琛》："庚辰，父罢官归……"许琛，许良臣女，作有《仲夏家大人挂冠归里，余与采斋卧云分手独坐蓬窗，成此寄意》诗。

陈兆仑作《次补亭司马韵送周学士海山典试闽中，兼寄福州诗人黄二莘田》。

（《紫竹山房诗集》卷八）

十一月，端溪水岩重开。陶元藻适在肇庆，得见其景象。

按：陶元藻《泊鸥山房集》卷二十三中，有诗记其在肇行踪。其中《七星岩》诗后有注云："庚辰仲冬（乾隆二十五年十一月），余与梁瑶峰观察同游七星岩。"接下有《端州夜泊》、《阅江楼》、《端溪舟中》、《过端溪观采砚》、《羚羊峡》诸诗。《过端溪观采砚》诗云："杳洞虚涵万壑春，蛇行水府割云新。世间争宝端溪石，展到残山有几人？"时在冬春间，且"蛇行水府"，可知所采者乃水岩。

是年，余文仪调台湾府知府。设局续修《台湾府志》。

是年，为余懋杞《东武山房诗集》作序，末署"乾隆庚辰，年家眷晚生永福黄任拜撰"。（《东武山房诗集》卷前）

按：余懋杞，余文仪父，字建伟，号瞿庵，又号玉京。诸暨人。康熙四十七年举人，官授内阁中书。

乾隆二十六年（1761）辛巳 79岁

五月，修辑《鼓山志》成，并作序。

按：黄任《鼓山志序》云："住持遍照和尚出元贤旧志，乞余续而成之。因细为编阅，于旧志之逸者存之，繁者汰之，讹者正之，疑者缺之，不分纲目，统别八类。非故立异，究亦何必尽同。书成，私自喜曰：'八十衰老之身，不复能杖履作谢康乐（灵运）之游，犹得从几帙之余，如躬履其地，把劳剬、灵源之胜，于缥缃砚席之间，山灵其不我遐弃耶？'"末署"乾隆二十六年蒲月，郡人黄任，时年七十有九"。《鼓山志》卷前，尚有释兴隆（遍照和尚）、李拔、余文仪、沈廷芳、吴嗣富、德福、叶观国、汪新等人所作序（部分为后来补入）。

九月二十二日，李云龙卒。

按：《畬经堂文集》卷七朱景英《李州牧墓志铭》："庚辰，奏调独山州，治法一如平远。不期月，有采运京铅之役。君部署就道，由黔之蜀，途次永宁，竟以劳卒。时乾隆辛巳岁九月廿二日卯时，距君生于康熙庚寅岁七月廿一日申时，年五十有二。"

是年秋，黄惠始修《麟峰黄氏家谱》。

按：据黄惠、黄虞世《家谱跋》，是谱由黄惠修于乾隆二十六年之秋，乾隆四十五年秋黄虞世取黄惠所辑原本重为增订，后又由黄惠订定，成于乾隆五十一年之冬。

是年，长孙亡故，年仅十九岁。

按：《秋江集》卷六《八十生日漫成长句十首，自感自嘲不知工拙也》有注云："去年元孙年十九而殇。"是诗作于乾隆二十七年。

乾隆二十七年（1762）壬午 80岁

五月，为福州知府李拔主修乾隆《福州府志·艺文志续编》（即《福州艺文志补》）作序，对李拔知福州以来"承流宣化，百废俱兴"之种种举动赞赏有加。末署

"乾隆壬午仲夏，郡人治晚生黄任顿首拜撰"。（《福州府志·艺文志续编》卷前）

九月十三日，参加"重宴鹿鸣"盛典。作《壬午九月十三日即事六首》，一首云："穷居耄齿敢称尊，多谢公卿礼数存。白发簪花齐一笑，帽檐红重是君恩。"又一首云："六街传看旧嘉宾，已是龙钟八十身。听了笙簧沾了宴，荷锄长作太平民。"（《秋江集》卷六）

按：黄任《香草斋诗话》中，有记"重宴鹿鸣"众人相贺之盛况：

乾隆壬午，予年八十，复膺"重宴鹿鸣"盛典，诸戚友及四方邮寄各赠言，金薤琳琅，盈箱积帙，予愧不敢当。而闺秀诸什，亦有可传者。"手执异人斫桂之玉斧，足踏大海驾柱之鳌头。路傍观者互啧啧，是何惨绿年少真风流。中年作宰不称意，牛刀小试高人羞。拂衣归里且却扫，溪山诗酒此外复何求？以兹葆光养性享大寿，须眉如雪明双眸。朝廷有诏待国老，大袍都纟则鸠。与新郎君旅进退，重听鹿鸣之呦呦。"郑静轩句也。"中年领绶出绥江，三载贤劳书上绩。惟翁不喜为折腰，高怀远媲陶彭泽。一官弃掷轻鸿毛，翠羽明珰咸摈斥。官橐萧萧淡若秋，归舟惟载端溪石。归来纵饮发高歌，如鹤一声松千尺。盘中甲子相转环，六十金霜似驹隙。回首蟾宫记旧游，秋风两度重来客。"许雪邨内子廖恭人句也。"汉殿岁星人共识，不须更讯大王风。歌罢鹿鸣更天保，九如齐唱两三章。"郑石幢女翰尊句也。"尊酒瓶花秋气象，云阶月地旧因缘。"郑荔乡女咏谢句也。"锦袍染酒临风醉，白发簪花带露鲜。"荔乡女镜蓉句也。"人间一第欲登天，不道先生又，况是文章领袖。"荔乡女云荫《烛影摇红》词也。"北海文章推巨手，东山丝竹寄遥情。"荔乡女金銮句也。"早书淡墨魁时彦，老把金丹度后人。"吴景翙子妇庄九畹句也。"文章退之笔，诗句玉溪篇。蕊榜重开日，蟾宫再到年。"许石泉女德瑗句也。"接席簪裾多后辈，称觞儿女半华颠。姓名千佛标金简，恩礼三朝锡耄年。"余女淑窕句也。"老父登科日，慈亲未嫁年。至今椿树茂，忆母一潸然。受篆泥金简，加餐种玉田。观香诸姊妹，联咏大罗天。"余次女淑畹句也。"乔松标格鹤精神，白发簪花作瑞人。六十年来典型在，新嘉宾拜旧嘉宾。"余外孙女游合珍句也。廖恭人复为余写《岁寒图》，亦苍劲有致。（《麟峰黄氏家谱》卷十二·杂记引《香草斋诗话》）

按：福建省文史研究馆整理《黄任集（外四种）》书前，有黄任树下独坐小像一幅，画黄任坐怪石间，身旁案台上置二砚。是图无作者落款，不知与许均妻子廖淑筹所作《岁寒图》有无关联。

与家人及亲戚过鼓山涌泉寺。

按：黄淑窕《墨庵楼试草》有《鼓山涌泉寺》诗，序云："壬午家大人重宴鹿鸣，谢经鼓山，偕诸姑姊妹随侍，成十五首。"

九月，福州知府李拔丁忧归里。黄任作《郡守李公去思碑记》。

按：《福州府志·艺文志续编》卷末补刻黄任撰《郡守李公去思碑记》后，有黄蕙（惠）跋文，云："此四川犍为《李公去思碑》也。李公自福宁移守福州，以养以教，备著劳勚。履任三载，惠浃人和，父老子弟，沐膏咏勤，竭其有极。岁壬午秋杪，李公丁太夫人艰。既归后，我十邑之民，思之不置。伯父任，特取其丰功厚德之在人心者，作《去思碑》以勒之。"

孟超然作《黄十砚先生重宴鹿鸣，寄呈三首》，其一有云："三杯潇洒松窗晚，十研摩挲棐几妍。今日簪花上白发，更谁不羡地行仙。"其二有云："秋江浩渺思君子，香草离披忆美人。"自注："《秋江集》、《香草笺》皆先生集名。"（郑杰《国朝全闽诗录初集》卷十七孟超然诗）

十一月初八日冬至，黄淑畹作《冬至日偶占寄姒洲姊氏》，有句云："续了五丝添五线，经年强半是停针。"（《绮窗余事》）

十二月十六日，黄任八十岁生日，作《八十生日漫成长句十首，自感自嘲不知工拙也》，有句云："忽忽浮生八十龄，亦曾猿鹤亦蓬萍。""看尽浮云与逝波，百年人世竟如何。"又有句云："五斗敢忘君赐食，况叨重宴作家餐。"自注："今年壬午秋闱揭晓日，诸当轴延予修重宴鹿鸣之盛典，予滋愧耳。"（《秋江集》卷六）

郑际唐作《奉莘田先生，时八十重宴》八首。第二首云："昔作浈州宰，虚堂古镜悬。风流为政日，辛苦筑基篇。梦绕端溪水，归耕一砚田。别来三十载，人识使君贤。"第七首有注云："公自制八十生日诗，多感旧之作。"（郑际唐《须庵诗集》卷五）

是年，择壬午科举人、闽县叶梦苓为外孙女林玉红婿。

按：叶梦苓，字景西，号松根，闽县人，乾隆二十七年壬午科举人，距黄任康熙四十一年壬午科中举恰一甲子，与黄任同赴鹿鸣宴，为黄任所赏识，择为外孙女婿。叶梦苓《黄十砚先生秋江集笺注序》云："余自束发学诗，即慕十研先生之名……壬午，忝登贤书，先生年已八十，重宴鹿鸣，称一时盛事。而余滥厕小同年之列，始得趋拜下□，晋接之间，独蒙奖借，遂以外孙女林氏择而归余焉。"黄淑畹《绮窗余事》有《送三女玉红随婿松根司铎温陵》，可知林玉红为黄淑畹三女。叶梦苓后受时任福建巡抚余文仪之嘱，为《秋江集》作笺，历时七年，成《黄十砚先生秋江集笺注》。

冬，叶梦苓上京准备参加次年会试。

按：黄淑畹《绮窗余事》录《送女婿叶松根公车北上》，有句云："行囊羞涩极，强作客中欢。再莫生乡思，封书早报安。"

是年，纪晓岚受命视学福建。十月初八日出都，年底至福州。（《纪晓岚年谱》）

乾隆二十八年（1763） 癸未 81岁

朱景英重来福州，再会黄任，作《重晤莘田二丈二首》，其一有云："举世尊文献，天留八十身。无多栖鹤地，两度看花人。"注云："翁以康熙壬午举于乡，至昨年壬午重与秋宴。"（《畲经堂诗集》卷六）

叶观国作《诗老黄丈莘田任昨岁壬午年登八十，重与鹿鸣之宴，为梓里盛事，寄赠长句，兼简心庵惠同年四首》。（叶观国《绿筠书屋诗钞》卷五）

作《喜晤吴郑公太史再到闽中，袖出傅玉笥宫赞缄札，成诗二首并寄玉笥》。其中一首云："余杭一纸到南闽，且喜都成健在身。八十六旬话眠食，致书八十一旬人。"（《秋江集》卷六）

按：吴郑公名嗣富，尝于乾隆二十六年主讲福建嵩山书院，是年又至预修续《福建通志》，故言"再到闽中"。是年，傅王露八十六岁。傅于乾隆二十六年进京为乾隆皇帝庆寿献册，得恩赏赞善官职，故谓"宫赞"。《福建续志》卷五十六《寓贤二》录《香草斋文钞》傅王露传："乾隆己巳，巡抚潘思榘聘为鳌峰山长……居二载，归与礼部尚书长洲沈德潜纂《杭州西湖志略》。适藏事，翠华南幸，恭进称旨，御制诗以为序。旋晋赞善，赐额、赐砚。"

作《偶作》诗数首，有云："无事此安坐，坐看微云起。云飞意亦适，据梧复隐几。雀啅蚁行柯，悠然风日美。澄心欣所遇，静观有妙理。"又云："君子贵自然，宁静以致远。本无孳孳念，安得有益损。"（《秋江集》卷六）

至女儿家，作《饮兰女斋头》，一首云："小女亦衰鬓，愁因与病俱。家风勤教子，夫婿喜为儒。笔砚知多废，田园已半芜。篝灯鸣轧轧，门巷有催租。"又一首云："赁庑非他族，连枝且托根。"自注："时兰女侨居在舍弟子会屋东偏。"（同上）

余文仪以束帛相赠，黄任作《酬余宝冈郡守》诗。（同上）

按：是诗有注云："公摄三山郡守。"可知余文仪其时正暂摄福州知府一职，应为李拔二十七年九月丁忧回籍之后，至乾隆二十八年新知府到任之前暂时代理。

题张学举（南坪）知府《慎独图》。是年，张学举调任福州府知府。（同上）

按：张学举《南坪诗钞》卷八《三山续游草》第一首诗题云："癸未三月二十七日奉旨：'福州府知府员缺，著张学举补授，钦此。'臣以罗定知州协办潮州运同，闻命之下，感激屏营……"

是年，沈廷芳掌教鳌峰书院，纂修续《福建通志》。

十二月二十三日，应林云卿邀，与沈廷芳、许良臣等雅集环碧轩。

按：沈廷芳《隐拙斋集》卷三十有《十二月二十三日，林云卿别驾招同黄莘田明府丈、吴郑公编修、许石泉司马、黄承迪进士、陈苞九上舍、高承汉司训、余伯瑞明经、林承奎文学、江岳南、邱星河两孝廉、令侄文勋州倅、文辨上舍雅集环碧轩梅花下四首》。

作《鳌峰晤沈椒园（廷芳）廉访先生赋赠》，有句云："二十年前诵子虚，干旌今喜到贫居。忽逢异地多闻客，如读平生未见书。"（《秋江集》卷六）

沈廷芳作《赠黄莘田明府四首》，有句云："采诗芬杜若（自注：集名香草），品砚胜香姜。"（《隐拙斋集》卷三十）

是年，结识福建学政纪昀。

按：《纪文达公遗集》文卷九《郭茗山诗集序》有云："余督闽学三年，闻永福黄丈莘田时称先生（指郭茗山），顾适当先生解官时，竟弗及一见。"黄任在纪昀面前"时称"郭氏，则期间与纪氏颇有交往。

是年，桑调元寄赠黄任、沈廷芳诗作多首。

按：桑调元《弢甫续集》卷二十有录：《归自沛上，经始坊祠，世故纠纷，老病交作，寄莘田、萩林于闽中》、《蒙莘田枉札奉答寄》（有句云"梅放将交七十春"）、

《寄萩林叠韵》、《读苹田诗集奉寄叠韵》、《寄苹田话旧叠韵》、《萩林论明儒学派，调元方编馀山先生（劳史）遗书叠韵》、《养病禾中，奉寄苹田、萩林叠韵》、《苹田失子叠韵奉唁》、《叠韵书恨寄苹田》、《除夕叠韵寄萩林》（有句云"向晨便是七旬身"）、《除夕叠韵寄苹田》等。从桑调元"梅放将交七十春"、"向晨便是七旬身"句，可知桑调元是年六十九岁。桑氏出生于康熙三十四年（1695），可知是年为乾隆二十八年（1763）。

是年，黄任儿子黄度去世。

按：桑调元《弢甫续集》卷二十《苹田失子叠韵奉唁》有句云："才子嶙峋偏短命，老翁肮脏兀长身。"是诗往前数首有《蒙苹田枉札奉答寄》（有句云"梅放将交七十春"），往后两首有《除夕叠韵寄萩林》（有句云"向晨便是七旬身"），可知是诗同作于乾隆二十八年。又，黄淑畹《绮窗余事》有《为亡弟千波鼓山寺礼忏，感成二首》。

是年，傅王露卒，享年八十六岁。

按：《福建续志》卷五十六《寓贤二》录《香草斋文钞》傅王露传："年八十六卒。"

乾隆二十九年（1764）甲申 82岁

正月初一，沈廷芳过访，黄任以"双芝砚"相赠。

按：《砚史》卷七沈廷芳《双芝砚》铭后，有题跋："乾隆甲申元日，过十研轩，黄丈苹田手赠此砚，厥质温润，厥池琢双芝，形妙极自然，因以名焉。之江廷芳。"沈氏《隐拙斋集》卷四十《双芝研铭并序》文字略有增减，序末云："丈今年八十有二，余六十三矣。"沈廷芳喜蓄砚，尝为吴绳年《端溪砚志》作序，云："余有砚癖，藏端溪石甚伙，因名书舍曰'砚林'。"

正月初三，桑调元作《立春日叠韵寄萩林》（有句云"邀倖韶光经七十"）、《立春日叠韵寄苹田》、《将发禾中叠韵寄萩林》、《将往历下叙旧寄苹田叠韵》。（《弢甫续集》卷二十）

二月初三日，许良臣卒。

按：沈廷芳《隐拙斋集》卷三十一《挽许石泉郡丞（自注：讳良臣，闽县人，雍正癸卯乡荐，官广州同知，年七十于二月初三雨夕无疾而逝）》，前四句云："世旧相亲惬素期，神明七十未全衰。频过砚舫联吟地，尚忆陶瓶对酒时。"自注："屡晤君于十砚轩，去秋复招饮紫藤庵。'陶瓶'，庵中额也。"

春，沈廷芳与诸友拜访黄任。沈氏作《偕郑公、宿长、星河访苹田丈，留饮紫藤花下，令侄成迪亦在座》，诗中有句云："联袂同过十砚轩，古藤瞥见花如帚。"（《隐拙斋集》卷三十一）

八月，纪昀丁父忧归里。（《纪晓岚年谱》）

秋，陶元藻致书黄任，请教端砚事。其《与黄苹田书》云：

藻白：数年前在羊城，番禺丞何迪亭出示端砚七方，皆细润可爱，中有《风字砚》，背刻林吉人中翰题辞，石尤美。其明年，缅甸不靖，迪亭奉檄办牛军前，卒于路，妻子乏食，流离岭表，三祖法物，不知摆折何处。仆昨见王渔洋旧砚一方，蕉白青花，中边皆满，第其青花或密或疏，忽整忽散，与世所称鼠迹者迥然不同，渔洋自题砚背，亦即辨论青花所重者在此不在彼。仆一过仙霞（仙霞关为闽浙往来要冲），即闻足下有砚癖，赏鉴倍恒流，未知此砚与君所藏吴门顾二娘琢磨者体制何如？其论青花是否有见？幸一一赐教。此砚现在南台书肆中，足下可往观之，倘惬于心，亟解杖头钱买归，勿为市井中人取去也。入秋来连日雨风，老年人气软，易为乍寒所欺，珍重、珍重。（《泊鸥山房集》卷十一）

按：陶元藻于乾隆二十九年秋天游闽，并应延平知府傅尔泰之请编纂乾隆《延平府志》。据傅尔泰《重修延平府志序》云："去年秋，谋诸臬宪朱公，朱公曰：'善。'适篁邨陶君以浙东名宿来游八闽，因延请至署……""阅一载告成。""乾隆三十年冬十月，知延平府事白山傅尔泰撰。"可知府志始修于乾隆二十九年秋冬间，即陶元藻秋天入闽后不久。《与黄莘田书》有"仆一过仙霞，即闻足下有砚癖"，"入秋来连日雨风"云云之语，则是札当写于乾隆二十九年秋天。又，陶元藻所谓"数年前在羊城"云云，是指乾隆二十五、二十六年冬春间游端州、观采砚后，尝至广州何迪亭斋中看砚，并作有《过何迪亭书斋观顾二娘所制各种小砚》，诗云："墓草春萦蛱蝶裙，广陵音绝许谁闻。可怜深浅蛾眉影，照入残山几片云"（《泊鸥山房集》二十三）。陶氏在《与黄莘田书》中，没有再说是顾二娘砚，估计其本人亦不能确定，故不敢在"顾二娘砚专家"前妄谈。陶氏此时方"闻足下有砚癖"，可知此前与黄任未有交往，更未看过黄任所藏顾二娘砚。

是年，为五弟黄应兆书行书中堂《端研歌》。

按：《黄任集（外四种）》书前，录黄任书作数幅，其中一幅书端砚诗，即"羚羊峡暗秋月高"云云一首。落款："端研歌一篇为于恊五弟书正。八十二叟香草斋居士任。"

是年，沈廷芳应林在峩儿子林擎天之请，题《林涪云著作涤砚遗照》，开首云："平生寡嗜好，独抱爱砚癖。左右几案罗，纵横间载籍。"（《隐拙斋集》卷三十一）

是年，余文仪擢福建分巡台湾道，升任福建按察使。

乾隆三十年（1765）乙酉 83岁

秋，陶元藻编纂乾隆《延平府志》成，自延平来福州，并侨寓福州。

按：陶元藻《泊鸥山房集》卷一《重修惠安县志序》云："去年秋，余自剑津（延平）排纂事竣，侨寓三山（福州）。"据傅尔泰《重修延平府志序》之落款"乾隆三十年冬十月，知延平府事白山傅尔泰撰"，可知"剑津排纂事竣"在乾隆三十年冬十月之前，则陶元藻所指"去年秋"为乾隆三十年秋。

与陶元藻谈诗，极赞赏陶氏诗作。

按：陶元藻《凫亭诗话》卷上云："莘田年八十，犹说诗娓娓不倦。余至三山两旬，即索余稿本而去，以三绝句自书于便面（扇面）。""尝与人言：篁邨此三诗，神韵绝佳，使王新城见之，必进诸首座。时时口诵不已。"陶氏所谓"莘田年八十"，并非实数，盖乾隆二十七年黄任八十岁时，陶元藻尚未入闽。二人谈诗时，黄任实已八十三岁。

十月，侄子黄惠掣得松阳县知县缺。

按：《清代官员履历档案全编》第十九卷黄惠自书履历云："臣黄惠，福建福州府永福县人，年三十八岁，由乾隆十九年进士候选知县，今掣得浙江处州府松阳县知县缺。敬缮履历，恭呈御览，谨奏。乾隆叁拾年拾月贰拾玖日。"

十月底，孟超然与黄惠相聚京城，得知黄任四月有寄其手书，遂写信致黄任。

按：孟超然《瓶庵居士文钞》卷二《报黄十研老人书》云："某顿首：至十月杪至京，征衣甫脱，获晤心庵二丈，乃知夏初辱赐手书，深荷远念，感戢奚似。伏惟先生硕望耆年，后进圭臬，风雅流传，断足千古。往岁遭遇之变，言之于邑。虽然丰于文章之名，而啬于人伦之乐，此则存乎天矣。""某浮湛宦海，不觉六年，门闾之望，昕夕关心。行将乞假省觐，重奉杖屦聆诲言，私心不胜冀幸。某再拜。"是札不具时间。考黄惠行迹，乾隆三十年在京等候授职，并有作于是年十月二十九日自书履历，与孟超然"至十月杪至京""获晤心庵"之时间吻合。是年，孟氏出主广西省试，其时刚从广西回京。又，孟氏有"某浮湛宦海，不觉六年"之语，其于乾隆二十五年中进士，选庶吉士，至乾隆三十年恰六年。信中言及"往岁遭遇之变"，指黄任接连于乾隆二十六年丧孙、二十八年失子之打击，故有"丰于文章之名，而啬于人伦之乐"之语。

十二月十一日，作"八十有三自寿"诗。

按：近人郭白阳《竹间续话》卷一载："余曾于旧家赠其墨迹一帧，行书苍老，题诗云：'堂堂八十有三年，猿鹤沙虫几万千。老尚退藏如处子，病还狡狯作顽仙。身游汗漫无边界，手卷咿唔未了编。休笑龙绳才梦醒，有人求梦不曾眠。'下书：'八十有三自寿作，乾隆乙酉十二月十一日香草老人任。'有'黄任之印'、'莘田'两章。上端有'古欢堂'长方章。按先生卒年八十六，是诗为《秋江集》所遗。"黄任生日为十二月十六日，是诗作于数日之前。

乾隆三十一年（1766）丙戌　84岁

春，福州知府张学举招饮。

按：陶元藻《泊鸥山房集》卷二十六《张南坪太守招饮林氏园亭，与黄莘田明府、沈椒园廉镇、吴郑公编修同赋》首句云："无诸城北春光和，风炉蛮榼林塘过。"知乃春天时节，为陶元藻乾隆三十年秋天侨寓福州之次年春。《泊鸥山房集》卷三十七另有《满江红·张南坪招游林氏园亭，黄莘田同作》词。陶氏诗词，俱不具年款，兹仅据其行迹及诗词在集中之位置推断。以下还有一诗一词，亦姑系于是年。

陶元藻至斋中观砚。

按：陶元藻《泊鸥山房集》卷三十七有《石州慢·过黄莘田斋头，纵观所蓄端石诸砚，其为吴门顾二娘制造数枚特胜》，词云："五岭蛮烟，何幸端溪，恰逢仙吏。可怜解组归桡，几片羚羊石髓。清眸鸲鹆，盼他叶白花青，磨刀羞割春云紫。暮夜本无金，应宜囊只此。温润，无瑕曾经，小巷专诸，吴娘手制。仿就南唐，宫样摩挲审视。蛾眉工巧，赏音只有涪翁，临池稳称簪花字。恨无墨东斋，少薛涛笺纸。"则其时黄任斋中藏砚尚可观，仅顾二娘所制者就还有数枚。

邀陶元藻至家中相聚，并索诗。

按：陶元藻《泊鸥山房集》卷二十七《莘田招饮索诗，爰题截句》诗云："黄公垆畔酒波深，几度看花击钵吟。谁识西崖三十六，半斋香草雨中寻。"

是年，阮芝生拜访，并赠诗。

按：阮葵生《茶余客话》记其弟阮芝生与黄任事，云：

侯官黄莘田任，诗才淹雅，为八闽巨手，仕广东令，以耽砚劾归。许谨斋黄门壬午典试所得士，师弟之谊至笃。往来淮南数十年，与乡先生多相契。乾隆丙戌，紫坪（阮芝生）游闽中，莘田年已逾八十矣，谈及师门后嗣凋零，园林荒落，莘田太息失声，老泪盈把。因述生平受黄门知遇，及当日门庭宾客之盛。紫坪即席赠以诗云："给谏声华一代才，珊瑚网向八闽开。千秋盛业传衣在，不负当年玉尺来（自注：黄门闱中诗，有'他年建树千秋业，记我亲操玉尺来'之句）。珠湖一曲水云偏，四十年前舣画船（自注：黄门别业在珠湖）。燕子归飞门巷改，伤心莫问旧平泉。秋洒寒原宿草繁，故家文献几人存。谁知瘴岭千重外，白发门生话旧恩。"莘田读之，凄咽累欷，举座为之罢酒……（《茶余客话》卷二十一）

是年，沈廷芳再次入粤，赴肇庆出任端溪书院山长。（《隐拙斋集》卷三十二）

按：沈廷芳在肇庆期间，作有《过端溪采砚处水阻不得往观》、《端砚歌简陶五峰观察》等诗。其中《过端溪采砚处水阻不得往观》诗有云："我生嗜砚逾珙璧，几席纵横数盈百。唐镌宋制错落陈，特于端产尤成癖。"

是年，林擎天以许友、许遇、蓝涟书画赠叶观国。叶氏作《林秀才心香擎天以许鸥香友诗扇、月溪遇墨竹及蓝采饮涟画见贻，赋谢三首》。（《绿筠书屋诗钞》卷六）

是年，叶观国作诗《题林丈轮川在峩涤砚图小像》，有句云："曾为石君第甲乙，屡将虫篆镌坚顽。"注云："林丈工篆刻，喜铭砚，著有《砚史》行世。"（《绿筠书屋诗钞》卷六）

是年，因生番杀人，余文仪从福建按察使降台湾道。

是年，黄惠任江西高安知县。

按：同治《高安县志》卷八《秩官》："黄惠，福建永福县进士，乾隆三十一年任。"可知黄惠先掣得浙江处州府松阳县知县缺，而后改授江西高安知县。

乾隆三十二年（1767） 丁亥 85岁

春，纪昀服阕赴京，补授翰林院侍读，充日讲起居注官，晋左庶子。正月，受诏续修《通志》。（《纪晓岚年谱》）

春夏间，林擎天以端砚赠叶观国。叶氏作《林心香贻端砚赋谢》，有云："君家富

翰墨，古砚代藏蓄。森森多且良，包裹秘箱簏。"（《绿筠书屋诗钞》卷六）

十一月九日，朱景英招游乌石山，黄任不至。

按：朱景英《畬经堂诗续集》卷一录《丁亥仲冬月九日，邀同成成山（城）明府、吴桐轩寿祺孝廉、林心香茂才暨家兄念石，并携儿子和壕游乌石山。归饮静寄东轩，席间品阅宋元书画。是日，迟黄莘田二丈不至。四首》。和壕，字筠宾，朱景英儿。《砚史》卷七朱景英砚铭后，附录和壕砚铭两首（《砚史》清钞本误编入卷八）。

乾隆三十三年（1768） 戊子 86岁

三月，叶观国服阕还朝，黄任以端砚赠行。叶观国作《黄丈莘田以端石砚赠行，赋谢奉寄二首》，诗云："一片溪英琢水苍，琉璃制匣锦为囊。亲从诗老斋头饷，犹带苏黄墨渖香。""仙令亲搜三洞材，铭词片片赏清裁。此君虽未经题品，也友高轩十砚来（自注：东坡谓研为石君，黄丈所居斋曰十砚轩）。"

按：是诗载于叶观国《绿筠书屋诗钞》卷七《瀛洲三集上》，是集叶氏自注"起乾隆戊子三月，尽己丑一年"。第一首为《先大夫服除还朝二首》，第二首即此诗。黄任所赠砚，叶观国名之曰"琳腴"，并有题铭（《砚史》清钞本误将叶观国简介及《琳腴砚》之题置于卷八，而题铭则留在卷七）。叶氏题云："此莘田黄丈所赠也，质坚而轻，最善发墨，识者以为老坑旧物。顾未有题识，乃颜之曰'琳腴'。缀以铭云：'尔之主，善为铭，胡独遗尔靳尔名？貌虽匪扬用则灵，青琳之腴新发硎。毅庵观国。'"

去世前，把十砚中仅剩之一砚寄赠纪昀。纪昀作《题黄莘田砚》诗，云："诗人藏十砚，憔悴卧蓬庐。零落惟余此，殷勤远寄予。槐厅供视草，藜阁伴雠书。一片韩陵石，相看未忍疏。"（《纪文达公遗集》诗卷十）

按：纪昀于乾隆二十九年八月丁父忧自闽归里，乾隆三十二年春服阕赴京。从"槐厅供视草，藜阁伴雠书"之句看，纪昀作此诗时，当已回到京城并授官。乾隆三十三年秋，纪昀获罪革职戍乌鲁木齐。则作《题黄莘田砚》诗之时间，上限不超过乾隆三十二年春，下限不超过乾隆三十三年秋，而题砚与得砚之时间，应当不会相隔太远。又，从"零落惟余此"一语看，此乃十砚中之最后一砚，黄任当极有可能珍藏到自感将不久人世时才寄出，且寄出时应附有信札说明。姑以寄砚在乾隆三十三年。

去世。葬于省城北门外丞相坑。

按：《麟峰黄氏家谱》卷之九《家传》："年八十六卒。"卷之七《宅墓》："讳任公墓在省城北门外丞相坑。"注云："仁和沈廷芳题碣，庚申向。"又载："讳度公墓附于十砚公。"另，莫友棠《屏麓草堂诗话》卷十三云："琴农曾亲见墓碣中书'皇清敕授文林郎、四会县尹莘田黄先生寿域'，左书年月，右书'钱塘沈廷芳题'，字皆汉隶云。"而近人郭白阳《竹间续话》卷一云："其墓在西门外丞相坑，荒芜不堪。墓碣犹可辨，为仁和许某所书，曰：'清敕授文林郎、四会知县、重宴鹿鸣、十砚老翁黄公寿藏。'"所记有出入。

朱景英作《哭黄莘田二丈二首》，诗云："香草今消歇，骚人竟寂寥。闽风犹可续，楚些不堪招。贞曜名从易，冰霜节后凋。遗文更谁索，咫尺孟亭遥。""海内推耆

旧，三山十研翁。击撞金石古，鼓吹瑟笙同。残梦羚羊峡，安身磨蝎宫。白头吟载诵，想像坐书空。"（《畬经堂诗续集》卷一）

陶元藻作《闻黄莘田讣》，诗云："闽南盛诗豪，君学尤善变。言情味独长，颖末工洗炼。樊川礼瓣香，丁卯亦时见。古缏汲何修，半职便遭谴。挂官无一钱，索句有十砚。少年歌鹿鸣，头白重与宴。凄然敝缊袍，兀坐咽藜苋。凋尽子若孙（黄任子孙皆早亡），老死那堪唁。寒食冢草青，麦饭待谁荐。聪明福不归，名士天所贱。挂剑在何时，临风泪如霰。"又作《吊黄莘田明府》，诗云："空庭鸟满绿苔滋，无复茶烟上鬓丝。十砚卖完缘易米，一官罢去为吟诗。闭门每叹文穷甚，垂死尤怜鬼馁而。白发涪翁今不见，闽南风雅有谁支。"（《泊鸥山房集》卷二十七）

缀语

今所见《秋江集》六卷，为吉林大学图书馆藏清乾隆刻本，《四库全书》列为存目。《四库全书总目·秋江诗集六卷》提要云：

《秋江诗集》·六卷（福建巡抚采进本）

国朝黄任撰。任字莘田，永福人。康熙壬午举人，官至四会县知县。杭世骏《榕城诗话》，称其工书法，好宾客，诙谐谈笑，一座尽倾。罢官归里，压装惟端溪石数枚，诗束两牛腰而已。其诗源出温、李，往往刻露清新，别深怀抱，如《杨花绝句》云："到底不知离别苦，后身还去作浮萍。"《春日杂思》云："夕阳大是无情物，又送墙东一日春。"所为缘情绮靡，殆于近之。而低徊宛转，亦或阑入小词。大致古体不如今体，大篇又不如小诗，故《榕城诗话》独称其七绝，盖才分各有所长云。

《秋江集》基本上按时间先后编次，个别诗作顺序编排有"错位"现象，如《砚史》卷二《蕉白砚》有时间款"康熙五十八年六月既望题"，《十二星砚》有时间款"康熙庚子（五十九年）初秋十有三日"。其时，黄莘田尚未官粤，而在《秋江集》中，皆去掉时间款，分别以《端砚》、《题十二星砚》为题，编入官粤后之诗作卷（卷三）中。除顺序有错乱外，因其"视旧帙减十之五"，删减过多，某些年份诗作不存，致今时对作者行迹之考索困难大增。其各卷诗作所反映作者之行实大致如下：

卷一：康熙四十一年（20岁）中举至康熙五十六年（35岁）之前。五次赴考，名落孙山；游历各地，流寓开封；因病归里，乡居生活。

卷二：康熙五十七年（36岁）至雍正二年（42岁）上半年之前。再次落第，遍游江浙；客居吴门，结识二娘；参加铨选，得授知县。

卷三：雍正二年（42岁）下半年至雍正八年（48岁）秋。赴任四会，寻摄高要；招忌罢官，滞留四会；心灰意冷，度岭返家。

卷四：雍正八年（48岁）下半年至乾隆二年（55岁）。赁居福州，赏砚裁铭；题诗《砚史》，雅集倡和；女儿出嫁，天伦之乐。

卷五：乾隆三年（56岁）至乾隆十六年（69岁）。入粤"请复"，折翅而归；妻子去世，题诗悼亡；诗砚相伴，与友酬唱。

卷六：乾隆十六年（69岁）至乾隆三十三年（86岁）。生活困顿，应聘修志；老年丧妾，儿孙早逝；整理诗集，重宴鹿鸣。

黄任并非钜公文豪，史志对其事迹记载有限，是谱之编写，以《秋江集》为首重依据，参以林在峨《砚史》之载录及其他诗友、砚友之诗作，围绕"砚"之主线，梳理考证而成。诗文本身有具体时间记录者按其时间归置，无具体时间记录者按其前后文及其他相关因素综合推断，个别诗作之年份归置有待更确凿证据，需日后不断补充完善。

又缀

黄任一生，充满无奈与遗憾。二十余年间，会试屡考屡败，眼见众诗友、砚友相继金榜题名，其心中之焦急与酸苦可知。在六摒礼闱之后，终以拣选获授四会知县。此可谓"不幸中之万幸"，盖四会隶属肇庆，故端州也。而端州之于癖砚者，乃朝思暮想之"朝圣"地。又巧在赴任四会未久，上天眷顾，兼摄高要，端溪砚坑，正在县境之内。"早知天与使君便，合在人前说砚邻。"岂料好景不长，第四年即遭罢官。去官后，黄任继续逗留四会三年方归。其心中之宦念，实始终未能释然。罢官第十二年，黄任再次入粤"请开复"，终因"逾限格例"，垂翅而归。自此，黄任断绝仕途之念，与诗、书、酒、砚相伴，过起闲居生活。

客观而论，晚年之黄任，虽已"看尽浮云与逝波"，然并未彻底看化参透。黄任七十二岁时，侄儿黄惠中进士，其作《喜惠侄成进士归里》诗有云："汝当需铨注，勿轻视为郎。""门户恐衰替，宗族希宠光。"冀望晚辈子弟通过仕途光宗耀祖之心理，溢于言表。在"学而优则仕"之社会价值观下，黄任之"局限性"，实亦无可非议。作为"八闽巨手"、诗坛风骚人物，经常出入进士、官人之"交际圈"中，黄任需要一纸身份标签。既渴望得到世俗之认可，又不肯苟同于世俗，此乃文人内心中最难排解之矛盾。黄任之历史局限性，亦正是大多数文人之历史局限性。

黄任有随大流之一面，亦有独立特行之一面。会试屡考不中，绝非才学不逮，或其骨子中为政、为文、为人之理念，一旦化为文字，体现在答卷中，无论再考多少次，皆难登第。其为官，无俗吏态，又"判决如流，日不移晷，而案牍已空，因复延接俊彦谈诗角艺，日以为常，坐是颇为上官所不喜"。此即为我行我素、不合时宜之一面，亦其仕途不景之原因所在。文人个体的人性之光，碰上严酷之现实环境，无异于"以卵击石"。

黄任以诗、砚留名，野史上，关于黄任玩砚之趣闻，流传最广者莫过于"雏鬟（尼、婢）怀砚"之故事。先是嘉庆年间酿花使者《花间笑语》卷五记：黄任"性嗜砚，又喜与雏尼狎，所居有十砚斋，蓄雏尼十人，使各怀一砚，夜即抱砚而寝，谓砚袭阴气，故常温润如玉也"。后福建长乐人谢章铤《赌棋山庄笔记·稗贩杂录四》在收录林正青《十砚轩记》后，加按语指《花间笑语》所说"亦未审也"。然谢氏又云："先生有妾金樱，明艳能诗，砚其所司也。买婢数人，夜则分挟其砚，卧而拥之。"谢氏之意，是"婢"非"尼"，亦无十人之多，仅有"数人"。再后来，小横香室主人编《清朝野史大观》卷九，"取长补短"，合二人之说，谓：莘田"生平有砚癖，又喜蓄雏鬟。颜所居曰'十砚斋'。有雏鬟十人，使各怀一砚，夜则抱而寝，谓砚得纯阴之气以涵养之，故常温润如玉也"。

窃意此种艳事，多有虚构成分。观黄任一生，四十二岁前"廿年六度赴考路"，奔波不定；为官时"有古良吏风"，"为循吏"；又因捐赀筑堤，既去官仍典卖衣物以藏厥事，落得身无分文，"归来如水"；回闽后至乾隆九年妻子去世前，夫妻恩爱，且有聪明伶俐之侍妾金樱相伴，加上非富贵之家，仅靠妻子勤俭持家得以维持生计；晚年贫病交加，自顾尚难，甚至要变卖藏砚以解燃眉之急。此等蓄鬟（尼）十人以养十砚之奢靡情事，似乎哪个阶段皆不大可能发生。当年轻时，黄任失意科场，曾流寓异乡，"颇好色"，大病而归，确有过荒唐之举；而侍妾金樱养砚之事，或亦有之。十砚轩有十名砚，由是演绎，则蓄十鬟（尼）以养十砚之事，便"合乎"逻辑宛如真有！实不足信。

《拿云楼简编黄任年谱》相关人物简介

姓　名	字号室名	简　历	备　注
		黄、许家族及其亲戚	
黄文焕	字维章，号坤五，又号觚庵、恕斋	1598—1667。明天启乙丑进士，历任广东番禺、海阳及陕西山阳县知县，有政绩，官至翰林院编修、左春坊左中允。著有《陶诗析义》、《诗经考》等。在麟峰黄氏家族中为第二十六世。	许友岳父、黄任曾祖父
黄璂	字基玉，号山愚，又号愚长	喜任侠，倜傥不羁。顺治十四年，官广东肇罗金事，一载，乞归养。居金陵。为诗纵横有法度，与许友齐名。兼工画，喜作幽兰奇石。著有《姬山集》、《西江日谱》。（《乾隆福州府志·人物·文苑》）	黄文焕长子、黄任伯祖父
黄琪	字典玉	顺治间岁贡生。晚年迁省城光禄坊。有诗集。（《麟峰黄氏家谱》）	黄文焕子、黄任祖父
黄绍洽	字汝虔，号虔斋	邑庠生。（《麟峰黄氏家谱》）	黄琪子、许友女婿、黄任父
庄氏		?—1744。能诗，与黄任同有砚癖。善持家，与黄任贫贱相依，至死不怨。	黄任妻子
金樱		能诗。杭世骏《榕城诗话》记："侍儿金樱，明艳绝世，妙解文翰，兼工丝竹，是其千金所购。"	黄任妾侍
黄淑窕	字姒洲	1705—1772。嫁永阳诸生游艺。有诗才。著有《墨庵楼试草》。（黄惠、游光绎为《墨庵楼试草》所作序）	黄任长女
黄淑畹	字纫佩	嫁林春起。工诗，著有《绮窗余事》，陈兆仑作序。	黄任次女
黄岱		（《砚史》卷二黄任《毓凤砚》铭后，专门注明为"付岱儿"。）	黄任儿子
黄度	字成波，号千波	太学生。娶官氏、许氏。善画花卉。（《麟峰黄氏家谱》）	黄任儿子
黄永健	字积有	乾隆五十三年举人。娶郑氏。（《麟峰黄氏家谱》）	黄任孙子、黄度儿子
黄秉元		（朱景英《畲经堂诗集》卷二《黄钟篇为黄郎秉元作》，题目下注："秉元，十砚先生孙。"）	黄任孙子
游合珍		能诗。归乾隆辛卯举人 余位躬。（游光绎为黄淑窕《墨庵楼试草》所作序）	黄淑窕女
林琼玉		能诗。年二十一嫁长乐儒士陈澧，八年而寡。家极贫。	黄淑畹女
林玉红		嫁闽县举人叶梦岑。（明清时闽县与侯官同为福州府治所。1912年，二县合并为闽侯县）	黄淑畹三女
黄起凤	字于周，号鸣岐	邑庠生。（《麟峰黄氏家谱》）	黄任弟黄惠父
黄应兆	字于恊，号端吉		黄任堂弟
黄惠	字成迪，号心庵，室名余事斋	1728—?。乾隆十二年中举，十九年中进士。授江西高安知县，权通判瑞州。与黄任同纂《永春州志》。另纂乾隆《龙溪县志》、与纂乾隆《福建续志》、乾隆《福州府志》，并修《麟峰黄氏家谱》，著有《余事斋诗文集》。	黄绍洽孙黄起凤子黄任侄

姓 名	字号室名	简 历	备 注
黄虞世	字成运，号韶庭	1744—？。少师事黄任，从居福州。家有凌沧楼，藏书颇富，日枕籍其中。后弃制举业，归永福白云。所居有冻井，因借以颜其居，自号冻井山人。（方亨衢为黄虞世《冻井山房诗钞》所作序）增订《麟峰黄氏家谱》。	黄任侄
郑徽柔	字静轩	建安人。《闽川闺秀诗话》载：固安令善述女，兖州守荔乡先生方坤之姊也。母黄氏昙。亦能诗，归陈日贯，早寡。著有《芸窗寒响集》。	黄任表姐
郑方坤	字则厚，号荔乡	？—1755。原籍闽县，后移建安。雍正元年进士。授邯郸令，以卓异迁景州牧，历山东登州、武定、兖州知府。居官三十年，以足疾告归。著有《全闽诗话》等。	黄任表兄弟
庄九畹	兰斋，字吴喤	永福人。《闽川闺秀诗话》载：亦黄莘田先生戚末也，未婚而寡，以节终。著有《秋谷集》，莘田先生为之序。	黄任远房亲戚
许豸	字玉史、玉斧，号平远	？—1640。侯官人。崇祯四年进士，历户部郎，后擢宁绍道，转浙江按察佥事，以参议改督浙江学政。著有《春及堂诗》等。	许友父
许友	初名宰，又名友（有）眉，字有介，一字瓯香	约1620—1663。诸生。工书善画，诗尤孤旷，曾与高兆等结社，为"平远社七子"之一。黄璂官广东肇罗佥事时，尝访黄于肇庆。著有《许有介集》。《沈氏砚林》录有许友款《鳝黄鲤赤砚》及《许有介游龙砚》。	黄文焕女婿、黄绍洽岳父、黄任外祖父
许遇	字不弃，一字真意，又曰贞翁，号花农，又号月溪	1650—1719。顺治间监生。知河南陈留县事，康熙五十三年知长洲县，卒于官。有惠政。少时受诗于王士祯，尤擅七绝。工画松竹梅石。著有《紫藤花庵诗钞》。	许友子、黄任舅父
许鼎	字伯调，号梅崖	雍正元年举人。官浙江上虞、遂昌知县，为政不苟。能诗，著有《少少集》及《刺桐城纪游》。	许遇长子、黄任表兄
许均	字叔调，号雪邨居士、雪邨道人、玉琴居士	？—1730。康熙五十七年进士，改庶吉士。散馆，授吏部考功主事。性严正，勇于任事。擢礼部郎中。工诗善书画。著有《玉琴书屋诗钞》。尝为谢道承作《二梅亭记》。	许遇子、林侗女婿、黄任表兄弟
廖淑筹	寿竹	工词翰，写卉竹皆极精致。著有《琅玕集》。生有二子，即许雍、许王臣。	许均妻、林侗女（出继廖氏）
许良臣	字思夔，号石泉	约1695—1764。雍正元年与父亲同举于乡。历任增城、镇平、电白知县。擢崖州知州，又历儋、化、连三州，皆有声。权理瑶同知。以功迁广州海防同知，即澳门同知。后罢归。著有《梅岩集》、《石泉诗钞》等。	许鼎长子
许荩臣	字思进，号秋泉	康熙五十九年举人，雍正五年署上虞令。著有《客游草》。	许鼎次子
许雍	字思敬		许均子
许王臣	字思恭，号陶瓶	工诗画。著有《陶瓶集》、《夕佳楼诗钞》。	许均子
游绍安	字鹤洲，号心水	1682—？。福清人。雍正元年进士，官刑部郎中，南安知府。守南安近二十年，故诗文多南安所作，其文务为奇崛语，诗亦以生僻见长。著有《涵有堂诗文集》。	许遇女婿、黄任表姐（妹）夫

姓 名	字号室名	简 历	备 注
张季琬	字宛玉，别号月鹿侍史	闽县人，新安县河厅张洪之女，适江宁府属官朱文炳。能诗，工绘事。许良臣之女许琛《贺太舅氏黄十砚翁八十重宴》诗有注："余外祖母月鹿夫人与君为中表。"	黄任中表、许良臣岳母
林氏家族及其亲戚			
林遴	字敏子，号立轩	1619—1709。侯官人。顺治十一年举于乡。康熙间知达州，有惠政。晚归于乌石山之西园构荔水庄。性嗜金石古文，有《甘露砚》铭。	林佶、林佶父
林侗	字同人，号来斋	1627—1714。贡生。博涉经史。金石碑版搜罗考订无遗。康熙十五年，署尤溪县教谕，以二亲垂老，绝意功名，居城西荔水庄，以著述自娱。著有《荔水庄诗草》、《来斋金石考》等。	林遴长子、许均岳父
林佶	字吉人，号鹿原，别署麓原子、紫薇内史、道山亭长等	1660—1723。康熙三十八年中举，以楷法精工，特旨入直武英殿抄写御集。五十一年钦赐进士，翌年授内阁中书。家多藏书。文师汪琬，诗师陈廷敬及王士祯。工楷书，亦善篆隶，手抄汪、陈、王四书，被称为"林佶四写"。著有《朴学斋诗文集》。喜品砚题铭。	林遴次子
林在华	字渭云，自号北陇惰农	国子生。工诗律，宗韩孟。擅行书，萧疏古淡。参纂《福建通志》，多所考订。著有《隋农遗稿》。	林侗次子
林正青	字洙云，自号苍岩居士	1680—1756。诸生。读书荔水庄，后考职州，判刑部山西司，出理小海场盐务。以母老告归。张伯行选其入鳌峰书院，名籍甚。尝预修《福州府志》，著有《瓣香堂诗文集》、《榕海旧闻》、《小海场志》等。	林佶长子
林在衡	字湘云		林佶二子
林在峩	字涪云，号轮川	?—1752。博雅好古，喜蓄砚。工文词书翰，兼工铁笔，镌刻砚铭甚夥。早岁参与纂修《古今图书集成》。后于乾隆初元再游京师，大学士赵国麟目为国士，将特荐之，未上，国麟罢，遂归寓苏州胥江板桥，寓居小楼"环翠"，日与编修邵泰、布衣李果过从作文酒之会，或写意作竹石花葩。著有《陶舫集》、《砚史》。	林佶三子
林玉衡	字泾云		林佶四子
林擎天	初名晥，字承奎，号心香	乾隆四十六年，任台湾府儒学训导。（《重修台湾省通志》）	林在峩子
陈治滋	字以树，别字德泉	1683—1755。侯官人。康熙五十二年进士，选庶吉士，授编修，改御史，累官奉天府丞。文体诗律得林佶指授，蔚然成家。以养亲告归里居，筑"学圃"读书其中，学老文钜。	林佶外甥
谢道承	字又绍，号古梅，别署种芋山人	1691—1741。侯官人。康熙五十九年举乡试第一。康熙六十年进士，选庶吉士。曾受业于林佶。雍正元年，授翰林院编修。雍正三年辞官还乡。六年，续修《福建通志》，任总纂。工诗，善书法。乾隆三年，入京授太子中允、侍读、国子监祭酒。后升内阁学士兼礼部侍郎，诸生挽留，遂仍兼国子监祭酒。卒于任上。著有《二梅亭集》、《小兰陔诗集》等传世。著《砚史》，已失，郑方坤《全闽诗话》有引其内容。	林佶外甥

姓名	字号室名	简历	备注
		朋友圈等	
		三 画	
于振	字鹤泉，号秋田，一号连漪	江苏金坛人。雍正元年状元，授翰林院修撰。五年，提督湖北学院。后因事遭贬，降为行人司司副。乾隆元年，应博学鸿词科考列一等，授翰林院编修。五年，提督福建学院。官至侍读学士。为人刚直公正。书法、文章为世人推崇。著有《清涟文钞》《清涟诗钞》。	
		四 画	
王恕	字楼山，号瑟斋	1682—1742。四川安居人。康熙六十年进士。乾隆元年迁广东按察使，四年任广东布政使，五年任福建巡抚。	
王元枢	字斗南，号书门山人	山东济宁人。乾隆初官广东海南道副使。工书。有《书门山人诗》。	
王文昭	字瞻斐	淳化县人。拔贡生。乾隆十七年任台湾府同知。	
方世举	字扶南，号息翁	1675—1759。桐城人。工诗。著有《韩昌黎诗集编年笺注》《春及堂诗钞》《兰丛诗话》等。	
		五 画	
叶祖烈	号虞封	青浦人。监生。雍正二年令晋江。七年调顺昌，升建宁同知。九年冬升泉州知府，十年到任。	
叶观国	字家光，号毅庵，晚号存吾	1720—1792。闽县人。乾隆十六年进士，选庶吉士，散馆授编修。历任云南、广西学政。升任翰林院侍读学士、詹事府少詹事，入直南书房。晚年归里，在文儒坊建"绿筠书屋"。著有《绿筠书屋诗钞》。	
叶绍芳	字际泰，号芸山	1657—？。闽县人。康熙三十九年进士。知江阴县。著有《捧橄堂草》。	
		六 画	
朱景英	字幼芝，一字梅冶，号研北	湖南武陵人。乾隆十五年解元。十八年，知连城县；十九年，知宁德县。二十九年二月，任平和知县。三十年二月，移任侯官知县。三十四年四月，任台湾海防同知。三十七年，秩满回京。三十九年，署汀州、邵武知府。四十一年秋，迁北路理番同知。四十三年，告归（刘世德《朱景英和〈桃花缘〉传奇》，《文献》1980 年第 4 期）。工书法，能诗文，著有《畬经堂诗文集》，录砚铭十三首。	
刘敬与	字邻初	1684—？。闽县人。雍正元年进士，官行人司行人。与谢道承参与纂修乾隆《福建通志》。陈兆仑《秋江集诗序》云："因获交于编修谢古梅道承、行人刘邻初敬与，二公学老文钜，卓冠一时。"	
许志进	字念中，号谨斋	江苏山阳（今淮安）人。康熙三十年进士，授铁岭知县，诏进户部主事，升礼科给事中。喜购书，能诗文，著有《谨斋诗稿》。黄任为其壬午典试所取士。	
许廷鑅	一作许廷嵘，字子逊，号竹素	1675—1760。江苏长洲（今苏州）人。康熙五十九年举人，官福建武平知县。精弓马，能击剑夺槊。乾隆六年王恕延主鳌峰讲席。晚年主讲韩江、娄东书院，工诗。著有《竹素园集》，为黄任《秋江集》作序。	

姓 名	字号室名	简 历	备 注
许齐卓	字武田,室名鑑堂、万松庵、听雨轩	合肥人。拔贡生。乾隆六年任福建永定知县,八年任宁化知县。与宁化人、"扬州八怪"之一黄慎交好,尝撰《瘿瓢山人小传》。	
阮芝生	字秀储,号谢阶,又号紫坪	山阳人。阮学浩子,阮葵生弟。乾隆二十二年进士。历官内阁中书、德清知县、永定河北岸同知。工诗文。著有《咏素斋集》、《退朝堂笔记》等。	
纪昀	字晓岚,又字春帆,号观弈道人	1724—1805。直隶河间府献县崔尔庄(今属河北省沧县)人,乾隆十九年进士。二十七年督学福建。官至礼部尚书、协办大学士,曾任《四库全书》总纂官。癖砚,作砚铭甚夥。所蓄砚收入《阅微草堂砚谱》。	
七 画			
李拔	字清翘,号峨峰	1713—1775。四川犍为人。乾隆十六年进士。初令钟祥,历长阳、江夏。二十四年春,升福建福宁知府。二十五年四月,调升福州知府。二十七年丁忧归里。三十五年任湖北荆宜施道台。纂修《福宁府志》及《福州府志·艺文志》(补四卷)。	
李馥	字汝嘉,号鹿山	1662—1745。福清人。康熙二十三年举人。官至浙江巡抚。乾隆九年八十三岁时重宴鹿鸣。工诗,著有《鹿山诗钞》。喜蓄砚。	
李建勋	字梅亭	福清人。任刑部郎中。	
李开叶	字奕夫、磁林,室名崇雅堂	1671—?。福清人。康熙六十年进士,选庶吉士,引疾归。朋游过从,唯以讲学论文为事,著有《崇雅诗钞》。	
李云龙	字玉和,号霖邨	1710—1761。祖籍福清,曾祖时迁家闽县。科举屡不得志,以祖父命,援例就选通判苏州府权督粮同知。乾隆十九年,授贵州平远州知州;七年后迁任贵州独山州知州,未几以劳卒。有政声。善属文,工汉隶法,富藏书,爱蓄金石书画。(朱景英《畲经堂文集·李州牧墓志铭》)	
杜昌丁	字松风	青浦籍,家江苏太仓。副贡生。善书。雍正七年知浦城县。雍正十三年及乾隆七年、十五年三任永春知州。著有《壬癸志稿》。	
吴至慎	字永修,号林塘	江苏震泽人。乾隆元年举人,官霞浦知县。乾隆十三年调任闽县,在任四年,平反疑狱不胜计。以事忤制府,被劾去官。逾年,陈宏谋为申理,补灵山知县。工诗,尝品闽产寿山石、素心兰、荔枝为三妙,绘图征诗。	
吴晟	字西李,号鹤皋	山阳人。康熙二十一年进士,授编修,官至左中允。	
吴嗣富	字郑公,号崑田	钱塘(今杭州)人。乾隆四年进士。官翰林院编修。历任湖南、广东、陕甘学政。乾隆二十六年主讲嵩山书院,二十八年预修续《福建通志》。著有《玉壶斋集》。	
吴廷华	字中林,号东壁,初名兰芳	1682—1755。浙江仁和(今杭州)人。康熙三十三年举人。雍正三年,由中书任福建海防同知,寻以原衔通判兴化。尝奉檄至台湾。十年,以原品休致。乾隆初年,入京修三礼。著有《三礼疑义》、《东壁书庄集》等。	

姓 名	字号室名	简 历	备 注
吴履泰	字文岸,号茹原	侯官人。雍正八年进士,改庶吉士,授编修,历官侍读学士。主讲道山书院。著有《少箸诗稿》。	
吴文焕	字观侯,一字剑虹	1688—?。长乐人。康熙六十年辛丑科一甲第二名进士,授翰林院编修。雍正二年、十年两次出任陕西乡试考官。乾隆三年五月,以记名御史用,累迁湖广道监察御史。后患病辞官归里。	
余甸	初名祖训,字仲敏,改名甸,字田生,晚更字芳初,又字修吾	1655—1733。生于福清县,后移居福州南台钓龙台畔。康熙四十五年进士。巡抚张伯行延主鳌峰书院。后授四川江津知县。雍正二年四月,授山东按察使。三年,擢顺天府丞。居官有能声。博学富才藻,工诸体书。喜蓄砚题铭。	
余文仪	字叔子,号宝岗	1687—约1782。诸暨人。乾隆二年进士,授刑部主事。十九年,出为福宁知府。二十三年,调漳州知府。二十五年,调知台湾府。二十九年,擢分巡台湾道,升任福建按察使。再入为刑部员外郎,旋擢侍郎。三十六年,任福建巡抚。召为刑部尚书。有砚癖。著《嘉树堂集》。作有《黄莘田先生传》,并为黄任《消夏录》作序。	
何兰	字其芬	侯官人。康熙五十九年举人。知广昌县。	
邹氏	人称顾二娘、顾亲(青)娘、顾大家	生活于康、雍年。江苏吴县人。制砚家。丈夫顾启明家族三代制砚,顾二娘之砚艺得自夫家所传。	
汪士鋐	字文升,号退谷,又号秋泉	1658—1723。长洲人。康熙三十六年会元,授翰林院修撰。官至中允。书法与姜宸英并称"姜汪",与笪重光、姜宸英、何焯并称"康熙四大家"。著有《秋泉居士集》。	
沈大成	字学子,号沃田	1700—1771。江苏华亭人。屡就幕府征,由粤而闽而浙而皖,前后四十余年。耽心经籍,通经史百家之书,及天文、乐律、九章算术。著有《学福斋集》。	
沈芝	字浴凫	江南元和人。乾隆十二年任福建盐法道库大使。	
沈廷芳	字畹叔,一字荻林,号椒园	1702—1772。仁和人。乾隆元年,举博学鸿词科,选为庶吉士,授编修,任山东道监察御史。能诗善文。曾主讲端溪书院,寓高要一年。乾隆二十八年任鳌峰书院山长。著有《隐拙斋诗集》、《隐拙斋文集》等,与桑调元合辑《余山遗稿》。纂修续《福建通志》,曾为吴绳年《端溪研志》作序。	
邵泰	字峙东,号北崖	大兴人,侨居吴中。康熙六十年进士。官编修,能作擘窠大字,吴中碑刻多出其手。(陈宏谋《培远堂稿》)	
张炜	字彤伯,号雪樵	1661—?。侯官人。康熙四十七年中举,五十七年成进士。选庶常,改编修,充三朝国史馆纂修官,以勤慎著称。改补刑部郎中。不欲扶同奏对,致仕归,家无儋石,聚徒讲学以给。雅善诗赋、古文辞。著有《雪樵诗文集》。	
张岳	字立仲	侯官人,雍正七年举人。知恭城县。	

姓 名	字号室名	简 历	备 注
张学举	字乾夫，号南坪、雪舫，室名红蕉山房	江苏如皋人。乾隆十年，任福建古田知县。十三年，任福建长乐知县。以艰归，服阕，分发广东，历南澳、番禺等县，升知罗定州。二十八年，任福州知府。著有《南坪诗钞》。	
陈学良	字廷汉，号梅谷	长乐人。雍正间监生。与许鼎友善，曾一起在许家别业"石林"读书，即景各赋诗歌，著有《石林倡和》、《刺桐纪游》。	
陈帝简	字亦哲	康熙五十六年举人，南靖教谕。	
陈兆仑	字星斋，号句山（祖居杭州句耳山，因号）	1700—1771。钱塘人。雍正八年进士，选为知县，分发福建。闽浙总督郝玉麟延主鳌峰书院讲席，并兼管通志局事务。乾隆元年，举博学鸿词，官至太仆寺卿。多次获御赐书籍、砚墨等。工诗善书。著有《紫竹山房文集》、《紫竹山房诗集》。尝为黄任《秋江集》作序。孙女陈端生（1751—约1796）为女弹词家，著有《再生缘》（一至十七卷）。	
陈发其	字师颜	侯官人。拔贡生，通经术，有文名，分纂省志，多所考核，著有《心斋诗集》。	
陈学孔	字集斯，一字紫山	1659—？。侯官人。康熙二十九年举人。授遂安县。行取入部，官监察御史。世居乌石山舍人楼下。宦归，于屋后依山筑二隐堂，镌"二隐峰"三字于石。素善病，闭户罕出。与查慎行、朱彝尊等结交。志书称其"才干裕如，丰裁丕著，逍遥林泉，年七十余卒"。	
陈学梅	字若蟠	闽县人。监生。	
陈衣德（又作依德）	字章侯，号浴斋	1692—1771。闽县人。雍正元年进士，仕选直隶文安县(今河北省文安县)。有政声。后因得罪上司丢官回里。著有《居易堂诗文集》、《华阳趋庭草》等。	
陈九龄	字岁江，号补堂	福清人。乾隆元年进士。知铜陵县。尝为将乐书院山长。	
陈君豊		侯官人。康熙六十年武进士。沙州卫守备。	
八 画			
赵国麟	字仁圃，号拙庵，又号跛道人	1673—1751。山东泰安人。康熙四十五年进士。曾任直隶长垣知县，擢永平知府。迁福建布政使，调河南。擢福建巡抚，调安徽。乾隆三年，擢刑部尚书，调礼部，兼领国子监。四年，授文渊阁大学士，兼礼部尚书。六年，因事被降诏诘责，左授礼部侍郎。七年，擢尚书。乞引退，不许。逾数月，复以请，上不悦，命夺官，在咸安宫效力。八年，许还里。十五年，诣京师祝上寿，赐礼部尚书衔。为官清峻。	
范咸	字贞吉，号九池，又号浣浦	仁和人。雍正元年四月举乡试，九月举会试，十一月行殿试中进士。入翰林院，散馆授检讨。督学山西，以事罢职。后改授编修。乾隆十年四月，擢巡视台湾监察御史兼理学政，又以事罢职，主鳌峰、粤秀两书院。十六年，高宗南巡，复御史原官，任云南道监察御史。卒年七十。著有《浣浦诗钞》等。与人共纂《重修台湾府志》、《湖南通志》。	

姓 名	字号室名	简 历	备 注
林溥	字兴井	侯官人。监生。	
林缙	字肃斋	1662—?。闽县人。康熙四十八年进士。江南当涂县知县。	
林和	字玉伯	1657—?。侯官人。少倜傥，喜读书，精骑射。康熙三十五年，武乡试第一。会父殁，绝意仕进。建宗祠，修谱系。族属中婚嫁丧葬无力者，悉加资助。岁饥，运米平粜，以赈乡人。暇则督课家庭，读书砥行。	
林绪光	字广业，号凤溪	闽县人。康熙三十八年举人。知蕲水县，丁本生母艰。再补平湖县，迁冀州知州，以前任事镌职，七年事乃白。复补海盐县。转乍浦同知，迁永北府，以艰归。再赴补，卒于途。历官俱著声迹，长于诗，著有《余斋集》。	
林兴泗	字容斋	湖北孝感人。监生。雍正十二年任台湾府台湾县知县。乾隆二年升署福州海防同知，六年任福州知府，有政声。	
林中声	字承明	侯官人。	
周易	字在西，号莲峰	上元（在今江苏南京）人。康熙五十九年贡生。工书。（《金陵通传》）	
周学健	字勿逸，又字力堂。人称西昌公	1693—1748。江西省南昌府新建县（旧曰西昌，今属南昌市）人。雍正元年，以第一名中举人和殿试二甲第六名中进士，任翰林院编修。十三年，任四川乡试副考官、福建学政。乾隆八年，任福建巡抚。十一年，任浙闽总督、福建巡抚。十二年九月，任江南河道总督，兼刑部左侍郎、兵部右侍郎、都察院右副都御史、太子少保，兼管七省漕运总督印务。后因事被乾隆帝赐死。著有《力堂集》等。	
周绍龙	字允乾，号瑞峰	合县（今福州）人。少颖敏，以文学名。雍正元年进士，官至顺天府丞，卒于官。书法精妙，出入欧、苏。有砚癖，喜题砚铭。	
庞屿	号石洲(州)	1696—1751。广西陆川人。雍正四年举人。历任广东镇平、归善、番禺等县知县，广州理瑶同知，代韶州知府，廉州、广州知府，惠潮嘉兵备道按察使司副使，雷琼兵备道，两广之都转盐运使司盐运使，两广之按察使、布政使。	
官纶	字绍宁，号澹岩	侯官人。贡生。	
郑基	字葆真，号绍庵	侯官人。康熙五十三年举人。官金衢严道。	
郑际唐	字大章，一作子章、子虞，号云门、须庵，室名传研斋	侯官人。乾隆三十四年进士，选翰林院庶吉士，散馆授编修。官内阁学士，兼礼部侍郎，五十二年为山西学政。工书法，精篆、籀、八分。有《须庵诗集》。	
孟超然	字朝举，号瓶庵	1730—1797。闽县人。乾隆二十四年乡试中解元，次年成进士，选庶吉士，改兵部武选司主事，调吏部文选司主事，升考功郎中。乾隆三十年出主广西省试，三十三年分校京闱。随后视学四川。三十七年辞官，不再出仕。后福建巡抚徐嗣曾延主鳌峰书院，任山长八年。	

姓　名	字号室名	简　历	备　注
九 画			
施霖	字能继，号澍岩	1655—?。闽县人。康熙三十九年进士。知山东平原县，改甘肃西宁，持正不阿。擢工部主事，以疾告归。家贫，笃友爱，授徒自给。	
施廷枢	字北亭，号慎甫，室名十驾斋	钱塘人。监生。乾隆十六年，受福州知府徐景熹聘请，与黄任等修《福州府志》。	
十 画			
顾嗣立	字侠君，号闾丘	1665—1722。长洲人。康熙五十一年进士，曾预修《佩文韵府》，授知县，以疾归，性豪饮，有酒帝之称。博学有才名，喜藏书，尤工诗，著有《秀野集》、《闾丘集》。	
顾之琰	字揩玉，号月田	1678—1745。仁和人。康熙三十八年举人。初令华阴、石泉二县，擢行人司行人，仍调外任，雍正十一年任电白知县。	
高纲	字姜田	镶黄旗人。监生。乾隆二年任韶州府知府。父高其佩，官至正红旗汉军都统、刑部右侍郎，工诗善画，尤善指画。	
郭金鑑	字威予	闽县岁贡生。	
郭起元	字复斋	闽县人。诸生。少肄业鳌峰书院。品芳洁，能文章。乾隆元年举博学鸿词不就。周学健以贤良方正荐，授安徽舒城知县。历官盱眙知县、泗州知州、宿虹同知，有善政。工诗。著有《介石堂诗文集》等。	
翁嵩年	字康饴，号萝轩	1647—1728。钱塘人。康熙二十七年进士。授户部主事，历刑部郎中。四十二年任广东提学道，后改提督学院。以枯笔作林峦峰岫，气质古雅疏拙。卒年八十二。著有《天香书屋稿》、《白云山房集》等。	
陶元藻	字龙溪，号篁村，又号凫亭	1716—1801，会稽（今浙江绍兴）人。乾隆贡生，九试棘闱，屡荐不得上。历游燕、赵、齐、鲁、扬、粤、瓯、闽之境。诗文负盛誉。游京师，题诗旅壁，袁枚见而称赏，为撰《篁村题壁记》。至广陵，为两淮转运使卢见曾幕僚。时称"会稽才子"。后归籍，在杭州西湖建泊鸥庄，专事著述，著有《全浙诗话》、《泊鸥庄文集》等。作有《肇庆府志序》。	
桑调元	字伊佐，一字弢甫，自号独往生、五岳诗人	1695—1771。钱塘人。雍正十一年召试，钦赐进士，授工部屯田司主事。引疾归，迭主大梁、道山、濂溪、泺源诸书院。精于史学与性理之学，著有《桑弢甫诗集》等。	
十一 画			
黄之隽	初名兆森，字若木、石牧，号吾堂，晚号石翁、老牧	1668—1748。华亭县陶宅（今上海市松江青村乡陶宅村）人，原籍安徽休宁。康熙六十年进士。雍正元年起，历任庶常、翰林院编修、福建督学、右中允、左中允等。嗜书，为诗人、藏书家。尝为林在峩《砚史》作序。	

姓 名	字号室名	简 历	备 注
黄岳牧	字瑞伯，号韧斋	晋江人。雍正元年进士。授检讨。擢御史。历官江西按察使。	
戚弢言	字渭艇	德清人。雍正八年进士，十二年任连江县知县。	
十 二 画			
董汉禹	字沧门	福州人。善写松竹，精治端砚、印纽等，工篆刻。与雕刻家魏开通、王桔生、许旭等齐名，盛极一时，作品多有进贡朝廷，开清早期端石、寿山雕刻一时之风气。	
傅王露	字晴溪，一字良木，号玉笋，又号阆林，晚号信天翁	1678—1763。会稽人。康熙五十四年探花，授翰林院编修。三次典校乡、会文闱，并任《浙江通志》总纂。雍正七年，出任江西省学政，提督学院。曾任詹事府左中允左庶子，充武英殿纂修官。后告假回乡。乾隆初年被推荐举博学鸿词科，破格加升詹事府中允。其间修《西湖志》。乾隆二十六年，进京为乾隆庆寿献册，得恩赏赞善官职。著有《玉笋山房集》、《晴溪诗钞》。	
谢士骥	字宏卿，一字汝奇	闽县人。工诗善书，与周绍龙交好，好蓄端溪砚材。黄任尝曰："嵇康好锻、阮孚蜡屐，谢君之癖将毋同。"其篆图章得斜蝙法，镌虫鱼兽纽，须鳞飙动。至端溪砚石，一经磨琢，即成佳制，鉴赏家珍如圭璧（《经畲集》、《注韩居诗话》）。	
十 三 画			
蓝涟	字公漪，号采饮	侯官人。博物洽闻，工诸体诗，擅书画。性喜游，在粤东羁栖尤久，与梁佩兰、陈恭尹交善。晚岁再至粤，人咸尊礼之，为刻其集曰《采饮集》。卒于粤。《砚史》卷七录其《水崖砚铭》。	
雷鋐	字贯一，号翠庭	1696—1760。福建宁化人。雍正十一年进士，改翰林院庶吉士。乾隆十五年任浙江学政，后改任江苏学政。十八年，擢升左副都御史，保留督学职务，调任浙江。二十一年，请假回乡奉养母亲。为人笃忠，"道德文章为天下所崇"。	
十 四 画			
廖炳	字天瑞	侯官人。乾隆三十五年举人。	
廖准	字允渭，号敦轩	侯官人。乾隆十年进士。授礼部主事，出任吉州知州。	
十 五 画			
潘思榘	字絜方，号补堂。人称河阳公	1695—1752。阳湖（今江苏常州）人。雍正二年进士，改翰林院庶吉士。三年，分刑部学习。六年，补主事。累迁郎中。八年，授广东南雄知府。十三年，迁海南道。乾隆四年，任广东按察使。七年，迁浙江布政使。十一年，授安徽巡抚。十二年，任福建巡抚。莅政精勤。十七年，卒。乾隆帝命祀京师贤良祠。	
潘汝龙	字健君，号散畦	浙江归安人。乾隆二年与兄潘汝诚同得第二甲赐进士出身。初令松溪，廉能著声，以忧归。乾隆十三年，补令永定。在任一年告归。乾隆十六年，卒于家。	
十 七 画			
魏作楫	字济川	侯官人。贡生。	

纪昀砚事考

纪昀像

宦海文坛俱风流

　　纪昀（1724—1805），字晓岚，一字春帆，晚号石云，又号观弈道人、孤石老人。人称茶星、纪河间。直隶河间府献县崔尔庄（今属河北省沧县）人，出身于书香门第。父亲纪容舒，康熙五十二年（1713）恩科举人，历任户部、刑部属官，外放云南姚安知府，为政有贤声，道德文章皆名一时，尤长考据之学。纪晓岚为纪容舒次子，身历雍正、乾隆、嘉庆三朝，享年八十二岁。因"敏而好学可为文，授之以政无不达"（嘉庆帝御赐碑文），卒谥"文达"。

　　纪晓岚四岁开始启蒙读书，十一岁随父入京，读书生云精舍。二十一岁中秀才，二十四岁应顺天府乡试，为解元。因母去世，在家服丧，闭门读书。乾隆十九年（1754）三十一岁时成进士，得二甲第四名，入翰林院为庶吉士，后授编修，办理院事。外放福建学政，丁父忧。服阕，迁侍读、侍讲，晋升为右庶子，掌太子府事。乾隆三十三年（1768），授贵州都匀知府，未及赴任，以其学问优，外任不能尽长，命加四品衔，留庶子任，四月又擢为侍读学士。同年六月，因其姻亲、原两淮盐运使卢见曾盐务案泄密事获罪，谪乌鲁木齐佐助军务。越三年召还，迎驾承德献诗称旨，授编修，旋复侍读学士官职。受命为《四库全书》总纂官，惨淡经营十余年。其间，先后升任内阁学士、兵部侍郎、左都御史等职。《四库全书》修成当年，迁礼部尚书，充经筵讲官。乾隆帝格外开恩，特赐其紫禁城内骑马。嘉庆八年（1803）八十大寿时，皇帝派员祝贺，并赐上方珍物。嘉庆十年（1805），拜协办大学士，加太子少保衔，兼国子监事。计自六十岁以后，五次出掌都察院，三次出任礼部尚书。卒后，朝廷特派官员致祭，嘉庆帝亲作碑文，极尽一时之荣哀。

　　纪晓岚居高位、享盛名、执学术牛耳，为

纪昀像
（摘自《清代学者象传》）

士林宗仰，被推为乾嘉时代的文坛领袖。其一生勤学不倦，博闻强记，学识渊博，堪称通儒。尝自云："三十以前，讲考证之学，所坐之处，典籍环绕如獭祭。三十以后，以文章与天下相驰骤，抽黄对白，恒彻夜构思。五十以后，领修秘籍，复折而讲考证。"（《姑妄听之》自序）江藩评曰："公于书无所不通。"（《汉学师承记》）阮元论其学术成就："公之学在于辨汉宋儒术之是非，析诗文流派之正伪，主持风会，非公不能。"（《纪文达公遗集序》）

纪晓岚一生中，有两事至为着力：一是主持科举。曾两次为乡试考官（己卯山西乡试正考官、壬午顺天乡试同考官），六次为文武会试考官（庚辰会试同考官、甲辰会试副总裁官、己酉武会试正总裁官、嘉庆丙辰会试正总裁官、己未武会试正总裁官、壬戌会试正总裁官），故门下士甚众。二是领导编修。先后为武英殿纂修官、三通馆提调兼纂修官、功臣馆总纂官、国史馆总纂官、方略馆总校官、四库全书馆总纂官、胜国诸臣殉节录总纂官、职官表总裁官、八旗通志馆总裁官、实录馆副总裁官、会典馆副总裁官等。尤倾力编纂《四库全书》，并撰成《四库全书总目提要》，"凡六经传注之得失，诸史记载之异同，子集之支分派别，罔不抉奥提纲，溯源彻委"（阮元《纪文达公遗集序》）。是书固为集体智慧之结晶，而纪晓岚在其中所起之作用至为关键。四库馆总阅官朱珪撰纪晓岚墓志铭，有云："公馆书局，笔削考核，一手删定，为全书总目，裒然可观。"嘉庆帝在御赐碑文中赞："美富罗四库之储，编摩出一人之手。红梨照院，校雠夜逮于丙丁；青镂濡毫，品第月呈其甲乙。遍搜浩博，只字刊讹；别采菁华，片言扼要。似此集成今古，备册府之大文，皆其宣力始终，尽儒臣之能事。"

晚年，纪晓岚本其阅世数十年之悟思，出余绪而成《阅微草堂笔记》二十四卷，包括《滦阳消夏录》六卷，《如是我闻》四卷，《槐西杂志》四卷，《姑妄听之》四卷，《滦阳续录》六卷。始撰于乾隆五十四年，底成于嘉庆三年，嘉庆五年门人盛时彦为之校订合刊。书中题材，以妖怪鬼狐为主，于人事异闻、边地景物、诗词文章、名物典故等亦有记述，文体简约，笔法凝练，语言精湛，夹叙夹议。郑开禧云："虽小说，犹正史也。"（《阅微草堂笔记》道光本序）是书为清代文言小说代表作之一，鲁迅先生对其评价甚高，称"纪昀本长文笔，多见秘书，又襟怀夷旷，故凡测鬼神之情状，发人间之幽微，托狐鬼以抒己见者，隽思妙语，时足解颐，间杂考辨，亦有灼见。叙述复雍容淡雅，天趣盎然，故后来无人能夺其席，固非仅藉位高望重以传者矣"（《中国小说史略》）。

关于"阅微草堂"之堂号，纪晓岚《京邸杂题六首》中，有《阅微草堂》

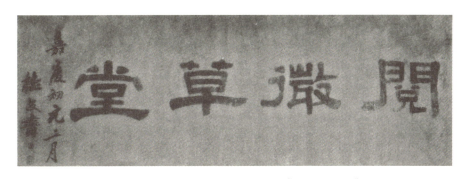

桂馥书"阅微草堂"匾额 （摘自《琉璃厂史画》）

纪昀塑像及阅微草堂旧址（摄自北京纪晓岚故居，王瑞雪提供）

臣昀印

臣昀私印

春帆

晓岚氏

纪十八

校书天禄

纪昀签名及用章（摘自王敏之《纪晓岚遗物丛考》）

诗一首，云："读书如游山，触目皆可悦。千岩与万壑，焉得穷曲折。烟霞涤荡久，亦觉心胸阔。所以闭柴荆，微言终日阅。"（《纪文达公遗集·三十六亭诗》）此可视为对"阅微"之注解。

纪晓岚勤于读而疏于著。其学生陈鹤在《纪文达公遗集序》云："我师河间纪文达公……尝语人：自校理秘书，纵观古今著述，知作者固已大备，后之人竭其心思才力，要不出古人之范围，其自谓过之者，皆不知量之甚也。故生平未尝著书，间为人作序记碑表之属，亦随即弃掷，未尝存稿。"江藩在《汉学师承记》中云："公一生精力，萃于《提要》一书，又好为稗官小说，而懒于著书。"张维屏《听松庐文钞》云："或言纪文达公博览淹贯，何以不著书？余曰：文达一生精力，具见于《四库全书提要》，又何必更著书！"李元度《纪文达公事略》亦言："公胸有千秋，故不轻著书，其所欲言，悉于四库书发之。"

对于纪大才子，正史多称其宏览博学，笔记小说则多言其诙谐滑稽，民间亦流传诸多赞美其机智风趣之故事传说。江藩《汉学师承记》云：公"胸怀坦率，性好滑稽，有陈亚之称。然骤闻其语，近于诙谐，过而思之，乃名言也"。

纪晓岚位居显要，而清正节俭。乾隆六十年，朝鲜书状官沈兴永报告出使北京见闻，云："尚书纪昀，文艺超伦，清白节俭，虽宠爱不及和珅，而其敬重之。一弊裘七八年。"嘉庆八年，门人汪德钺在纪晓岚八十岁时，作寿序云："吾师居台宪之首，据宗伯、司马之尊，登孔堂，萧然如寒素，察其舆马、衣服、饮食，备数而已，其俭也若此。"（《四一居士文钞》卷四《纪晓岚师八十序》）其个人之癖好，一为蓄砚，二为抽烟。门人梁章钜所作《纪文达师》录："芝音阁杂记云：公善吃烟，其烟枪甚巨，烟锅又绝大，能装烟三四两，每装一次，可自家至圆明园吸之不尽也。都中人称为'纪大锅'。"（《归田琐记》卷六）

纪晓岚六十九岁时，曾戏谓友人："昔陶靖节自作挽联，余亦自题一联云：'浮沉宦海如鸥鸟，生死书丛似蠹鱼。'"然刘墉认为："上句殊不类公。"或刘氏觉得纪晓岚自打从新疆召还以后，一路高升，未有大起大落的浮沉之变，故指"浮沉宦海如鸥鸟"之说"殊不类公"。实纪晓岚仕途虽顺畅，而心路则不平也。乾隆帝曾数度斥责纪昀，如乾隆五十年，斥时任左都御史的纪昀"本系无用腐儒，原不足具数……且目系短视"云云。又据笑嗷《清代外史》记：弘历"尝叱协办大学士纪昀曰：'朕以汝文学尚优，故使领四库书，实不过以倡优蓄之，汝何敢妄谈国事！'夫协办大学士，位亦尊矣，而曰倡优蓄之，则其视群臣如草芥……"不过此说颇多漏洞，盖纪昀任协办大学士在嘉庆十年，而乾隆帝在嘉庆四年已经去世。但笑鲰所记乾隆帝斥责纪昀之语未必全然杜撰，其或有所本，只是所记当时纪晓岚之身份有误。即使撇开笑鲰此记不计，"正史"亦有多处记及纪晓岚被乾隆帝斥责之事实。正因如此，纪晓岚时常吓出一身冷汗，虽身居高位，却长怀惶恐之心，如履薄冰，难免生出"浮沉宦海如鸥鸟，"之感慨。

　　纪晓岚身后百二十余年，鲁迅先生称其为"前清的世故老人"（《集外集拾遗补编·新的世故》）。笔者尝作铭题"磐石砚"，云："惟其圆，故淹贯。惟其厚，故貌愍。无圭无角，如磐如山。处世之道，莫过晓岚。"

磐石砚
欧忠荣设计、监制并题铭，张得一刻铭

纪公之砚九十九？

　　纪晓岚一生与砚结缘。六十九岁时自云："余自四岁至今，无一日离笔砚。"（《槐西杂志》一）七十岁时又云："余性耽孤寂，而不能自闲。卷轴笔砚，自束发至今，无数十日相离也。"（《姑妄听之》自序）《阅微草堂砚谱》录有一方纪晓岚少年时所用砚，砚背有纪氏八十一岁时所作题记："此余少年所用砚，乾隆戊辰（十三年）为景州李露园持去。今忽从市侩买得，摩挲审视，如见故人。"因是失而复得之砚，故砚背又镌以"合浦还珠"四字。按：李基塙，字露园，景州人，康熙五十三年举人，官永定知县。

　　纪晓岚喜蓄砚，其藏砚之室，世称"九十九砚斋"。然不知何故，遍查现存纪氏文章及砚铭，均未见其本人提及"九十九砚斋"之名。晓岚身后，由其孙纪树馨辑录之砚谱，亦名为《阅微草堂砚谱》，而非《九十九砚斋砚谱》。

　　《阅微草堂砚谱》卷首，有纪晓岚遗照，为嘉庆十二年二月张赐宁所绘，伊秉绶题字"河间中堂纪文达公遗象（像）"。嘉庆十八年，翁方纲应纪树馨（香林）之请，作《题文达公洗砚遗照》，中有句云："九十九砚斋，泓然邀月地"（亦见《复初斋诗集》卷六十六《纪文达洗砚图》）。可知纪晓岚确有斋室名"九十九砚斋"。

翁方纲《题文达公洗砚遗照》（摘自《阅微草堂砚谱》）

九十九研作斋额

纪晓岚门生陶澍藏有一方端溪老坑砚，砚为纪晓岚之孙纪树馪所赠，上有纪晓岚题铭："西洞残石，今或偶有。其出虽新，其生已久。譬温太真，居第二流之首。嘉庆壬戌（七年）八月。"

陶澍得砚后，作《纪文达师九十九研斋第九十九研歌》，云："纪公之砚九十九，平正瑰奇无不有。因方就圜寓匠心，肖石作铭出公手。此砚相逢公耄年，器以晚成例居后。数不取盈不满百，高斋榜揭字如斗。以砚名斋斋甫成，以斋名砚砚斯寿。拟古兴怀第二流，仰若群龙见其首。神龙见首不见尾，此尾居然出无右。凤咮应无牛后羞，螺痕倒渍鲸波黝。乍疑烟水浸如拳，九十九洲云梦薮。又疑坡老赋仇池，九十九峰环雪牖。末座何妨著绿衣，期颐有待增黄耇。却看铭语忆初镌，岁在壬戌月维酉。其时我甫及公门，桃李风前一株柳。醉翁门生满天下，是科殿之信非偶。三十年来衣钵存，远许砚田分一亩。诸孙好我惠琼瑶（自注：砚为公之孙树馪所赠），还记同人诗在口（自注：黄霁青、梁苣邻二君曾以公砚赋诗）。风流应笑晋时人，太真失色为谁忸？世间百里半九十，策后相期贞石友。"（《陶文毅公全集》卷五十六诗集）

陶澍诗中，言及座师纪晓岚砚斋取数"九十九"之原因，为"数不取盈不满百"。又从"高斋榜揭字如斗"一语可知，九十九砚斋之名，还以斗大之字题为匾额。

陶诗又有自注云："黄霁青、梁苣邻二君曾以公砚赋诗。"

梁苣邻即梁章钜，与陶澍皆为嘉庆七年进士，是年会试正总裁官为纪晓岚。梁章钜《退庵诗存》卷十八有《纪文达师九十九研斋第九十九研歌为陶宫保作》，诗云："河间夫子今儒宗，选士心期选石同。九十九研作斋额，慎余雅意渊乎冲。此研遭逢时独后，计数适当九十九。壬戌之秋始登堂，也算吾侪同岁友。生云屋中昼深静，自制铭辞旌后劲。品题曾拟温太真，持赠恰归陶士行。春风回首二十年，法物过眼悲云烟。""研乎庆汝所遇优，金稜玉海非凡俦。谁知九十有九研，翻似人才第一流。"

梁章钜"九十九研作斋额"之说，与同年陶澍所说正同。

陶澍(1779—1839)，字子霖，号云汀，安化县人。先后调任山西、四川、福建、安徽、江苏等省，历按察使、布政使、巡抚等职，后升任两江总督，兼管两淮盐政。道光十五年，皇帝御赐"印心

陶澍像
（摘自《清代学者象传》）

石屋"匾，陶氏建亭供奉，印心石屋遂显名于世。十九年，病逝于两江督署，赠太子太保衔，谥"文毅"。有《印心石屋诗抄》、《陶文毅公全集》等传世。今天津博物馆藏有"印心石屋山水全图端砚"，背面刻图极精细。

印心石屋山水全图端砚砚背（摘自《天津博物馆藏砚》）

九十九铭人黄子

　　清人黄安涛曾收藏纪晓岚砚铭拓本。黄安涛（1777—1848），字凝舆，号霁青，浙江嘉善人。嘉庆十四年二甲一名进士，改翰林院庶吉士，散馆授编修。二十一年，任贵州主考官。官至广东潮州知府。工诗文，精书法。著有《诗娱室诗》、《息耕草堂诗》等。黄安涛于嘉庆十八年租住纪晓岚故居之一半屋宅。其《真有益斋文编》记："癸酉（1813）秋仲，始偕舍人曾君琨圃僦屋宣武门外虎坊桥侧，屋为前大宗伯纪文达公故居……文达裔孙割半见赁。"

　　陶澍、梁章钜之另一位同年朱琦，尝得见黄安涛所藏拓本，并作诗《题黄霁青所藏纪文达公砚铭拓本》，序云："献县纪文达公有九十九研斋，其中公师刘文正公所赠一研……又一研尝携至乌鲁木齐戍所……最古者则宋魏了翁、家之巽物，余不可悉记。自公逝后，研散失殆尽。霁青藏拓本，得十之九，至是以示坐客。余为公门下士，感师模之不再也，爰书长句于册。"诗云："端溪老坑涸已久，一片云腴重琼玖。物聚所好理则然，况乃文章此渊薮。河间参政擅风雅，屈指百年无出右。曾经力购穷心神，拔擢嘉禾薙稂莠。造化毕竟靳盈数，但予良材九十九。公曰我以名我斋，凡事留余免遭咎。若论蓄宝亦云富，瑰质斒斓似樽卣。龙尾凤咮兼搜罗，毋使坡翁笑牛后。其中二研志荣遇，锡赉恩邀两朝厚。上卿缟纻纷相酬，先溯师门亲授受。流传古迹有魏家，款识分明色深黝。白黑偶昧老氏箴，独向边关荷戈走。天山雪花渍沤润，万里往还称石友。从兹癖嗜情弥坚，退食摩挲不释手。平生学书得大意，骨法何须慕颜柳？编研四库中奎才，广辑陶泓随指嗾。红丝碧玉蕉叶白，历历呼名辨谁某。由来用器惟其人，径寸方圆判钟缶。寻常弄翰愧珍璧，硕学如公信无负。吁嗟逝者已九原，譬彼农夫割畦亩。风尘堕落苦难著，照乘珠非暗投否。拓本幸赖黄君藏，且当区区典型守。骅骝终待按图索，矢愿墨池勤涤垢。是时览册思音徽，词客知应重回首。侯芭感叹为题句，泪洒当筵一杯酒。岩璞纵复归销沉，我诗公铭倘同寿。"

朱珔言九十九砚斋取名，盖因"造化毕竟靳盈数，但予良材九十九。公曰我以名我斋，凡事留余免遭咎"。其大意，亦同陶澍之说。

朱珔（1769—1850），字玉存，号兰坡、兰友，室名培风阁、小万卷楼、藤花吟舫、双槐书屋等，泾县人。历任山东乡试副主考官、赞善、会试同考官。以母病归。先后主讲南京钟山、苏州正谊、徽州紫阳书院，有"江南经师之冠"美誉。藏书逾十万卷。工诗善文。著有《小万卷斋诗文集》等。

黄安涛所藏纪晓岚砚铭拓本，观者甚众，并多有题诗。

刘嗣绾《尚絅堂诗集》卷五十，有题为《十月二十四日，黄霁青集同人于寓斋，为消寒第一集。往年霁青曾寓纪文达宅，昔文达有九十九砚斋，砚已散失不可考矣，霁青拓其铭，得八十余，因仍其名曰〈九十九砚歌〉》。歌云："君不见庐山九十有九峰，一峰一朵青芙蓉。峰峰化石制为砚，乃在尚书纪氏之斋中。尚书斋成搨铭纸，九十九铭入黄子。黄（自注：崑圃）彭（自注：文勤师）铁（自注：冶亭）董（自注：柘林师）各赠贻，多者尤推石庵始。黄子持此亦足豪，有砚只似绥山桃（自注：绥山一桃亦砚铭）。中惟一砚出亲笔，字仿苏体何清高。昔年黄子纪斋住，岸舟（自注：斋名，往时霁青读书处）恰到庐山路。忽然峰石集砚铭，却遇消寒斗诗句。销寒九九应此图，君题第一诗成无？君诗补入图中好，合配香薰百子炉。"诗作于嘉庆二十二年（1817），距黄安涛入住纪宅为时不远。刘嗣绾诗中云"九十九铭入黄子"，乃一虚数，其诗题已言实"得八十余"而已，盖其余已然散失。

刘嗣绾（1762—1820），字醇甫，又字简之，号芙初，江苏阳湖人。嘉庆十三年会试第一，廷试改翰林院庶吉士，散馆授编修。处世和平安雅，见义无不为。年五十九，丁母忧，以毁卒。刘嗣绾与黄安涛交契，时有雅集唱和。

梁章钜《退庵诗存》卷八，亦有《黄霁青斋中题纪文达师九十九砚拓本》，诗云："虎坊桥畔雪印鸿，阅微堂上宵贯虹。九十九砚半零落，拓本犹作光熊熊。弱者赢寸博赢尺，方珪圆璧随磨砻。富或成章约数字，自铭乞铭靡不工。赐臣臣克大业称，赠友友获他山改。出塞不辞万里路，著书欲并千秋功。为都御史纲纪肃，为大宗伯神人通。三馆琅函奎璧合，两廊银烛云烟浓。旁至虞初九百说，诙谐犹足惊顽聋。此时此砚孰任使，墨华想共春融融……"诗作于嘉庆二十二年，或亦同刘嗣绾在黄霁青斋中参加消寒雅集时所作。其时，纪晓岚所藏之砚，已是"九十九砚半零落"，仅能在砚铭拓本中见其概貌。

砚谱恰录九十九

阅微草堂曾经过藏之砚台有几何，难以确知。但可以肯定的是，绝不止九十九方，只是因为"数不取盈不满百"、"凡事留余免遭咎"，才称此斋名而已。而综合《阅微草堂砚谱》、《纪文达公遗集》及门人集子所录砚铭，纪晓岚曾收藏过的砚台，超过一百七十方。至于未著录者还有多少，无法稽考。

关于《阅微草堂砚谱》所录砚台数量，当今不同版本出版物之说法不一。1992年中国文联出版公司所再版，有张中行先生跋，云"收得多约一百二十六方铭文"。1999年广陵书社再版，《出版说明》含糊其辞云"收录纪晓岚藏砚约百余方"（广陵版编排顺序与文联版有异，且少收"连环砚"）。2002年湖北美术出版社再版，前言云"共收纪昀藏砚一百二十六方"，乃从张中行先生之说。数字出现两种不同表述，是因谱中所录，部分为一砚多图，编者难分其究竟是一砚还是多砚，文联版和湖北版把一砚多图视为数方砚，广陵版编者则数不清楚，不敢肯定。又，2003年人民日报出版社出版王敏之先生编著《纪晓岚遗物丛考》，书中亦收录《阅微草堂砚谱》，并对砚谱中砚进行编号及铭文

中国文联出版公司1992年版《阅微草堂砚谱》及张中行跋

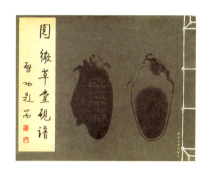

广陵书社1999年版《阅微草堂砚谱》　　湖北美术出版社2002年版《阅微草堂砚谱》

注释，编码恰满"砚一百"。而笔者考析，谱中所录，实则正是九十九方。差别在排第六十五号之戴均元赠"石函砚"（广玉原藏），谱中分别刊出石函下半部分之砚堂、砚背及砚盖部分之盖面、盖内共4个面的拓片，而王敏之先生将其误作二砚。

　　今所见《阅微草堂砚谱》，乃据纪晓岚裔孙纪堪谨所藏孤本之民国石印本再版。堪字辈为纪晓岚第四代世孙，从汝字辈起，依次为汝、树、焞、堪。纪堪谨在张之洞督粤时，担任过两广兵备道道台，曾修《南宁府志》，民国时，在天津做寓公。《阅微草堂砚谱》拓本为纪堪谨所藏，1916年，由李浚之、严修倡议，将此孤本交北洋印刷局印行，从此得以传世。卷前，有徐世昌序，云："范孙侍郎遣其子智怡赍劀投余，附河间纪文达公《阅微草堂砚谱》拓本一册，为文达裔孙堪谨所藏孤本，将与宁津李浚之商付石印，而嘱序于余。"

徐世昌为《阅微草堂砚谱》民国刊本所作序

范孙侍郎即严修（1860—1929），字范孙，号梦扶，生于天津盐商之家。光绪九年进士，授翰林院编修，历任贵州学政、学部左侍郎等。近代教育家。入民国，曾任教育总长。1923年，严修曾购得浙江嘉兴人沈朗所绘之《二老比肩图》，翌年题识后，捐入北京畿辅先哲祠，是图现藏河北省博物馆中。图中之"二老"，即纪晓岚之父纪容舒与戈源（字仙舟）之父戈锦。纪晓岚与戈源为同乡兼同年，纪氏第三女许婚戈源之子，惜夭折未成。纪晓岚作有《戈仙舟太仆凿井得砚》诗。

严修次子严智怡（1882—1935），字慈约。中国近代博物院事业创建人之一。1916年筹组天津博物院。曾任天津博物院院长、河北第一博物院院长等职。

李浚之（1868—1953），号响泉，山东宁津人，张之洞外甥。嗜金石篆刻，画家、美术史专家。1914年，民国政府为保护故宫文物，成立古物陈列所，李浚之被聘为故宫顾问。

附录一："九十九研斋"铭砚

郭若愚先生《智龛品砚录》刊"伊秉绶摹'伊'字砚"，砚为正方形端石，正面凿素池，砚背覆手凹开一正方形，正中央位置摹刻一"伊"字。其右边以隶书题曰："延光二年嵩山少室西阙铭文丛林芝下二尺许，黄小松司马剔得一'伊'字，伊秉绶以摹于研。""伊"字下面，隶书铭云："二千年阙神所守，出一'伊'字为吾有，兹研因之传不朽。是维嘉庆壬戌年（嘉庆七年），铭者汀州伊秉绶。"砚之右侧，又题记云："丁少溪守端州，赠此石，后救吾大难，毋忘石交。"

是砚题刻累累，除伊氏本人外，题者尚有多人。"伊"字左边，纪昀篆书题："八十二叟纪昀借至九十九研斋。""伊"字上面，翁方纲隶书题："此字四旁一字无，特为墨卿铭研乎？"行书落款："方纲。"砚之上侧，阮元隶书题："商石莘田。"行楷落款："阮元题。"砚之下侧，有楷书题云："粤中制研未及见，持研入都获同居。南海伍良、叶梦龙、吴荣光。"砚之左侧，有篆书题："嘉庆乙丑春，黄钺、王泽观。"

此砚若真，则为首见纪晓岚铭中出现"九十九研斋"之斋名。据"八十二叟纪昀"之题可知，其时为嘉庆十年乙丑。纪卒于是年二月十四日，去世前，尚题三砚：正月，题"葫芦砚"和"竹节砚"，落款分别为"观弈道人"、"晓岚"；二月，重题"黼黻砚"，落款："晓岚"。但皆未出现"九十九研斋"之斋名。

考此砚诸人所题，皆切合伊秉绶之行迹及其交往。

伊秉绶摹"伊"字砚

伊氏于嘉庆四年出任广东惠州知府，翌年二月，江苏清河人丁如玉（少溪）署任广东肇庆知府，是砚铭云"丁少溪守端州"，所指即此。丁如玉署任肇庆知府仅半年，嘉庆五年七月，江苏铜山人杨有源再度出任肇庆知府（杨氏曾于乾隆五十六年任肇庆知府。以上皆见道光《肇庆府志》卷十三职官表）。嘉庆七年，伊秉绶被罢惠州知府职，代理此职者为时已改任广州同知的丁如玉。丁如玉的父亲丁行举（号息陆）曾任广东雷州同

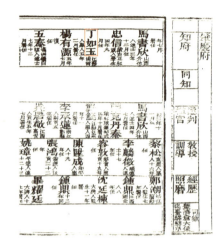

道光《肇庆府志》卷十三职官表

知，嘉庆八年，丁行举卒，伊秉绶为之作《诰封奉政大夫广东雷州府同知丁公息陆墓志铭》；后丁如玉卒，伊秉绶子伊念曾为撰《诰封朝议大夫广东广州府海防司同知即升知府丁公少溪墓志铭》。丁如玉赠砚，当二人同在广东期间。

伊秉绶被罢去惠州知府职后，于嘉庆九年四月自粤入都，六月至京师。至嘉庆十年四月，新领符竹，将守扬州。前后寓居京师一年（吴奇唯《伊墨卿先生年谱》）。其间，与翁方纲来往甚多，有向翁氏索题之便利。而黄钺、王泽所题观砚之时间"嘉庆乙丑春"，时间在纪晓岚借砚前后。王泽（号子卿）与黄钺是姻戚，与伊氏也是姻亲（伊有《行草扇面》，上书"子卿姻长大兄属"）。王与黄在此时间同观伊砚，并不意外。又，据吴荣光《石云山人诗集》卷五记，是年春，伊氏曾与吴荣光、叶梦龙、伍良等人联句《松柏遐龄图》。此三人皆为南海（今广州）人，故其题"粤中制研未及见"云云亦合适。至于阮元，嘉庆十年春时虽不在京，但是年冬阮元丁父忧回扬州，伊氏也正好到任扬州，二人有见面。

综上所述，从众人行迹考之，暂无发现此砚有可疑之处。

查翁方纲《复初斋集外诗》卷二十三录丙辰（嘉庆元年）诗，其中一首为《少室阙残字歌并序》。序云："秋庵（黄易）于嵩山少室阙下剔得汉篆，一石仅辨'伊'字，拓以见寄，因摹于伊墨卿研背，为题此诗。"诗云："嵩山少室延光铭，向猛赵始衔奇零。世间拓本已罕见，而况月户撑青冥（自注：少室、开母二阙文后皆画月形，甚妙）。黄子凌冬发夐思，御笘峰侧扪天星。忽焉狂叫诧奇绝，丛林芝下片石青……九秋诗缄并我寄，三花树俨尘梦醒。是日苏斋腊雪后，伊君手爇兰膏馨。恰持旧研影印此，天然岂我能乞灵。研有旧铭朱与纪，十年前共秋镫荧……"嘉庆元年，翁方纲收到黄易寄来汉篆"伊"字

拓本，"是日苏斋腊雪后，伊君手爇兰膏馨"，伊秉绶"恰持旧研"，翁氏"因摹于伊墨卿研背"，并"为题此诗"。

从"恰持旧研影印此"、"研有旧铭朱与纪"二句可知，翁方纲"因摹于伊墨卿研背"的砚台，是一方旧砚，且砚上原已有朱、纪二人之旧铭。而《智龛品砚录》所刊"伊秉绶摹'伊'字砚"，并无朱氏铭，亦无纪氏旧铭，可知二砚并非同一砚。然则伊秉绶在翁方纲嘉庆元年摹"伊"字砚后，因出守惠州，得丁如玉赠端石，自己又另外摹刻一"伊"字砚。

附录二：顾氏"九十九砚斋"

清代，以"九十九砚"名斋者，据知尚有乾隆、道光间苏州人顾晋芳。成书于道光年间之《元和唯亭志》卷十四《孝友》载："顾晋芳，字受于，号梧亭。文耀子。候选布政司理问。""好读书，工书法。生平有砚癖，鉴别新老坑具只眼，仿制古式，间出己意，斲制极精，颜所居曰'九十九砚斋'。晚皈心释氏，晨诵佛号百遍。年六十七卒。"

江苏长洲人宋翔凤（1779—1860）有《九十九研图为顾梧亭丈晋芳题》（嘉庆十九年作），诗云："丈人雅好信无匹，三十年来耽砚癖。米颠东海在袖中，坡老涵星照几席。云根欲劚日华分，评品犹能记畴昔。嗣闻寄迹端溪旁，数载穷岩恣搜索。粗材与世鲜切磋，薄质逢时差窘迫。唯有细腻论肌肤，更露光精呈纬婳。归除砚室修砚谱，九十有九数已积。百砚缺一不敢盈，留得闲田待农隙。吁嗟贱子守一砚，自觉焦枯难润泽。莫言此事太磨人，请效桑生归铸铁。"（《忆山堂诗录》卷之七）"百砚缺一不敢盈"之说，与陶澍《纪文达师九十九研斋第九十九研歌》之"数不取盈不满百"颇为相似。

山东临清州邱县（今属河北）人刘大观（1753—1834）亦作有《题顾梧亭〈九十九砚图〉》（约作于道光二年），首句云："元璞得来九十九，精华摄入搜罗手。"（《玉磬山房诗集》卷十一《娱老集》卷一）

有趣者，安徽泾县人胡承珙（1776—1832），既作有《为霁青编修题所藏纪文达公九十九研铭拓本》（《求是堂诗集》卷十四），又作有《九十九研图为顾梧斋题》（《求是堂诗集》卷十五）。其为顾氏题诗有云："此生能著几两屐，安用胡椒八百石。""顾君好砚如好色，靡颜肌理摩抄剧。眼光入石无匿疵，呵笔成云有余泽。南游海国经几年，不把珍珠问番舶。下岩水坑今已稀，天独于君不稍惜。尘埋璞玉人未知，往往塵头数钱易。归舟载得九十九，逞志何难便盈百。妙用原从虚一藏，知足还留大千隙。"

大抵取"九十九"之名者，皆有"不取盈"之意。

种花人亦种砚缘

乾隆二十七年秋，纪晓岚充顺天乡试同考官，随身携带一砚入闱。其《壬午顺天乡试分校砚》诗云："文章敢道眼分明，辽海秋风愧友生。惟有囊中留片石，敲来幸不带铜声。"诗乃心之声，是诗当为有感于其时科场风气而作，读来尤感正气凛然。

是年十月，纪晓岚受命视学福建。从京城出发，年底，至福州，正式接任福建学政。翌年冬，按试汀州。"得梁生斯明、斯仪兄弟于童试中。时封翁年五十余，偕其长君斯震、次君斯志与试诸生间，俱高等。"（纪晓岚《梁天池封翁八十序》）

乾隆四十年，梁斯仪、梁斯志同赴乙未会试，斯仪成进士，入翰林，斯志不第（梁章钜《退庵自订年谱》）。纪晓岚托梁斯志把其所作《寄示闽中诸子六首》携返福建。诗序云："督学闽中，愧无善状，而诸生有一日之知者，诣公车必过相存问。其不能至京师者，书题亦络绎不绝，信闽俗之笃师友也。余懒且病，不能一一作报书，而其意又不可不报。因作诗六章，属梁子携以归，有相问者，梁子其为我诵之。"第一首云："平生无寸长，爱才乃成癖。每逢一士佳，如获百朋锡。甲乙手自评，朱墨纷狼籍（自注：诸幕友以墨笔阅卷，余以朱笔复勘之。涂乙纵横，或相违异。闽士子习见不怪也）。虽不接笑言，宛然共晨夕。别来八九年，姓名心历历。每遇闽峤人，慨焉怀曩昔。"

梁斯志，名赞图，梁章钜之父。

多少年以后，纪晓岚忆及闽中校士之情景，取出当年所用之砚，作《题闽中校士砚》云："旧游回首似前身，弹指流光廿八春。为问成阴桃李树，可能还忆种花人。"

此一砚，纪晓岚后来赠给了梁斯仪。梁章钜《退庵诗存》卷八之《黄霁青斋中题纪文达师九十九砚拓本》有云："我家三世四十载，渊源一脉归儒宗（自注：师于乾隆甲申督闽学，先大父以下，皆执业焉）。岸舟老屋我能记，小草往往偏春风。示我闽中校士砚，种花人去花犹红（自注：研赠先叔父太常公，铭句有云'可能还忆种花人'）。"

"太常公"即梁斯仪。其名上国 (1750—1818)，字斯仪、九山。乾隆五十

梁章钜《退庵诗存》

梁章钜像
（摘自《清代学者象传》）

五年授编修，转御史给事中，历奉天府丞兼提督学政。嘉庆十二年迁詹事府少詹事，升任太常寺卿（故梁章钜称其为"太常公"）。嘉庆十八年督学广西，因积劳成疾，病逝于庆远试院。

再说纪晓岚在闽期间，结识同有砚癖之"十砚轩"老人黄任（纪与黄任侄子黄惠为乾隆十九年甲戌科同年）。纪晓岚《郭茗山诗集序》云："余督闽学三年，闻永福黄丈莘田时称先生（指郭茗山），顾适当先生解官时，竟弗及一见。"（《纪文达公遗集》文第九卷）可知纪、黄二人颇有交往。

乾隆二十九年夏，纪晓岚接父亲纪容舒至闽署。未料，至闽未久，父即于八月二十五日去世。纪晓岚旋丁忧北归。乾隆三十二年春，纪晓岚服阕赴京，补授翰林院侍读，充日讲起居注官，晋左庶子。正月，受诏续修《通志》。翌年，远在福州垂垂老矣的黄任，把十砚轩中仅剩下之一砚寄赠纪晓岚。纪感慨系之，作《题黄莘田砚》云："诗人藏十砚，憔悴卧蓬庐。零落惟余此，殷勤远寄予。槐厅供视草，藜阁伴雠书（其时纪氏正在续修《通志》）。一片韩陵石，相看未忍疏。"未久，黄莘田即与世长辞。

读黄莘田《秋江集》，未见有诗提及赠砚纪晓岚事；而纪氏之《题黄莘田砚》，亦未具体提及得赠"十砚"中之哪一砚，故是砚之情状，未可得知。道理上，若属"十砚"之一，必有黄氏砚铭，查纪氏《阅微草堂砚谱》所录九十九砚拓片，无一砚有黄氏铭记款识；即使所赠之砚并无"黄铭"，按纪氏之习惯，多有题识言及一砚之来历，而砚谱"纪铭"中，亦无一有涉。则《阅微草堂砚谱》中，并未收录此砚。从"槐厅供视草，藜阁伴雠书"一句，可知纪晓岚获赠是砚后，有实际使用过。或后来此砚又已转赠他人，故谱中未有收录。

裘师赠砚寄深意

　　纪晓岚服阕赴京，受诏续修《通志》。受业师裘曰修得知，以自己珍藏之"郑夹漈砚"赠给纪晓岚。

　　郑夹漈即郑樵（1104—1162），字渔仲，南宋兴化军莆田（今福建莆田）人。毕生刻苦力学，潜心学术研究，在经学、礼乐之学、语言学、文献学、史学、天文、地理等方面均有成就。著有《通志》、《夹漈遗稿》、《尔雅注》等八十余部。其中《通志》堪称最早之百科全书。郑樵著书立说之处，在福建莆田西北夹漈山上，称夹漈草堂，故世称其"夹漈先生"。

　　续修郑樵《通志》，又得郑樵之砚，可谓天作之合。裘师以此砚相赠，自有以郑樵相期待及勉励之意，用心良苦。

　　裘曰修（1712—1773），字叔度，一字漫士，江西南昌新建人。乾隆四年进士，历任翰林院编修、吏部侍郎、军机处行走，礼、刑、工部尚书，加太子少傅。工诗文书法。《裘文达公文集》卷四录有其《断碑砚铭》，《西清砚谱》卷一之"汉未央宫东阁瓦砚"、"汉未央宫北温室殿瓦砚"、"汉铜雀瓦砚一"、"汉铜雀瓦砚三"、"汉铜雀瓦砚六"，皆有裘曰修奉敕题铭（诗）。另《裘文达公诗集》古今体诗卷之四中，有《未央瓦砚歌》及《炙砚》诗。纪晓岚与裘师关系密切，作有《断碑砚歌为裘漫士先生作》、《漫士先生绘断碑砚图敬题其后》等。

　　纪晓岚喜得"郑夹漈砚"，十分珍视，题铭云："惟其书之传，乃传其砚。郁攸乎予心，匪物之玩。"（《纪文达公遗集》卷十三）

　　据纪晓岚之孙纪树馨后来记述："江西农人凿井，得古砚，腹有'夹漈草堂'字。裘文达公以稻三斛易之。后，先大父续修《通志》，公因付焉。砚之左侧，有

裘曰修像（摘自《清代学者象传》）

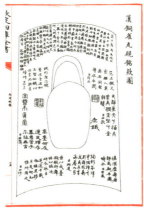

臣董邦達銘　陶斯成凈無垢隆其形靜則壽發
為文章函蓋九有
臣陳邦彥銘　賦形陶冶鍊質永雪溫如玉堅如
鐵以供瀚池與圭璋竮
臣張若靄銘　高臺何在遺元獨存墨君管子介
絕無言
臣裘曰修銘　昔以成臺歌舞兹以臨池研
今詠古遠逴千載物換星移片元何知惟所用之

漢銅雀瓦硯銘攷圖

漢銅雀瓦硯正面圖　縮圖十分之六　第一硯

《西清砚谱》卷一所录"汉铜雀瓦砚"，有裘曰修题铭

可泚此銘此贊永永留亘坤
漫士先生繪斷硯圖敬題其後
我聞石日翁奮筆畫聲硯碎刨薜叢聲涌出驚龍此
硯劫火餘殘缺不存斗云何撫題識片石人猶玩文章
緬昔山事業憶新逢年逐腰依稀其人如可見公從何
處得法物神明煒珍圖囘面公於三代
平反中閒華元顧異魁當年調笑王孫考平生學問皆與洛閒殊淵源古來豪傑各有見安
奇託中素顧藹然千載心爲之銘與贊飄指六百年暋
眼迹如電一會想當山贄然猶未散
平生不解買朌硯
科頭儽兀坐硯根短短疎籬靜掩門莫怪元龍豪氣盡
功名久已付兒孫
斷硯歌罷漫古人作
曹隸堂光祿席上贈張白疏即以送別

纪昀敬题恩师裘曰修断碑砚（摘自《纪文达公遗集》诗卷十）

惟其書之傳乃傳其硯戀攸攷子小匜物之玩
劉文正公硯銘
黃貞父硯飾劉文正晚付門人石渠校定啟槧渝毫𥞇
聆提命如鄭公笏千秋生敬
阿文成公征用草露布驅以脩子用編四庫雕片无殼子
上相西征用草露布驅以脩子用編四庫雕片无殼子
奇其遺遇
鄭夾漈硯銘
蜜曲池如片耦雷圓則行此其蒙
宋太史硯銘
池中規硯中矩智欲圓而行欲方我闇古語
蓮池硯銘
厚重少文無薄我將倈如驚蛺蝶彼乃龞收
瓦能宜墨即中硯材何必漢未央宮魏銅雀臺
澄泥仿瓦硯銘
瓦所見者惟此以瓦硯材亦伯仲閒耳

纪昀题郑夹漈砚铭（摘自《纪文达公遗集》文卷十三）

邵公齐然题识，曰：'晓岚受诏续《通志》，漫士先生以夹漈旧砚赠之。暗谷居士为之铭曰：墨绣斑斑阅人几，觚棱刓缺字不毁。夹漈有灵式凭此，六百年后待吾子。时乾隆丁亥（三十二年）正月。'"

邵齐然，字光辰，又字光人，号暗谷，榜名焕。江苏昭文（今常熟）人。乾隆十三年进士，选庶吉士，以部郎历官杭州知府。修学校，纂志书，文教一新。工书。诗不多作，而清婉可诵。著有《聊存草》。

此砚后来之故事，颇为曲折。

先是，吴羆提回福建，临行前以拓片请纪晓岚题字。纪作《吴子羆提手拓夹漈草堂砚铭字归闽，为题四十字。砚本南昌农家穿井所得，先师裘文达公以稻三斛易之，后余续修〈通志〉，公因付焉》，诗云："博物推渔仲，当年实寡双。空棠传夹漈，遗砚落西江。好古逢闽士，拓铭归海邦。如同乡祭酒，相对坐吟窗。"纪晓岚作此诗时，恩师裘曰修已经下世。裘于乾隆三十八年二月充整理《永乐大典》总裁，闰三月又充《四库全书》馆总裁，未两月即病卒，谥"文达"（后晓岚谥号亦与之同）。

再是，此砚转赠弟子林乔荫。纪晓岚在《墨卿摹郑夹漈像为题五绝句》之第二首云："题字模糊一砚存，土花曾是手亲扪。于今到处人珍袭，何必流传付子孙。"下有注云："江西农人凿井得古砚，腹有'夹漈草堂'字，侧畔有公题名。裘文达公以赠余，余近又赠林子育万矣。"得自于师，又转赠有缘之人，而非因其珍贵就作传家宝留予子孙，其境界可见。

林乔荫，字育万，又字樾亭，福建闽县人，乾隆三十年举人。以博洽多闻、通晓吏事屡佐大寮幕府。晚宰江津，檄赴西藏管粮务，受代归，遽卒于官。著有《瓶城居士集》、《樾亭杂纂》等。林育万在《樾亭杂纂》中，称林擎天（林在峩儿）为"家叔"。又，今北京故宫博物院藏有纪晓岚致林育万信札，开头言："连日养疴，未能相晤，怅怅。"可知二人交情匪浅。

再后来，此砚似入梁章钜手。梁氏《归田琐记》卷一《宋研》云："近于扬州购得吾乡郑渔仲先生研，底镌'夹漈草堂'四字。左边有纪文达师铭云：'惟其书之传，乃传其研。郁陶乎余心，匪物之玩。'右边有邵闇谷齐然铭云：'晓岚受诏续《通志》，漫士先生以夹漈旧研赠之。闇谷居士为之铭曰：墨绣斑斑阅人几，觚棱刓缺字不毁。夹漈有灵式凭此，六百年后待吾子。时乾隆丁亥正月。'按此裘文达公所遗吾师纪文达公物，余童时似在里中见之，未知即此研否，又不知何缘转入江南也。"

按：《纪文达公遗集》文卷十三作"郁攸乎予心"，梁则谓"郁陶乎余心"，其余所记相同。裘曰修所赠，是否真郑樵物？而梁章钜所得，又是否裘氏赠纪晓岚者？俱俟考。

只尔多情共往还

纪晓岚一生仕途通达，仅在四十五岁时，因卢见曾案跌入人生低谷。

卢见曾（1690—1768），字澹园，又字抱孙，号雅雨，又号道悦子，德州人。康熙六十年进士。官至两淮盐运使。性度高廓，不拘小节，形貌矮瘦，人称"矮卢"。有诗名，著有《雅雨堂诗文集》等。纪晓岚长女嫁卢见曾孙卢荫文。

事情缘起为：乾隆三十三年，尤拔世任两淮盐政，风闻盐商积弊，居奇索贿，未遂。乃奏称："上年普福奏请预提戊子纲引，仍令每引交银三两，以备公用，共缴贮运库银二十七万八千有奇。普福任内，所办玉器古玩等项，共动支过银八万五千余两，其余见存十九万余两，请交内府查收。"两淮盐引案由此兴狱。朝廷以此项银两历任盐政并未奏闻，私行支用；检查户部档案，亦无造表派用文册。且自乾隆十一年提引后，二十年来，银数已逾千万，其中显有蒙混欺蚀情弊。遂密派江苏巡抚彰宝会同尤拔世详悉清查。旋查复：历年预行提引，商人交纳引息银两，共计一千九十余万两，均未归公。前任盐政高恒、普福，皆有私收私用。而卢见曾原任两淮盐运使，被查出"令商人办买古玩，未给价银一万六千余两之多"。卢于乾隆二十八年致仕归里，案发时已退休六年，仍被革去职衔，押解扬州狱审讯。是案，高恒、普福定斩候，卢见曾定绞候均伏法。卢年七十八，先死狱中。

是案查办过程中，意外牵出纪晓岚。据刘统勋等向乾隆帝奏：查办两淮盐引一案，卢见曾先得信息，藏匿资财。讯问卢见曾之孙卢荫文，供系纪昀先告知两淮盐务有小菜银一事，现在查办。卢荫文于是差家人送信回家。乾隆帝闻奏，指示所有漏泄此案情节之纪昀等人，均著革职交刘统勋等分别严审具奏。经审明，下旨：纪昀瞻顾亲情，擅行通信，情罪亦重，著发往乌鲁木齐效力赎罪。

刘统勋(1698—1773)，字延清，号尔钝，山东诸城人。刘墉父。雍正二年进士。乾隆时累官至刑部尚书、工部尚书、吏部尚书、尚书房总师傅、内阁大学士、翰林院掌院学士及军机大臣。为官清廉刚直。乾隆十二年顺天乡试，刘统勋为副考官，擢纪昀第一名举人，师生之谊甚笃。此次纪昀漏言卢见曾案，刘奉命亲自审理，不徇私情，将门生拟刑发配。

纪晓岚遂于乾隆三十三年秋收押，随后遣戍乌鲁木齐，鞅掌簿书，佐助军务。至乾隆三十五年十二月，恩命赐环（指放逐之臣遇赦召还）。翌年二月，正式治装东归，六月回到京师。《阅微草堂笔记》卷七《如是我闻》（一），记乾隆三十三年秋在押期间，一军官为其拆字事。云："戊子秋，余以漏言获遣，狱颇急，日以一军官伴守。一董姓军官云能拆字，余书'董'字使拆。董曰：公远戍矣，是千里万里也。余又书'名'字。董曰：下为'口'字，上为'外'字偏旁，是口外矣；日在西为夕，其西域乎？问：将来得归否，曰：字形类'君'，亦类'召'，必赐环也。问：在何年？曰：'口'为'四'字之外围，而中缺两笔，其不足四年乎？今年戊子，至四年为辛卯，'夕'字'卯'之偏旁，亦相合也。果从军乌鲁木齐，以辛卯六月还京。"

纪晓岚此番西域之行，囊中始终随带一方小砚，砚作长方形，开门字池。赐环回京后，有感于人情冷暖、世态炎凉，无限感慨，乃题砚云："枯砚无嫌似铁顽，相随曾出玉门关。龙沙万里交游少，祗尔多情共往还。"落款："乾隆辛卯六月自乌鲁木齐归，囊留一研，题廿八字识之。晓岚。"是砚见录《阅微草堂砚谱》。

人情有冷暖，昔日所畜之犬却忒多情。《阅微草堂笔记》卷五《滦阳消夏录》（五）载："余在乌鲁木齐，畜数犬。辛卯赐环东归，一黑犬曰四儿，恋恋随行，挥之不去，竟同至京师。"

是年十月，纪晓岚复授编修。其《辛卯十月再入翰林，戏书所用玉井砚背》云："万里从军鬓欲斑，归来重复上蓬山。自怜诗思如

"枯研"铭长方形门字池砚

枯井，犹自崎岖一砚间。"是铭《阅微草堂砚谱》未见录。

查此砚谱，有同题于辛卯年之长方形"玉井"砚，砚背铭云："惟井及泉，挹焉靡竭。惟勤以浚之，弥甘以冽。"落款："乾隆辛卯长至。晓岚铭。"谱中，还有一井字砚，砚额有"扪参历井"四字及"瑞峰"印。"瑞峰"为福州周绍龙号。是砚似为周氏故物，为吴玉纶所得。纪晓岚于砚背题铭云："余为香亭侍郎（吴玉纶）作集序，香亭以此研润笔。"砚铭作于乾隆乙

卯七月，是月，吴玉纶自编文集《香亭文稿》成，晓岚为之作序。砚匣上，另有纪晓岚作于嘉庆癸亥（八年）二月三日之铭文及题识。铭云："惟井及泉，挹焉弗竭。惟勤以濬之，弥甘以冽。"识云："旧有井栏研，为作此铭，后为门生辈携去。此砚

玉井砚

池亦作井栏，因再镌于匣上。"所言之"旧有井栏研"，其铭文中个别字虽与上述之长方形"玉井"砚略有小异（"靡"与"弗"、"浚"与"濬"），而意思一样，或为记忆之稍误，所指应即此砚，未必再有一铭文相同之玉井砚。古人鲜有以同一铭文镌两砚或多砚（尤其是善铭如纪晓岚者），如某铭辞再用，多有题识补充说明，正如这方吴玉纶赠砚及《阅微草堂砚谱》第31号"竹节砚"、第41号"圭砚"。

扣参历井砚

《辛卯十月再入翰林，戏书所用玉井砚背》之"玉井砚"，与《阅微草堂砚谱》中"乾隆辛卯长至"所铭之长方形"玉井"砚，其形制料应大致相近。

醉翁亲付老门生

纪晓岚以被赦罪人还京,在寂寞、苦闷中等待授职之际,座师刘统勋以明代黄贞父砚相赠。砚侧,有黄贞父铭文:"以静能寿,以有容能受。君子哉,吾石友。"此铭由心境而胸襟而操守,对于其时之纪晓岚,可谓意味深长。

乾隆三十八年,皇帝命开四库全书馆,选翰林院官专司纂辑事宜。闰三月十一日,以刘统勋牵头的办理四库全书处上奏《遵旨酌议排纂四库全书应行事宜折》,言及:"至各书详检确核,撮举大纲,编纂总目,其中简繁不一,条理纷繁,必须斟酌综核,方不致有参差挂漏。臣等公同酌议,查现在纂修翰林纪昀、提调司员陆锡熊堪膺总办之任。""总办"即"总纂官"。还是几年前那位不徇私情、将其拟刑发配之座师刘统勋,举不避亲,力荐纪晓岚。

同年十一月,刘统勋卒,谥"文正"。纪晓岚送挽联:"岱色苍茫众山小,天容惨淡大星沉。"

后,纪晓岚在座师所赠砚之背面敬铭:"黄贞父研,归刘文正。晚付门人,石渠校定。启椟攐毫,宛聆提命。如郑公笏,千秋生敬。"匣面又题:"刘文正公旧研。""研材何用米颠评,片石流传授受明。此是乾隆辛卯岁,醉翁亲付老门生。"

黄贞父即黄汝亨(1558—1626),字贞父,号泊玄居士、寓林居士,浙江仁和(今杭州)人。明万历二十六年进士,官至江西布政司参议。著有《廉吏传》。善书,行草合苏米之长,媚不掩骨,韵能成法。

郑公即魏征(580—643),字玄成。曾任谏议大夫、左光禄大夫,封郑国公,性格刚直,才识超卓,以敢于犯颜直谏著称,唐太宗亦为之折服,时生敬畏。"笏"为古代大臣上朝所拿手板,可以记事;"郑公笏"指魏征进谏时之朝笏。《新唐书·魏征传》载:"征五世孙谟。谟,字申之,擢进士第,同州刺史杨汝士辟为长春宫巡官。文宗读《贞观政要》,思征贤,诏访其后,汝士荐为右拾遗。""俄为起居舍人,帝问:'卿家书诏颇有存者乎?'谟对:'惟故笏在。'诏令上送。郑覃曰:'在人不在笏。'帝曰:'覃不识朕意,此笏乃今甘棠。'帝因敕谟曰:'事有不当,毋嫌论奏。'"乾隆帝有《郑公笏》诗,后数句云:"只今遗迹传公笏,想象进奏风霜新。卓哉牙笏因公贵,

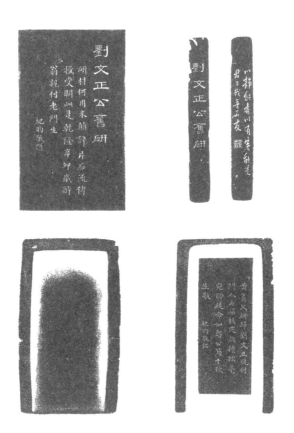

刘文正公旧砚

正直常留浩然气。立碑可仆妇可改,此笏千秋只姓魏。"

纪晓岚用"郑公笏"比拟恩师所赠之砚,以表敬意。

据王端履《重论文斋笔录》卷五载:"乾隆甲辰(四十九年),纪文达公昀主礼部试。释褐后,其馆选门生,又群赴公第,修后进礼(自注:例以白简三易红手版,俗谓之换帖)。公饮之酒,出一砚相示曰:'此吾师刘文正公所贻者(自注:公为乾隆丁卯顺天解元,是科刘文正公为副考官),吾身后亦当不传于子,而传于弟。不知谁当得此砚者?'会稽茹古香(自注:棻。茹为是科状元)起对曰:'何不即付与某收藏?'公大笑曰:'吾明言要俟身后,而君即欲携归,岂以我为已死耶?"

前述有以恩师裘曰修所赠之砚转赠林乔荫之事,此又明言座师刘统勋所赠砚"身后亦当不传于子,而传于弟",纪之高风如此。

茹棻(1755—1821),字幼葵,号古香,绍兴府会稽县(今属绍兴市)人。乾隆四十九年甲辰科一甲第一名进士,授翰林院修撰。历任山西、湖北学政。升内阁学士、工部侍郎、左都御史等职,官至兵部尚书。

四库馆中伴校书

　　乾隆三十八年，纪晓岚得座师刘统勋力荐进入四库全书馆，从此开始艰苦卓绝之纂修工作，不离笔砚。乾隆四十六年二月，《四库全书总目提要》初稿呈进御览；同年十二月，第一份《四库全书》告成，翌年正月贮于文渊阁；乾隆四十七年七月，撰成《四库全书简明目录》；同年十一月，第二份《四库全书》告成，贮于盛京文溯阁；乾隆四十八年，第三份《四库全书》告成，贮于文源阁；乾隆四十九年冬，第四份《四库全书》告成，贮于文津阁。以上四份所贮，为"北四阁"。至乾隆五十二年三月，《四库全书》续缮三部告成，贮于"南三阁"，即扬州之文汇阁、镇江之文宗阁、杭州之文澜阁。此后，因发现《四库全书》有错谬，纪晓岚又于乾隆五十二年冬、五十三年秋、五十四年夏、五十七年春，前后四次至承德避暑山庄校勘全书，正是"宣力始终，尽儒臣之能事"。

　　在四库馆中，相伴纪晓岚校书之砚，除刘统勋晚年亲付、用作"石渠校定"之黄贞父研外，见于其诗铭中所记，尚有两方。

校勘四库全书砚拓片（摘自《天津博物馆藏砚》）

校勘四库全书砚（摘自《天津博物馆藏砚》）

　　一为"校勘四库全书砚"。《纪文达公遗集》诗卷十有《自题校勘四库全书砚》诗，诗云："检校牙签十万余，濡毫滴渴玉蟾蜍。汗青头白休相笑，曾读人间未见书。"是砚见录《阅微草堂砚谱》，椭圆形，背面开正方形浅覆手，覆手内所刻即此诗。"曾读人间未见书"一句，乃从乾隆帝之语化出。乾隆四十一年六月一日，有上谕云："至于四库所集，多人间未见之书，朕勤加采访，非徒广金匮石室之藏，将以嘉惠艺林，启牖后学，公天下之好也。"（《东华续录》乾隆83）

　　此砚现藏天津博物馆。据文物出版社出版之《天津博物馆藏砚》载：砚长18.9厘米、宽12.5厘米、厚3厘米。端砚，石质润泽，有蕉叶白。

　　一为大学士阿桂所赠瓦砚。《纪文达公遗集》文卷十三录《阿文成公瓦砚铭》，铭云："上相西征，用草露布。归以赠予，用编《四库》。虽片瓦哉，予奇其遭遇。"

　　阿桂（1717—1797），章佳氏，字广廷，号云崖，满洲正蓝旗人，后以新疆战功抬入正白旗。大学士阿克敦之子。长期戍守西北边疆，一生屡统大军，运筹决策，定伊犁、讨缅甸、平定大小金川，战功赫赫，官至武英殿大学士兼军机大臣。卒赠太保，谥"文成"。乾隆三十八年，乾隆帝授阿桂为定西将军，收复小金川全境；乾隆三十九年，阿桂又向大金川进攻。乾隆四十一年二月初三日，阿桂等人督兵围攻金川噶拉依官寨。初四日，索诺木带同兄弟、妻子及其大头人、喇嘛大小头目两千余人出寨乞降，至此，金川全境荡平（《东华续录》乾隆83）。乾隆帝封阿桂为一等诚谋英勇公，并进为协办大学士、吏部尚书和军机大臣。乾隆四十一年四月，清军班师回朝，乾隆帝亲自到北京城南良乡"行郊迎礼"，进城后，"御紫光阁，行饮至礼"。纪晓岚有《平定两金川雅》（原注：谨序。乾隆四十一年代作）、《平定两金川颂》（原注：谨序。乾隆四十一年代作），歌颂其事。

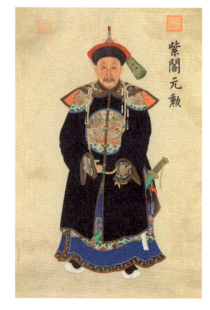

阿桂像，沈贞绘，北京故宫博物院藏

砚铭谓"上相西征，用草露布"，当指此砚为阿桂平定大小金川时，用来写征讨檄文和告捷文书之砚台。"归以赠予"是指阿桂西征归来后，将此砚赠予纪晓岚。因作砚铭时阿桂已进为协办大学士，故称"上相"。而当时纪晓岚正在编纂《四库全书》，故言"用编《四库》"。"阿文成公瓦砚铭"之题，当为纪晓岚孙子纪树馨编书时所加。是砚《阅微草堂砚谱》未见录。

锡赍恩邀两朝厚

康乾盛世乃至紧接之嘉庆初期，砚台在朝廷中极受重视，皇帝时以之赏赐大臣，得赏者无不以此作为本人乃至家族之莫大荣耀。纪晓岚居官多年，数度得到皇帝赐砚，一一镌铭或题诗珍藏。

乾隆御赐"浮筠砚"

《纪文达公遗集》文卷十三录《御赐浮筠砚铭》："帝曰：'汝昀，嘉汝校文，锡汝紫云，粤峤之珍。'昀抃以欣，荣媲铭勋，敢不勖以勤。"又题："赐砚多以龙尾石，惟编辑《永乐大典》诸书成，特赐总纂官端溪旧阬（坑）石。其制为竹节之形，臣敬名曰'浮筠'。"

砚为乾隆帝所赐，铭中未提及赐砚之具体时间。

《清国史本传》载，乾隆三十八年十一月，纪昀"补侍读"。又《四库全书档案辑刊》载："奉谕，办理四库全书处，将《永乐大典》内检出各书陆续进呈，间与题咏。见其考订分排广有条理，而撰述提要蔼然可观，则成于纪昀、陆锡熊之手。二人学问本优，校书亦极勤勉，甚属可嘉。纪昀曾任学士，陆锡熊现任郎中，著加恩均授为翰林院侍读，遇缺即补，以示奖励。"

"浮筠砚"既因"编辑《永乐大典》诸书成"而特赐，是为"嘉汝校文"，与上谕称"校书亦极勤勉，甚属可嘉"之说法一致，赐砚亦应大致在其时（时纪晓岚刚好年届半百）。然查纪晓岚《与陆锡熊同被恩命升授翰林院侍读呈请奏谢折子》，并未提及赐砚一事，或另有呈奏谢折子，或赐砚时间与升授翰林院侍读不在同一时，而再稍后一些。

纪晓岚与陆锡熊皆为《四库全书》总纂官，从"特赐总纂官端溪旧阬石"一语，推测陆锡熊亦应获得乾隆帝御赐端砚。

"浮筠"为玉之彩色，亦以指竹。是砚"制为竹节之形"，故纪晓岚名之曰《浮筠》。

《阅微草堂砚谱》录一竹节砚，正面镌"赐砚"、"臣纪昀□藏"，背面未见镌铭。此砚或即"浮筠砚"。因砚背仿竹节而制，覆手处凹凸起伏，无法

御赐竹节砚

镌铭；又不宜刻于覆手外围，盖易磨损，恐有不敬。而若刻于砚侧或砚匣，当有拓片。或铭辞未镌砚上？或谱中此砚非"浮筠砚"？俟考。

乾隆御赐"仿宋天成风字砚"

纪晓岚又曾得乾隆帝御赐"仿宋天成风字砚"。

乾隆时，曾专门选定一批古砚佳制，"并出内府旧藏佳石如式仿制，或端或歙，质不必同而惟妙惟肖，各臻其极，登诸绨几，宠以天章，且屡命仿造……"（《西清砚谱》）这些砚，多镌刻乾隆御铭，除分置宫中各处供皇上赏玩外，亦用以赏赐大臣。"仿宋天成风字砚"即为其一。是砚上方侧面镌"仿宋天成风字砚"，砚额正中刻"赐砚"二字，背面镌乾隆御题铭一首，铭云："春之德风，大块噫气。从虫谐声，于几制字。谷则为雨，润物斯济。石墨相著，行若邮置。岂惟天成，亦有人事。拟而议之，既纯且粹。"落款："乾隆御铭。"均为楷书。钤三印："含辉"、"会心不远"、"德充符"。制式古雅精致。

纪晓岚获赐后，于砚之下方侧面题："经筵讲官、礼部尚书兼文渊阁直阁事、臣纪昀敬藏，其子子孙孙世宝用之。"铭作篆书。铭中未提及赐砚之具体时间。

查纪氏年谱，乾隆五十二年（1787）正月，时年六十四岁的纪晓岚迁礼部尚书，充经筵讲官。至乾隆五十六年（1791）正月，与刘墉互调，纪为左都御史，刘为礼部尚书。赐砚或在此数年间。

是砚置《阅微草堂砚谱》首位。

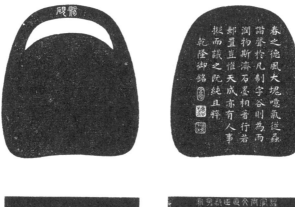

仿宋天成风字砚

嘉庆御赐"八棱形砚"

砚作八棱形，为嘉庆帝所赐。砚背楷书铭云："丙辰（嘉庆元年）正月五日，皇帝奉太上皇帝茶宴重华宫联句，以此研赐礼部尚书、臣纪昀，时臣年七十有三。"

太上皇帝即乾隆帝。是年正月，弘历传位，自称太上皇帝，子颙琰即位称帝，改年号为嘉庆。重华宫为乾隆住地。从乾隆八年开始，每年新正，乾隆帝

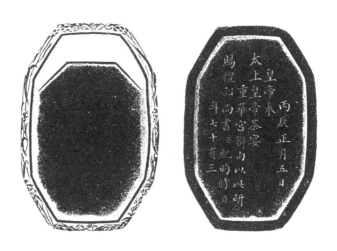

八棱形砚

皆召集内廷大学士、翰林等在重华宫赐茶宴联句。此后嘉庆帝将重华宫茶宴联句作为家法，于每岁之正月初二至初十间举行。

此次侍宴，纪晓岚蒙赐三清茶琖及砚台，专门作《侍宴重华宫联句赋诗，蒙赐三清茶琖，恭纪二首》及《赐砚恭纪八首》（《纪文达公遗集》诗卷八）。其中《赐砚恭纪八首》有云："曲宴传柑侍寿杯，柏梁联句递相催。自怜诘屈如方朔，也捧君王赐砚回。""一片云根晕淡清，群仙传玩遍槐厅。宫中原自珍龙尾，未信东坡凤咮铭。""紫殿吟诗簇管弦，三年三度听钧天。归途骑马人争看，墨浣宫袍似米颠。""奎章顷刻灿天葩，未尽三清一琖茶。赓和愧无青镂管，只将赐砚对人夸。""捧来宫砚拜彤庭，片石堪为座右铭。岁岁容看温室树，惟应自戒口如瓶。""香案联吟第六回，又分宫砚到蓬莱。细看石上天然画，正似春流滟滟来。"

是砚置《阅微草堂砚谱》第二位。

嘉庆御赐砚

《纪文达公遗集》诗卷八，录《翰林院侍宴联句赐砚，恭纪二首》。诗云："玉署联吟侍寿杯，旧词臣许到蓬莱。诗成赐砚宜珍袭，六十年才第二回。""西抹东涂似墨猪，兰亭押缝敢轻书。只应携照青藜火，六典辛勤校鲁鱼（自注：时臣方领修会典）。"

"玉署"为翰林院别称。"墨猪"乃书法术语，比喻字体笔画丰肥、臃肿而乏筋骨，因字如墨团，故名。"鲁鱼"常说为"鲁鱼亥豕"，意为把"鲁"字错成"鱼"字，把"亥"字错成"豕"字，指书籍在撰写或刻印过程中之文字错误。

是砚《阅微草堂砚谱》未录。从"时臣方领修会典"一语，可知赐砚之大致时间。"会典"即《大清会典》，简称《清会典》，共有五部，分五次编修，其中嘉庆《清会典》于嘉庆六年开馆编修，二十三年成书。嘉庆六年十一月初八，纪晓岚充《大清会典》馆副总裁，"领修会典"所指即此事。

"诗成赐砚宜珍袭，六十年才第二回"之说，应就翰林院侍宴联句、诗成赐砚而言，属第二回，非指至其时得到赐砚总共才第二回。

附记：

纪晓岚所获赐砚，应不止上述四方。查王先谦《东华续录》（乾隆95）：乾隆四十七年正月，第一分《四库全书》告成，贮于文渊阁。二月，以《四库全书》成，上御文渊阁赐宴并赏赉有差。

又查翁方纲影印本《复初斋集》第五册、《复初斋集外诗》卷十六，综合其中有关诗作所述：二月二日，因第一部《四库全书》告成，上御经筵。经筵毕，文渊阁赐宴。上赐纂校诸臣以幸翰林院，《分韵诗》石刻墨本一函、玉如意一柄、彩缎二匹、龙尾砚一方、笔十管、墨十笏、绢笺十幅。赐宴之次日，编修吴典、检阅中书舍人张埙皆以赐砚名斋，属翁方纲书之。

纪晓岚作为总纂官，是赐宴参加者之一，应有获赐。

而翁方纲所获赐砚，亦不止于此。嘉庆元年正月五日纪晓岚获赐八棱形砚之前一日千叟宴，翁氏又蒙赐"周提梁卣砚"一方。《复初斋诗集》卷四十八，有《正月四日，太上皇帝御皇极殿赐千叟宴，恭依御制诗韵二首（自注：以下丙辰）》，第二首注文有云：筵上蒙赐御制诗一卷、锦绮十卷、彩笺二卷、玉嵌如意一柄、红琥珀朝珠一串、湖笔五、硃墨二、周提梁卣砚一、金合一、斋戒牌一、荷包二对、抗纬二匣、金字寿杖一。翁氏得砚后，作《周提梁卣研十六韵》，有云："研田臣食福，勒卣古传模。秬鬯同三锡，夔龙起四觚。墨能凹凸受，文俨卦爻符。通盖连环样，提梁与匣俱。捧归香袭几，铭字绿填朱。上集商周篆，旁参吕薛图。"

翁方纲（1733—1818），字正三，一字忠叙，号覃溪、苏斋、石洲等，室名苏米斋、复初斋等，大兴（今属北京）人。乾隆十七年进士，授编修。历督广东、江西、山东三省学政，官至内阁学士。精通金石、谱录、书画、词章之学，书法与刘墉、梁同书、王文治齐名。论诗创"肌理说"。著有《粤东金石略》、《复初斋诗文集》等。四库馆开，被任命为《四库全书》纂修官。纪晓岚与翁方纲交契，二人集中互有倡和之作。翁氏任广东学政期间，曾至肇庆，留下写肇庆诗多首。于砚亦堪称真赏家，尝云："予蓄砚不多，不敢轻说砚，而颇喻石砚相得之理。"（《复初斋文集》卷五《宝苏室研铭记》）翁氏文集中，录有《宝晋斋研山考》、《跋石鼓研》、《跋谢文节桥亭卜卦研拓本后》、《跋南唐研》、《跋薛文清砚》等，考证颇详。《复初斋诗集》中，录砚诗多首。

是年千叟宴，获赐砚者当不在少数。黄易《秋庵遗稿》之《秋庵词草》中，记江南河道总督兰第锡参加是次千叟宴获赐端砚，黄易代其制铭，题为《赐江南河臣兰端砚，边有蟠龙，拟作砚铭》，全文云："嘉庆元年正月四日，太上皇帝、皇上赐千叟宴，臣第锡叨餐大酺，荷赉群珍。斯砚出自尚方，从此奉为家宝。谨拜手为铭曰：'文府之珍，云龙蟠结。器比天球，光分太乙。磐固千春，欣逢大耋。质润全河，恩昭奕叶。品重端溪，义取廉石。守此清坚，长砺臣节。'"

黄易（1744—1802），字大易，号小松、秋庵、秋影庵主等，仁和（今杭州）人。篆刻与丁敬并称"丁黄"，为"西泠八家"之一。擅山水，工隶书，喜集金石文字。

兰第锡（1736—1797），字庞章，山西吉州人。乾隆四十八年署河东河道总督，五十二年实授总督、兼兵部侍郎，五十四年调江南河道总督。嘉庆元年，因丰北汛河水泛滥，自请治罪，嘉庆帝命竣工后再检核功过。因合龙稳固，获赐黄辫荷包，但仍以不能事先预防停甄叙。二年十二月，卒于任上。则其获赐端砚与自请治罪皆在同一年，而次年即已辞世，人事之无常，于此又可见一斑。

黄易像
（摘自《清代学者象传》）

吴锡麒《有正味斋骈体文》卷十三《赐砚记》，有记及当时千叟宴之景况及赐砚事。记云："嘉庆元年正月四日，太上皇帝举千叟宴于宁寿宫之皇极殿。是日也，飞霙洒瑞，韶风发荣。散太极之清泉，奏归昌之奇律。花生寿木，春满恩波，凡入宴者五千人。""宴毕，赏赉珍物不可胜纪。内端砚一方，腴割鲜云，嫩裁软玉。赤墀拜赐，米黻即以纳怀；青琐承荣，秦观因而制记。用镌款识，以表殊隆礼也。"

吴锡麒（1746—1818），字圣征，号谷人。钱塘（今杭州）人。乾隆四十年进士，选翰林院庶吉士，授编修，入直上书房，官至国子监祭酒。晚年于扬州安定书院讲学。工书法，擅诗词，精于骈文。

纪晓岚于嘉庆元年正月五日侍宴重华宫联句得御赐"八棱形砚"，之前一日之正月四日千叟宴，七十三岁的他亦是参加者，是否与翁方纲、兰第锡、吴锡麒一样，亦得赐砚？

吴锡麒像
（摘自《清代学者象传》）

上卿缟纻纷相酬

乾隆朝，端歙名坑重开、《西清砚谱》编纂、古砚佳制仿作，加上皇帝时以砚台赏赐大臣，致砚台在朝中热度不断升温，并波及至嘉庆前期。上行下效，一时群臣玩砚之风盛行，同僚间亦常以砚台互赠以联络感情。纪晓岚之阅微草堂藏砚，得自他人相赠者甚夥。

彭元瑞赠"挈瓶砚"

砚作长方形，开瓶状砚堂。纪晓岚因"瓶"为铭，题于砚背。铭云："芸楣相国以瓶砚见赠，因为之铭曰：'守口如瓶，郑公八十之所铭。我今七十有八龄，其循先正之典型，勿高论以惊听。'"落款："嘉庆辛酉八月卅日，晓岚题。""嘉庆辛酉"为嘉庆六年（1801），是年纪晓岚七十八岁。

《纪文达公遗集》文卷十三另录一首《挈瓶砚铭》，铭云："守口如瓶，尝闻之矣。然论军国之大计，则当如瓶之泻水。"话虽如此，晚年之纪晓岚，深

挈瓶砚

感"浮沉宦海如鸥鸟"，棱角渐消，为保全自身，常奉"守口如瓶"为座右铭，说话何敢轻易"如瓶之泻水"？

"郑公"指富弼（1004—1083），字彦国，洛阳人。官至宰相。后以母丧罢相。英宗即位，召为枢密使，因足疾解职，进封郑国公。著有《富郑公集》。为官清正，好善嫉恶，有廉声。尝为谏官，大胆抨击时政，屡次极言进谏。又性情至孝，恭俭好修，与人言必尽敬，虽微官及布衣谒见，皆与之有

礼。富弼历仕真、仁、英、神宗四朝，享年八十。宋代晁说之《晁氏客语》载："刘器之云：富郑公年八十，书座屏云：'守口如瓶，防意如城。'"又，南宋周密《癸辛杂识·别集下》："富郑公有'守口如瓶，防意如城'之语，见《梁武忏》六卷，不知本出何经？""意"者心思也，指私欲。纪铭典出于此。

是砚为芸楣相国所赠。彭元瑞（1731—1803），字掌仍，一字辑五，号芸楣，江西南昌人。乾隆二十二年进士，选为翰林院庶吉士，继授编修。乾隆帝手谕嘉奖其为"异想逸材"。历任礼、工、户、兵、吏五部尚书、协办大学士，在朝有"智囊"之称，朝廷礼仪、制度等重大著作多由其裁定。与纪晓岚为僚友，凡有考试之事、编辑之役，两人必在其间，尝任《四库全书》副总裁。精于古代器物、书画鉴定，先后编成《秘殿珠林》、《石渠宝笈》、《西清古鉴》等图籍、目录。嘉庆八年彭元瑞去世时，纪晓岚有挽联云："包罗海岳之才，久矣，韩文能立制；绘画乾坤之手，惜哉，尧典未终篇。"

彭元瑞为朝中重臣，所得赐砚尤多。其《恩余堂辑稿》卷一有《赐砚铭二十一首》，收录其在乾隆、嘉庆两朝所得赐砚二十一方。彭元瑞与其父廷训、弟元琇、子翼蒙，一家三代四人为翰林，其本人与父亲皆幸得皇帝御赐松花砚（《恩余堂辑稿》卷四《松花石双研诗六首并序》）。彭氏喜题诗作铭，《恩余堂辑稿》中，另录有《江左课士砚铭》、《磁砚铭》及《桥亭卜卦砚歌并序》、《研山图诗》、《美无度砚》、《裘漫士先生所藏断碑砚》、《暖砚》、《龙尾石大砚一丸，用之十六年，炙冻中坼，奴子舟中枕以卧，转侧间堕地破为二，戏成两章》、《恩赐朱昆田凤沼澄泥砚恭纪二首》、《恩赐宋梁苑雕龙砚恭纪二首》、《黄左田钺赠研图》等。又，《西清砚谱》卷七"宋宣和梁苑雕龙砚"、卷八"苏轼从星砚"，有彭氏奉敕题诗。

董诰赠"抄手砚"

砚为长方抄手式，端庄正直。纪晓岚题铭于砚侧，云："此董柘林相国所赠，古色黯然，当是数百年外物。恍惚记忆，似曾见之斯与堂也。嘉庆癸亥七月，晓岚识，时年八十。"砚应为宋时物。

斯与堂是董诰父亲、纪晓岚恩师董邦达书斋。晓岚于乾隆三年（1738）十五岁时受业于董邦达，在斯与堂读书九年。嘉庆二年，董邦达妻、董诰之母去世时，纪晓岚尝作挽联："富春江万古青山，阡表长留，慈训能成贤宰相；斯与堂九年绛帐，食单亲检，旧恩最感老门生。"

董邦达（1699—1769），字孚存，号东山。浙江富阳人，家贫力学，雍正

董诰赠抄手砚

十一年成进士，授编修。入内廷参修《石渠宝笈》、《西清古鉴》。官至工部、礼部尚书，卒谥"文恪"。工书善画，篆隶得古法，山水画取法元人，善用枯笔。《西清砚谱》卷一"汉未央宫东阁瓦砚"、"汉未央宫北温室殿瓦砚"、"汉铜雀瓦砚一"、"汉铜雀瓦砚三"、"汉铜雀瓦砚六"，有董邦达奉勅题诗（铭）。

董诰（1740—1818），字雅伦，一字西京，号蔗林，一号柘林，董邦达长子，与其父有"大、小董"之称。乾隆二十九年进士，殿试名列一甲第三，乾隆帝以其系大臣子，改置二甲第一，为传胪，授翰林院庶吉士，充国史三通馆协修，武英殿纂修。散馆，改任编修。以善画受高宗知，历任礼、工、户、吏、刑部侍郎，充四库馆副总裁。累官至东阁大学士、太子太傅，直军机四十年。当和珅用事，排除异己，董诰支拄其间，多所救正。

董诰与刘墉、纪昀、彭元瑞同为朝中重臣，乾隆帝曾对四人作过一番比较，时在嘉庆元年十月，因大学士悬缺久，高宗谓：各尚书内，若以资格而论，刘墉、纪昀、彭元瑞三人俱较董诰为深，但刘墉遇事模棱，元瑞屡以不检获愆，纪昀读书多不明理，俱不胜大学士之任，惟董诰在直勤勉，超拜东阁大学士。刘、纪、彭三人"皆当扪心内省，益加愧励"。

《西清砚谱》卷六"明制瓦砚"、卷七"宋宣和梁苑雕龙砚"、卷八"宋苏轼从星砚"，有董诰奉勅题诗。

董诰后又于嘉庆十九年以顾二娘制鹅池砚赠张祥河（事见《黄任砚事考》）。

戴均元赠"石函砚"

砚制特别，为椭圆形石函式（常被人误当成两砚），砚盖与砚底皆留天然斑驳状。砚盖正面，竖镌篆书"石函"二大字，两边隶书分别为"嘉庆丁巳初秋"、"长白广玉记"，旁镌小印两枚。砚盖右下方，有"思补堂珍藏"大印。

"嘉庆丁巳"为嘉庆二年（1797），"长白广玉"即时任肇庆知府广玉，满洲正白旗人，乾隆五十九年起知肇庆。嘉庆元年八月二十七日，广玉重开水岩，共得大西洞石千六块有奇，小西洞约千块。次年二月二十二日封坑，作《采砚石记》，云："余首官斯土，司兹役，工竣记其事。"砚或为是次采得之石。

纪晓岚得戴均元赠砚后，在砚盖内以楷书题识："嘉庆甲子十月，戴可亭自江南典试归，以此砚赠观弈道人。澄泥本以仿石，此石乃仿澄泥，亦殊别致也。"又因应砚之形态，在砚底以隶书镌铭云："似出自然而非自然，然亦渐近于自然。"落楷书款："观弈道人铭。"

石函砚

戴均元（1746—1840），字修原，号可亭，大庾（今大余县）人。乾隆四十年进士，与兄戴第元、侄戴心亨、戴衢亨皆为进士，有"西江四戴"之誉。包世臣云：一家同出两相，且"值军机者唯大庾而已"。时人赞："一门四进士，叔侄两宰相。"历任安徽学政、光禄寺少卿、内阁学士兼礼部侍郎、河道总督、都察院左都御史、礼吏两部尚书。嘉庆二十年，为协办大学士。逾年，授军机大臣，充上书房总师傅。二十三年，拜文渊阁大学士，晋太子太保，管理刑部。道光四年，予告回籍。迨七年，晋太子太师。享年九十五。为官清正，数司文柄。嘉庆七年会试，纪晓岚为正总裁官，戴为副考官。从砚铭可知，是砚应为嘉庆甲子（九年）戴氏典试江南时所得，回京后赠纪晓岚。

砚盖"思补堂珍藏"印，不知是否潘世恩之"思补堂"？潘世恩（1769—1854），初名世辅，小字日麟，字槐堂，一作槐庭，号芝轩，晚号思补老人，室名有真意斋、思补堂、清颂堂。祖籍安徽歙县，后迁居苏州。乾隆五十八年状元。授修撰，嘉庆间历侍读、侍讲学士、户部尚书。道光间至武英殿大学士，充上书房总师傅，进太傅。其《思补斋笔记》云："殿试读卷师河间纪文达公为予题歙砚铭曰：'棱棱有骨作作芒，取墨则利颖亦伤。紧包孝肃岂不刚，我思韩范富欧阳。'勖勉之意良厚。"此诗亦收入《纪文达公遗集》文卷十三砚铭卷中，名《苍璆砚铭》，个别字有出入。

铁保赠淄石砚

铁保任山东巡抚期间，纪晓岚尝托其寻找淄石砚。铁保先后两次寄给纪晓岚淄石砚共四方：第一次三方，其中两方砚砖见录《阅微草堂砚谱》；第二次一方，亦见录砚谱。

一砚砖开上弦月池，纪晓岚题铭于砚背，铭云："青州红丝砚今久绝矣，惟淄石之佳者颇似端溪，然新石皆粗材，旧石佳者亦罕。冶亭巡抚山东，为余购得研璞一、砚砖二，皆故家所蓄百年以外之物，此其一也。"落款："嘉庆甲子九月，晓岚记，时年八十有一。"

一砚砖开长方池。纪晓岚别出心裁，延工把铁保寄砚时附书之小札直接摹刻于砚背。铁保札云："接来谕，要淄川石砚料。竟不知此石可以入赏。谨备数方呈上晓翁前辈大人。铁保顿首。"

第二次所寄为"风字砚"，纪晓岚铭云："此砚乃冶亭所续寄，虽较前寄三砚为稍新，然肌理缜密，亦非近日淄石所有也。"落款："嘉庆甲子十月，晓岚记。"

纪晓岚收到铁保寄来淄石砚

月牙池砚

长方池砚

风字砚

后，作《冶亭巡抚山东，寄余淄石砚，戏答以诗》，诗云："名士官如沈侍郎，久持旄节领东方。谁知仍爱文房宝，不但夸骑白凤凰。"

事有凑巧。2010年6月17日上海道明春季拍卖会，有《乾隆朝卿相致纪河间手札》一卷，内裱梁国治、朱珪、翁方纲、刘墉、彭元瑞、王杰、铁保等七人致纪晓岚手札二十六通，其中铁保一通，云："后学铁保顿首，上晓翁大前辈阁下，前寄去淄川石尚用得否？……冬月十七日灯下。"所言即九月、十月两次寄砚事也。

铁保（1752—1824），字冶亭，一字铁卿，号梅庵，先世姓觉罗氏，后改为栋鄂氏，满洲正黄旗人。乾隆三十七年进士，授吏部主事。乾隆五十三年皇帝召见，次年升礼部侍郎。嘉庆七年底调补广东巡抚，次年初转任山东巡抚。嘉庆十年，升任两江总督，赏头品顶戴。后两度被革职流放。为人敢作敢当，宠辱不惊。以文章、书法驰名朝野，书法与刘墉、翁方纲并称。尝自云"我生爱石等爱玉"，平生最大之"艳（砚）遇"，为乾隆五十七年收得砚史名物"南唐官砚"，砚背有欧阳修题识，记南唐时置砚务官造砚事。砚匣有得砚次年翁方纲题跋。铁保自作《南唐官砚歌》（《梅庵诗钞》卷二）。是砚题者甚众。邹安《广仓研录》有录此砚，并置书中首位。

纪晓岚与铁保曾同在礼部共事，纪为尚书，铁保为侍郎。晓岚尝应铁保所请，为其作《冶亭诗介序》。

伊秉绶赠"端溪老坑长方形砚"

嘉庆六年（1801），肇庆知府杨有源重开老坑。时伊秉绶正在惠州知府任上，欣逢盛事，遂至端州，入老坑洞中捡得数石，并以其中一片赠给纪晓岚。

砚为长方形，素雅端庄。纪晓岚题铭于砚背云："门人伊子墨卿，嗜古好奇，守惠州日，适同官酿金开端溪，遂随砚工绠入四十余丈，篝火捡佳石数片以出，此即其一也。"落款："嘉庆甲子七月晓岚记，时年八十有一。"

伊秉绶赠端溪老坑长方形砚

伊秉绶（1754—1815），字组似，号墨卿、默庵，福建汀州人，人称"伊汀洲"。乾隆五十四年进士，曾任刑部主事，后擢员外郎。嘉庆元年，父伊朝栋参加千叟宴，获赐砚一方（事见《留春草堂诗钞》卷二之《家大人蒙恩与千叟宴，扶掖趋朝，恭纪一首》），因名书斋曰"赐研斋"。嘉庆四年，伊秉绶任惠州知府，后谪戍军台，于嘉庆十年出任扬州知府；十二年，调任河库道，不久又调任两淮盐运使。父卒，回宁化老家一住八年，其间于嘉庆十六年秋重访惠州。嘉庆二十年夏启程入京，途经扬州时，猝得肺炎病逝。为官清正，以廉吏善政著称。喜绘画、治印，书法行、楷、隶皆工，尤以隶书雄冠清代。《留春草堂诗钞》卷二中，有《端砚》诗。

伊秉绶像
（摘自《清代学者象传》）

赐研斋印章

伊秉绶隶书横匾《千章百砚之斋》

　　伊秉绶守惠州期间，曾掘得东坡砚，并拓赠翁方纲。翁氏有诗题记其事："惠州守伊墨卿葺白鹤峰东坡故居，掘地得研，背有先生书名并'德有邻堂'小印，拓以寄予。因仿琢焉，并以名斋。" 翁氏"自此复偶有题咏，即以此研自题稿也"（《复初斋诗集》卷五十六·有邻研斋稿上）。

　　伊氏颇得纪晓岚器重，拜纪为师，并一度居纪家为其孙辈授课。乾隆四十九年，尝从纪晓岚处求得"汉并天下"瓦当，琢为砚，请纪为铭，又绘为图，求博雅君子题咏。乾隆五十九年，辑纪晓岚砚铭草稿，装之成册。纪、伊感情深厚，伊官粤时，纪作《题卢沟折柳图送伊墨卿出守惠州》诗，有句云："与子相知十六年，披图更觉怅留连。"

鲍勋茂赠“龙尾石砚”

砚作瓦形，纪晓岚于砚背上半部分题铭云：“余为鲍树堂跋《世孝祠记》，树堂以此砚润笔。喜其柔腻，无新坑刚燥之气。因为之铭曰：‘勿曰罗文，遽为端紫。我视魏征，妩媚如此。’”落款：“嘉庆壬戌四月，晓岚题，时年七十有九。”楷书。

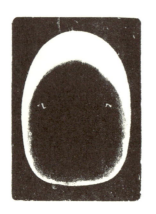

龙尾石砚

“我视魏征，妩媚如此”一语，典出《旧唐书·魏征传》：“太宗谓长孙无忌曰：‘魏征、王珪，昔在东宫，尽心所事，当时诚亦可恶。我能拔擢用之，以至今日，足为无愧古人。然征每谏我不从，发言辄即不应，何也？’对曰：‘臣以事有不可，所以陈论，若不从辄应，便恐此事即行。’帝曰：‘但当时且应，更别陈论，岂不得耶？’征曰：‘昔舜诫群臣：尔无面从，退有后言。若臣面从陛下方始谏，此即退有后言，岂是稷、契事尧、舜之意耶？’帝大笑曰：‘人言魏征举动疏慢，我但觉妩媚，适为此耳。’征拜谢曰：‘陛下导之使言，臣所以敢谏，若陛下不受臣谏，岂敢数犯龙鳞？’”纪晓岚以歙砚之刚硬与柔腻，比之魏征之敢谏与“妩媚”。

砚背下半部分，有翁树培隶书铭，云：“歙砚日稀，尔何其寿？古貌古心，如逢耆旧。”后附小字题识：“龙尾旧坑久绝，故歙砚较端砚为难得。此石犹前代物也。翁树培铭并识。”

翁树培（1765—1809），字宜泉，号申之，翁方纲次子。乾隆五十二年进士，官刑部郎中。博学好古，能传家学。幼好摹写篆、隶，擅篆钟鼎文字。精于泉币之学，以嗜泉成癖著称。

赠砚者鲍勋茂，字树堂，安徽歙县棠樾人。乾隆四十九年召试内阁中书，五十五年八月入直，官至通政使司通政使。为人慷慨，竭力施与，终身不倦。其父鲍志道（1743—1801），原名廷道，字诚一，号肯园，盐业巨富，重礼好义，曾与曹文埴一起倡议复建古紫阳书院，独自捐银三千两。又出资建鲍氏世孝祠（该祠今尚在，内有铁保书《世孝祠记》碑）。纪晓岚应鲍勋茂所请，为其作《书鲍氏〈世孝祠记〉后》（《纪文达公遗集》文卷十一），获赠此砚。

纪晓岚还为鲍父撰写《中议大夫赐三品服肯园鲍公暨配汪淑人墓表》及《鲍肯园先生小传》（《纪文达公遗集》文卷十四、十五）。其《致鲍树堂书》云："前，勉承台命，作太老先生家传。方自愧拙文陋识，不足以发挥厚德，乃蒙遽勒贞珉，复得冶亭漕使为之染翰，实为荣幸倍增，转深感佩。上次承惠歙砚，已手为铭识，述所自来。石庵相国亦极把玩赞叹。今又蒙致此旧石，欣抃何似！惟一生书似方平，不免有负此二砚耳。迩来年届八旬，诸兴都减，惟顽健如昔，可勿厪远怀……"（民国十一年上海文明书局《明清名人尺牍墨宝》第二集第一册）。可知鲍勋茂所赠，前后共有二砚。

纪昀致鲍树堂信札（摘自民国版《明清名人尺牍墨宝》）

刘环之赠"圭砚"

砚为长方形，砚堂与墨池合作圭状，圭外饰云纹。砚背下方亦作一圭，圭之上，镌纪晓岚铭，云："刘信芳督学江苏，以此研留别。自文正公以来，世讲八法，故其家古研至多，此尚非其至佳者，然较市侩所持，则相去远矣。嘉庆甲子二月二日，晓岚识，时年八十有一。"圭之内，右半边铭："三复白圭，防言之玷。文亦匿瑕，慎哉自检。"左半边铭："此余旧作圭研铭，研久为门生持去，今得信芳此砚，形制相似，因仍镌此铭于其背。"

按：《论语·先进》："南容三复白圭，孔子以其兄之子妻之。" 何晏集解引孔安国曰："《诗》云：'白圭之玷，尚可磨也；斯言之玷，不可为也。' 南容读诗至此，三反覆之，是其心慎言也。"后因以"三复白圭"谓慎于言行。纪晓岚"三复白圭，防言之玷"之铭，典出于此。

刘环之（1762—1821），字佩循，号信芳，刘统勋孙、刘墉侄。乾隆五十四年进士。嘉庆五年擢内阁学士兼礼部侍郎。九年正月命提督江苏学政，六月调吏部右侍郎，仍留任学政。十二年任顺天学政。十五年六月充浙江乡试正考官，八月命提督江苏学政。十六年擢兵部尚书。十九年调任户部尚书。二十三年年底迁都察院左都御史，仍兼管顺天府尹。二十五年春任兵部尚书，充读卷大臣，八月复加太子少保，九月任吏部尚书，充经筵讲官。道光元年卒。居官清廉。

刘家祖孙三代，皆与纪晓岚有砚缘。

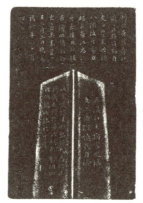

圭砚

蒋宗海赠古砚

砚作长方形，纪晓岚题铭于砚匣，云："斑斑墨绣自何时，老友封题远见贻。忽似重逢孟东野，古心古貌对谈诗。""蒋春农舍人以此砚见寄，摩挲古泽，如见故人。盖自壬午（乾隆二十七年）江干一别，弹指二十八年矣。远想慨然，因题长句。乾隆庚戌（五十五年）五月二十二日，晓岚并识。"

"孟东野"即孟郊（751—814），唐湖州武康（今浙江德清）人，孟浩然孙。早年生活贫困，屡试不第，至四十六岁始登进士第。贞元十七年（801），任溧阳尉。孟郊写诗尚古好奇，现存诗歌500多首，以五言古诗最多，无一律诗。其诗学习汉魏六朝五言古诗传统，有汉魏风骨。沈德潜评："孟东野诗，从《风》、《骚》中出，特意象孤峻。"由纪晓岚"一手删定"之《四库全书总目提要·孟东野集》云："郊诗托兴深微，而结体古奥。"韩愈《孟生诗》有云："孟生江海士，古貌又古心。"蒋氏赠纪晓岚之砚，墨绣斑斑，古泽盎然，故纪氏有"忽似重逢孟东野，古心古貌对谈诗"之感。

蒋宗海（约 1727—1795
后），字春岩，一字星岩，号
春浓，一号青农，晚号归求老
人，丹徒（今江苏镇江）人。
乾隆十七年进士，授内阁中
书，军机处行走。中年以母老
告归，先后主讲如皋雉水书
院、仪征乐仪书院、扬州梅花
书院等，学人尊为"春农先
生"。曾应两淮盐运使卢见曾
邀请，主持修纂《金山志》、
《焦山志》、《平山堂志》

"斑斑墨绣"铭砚

等。工诗文，精鉴别，善画山水。篆刻字秀清雅，传汉篆遗意。藏书达三万余
卷，多善本。乾隆三十八年诏求天下遗书，扬州进呈书籍最多，专请蒋宗海把
关，"手选而后进呈"，后扬州呈书以量多质高而得乾隆帝嘉奖。

那彦成"赠"砚

砚呈长方形，造型敦厚，砚堂微凹，墨池深陷，池周浮雕夔纹。纪晓岚于
砚背题识云："绎堂尝攫取石庵砚，后与余阅卷聚奎堂，有砚至佳，余亦攫取
之。绎堂爱不能割，出此砚以赎。因书以记一时之谐戏，且以证'螳螂黄雀'
之喻诚至言也。乾隆乙卯（六十年）长至，晓岚识。"

纪晓岚又于砚匣题诗云："机心一动生诸缘，扰扰黄雀螳螂蝉。楚人失弓
楚人得，何妨作是平等观。因君忽忆老米颠，王略一帖轻据船。玉蟾蜍滴相思
泪，却自区区爱砚山。""绎堂遣人来换砚，戏答以诗，因书于砚匣。"

诗中用典数则。

"黄雀螳螂蝉"之典，初出《庄子·山木》："睹一蝉，方得美荫而忘其
身，螳螂执翳而搏之，见得而忘其形；异鹊从而利之，见利而忘其真。"刘向
《说苑·正谏》变"异鹊"为"黄雀"，云："园中有树，其上有蝉，蝉高居
悲鸣，饮露，不知螳螂在其后；螳螂委身曲附，欲取蝉，而不知黄雀在其旁
也。"此诗借以戏言那彦成攫取刘墉砚，而晓岚又攫取那彦成砚。

"楚人失弓楚人得"一句，典出《孔子家语·好生》："楚恭王出游，亡
乌噭之弓，左右请求之。王曰：'止！楚王失弓，楚人得之，又何求之？'"
此则借以戏言刘墉"失"砚，而此砚终由同样爱砚的"自己人"晓岚所得。

绎堂砚（摘自《天津博物馆藏砚》。题目据
《纪文达公遗集》所录《题绎堂砚》而定)

绎堂先生赎研之砚
2014年6月12日—8月3日在深
圳市博物馆展出的《雅韵清
玩——天津博物馆藏文房用
具展》展品（观炎摄)

"因君忽忆老米颠，王略一帖轻据船"两句，言那彦成舍不得被纪晓岚攫去之砚，赶紧拿出当初攫取之刘墉砚与纪赎换，令纪晓岚联想到当年米芾换帖之事。宋代叶梦得《石林燕语》卷十记："米芾诙谐好奇。在真州，尝谒蔡太保攸于舟中，攸出所藏右军《王略帖》示之。芾惊叹，求以他画换易。攸意以为难。芾曰：'公若不见从，某不复生，即投此江死矣。'因大呼，据船舷欲坠。攸遽与之。"纪氏此句，典出于此。

"玉蟾蜍滴相思泪，却自区区爱砚山"两句，乃言米芾事。元代陶宗仪《南村辍耕录》卷六有《宝晋斋研山图》，并录米芾言："右此石是南唐宝石，久为吾斋研山，今被道祖易去。中美旧有诗云：'研山不易见，移得小翠峰……'今每诵此诗，必怀此石。近余亦有作云：'研山不复见，哦诗徒叹息。唯有玉蟾蜍，向余频泪滴。'此石一入渠手，不得再见，每同交友往观，亦不出示，绍彭公真忍人也。余今笔想成图，仿佛在目。从此吾斋秀气尤不复泯矣。崇宁元年八月望，米芾书。"纪晓岚此句，即由此中化出。

纪晓岚又有《题绛堂砚》诗，诗云："昔我掌乌台，石庵赠我砚。肌理缜密中，隐隐锋芒见。今岁司文衡，适与绛堂伴。此砚复赠余，粹温金百练。皆云肖其人，真识非虚赞。论交均胶漆，持论斥冰炭。毋乃学道久，客气消其悍。抑或阅事多，坎坷刚肠变。水激石转雷，风淡江澄练。泊然一寸心，吾本无恩怨。"砚原为刘墉所有，后为那彦成攫去，今那彦成为换回被纪晓岚攫去之爱砚，不得已，将当初攫得之刘墉砚换给纪晓岚，故纪诗云"此砚复赠余"。又，"昔我掌乌台，石庵赠我砚"，当指乾隆五十七年纪晓岚任左都御史时，刘墉相赠之戴文砚，刘氏有铭云："石理缜密石骨刚，赠都御史写奏章，此翁此砚真相当。"

那彦成（1764—1833），字韶九，一字东甫，号绛堂，章佳氏，满洲正白旗人，大学士阿桂孙。乾隆五十四年进士，选庶吉士，授翰林院编修，入值南书房，历任内务府大臣、工部尚书、礼部尚书、两广总督、陕甘总督、直隶总督、吏部尚书、刑部尚书。其间数度起跌浮沉。《清史稿》谓其"遇事有为，工文翰，好士，虽屡起屡踬，中外想望风采"。

是砚现藏天津博物馆，据蔡鸿茹《中华古砚100讲》之《第41讲：清纪昀为那彦成铭端砚》记：砚长14厘米、宽8.8厘米、高4厘米。曾经徐世章先生收藏，内盒底丝绸垫上有徐先生墨书："此砚癸酉（1933）秋九月所得，与《阅微草堂砚谱》尺寸题铭悉合，石质亦佳，诚佳品也。乙亥（1935）五月八日濠园记。"钤"世章心赏"、"濠园宝此过于明珠骏马"二印。

今之出版物，多名此砚为"清纪昀为那彦成铭端砚"，不妥。是砚乃那彦成"无奈"之下所赠，纪晓岚得砚后铭之，非"为那彦成铭"。

朱筠赠砚

朱筠赠纪晓岚砚，《阅微草堂砚谱》不见录。

乾隆五十六年一月十七日，纪晓岚以朱筠赠砚请翁方纲题铭。翁氏记其事："纪晓岚宗伯以竹君学士赠研来属，为铭云：'竹君之研赠晓岚，为之铭者翁正三。'因拓其文装轴，借王渔洋句足成一绝，以呈晓岚，兼寄石君中丞。"诗曰："尚书蓟北霜侵鬓，开府江南雪满头。相对苏斋论旧雨，又添诗话在瀛洲。"（《复初斋诗集》卷二十一）翁方纲所云"借王渔洋句"，指王渔洋（士禛）《寄荦诗》开头二句："尚书北阙霜侵鬓，开府江南雪满头。"

朱筠（1729—1781），字竹君，一字美叔，号笥河。顺天大兴（今北京市大兴）人。乾隆十九年进士，改庶吉士。散馆，授编修。后擢翰林院侍读学士，充日讲起居注官。三十五年，典试福建，俄奉命督学安徽。四十四年，提督福建学政。博学宏览，聚书数万卷。好奖掖后进，当时名望甚重。四库馆开，发轫于朱筠校辑《永乐大典》遗书之疏。好金石文字。作有《研铭二十六首》（见《笥河文集》卷八），并有《研山诗和刘崇如（墉）韵》、《颍水洗所携蟠螭砚歌》（见《笥河诗集》卷一、卷十）等砚诗。纪晓岚与朱筠为甲戌科同年，交情甚笃。朱筠去世，纪晓岚挽之曰："学术各门庭，与子平生无唱和；交情同骨肉，俾余后死独伤悲。"

朱筠像
（摘自《清代学者象传》）

"石君中丞"即朱珪（1731—1806），朱筠弟。乾隆十三年十八岁中进士。曾授侍讲学士，直上书房，任皇子永琰老师。五十五年，出任安徽巡抚。五十九年，调广东巡抚，不久署任两广总督。次年授左都御史，又授兵部尚书，仍保留广东巡抚职。嘉庆元年，授两广总督，兼署广东巡抚。二年，调为兵部尚书，又调为吏部、户部尚书，仍留任巡抚。四年，命直南书房，管户部三库，加太子少保。不久任上书房总师傅，调户部尚书。五年，兼署吏部

朱珪像
（摘自《清代学者象传》）

尚书。因事削职。七年，任协办大学士，不久兼任翰林院掌院学士，晋太子少傅。十年，拜体仁阁大学士。所著《知足斋诗集》中，有《研山次刘崇如韵》、《题静厓庶子·井福研册》等诗。

纪晓岚与翁方纲、朱珪同举乾隆十二年顺天乡试，时有小聚。嘉庆四年，翁方纲作《腊月六日，石君招同晓岚、兼六作丁卯同年小集》诗，有句云："屏翰尚存三节使（自注：其一谓徐五树峰），星垣相对两尚书。""七旬以长差肩近（自注：晓岚七十六、兼六七十、石君与余皆肩次之），第五之名接唱余（自注：丁卯顺天榜，石君第六、兼六第四十六、晓岚领其首，而予得随其后也）。""梦到奎堂都谏句，月眉寒倚画檐初（自注：末七字，诸城刘文正师丁卯秋聚奎堂诗句也）。"（《复初斋诗集》卷五十三）次年九月再聚，翁氏又作《九月望后，石君招同鲁岩、晓岚、树峰为丁卯同年小集》诗（《复初斋诗集》卷五十五）。

纪卒，朱珪为撰《墓志铭》。

潘应椿赠"翁方纲摹五凤二年刻石"端砚

砚为翁方纲任广东学政时以端石所制，长方形，砚背摹刻西汉"五凤二年刻石"文字。

"五凤二年刻石"于金明昌二年（1191）出土于汉鲁城内灵光殿基西南太子钓鱼池一带。当时工匠挖池取石修建孔庙，偶然于土中发现，监工高德裔将此石移入孔庙，并将发现经过记于石上。此石形制长方、横卧，似石基，内容为记载建筑年代而刻，共十三字，曰："五凤二年、鲁卅四年六月四日成。""五凤二年"即公元前56年，是汉宣帝刘询年号；"鲁卅四年"为鲁恭王刘馀之孙鲁孝王刘庆忌年号，故此石亦称"鲁孝王刻石"。字为隶书。刻石左侧，有高德裔题记，行书，记云："直灵光殿基西南卅步曰'太子钓鱼池'，盖刘馀以景帝子封鲁故土，俗以太子呼之。明昌二年，诏修孔圣庙，匠者取池石以充用，土中偶得此石。侧有文曰'五凤二年'者，宣帝时号也；又曰'鲁卅四年六月四日成'者，以《汉书》考之，乃馀孙孝王之时也。西汉石刻，世为难得，故予详录之，使来者有考焉。提控修庙、朝散大夫、开州刺史高德裔曼卿记。"是石现存山东曲阜汉魏碑刻陈列馆。书家多断此刻石为隶书定型之例证，翁方纲《两汉金石志》卷七评此刻石"浑沦朴古，隶法之未雕凿者也"。康有为则以此为"汉隶之始"。

翁方纲把其摹刻入砚时，布局重作编排，"五凤二年"刻字置于砚背正上方，高德裔题记置于砚背之下半部分。

翁方纲摹五凤二年刻石端砚

砚之两侧，翁方纲题识云："此刻孙耳伯（承泽）以为石，而朱竹垞（彝尊）以为砖。'凤'高（凤翰）刻为'𣂏'，而牛（运震）刻为'𣂑'；'鲁'高刻'𪔂'，而牛刻'𣂑'；记文'直'，牛刻为'置'。盖甚矣！寻偏旁、推点画之难也。乾隆辛卯秋九日朔，石洲西斋摹。"

考翁方纲于乾隆二十九年甲申提督广东学政，是年九月到达广州。凡三任，前后八年。乾隆三十六年辛卯十一月，自广州启程离粤。查翁方纲《复初斋集外诗》（民国嘉业堂本）卷八，乾隆辛卯九月九日，有次韵文徵明重阳日游金陵城北嘉善寺诗二首，并把文徵明诗摹刻于一方竹节砚之背面。诗题末句云："乾隆辛卯九日，石洲西斋摹刻于竹节砚背，次韵二首。"可知摹刻五凤二年刻石砚与摹刻文徵明诗于竹节砚背为同一时候，皆在离粤前之九月。《复初斋诗集》卷三十二《为钱湘舲题其乡前辈潘稼堂先生品砚图》有句云："八

翁方纲像
（摘自《清代学者象传》）

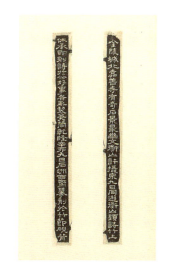

乾隆辛卯九日石洲西斋
摹款"竹节砚"（摘自
哈佛大学汉和图书馆藏
《古砚拓存》）

年岭表无一研，惭愧题字羚山巅。"言似不确，或可理解为无一称意之佳研，盖翁氏在粤期间，端溪老坑未逢一开；又或可能所得之研已悉赠他人。

　　翁方纲所摹五凤二年刻石砚，后为皆山所得。其得砚后，或出于实用考虑，在正面开出石渠池。后来，皆山又把此砚赠送纪晓岚。纪在砚堂上端题云："砚本砖形，故覃溪以摹汉砖。池乃皆山所开，非其旧也。"文后不署名。言"覃溪以摹汉砖"，却又存讹。翁氏在《两汉金石志》卷七及《复初斋文集》卷第五中谈及五凤二年刻石，均明言此刻是"石"，且对朱彝尊"指石为砖"颇耿耿于怀，数次旧事重提，如《复初斋诗集》卷三十二《钱献之得汉未央宫砖，琢为研，拓其铭来求诗》开首云："朱老误题五凤石（自注：五凤二年石，竹垞题曰砖，误也），钱郎此研乃真砖。"卷四十九《五凤二年石刻旧本为伊墨卿赋》开首云："秀水朱老跋误传，以隶为篆石为砖。"卷五十二《五凤五年砖歌》结尾云："欲为朱十解嘲否？五凤此刻方真砖（自注：竹垞以曲阜五凤二年石目为砖）。"纪晓岚之误，正与朱彝尊同。

　　砚匣正面，纪晓岚题铭云："覃溪作砚于岭南，皆山得之赠晓岚，晓岚铭曰'腻而铦'，时壬戌岁三月三。""壬戌岁"为嘉庆七年。砚匣正面下方，再题："蕉叶白，世所称。古中驷，今上乘。譬韩、欧已远，有王、李之代兴。晓岚又铭。""韩、欧"即唐宋八大家之韩愈、欧阳修；"王、李"即明代文坛领袖王世贞、李攀龙，皆为"后七子"之一。从纪氏题铭，可知此砚有石品蕉叶白。

如是这般品题一番之后，纪晓岚觉得是砚终究无"翁方纲"之署名，颇有必要作补充说明，遂又于砚背"五凤二年"刻字之右侧以小字记云："皆山以此砚见赠，本覃溪苏米斋中物，题识皆其手迹也。嘉庆壬戌四月，晓岚记。"又请翁方纲次子翁树培，于"五凤二年"刻字之左侧题识云："家大人在广东作此砚，今归晓岚先生，先生以题字未署名，属树培附识数言，为后来之证。"

"皆山"或即潘应椿。尝见翁方纲书赠皆山隶书对联，云："小几研丹晨点易，重帘扫地昼焚香。"上款为："书应皆山先生老公祖雅鉴。"落款为："覃溪翁方纲。"按："老公祖"为明、清官场中对地方长官之尊称。查翁方纲《复初斋集外诗》（民国嘉业堂本）卷十七，乾隆四十八年，有《潘皆山带月荷锄图三首》，诗题下有注云："名庭椿，歙人，时知蓟州。"诗后又注："将以暇日邀君往城西崇效寺仿智朴上人《红杏青松图卷》也。"是年，翁方纲奉命充顺天乡试副考官。翁本身为顺天大兴人，蓟州和大兴县均属顺天府所辖。从翁诗可知，潘皆山与翁颇有交情。

潘应椿（1734—?），安徽歙县人。举人。历任怀来知县、丰润知县、安州知州、蓟州知州等（故翁方纲称其为"老公祖"）。著有《周秦汉魏六朝隋唐金石记》、《法墨珍图记》等。潘对金石颇有研究，且有著述，故此砚曾在潘氏手中，并不唐突。又，查道光《蓟州志》及中央研究院历史语言研究所藏明清史料，知蓟州者只有"潘应椿"而无"潘庭椿"，可知民国嘉业堂本《复初斋集外诗》中"庭椿"的"庭"字，当为"應（应）"之误。

近见孙建先生《纪晓岚砚铭详注》，言"皆山"为翁方纲之子翁树培，则又谬。

翁方纲书赠皆山对联

附录一："翁方纲"缩摹瘗鹤铭端砚"

蔡鸿茹《中华古砚100讲》，录翁方纲"缩摹瘗鹤铭端砚"，砚面上端有篆书铭，右下方有"微臣属书"四大字，左下方落款"乾隆辛卯七夕，覃溪摹并铭"，砚背摹刻《瘗鹤铭》。则亦与五凤二年刻石砚摹刻于同一年，为两月前之七月初七。然此砚颇存疑点。一者，砚面"微臣属书"四字，出自唐《孔子庙堂碑》正文首行，将其与南朝《瘗鹤铭》分置一砚之正、背面，颇有风马牛不相及之感。查翁氏《跋庙堂碑唐本》，有云："旬月以来，考证临摹之次，亦竭力双钩数行，姑试刻于砚背，尚出吴门能手，字形是而神理全非……"（《复初斋文集》卷二十二）。虽摹刻不理想，但"双钩数行"专刻于一砚之背面，而并非与其他碑铭同摹于一砚，符合常理。二者，《复初斋诗集》卷五十五，有《载园以予瘗鹤铭缩本镌于研背，报以是诗》。是诗作于嘉庆五年，若此前之乾隆辛卯翁氏已有摹《瘗鹤铭》上砚之事，或《瘗鹤铭》为后来才摹刻至乾隆辛卯年已有摹刻其他碑文之砚上，习惯上当会有所提及，然诗中翁氏只字未提。

附录二：纪昀赠洪良浩"水蛀砚"

纪晓岚固癖砚，藏砚多得自他人所赠，亦时以藏砚馈赠门人及挚友。

乾隆五十九年，朝鲜国以洪良浩为冬至兼谢恩正使来华。时任礼部尚书之纪晓岚，得与洪良浩结识，且一见如故，互相钦敬倾慕，引为知己。洪良浩以所著《耳溪诗集》、《耳溪文集》求序，纪晓岚一一为之作序。

洪良浩回国后，纪晓岚于乾隆六十年乘朝鲜使臣郑尚愚归轺之便，托其带给洪良浩水蛀砚等物品，并奉书一函，有言："夫人不相知，日接膝而邈若山河；苟其相知，则千万载如旦夕，千万里如庭除。""前两接手书，俱已装潢成轴，付小孙树馨收贮。兹拜读华藻，亦并付珍弆。此孙尚能读书，俾知两老人如是之神交，亦将来佳话也。""兹因郑同知归轺之便，附上水蛀砚一方，上有拙铭；白玛瑙搔背一件；郎窑（自注：康熙中御窑，今百年矣）水中丞一件；葛云瞻茶注一件（自注：宜兴之名工），各系以小诗。先生置之几右，时一摩挲，亦足关远想也。"

纪晓岚《以水蛀砚水中丞搔背茶注赠朝鲜国相洪良浩各系小诗》共四首，砚诗云："紫云割下岩，水蛀穴如蠹。锋芒虽欲平，贵尔形模古。"可知砚为端溪老坑石，唯砚上之铭暂不得知。

除有书信往还及寄赠礼品外，纪晓岚还有诗怀远方友人，如《寄怀洪良浩》、《怀朝鲜洪良浩》。

洪良浩，字汉师，号耳溪，生于雍正二年（1724），与纪晓岚同庚。先后任朝鲜平安道观察使、判中枢府事。

白头相对两尚书

《阅微草堂砚谱》中出现最多的名字，除纪晓岚本人之落款外，即为"刘石庵"。

石庵嗜砚有奇癖

刘墉（1719—1805），字崇如，号石庵，另有青原、香岩、东武、穆庵、溟华、日观峰道人等字号，刘统勋子。乾隆十六年进士。先后督安徽、江苏学政，授山西太原知府，擢冀宁道。以失察发军台效力，逾年释还，授江苏江宁知府，再迁陕西按察使。丁父忧，服阕，授内阁学士，直南书房。迁户部、吏部侍郎。授湖南巡抚，迁左都御史。授工部尚书，充上书房总师傅。署直隶总督，又调吏部尚书，充经筵讲官。授协办大学士。五十四年，以诸皇子师傅久不入书房，降为侍郎衔。寻授内阁学士，提督顺天学政。迁都察院左御史，旋擢礼部尚书，兼管国子监事务。又署吏部尚书。嘉庆二年四月，授体仁阁大学士。四年三月，加太子少保。九年十二月二十五日（嘉庆九年对应公历1804年，而十二月二十五日时公历已进入1805年），卒。为官清廉，有乃父风。工书，尤善小楷。兼工文翰，博通百家经史。曾任四库全书馆副总裁。

刘墉像
（摘自《清代学者象传》）

传刘墉其貌不扬，背驼，故世有"刘罗锅"之称。笔者尝戏作《天然茄子砚铭》拟之，铭云："穿紫袍，着官家。号则俗，叫矮瓜。其形欠雅，其质尚佳。此正如刘罗锅之不差。"

刘石庵亦喜蓄砚。《刘文清公遗集》中，录有《和二十六弟龟石研》、《洗研》、《研山歌》、《题研》、《题裴司空断碑研图并序》、《暖研》、《东井澄泥研》、《钟研》等砚诗十七首。其中《题研》诗云："研刻三羊协泰嘉，况兼石美比琼华。润含南国蒸春雨，色蕴东方绚晓霞。出自端溪经几岁，用归文士阅谁家。摩挲更爱鸲睛活，宛似珠圆信可夸。"可知亦一好砚家。《西清砚谱》卷八"苏轼从星砚"、卷九"宋米芾兰亭砚"，有刘墉奉勅题诗。

刘石庵学生英和作有《座主刘石庵先生斋中观砚》诗，写刘氏玩砚事，诗云："夫子书通神，嗜砚有奇癖。示我以大观，珍重手拂拭。端歙相间陈，陆离光奕奕。或乃琵琶形，或乃鹦鹉格。或乃瓜皮青，或乃蕉叶白。一一锡嘉名，其大辄盈尺。自非夙好敦，谁解殷勤觅。小子列门墙，问字来朝夕。窥豹见一斑，恍然心有得。规矩应方圆，坚贞复润泽。历久终不渝，相契是翰墨。允为席上珍，那数韩陵石。"（《恩福堂诗集》卷二）其《松雪临曹娥碑端石砚屏歌》又有句云："忆昔侍坐文清师，八秩临池日忘倦。大砚小砚几纷陈，品评次第镌铭赞。"（《恩福堂诗集》卷八）由此二诗，可知刘石庵嗜砚癖砚之情状。

英和（1771—1840），初名石桐，字树琴，一字定圃，号煦斋，索绰络氏，满洲正白旗人。乾隆五十八年进士（刘墉为是年会试正总裁），选庶吉士，散馆后授编修。官至军机大臣，户部尚书，协办大学士，加太子太保衔。后因事被降职，外放热河都统。又因监修宣宗陵寝地官浸水发配黑龙江。工诗文，善书法，喜蓄砚，其《恩福堂笔记》有云："旧日家藏砚甚富，而余最赏者，嘉庆丁卯（嘉庆十二年）夏在袁浦，河帅戴可亭（均元）先生所赠二砚。一为管仲姬小端砚……一为竹垞著书砚，质为蕉叶白……"

英和像
（摘自《清代学者象传》）

王芑孙亦作有《石荠（庵）先生课书斋八咏·砚》，诗云："案上留青玉，山头割紫云。千金知有璧，万古例称君。画井须勤稿，为田合艺芸。但坚穿铁志，磨盾岂殊勋。"（《渊雅堂全集》卷一）

王芑孙（1755—1817），字念丰（一作念沣），一字沤波，号惕甫，又号楞伽山人，长洲（今苏州）人。曾官华亭教谕、松江府知府。书法直逼刘墉。

朝内朝外皆兄弟

纪晓岚与刘石庵同为朝廷重臣，皆有口碑。嘉庆四年三月，朝鲜书状官徐有闻之闻见别单云："和珅专权数十年，内外诸臣，无不趋走，惟王杰、刘墉、董诰、朱珪、纪昀、铁保、玉保等诸人，终不依附。"此乃朝鲜"局外人"所作之评价。同年十一月，朝鲜使节又评价刘、纪二人云："朝臣中，一辞公论，刚方正直推刘墉，风流儒雅推纪昀。"

刘石庵行事，实亦有世故、有趣一面。高宗对其作过一番颇有意思的评价，云："刘墉向来不肯实心任事，即如本日召见新选知府戴世仪，人甚庸劣，断难胜方面之任，朕询之刘墉，对以'尚可'，是刘墉平日于铨政用人全未留心，率以模棱之词塞责，不胜纶扉，即此可见。"上谕中夹叙夹议，并举有实例，读来令人莞尔。

纪晓岚与刘石庵志趣脾气相投，加上刘父又为纪晓岚恩师，故两人相交甚笃。石庵长晓岚四岁，而早卒晓岚一月余。嘉庆八年时，纪晓岚有云："石庵今年八十四，余今亦八十，相交之久，无如我二人者。"（《书刘石庵相国临王右军帖后》）

前述上海道明2010年春季拍卖会之《乾隆朝卿相致纪河间手札》，有信札二十六通，其中刘石庵一人即占十四通，可见刘、纪二人交往之密切。札中事无巨细，皆有道来。如一通云："明日廿四，到舍午饭，不知允否？端此奉请，如或明日未能，即回示何日，谅不出三日外，太迟非鄙意也。向言皆确，未得其方，非面悉不可，天下难事固有悲，吾二人非常人也，阁下想久有成竹于胸中耳，彭公亦与公益全，二人断金，况三人乎？晓岚四兄大人，世弟墉拜订。"又一通云："山东白梁米五升（自注：蒸干饭好）；山东沙鱼一尾（自注：味同白鲞而厚，吃法全），奉上。又，饽饽一合，极佳，并列。高丽纸墨，未来何耶？坡诗鮰鱼一绝，可据也。晓岚尚书四兄大人，世弟墉启。"又一通云："公于明日到会典馆否？吾极欲相见，此约毋阻是荷。滕花之饷，雅而且丽，知兴绪佳也，小院亦有一架，数日奉，答不既。晓岚尚书，弟墉拜具。四月九日。"

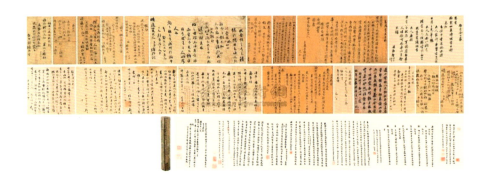

乾隆朝卿相致纪河间手札

纪、刘二人平日每有空闲，辄相约见面聊事、赏砚，又或以信札交流心得。上述手札中，有涉砚事二通，其一云："旧砚佳，带回小砚亦佳，真菜鸡一只亦佳（自注：中有脏腑，厨子每吃之，然厨子不吃亦可也）。近稿呈教，俟面悉。晓岚尚书四兄大人阁下，世弟墉具。"鸡毛蒜皮、砚事文事，无不一一陈述，足见二人之交谊。

黻文砚纪两砚痴

　　刘石庵有黻文砚，长方形，砚唇四周凸起一条流畅曲线，砚背两"己"相背作黻文。纪晓岚见而爱之，刘石庵成人之美，慷慨相赠，并于砚背题云："晓岚爱余黻文砚，因赠之，而我以铭曰：石理缜密石骨刚，赠都御史写奏章，此翁此砚真相当。"落款："壬子二月，石庵。""壬子"为乾隆五十七年。按：乾隆五十六年正月，以刘石庵为左都御史，是月甲辰日，又调礼部尚书纪晓岚为左都御史，而刘石庵则任礼部尚书。至乾隆五十七年八月，纪晓岚复迁礼部尚书。刘石庵赠砚时，纪正在左都御史任上，故石庵有"赠都御史写奏章"之说。

　　《西清砚谱》收录一方造型、图案相同之黻文砚。砚见谱中卷十，名为"宋端石黻文砚"，亦"四周刻带文，曲折隆起……砚背刻黻文"。纪晓岚昔

黻文砚拓片（摘自西泠印社2008年春拍《文房清玩·历代名砚专场》图录)

黻文砚（摘自西泠印社2008年春拍《文房清玩·历代名砚专场》图录）

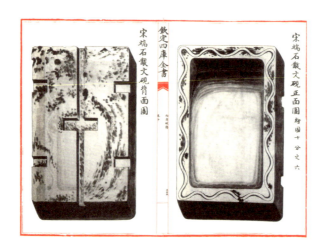

黻文砚（摘自《西清砚谱》）

日在四库全书馆，已先得见《西清砚谱》中砚，今见刘石庵有相同之物，"爱"心或正因之而生。

砚归纪晓岚后，又增砚铭四则。

纪晓岚于砚之一侧上方题铭云："坚则坚，然不顽。"落款："晓岚铭。"短短数字，与刘石庵之"石理缜密石骨刚"相呼应，而语带双关。其下方，有伊秉绶铭："粹温其外刚其内，其文两'己'互相背，知汝不为端紫辈。"落款："秉绶。"首句亦就"刚"字展开。"知汝不为端紫辈"，则砚非端石。

砚背上方，有桂馥题铭，云："刘公清苦复院僧，纪公冷阙空潭水。两公棐几许汝登，汝实外朴中藏棱。"落款："嘉庆丙辰二月，曲阜桂馥铭。"嘉庆丙辰为嘉庆元年，乃刘石庵赠砚纪晓岚后第四年。"汝实外朴中藏棱"一句，既写此黻文砚之特点，又有喻二公品格之意，与上述各铭词义一脉相承。桂馥铭居刘墉铭之上方，本不妥，然石庵铭于砚背下方在前，故亦"情有可原"。

桂馥（1736—1805），字未谷，一字东卉，号雪门，别号萧然山外史，书法晚称老苔。山东曲阜人。乾隆五十五年进士，官云南永平知县。擅金石考据，篆刻、书法雅负盛名，尤擅隶书，工稳淳朴，厚重古拙，整严润健。其生当朴学大盛之时，为乾嘉朴学中颇具成就之学者。《未谷诗集》卷三中，有《澄泥研诗》一首。桂馥与纪晓岚、伊秉绶交好，嘉庆元年二月，桂曾为纪氏题写"阅微草堂"匾额。是年秋，桂馥出任永平知县，纪、伊二人皆有诗赠行。

桂馥像
（摘自《清代学者象传》）

砚之另一侧，有蒋师爚题诗："城南多少贵人居，歌舞繁华锦不如。谁见空斋评砚史，白头相对两尚书。"落款："师爚。"蒋氏此诗，正是对纪、刘两砚痴最生动形象之写照。

蒋师爚（1743—1798），字慕刘，一字晦之，号东桥，仁和人。乾隆四十五年进士，官兵部主事。性恬退，研经证史，寒暑不辍。著有《敦退堂诗文集》等。纪晓岚三子纪汝似与其子蒋诗相契厚。纪晓岚作有《蒋东桥兵部五十序》。

二百余年后之2008年春季，此砚突然现身西泠印社历代名砚拍卖专场，图录记此砚长19.5厘米、宽12.6厘米、厚2.8厘米。经对照《阅微草堂砚谱》，外貌诸细节全然吻合，真品无疑。

又，《沈氏砚林》亦有一相类之砚，砚侧有吴昌硕篆书"龙黻研"三大字。可知此砚式在清代效仿者甚多。

砚真砚赝何关情？

刘石庵尝赠纪晓岚宋砚二方，皆有宋代名士铭款，一为"鹤山"砚，一为

"唐子西"砚。纪晓岚疑为依托款，并把后者名款磨去。

　　"鹤山"砚为长方抄手式。纪晓岚于砚底题识云："石庵以此砚见赠，左侧有'鹤山'字，是宋人故物矣。然余颇疑其依托。石庵曰：'专诸巷所依托，不过苏黄米蔡数家耳，彼乌知宋有魏了翁哉？'是或一说欤。嘉庆癸亥六月，晓岚识。""嘉庆癸亥"为嘉庆八年（1803）。对于纪晓岚对"鹤山"款之疑，刘石庵并不认同。而纪晓岚因无证赝之真凭实据，仅出于"疑"，故亦不过分坚持，并录刘石庵之语作为"一说"。

鹤山款抄手砚

　　魏了翁（1178—1237），字华父，号鹤山，邛州蒲江（今属四川）人。庆元五年（1199）进士。官至礼部尚书、端明殿学士。卒谥"文靖"，追赠"秦国公"。工书法，尤长篆、行书。又工诗词，善属文，作词语意高旷，风格或清丽、或悲壮。著有《鹤山集》等。

　　苏黄米蔡，即"宋四家"苏轼、黄庭坚、米芾、蔡京（一说蔡襄）。

　　刘石庵赠砚时，附书一纸，云："送上古砚一方，领取韩稿一部。砚乃朴茂沉雄之极，譬之文格，有如此也。晓岚四兄大人。弟墉拜具。"

　　纪晓岚虽疑"鹤山"款为依托，然并不介意，且"故技重演"，把刘石庵附书之小札摹刻于砚匣。

　　"唐子西"砚近长方形而四角皆圆，覆手处有石眼七颗。砚侧镌"日观峰老衲"五字，刘墉号也。砚上原有"唐子西"款铭，纪晓岚以其明显为依托款，为免招人因款疑砚，干脆把"唐子西"款铭磨去。而后于覆手石眼下方题记云："石庵自江南还，以'唐子西砚'见赠。'子西'铭灼然依托，研则真宋石也。砦而净之，庶不致以铭疑砚。嘉庆甲子九月记。观弈道人。""嘉庆

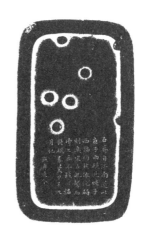

唐子西砚

甲子"为嘉庆九年（1804）。

纪晓岚对于"鹤山"砚，仅是"疑"，故未下"杀手"；而对于"唐子西"砚，已非疑，而认为其"灼然依托"，故毫不犹豫磨去。

唐庚（1071—1121），字子西，人称鲁国先生，眉州丹棱（今属四川眉山市丹棱县）人。宋哲宗绍圣元年（1094）进士，徽宗大观中为宗子博士。经宰相张商英推荐，授提举京畿常平。商英罢相，庚亦被贬，谪居惠州。政和七年（1117）还京，提举上清太平宫。宣和三年（1121）归返四川，卒于途中。唐庚与苏轼是小同乡，贬所又同为惠州，兼之文采风流，时有"小东坡"之称。《四库全书》收录《唐子西集》二十四卷。

无巧不成书。在《乾隆朝卿相致纪河间手札》中，亦有一札言及此砚："唐子西砚、石庵枣卷，二物送上。观弈道人。日观峰老衲具。九月廿四日卯正一刻。"乃赠送此砚时所附之手札。

刘石庵外出公务途中，尚不忘为纪晓岚搜求砚台，其真情可以想见，至于砚之真赝，何关乎情？乃余事耳。一者为"观弈道人"，一者为"日观峰老衲"，一道一衲白头相对评砚史之谊，令人钦羡。

耄耋砚友老顽童

纪晓岚、刘石庵皆喜蓄砚，二人时而互相赠予，时而互相攘夺，可谓：一对老顽童，两个真砚痴。

刘石庵有"甘林"瓦当改制砚，正面雕云纹，纪晓岚见之甚喜，自顾攘取而去，并于砚侧"明目张胆"题曰："此砚石庵所常用，甲子四月观弈道人攫

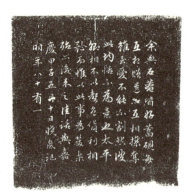

甘林瓦当砚砚匣及砚侧

甘林瓦当砚

取之。"次月，又于砚匣上题云："余与石庵皆好蓄砚，每互相赠遗，亦互相攘夺，虽至爱不能不割，然彼此均恬不为意也。太平卿相不以声色货利相矜，而惟以此事为笑乐，殆亦后来之佳话与（欤）。嘉庆甲子五月十日，晓岚记，时年八十有一。"

而阅微草堂藏砚，亦有为刘石庵所持去者。纪晓岚尝在一方眉寿砚之砚侧题铭中记及一砚，其题云："海宁陈文勤公蓄古砚二，辗转贩鬻，皆归于余。一为端石，刻'澄泉结翠'四篆字，署'性存居士家之巽题'，后为石庵持去；一为歙石，即此砚也。家之巽名见《癸辛杂志》，则二砚为宋石审矣。嘉庆甲子十月，晓岚记。"

家之巽（生卒年不详），字志行，号性存居士，眉山人，寓吴兴。南宋景定年间进士，为建康制置司干官。景定三年（1262）任余杭令。宋末，为临安府通判。宋亡后降元。《癸辛杂志》即《癸辛杂识》，作者为宋末元初词人周

宋眉寿砚

密。内有《家之巽三贤诗》及《演福新碑》二篇记及家之巽事。因家之巽降
元，周密于言语中对其颇带讥讽意。

陈世倌 (1680—1758)，字秉之，号莲宇，海宁盐官人。康熙四十二年进
士，改庶吉士。自编修累迁侍读学士，督顺天学政。雍正二年，擢内阁学士，
出为山东巡抚。高宗即位，起左副都御史。乾隆二年，授仓场侍郎，再迁工部
尚书。六年，授文渊阁大学士。九年，予假回籍。假满还职，加太子太保。后
夺职。十五年，入京祝嘏，赏原衔。十六年，命入阁办事，兼管礼部事。二十
二年，以老病乞休，诏从其请，加太子太傅。卒谥"文勤"。陈世倌为甲戌会
试正总裁，纪晓岚之座师。林在峩《砚史》卷九录陈氏题诗一首，首四句云：
"羚羊峙遥空，紫云谁割取。嗜奇鹿原翁，制作穷今古。"

纪晓岚题此砚两月之后，刘石庵去世；又不足两月，纪亦下世矣。二人年
龄相近、职位相当、志趣相类、意气相投，愈近晚年，亦愈通达、愈相洽。尤
于砚友之情，一直延续至生命之终点，可敬可叹。

按：《阅微草堂砚谱》所录九十九砚中，言及石庵者共十四砚。其中，五
砚为刘石庵主动相赠，分别为黻文砚、岭上多白云砚、钟砚、"鹤山"砚、
"唐子西"砚；一砚为刘石庵常用而被纪晓岚所攫取，即甘林瓦当砚；一砚为
从那彦成手中间接所得。余下题识中提及石庵名字之七砚，分别为眉寿砚、绿
琼砚、端溪新石一字池砚、黄荣阁赠双砚之一、随形砚（有"丽人行"云云之
铭）、好春轩古歙砚及一镌有"晓岚"二大字之随形小砚。

论砚从来不苟同

纪晓岚痴砚而用心于砚，论砚多有独到见解，从不人云亦云，远非古今之"抄书公"可比。

纪尚书无嗜古癖

阅微草堂藏砚，亦古亦新，部分乃宋、元、明间物，如宋太史聚星砚、董诰赠斯与堂旧藏抄手砚、观弈道人审定宋砚、陈世倌旧藏家之巽砚、刘统勋赠黄贞父砚等。然纪晓岚并不刻意追求古物。前述判"鹤山"、"唐子西"为依托款，并把"唐子西"款铭磨去之事，可见其对古砚"冷静"到近乎苛刻之态度。

《阅微草堂砚谱》中，尚录有古砚数方，纪晓岚一一题识，寥寥数语，皆颇妥帖。

"黄崑圃旧砚"，长方抄手式，砚池作扁十字形，池边线条凸起。纪晓岚于砚背题云："此黄崑圃先生旧砚，温润缜密，宛然宋石，惟形制不类宋人作，当是元明间物也。嘉庆甲子四月，晓岚记，时年八十有一。"是砚现藏天津博物馆。据文物出版社《天津博物馆藏砚》载：砚长23.7厘米、宽15.7厘米、

黄崑圃旧砚（摘自《天津博物馆藏砚》）

厚2.3厘米，石色漆黑。"从砚形看，确如铭中所云，应为元、明时所制。"

黄崑圃即黄叔琳（1672—1756），字昆圃，又字宏献，号金墩、北砚斋，晚号守魁。顺天大兴 (今北京大兴县)人。年二十，以康熙三十年探花，授编修，累迁侍讲。五迁刑部侍郎。雍正元年，调吏部，旋授浙江巡抚，署浙江总督事。乾隆元年，授山东按察使。次年，迁布政使；五年，升山东巡抚，寻擢山东总督。七年，授詹事兼理总督浙鲁两省事。十六年，重遇登第岁，命给侍郎衔。二十一年卒，门人陈兆仑为铭其墓。著有《史通训故补》、《文心雕龙辑注》等，时推为巨儒，世称北平黄先生。纪晓岚评注《文心雕龙》，有评语近三百条，所用底本即黄崑圃之辑注本，时在乾隆三十六年七八月间，纪刚从乌鲁木齐被召还京，闲居待命。

又，"门字池砚"，抄手式。纪晓岚于砚背题："此砚鬻者称宋坑，审视不然。然石有静气，亦百年以外物矣。嘉庆甲子八月，晓岚记，时年八十有一。"

"宋坑"指宋代砚坑石。鬻古砚者，多把砚之年代往久远说，以索高价。纪晓岚经过审视，认为乃百年以外物而已，并非宋砚。

门字池砚

纪晓岚对时人趋之若鹜的瓦砚，态度亦颇"超脱"。《阅微草堂砚谱》录"澄泥仿瓦砚"一方，开椭圆砚堂。纪氏于砚额题云："瓦能宜墨，即中砚材，何必汉未央宫、魏铜雀台?"

当其时也，尚以古砖瓦为砚，尤以未央宫、铜雀台瓦为贵，伪者遂迭出，故纪晓岚此铭，言出有因。其尚作《书汉瓦当拓本后（二则）》，其一云："同年王司寇兰泉官西安时，以未央宫瓦数片见寄，惟此一片裂

澄泥仿瓦砚

为二。搨墨刻者李生家于西安，知土人伪造汉瓦状甚悉。余使遍视诸瓦，皆不语，至此裂瓦，始摩挲太息曰：'真二千年外物也。'"（《纪文达公遗集》卷十一）数片"未央宫瓦"，真者仅得其一，可知伪者之多。

纪又作有《铜雀瓦砚歌》，歌云："铜雀台址颓无遗，何乃剩瓦多如斯？文人例有嗜奇癖，心知其妄姑自欺。齐徵鲁鼎甘受赝，宋珍燕石恒遭嗤。西邻迂叟旧蓄此，宝如商鬲周尊彝。饥来持以易斗粟，强置之去不得辞。背文凸起建安字，额镌坡谷诸铭词。平生雅不信古物，时或启椟先颦眉。""三国距今二千载，胡桃油事谁见之？况为陶家日作伪，实非出自漳河湄。诸公莫笑杀风景，太学石鼓吾犹疑。嘻，太学石鼓吾犹疑。"写得诙谐有趣而又入木三分。

即使得的是真汉瓦，纪晓岚亦不至于珍若拱璧，门人喜欢，辄以之相送。如前述之"真二千年外物"，因"伊子墨卿嗜古成癖，乃从余乞去，束以铜而琢为砚，余既为铭之矣"。不但相赠，还为之题铭、作跋。

嘉庆元年，纪晓岚还曾以双瓦研赠会试下第的梁章钜。梁氏诗集多次言及此二砚。《退庵诗存》卷八《黄霁青斋中题纪文达师九十九砚拓本》中有云："授我长生无极瓦，临歧握手怜焦桐（自注：丙辰下第，师以汉瓦双砚赠行）。"卷十六《陈芝楣（銮）观察传研图》中有云："双瓦珍储自昔年，先畴旧德亦怦然（自注：余旧藏汉瓦当双研，为纪文达师所贻。师曾语余曰：三世师友视此物也）。"卷十八《纪文达师九十九研斋第九十九研歌为陶宫保作》又云："愧我散材如断砾，双瓦亦曾珍手泽。殷勤三世石交坚，清望珪璋争拂拭（自注：师曾以瓦当双研赐章钜，谓三世石交视此物也。承宫保题双研册诗，有'清望珪璋'之句）。"

梁氏所云"承宫保题双研册诗"，见陶澍《陶文毅公全集》卷五十六之《纪晓岚师双瓦砚歌应梁茝邻同年》，诗中有云："河间夫子当代宗，汤盘禹鼎罗心胸。盖底恰宜二美

伊秉绶观砚题记："河间纪文达师所藏汉瓦研，持赠长乐梁茝林仪部。同门弟伊秉绶观。"

合，制成象应圆规重。琢铭不已记诸匣，一再命彼攻石工。是时乾隆岁丙午（即乾隆五十一年。当为改制成砚并题铭之年）……""梁子早岁游公门，受知三世兼祖孙。""羡君得此如得宝，古篆云雷肆幽讨。斋名汉瓦覃溪书，天与风流追二老。"梁章钜之斋名"古瓦研斋"，正缘于此。除陶诗外，梁氏所藏双瓦砚，题诗者尚多。如官至礼部左侍郎，提督福建、浙江学政的陈用光，其《太乙舟诗集》卷十二，有《题梁芷邻所揭纪文达赠未央宫瓦砚铭册子》三首，其中一首云："本师持赠见交情，三世留传揭本成。信有人间文字寿，可垂无极说长生。"又，胡承珙《求是堂诗集》卷十九，亦有《题梁茝邻方伯所藏纪文达公古瓦研》，等等。如此得人争相题诗之古瓦研，亦慷慨相赠门生。

实纪晓岚对于玩古，并非全然"平生雅不信古物"，只是信得理性、清醒，不嗜奇、不泥古、不做"守砚奴"而已。

溯始婉否遂良砚

由于敏中、梁国治等奉敕编撰之《西清砚谱》，成书于乾隆四十三年，乾隆帝冠序卷首。砚谱纂修告成之后，久未刊行，仅奉旨缮录正本数部，陈设于大内、园囿及盛京等处。后收入《四库全书》中。

纪晓岚一手删定之《四库全书总目提要》，对《西清砚谱》极尽赞美之辞，云："古泽斑驳，珍产骈罗，诚为目不给赏，而奎藻璘瑜，微名案状，如化工肖物，尤与帝鸿之制，周武之铭，同照映万古。然睿虑深长，不忘咨儆，恒因器以寓道，亦即物以警心。伏读御制序有云，惜沦弃，悟用人，慎好恶，戒玩物，无不三致意焉。信乎圣人之心所见者大，不徒视为文房翰墨之具矣。"

《西清砚谱》中，录"唐褚遂良端溪石渠砚"一方，砚背有铭云："润比德，式以方。绕玉池，注天潢。永年宝之，斯为良。"落款："遂良铭。"

褚遂良（596—658），字登善，浙江钱塘（今杭州市）人。贞观十年（636），由秘书郎迁起居郎。精书法，以善书由魏征荐给太宗，颇受赏识。十五年，迁谏议大夫。二十二年为中书令。二十三年，太宗临终时，与长孙无忌同被召为顾命大臣。高宗永徽元年（650），被劾，出为同州刺史。三年，召还，任吏部尚书、同中书门下三品，复为宰相。四年，为尚书右仆射。六年，高宗欲立武则天为皇后，褚遂良坚决反对，后遭贬潭州（长沙）都督。武后即位后，转桂州（桂林）都督，再贬爱州（越南清化）刺史。显庆三年（658），卒于任所。

同在《四库全书总目提要》卷一百十五子部二十五谱录类，有《端溪砚

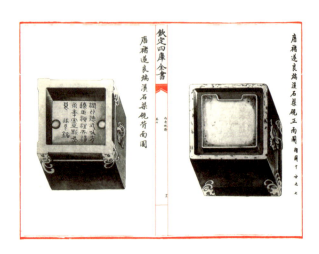

唐褚遂良端溪石渠砚（摘自《钦定西清砚谱》）

谱》提要，云："考端砚始见李贺诗，然柳公权论砚首青、绛二州，不言端石，苏易简《文房四谱》亦尚以青州红丝砚为首。后端砚独重于世，而鉴别之法亦渐以精密。"

此处所云"考端砚始见李贺诗"，即指李贺《杨生青花紫石砚歌》："端州石工巧如神，踏天磨刀割紫云。佣刓抱水含满唇，暗洒苌弘冷血痕。纱帷昼暖墨花春，轻沤漂沫松麝熏。干腻薄重立脚匀，数寸秋光无日昏。圆毫促短声静新，孔砚宽顽何足云。"

李贺（790—816），字长吉，世称李长吉、鬼才、诗鬼等，与李白、李商隐三人并称唐代"三李"。祖籍陇西，生于福昌县昌谷（今河南洛阳宜阳县）。一生愁苦多病，仅做过三年从九品微官奉礼郎，二十七岁病卒。

褚遂良早有端溪石渠砚铭在前，而李贺于褚遂良卒后一百三十二年方出世，"考端砚始见李贺诗"之说，显与《西清砚谱》之"褚遂良铭"年代相悖！博学淹通之纪晓岚，何故会"乌龙"如此？

考察谱中"遂良"款端溪石渠砚，形制实非唐代时风，所谓"遂良铭"，自亦无从谈起，实乃"灼然依托"之物。纪晓岚既能识宋"唐子西"砚之赝，辨唐"褚遂良"砚之伪自非难事。然纪晓岚虽心知肚明，却不可公开说破，遂以"考端砚始见李贺诗"之说法（而非"考端砚始见褚遂良铭"），委婉陈其见解。仅此一事，亦足见"前清的世故老人"处世之练达。

时下，古砚出土渐多，世人对历代砚台形制流变之认识渐深，鉴别之法渐趋严密。全洪先生在《唐代端溪石砚的几个问题》中认为，通过对出土实物与文献结合考察，可以发现几件传世品年代的判断是不准确的。包括台北故宫博物院收藏的一枚长方式元结庙亭端砚,《西清砚谱》收录的一方"唐褚遂良端溪石渠砚"和八棱形唐观象砚。上述长方形、八棱形、方形(石渠砚),都不具备唐代砚台的格式和风貌(《文物》2004年第4期)。

至于纪晓岚对谱中其他砚之看法,不得而知。然从其对"鹤山"砚、"唐子西"砚及铜雀瓦砚之态度推测,《四库全书总目提要·西清砚谱》所论,多少有言不由衷之成分。

犹将绿琼媲紫玉

绿端石制砚,从时下之出土实物考察,最早可追溯至李唐,然文字记载则最早只见诸赵宋。王安石有《元珍以诗送绿石砚所谓玉堂新样者》,诗云:"玉堂新样世争传,况以蛮溪绿石镌。嗟我长来无异物,愧君持赠有佳篇。久埋瘴雾看犹湿,一取春波洗更鲜。还与故人袍色似,论心于此亦同坚"(《临川文集》卷二十三)。元珍即丁宝臣(1010—1067),宋晋陵(今江苏省常州市)双桂坊人。景祐进士,尝知端州。

然而,绿端石在北宋并非仅用于制砚。尝有以绿端石制枕者,并以之赠欧阳修。欧公赋长诗《有赠余以端溪绿石枕与蕲州竹簟,皆佳物也。余既喜睡而得此二者,不胜其乐,奉呈原父(刘敞)舍人、圣俞(梅尧臣)直讲》,诗云:"端溪作出缺月样,蕲州织成双水纹。呼儿置枕展方簟,赤日正午天无云。黄琉璃光白玉润,莹净冷滑无埃尘……"

历来对绿端石褒贬不一,喜爱者认为其色美质润,乃佳砚材;不喜者言绿端石不发墨,只宜作砵砚或玩器之用。

《阅微草堂砚谱》录一门字池绿端抄手砚,砚之一侧,纪晓岚题云:"端溪绿石,砚谱不以为上品,此自宋代之论耳。若此砚者,岂新坑紫石所及耶!嘉庆戊午(三年)四月,晓岚记。"另一侧又题:"端石之支,同宗异族,命曰绿琼,用媲紫玉。是岁长至前三日又铭。"足见纪氏对绿端石评价之高。

四年后,纪晓岚又于砚匣题云:"欧阳永叔《庐陵集》有端溪绿石枕诗,然则北宋时竟不以为砚材矣。昆玉抵鹊,不信然欤?石庵相国谓绿石即鸲鹆眼之最巨者,是殆不然。鸲鹆眼纹必旋螺,今所见绿石皆直纹也。嘉庆壬戌七月廿八日,晓岚又记。"前半段针对欧阳修端溪绿石枕诗而论,后半段则匡正刘石庵对绿端石认识之偏差。

纪晓岚对绿端石之关注,亦见于《四库全书总目提要》中,在点评高似孙《砚笺》时,特别提及:"如端州绿石为诸品所不载,据王安石诗增入,亦殊赅洽。"

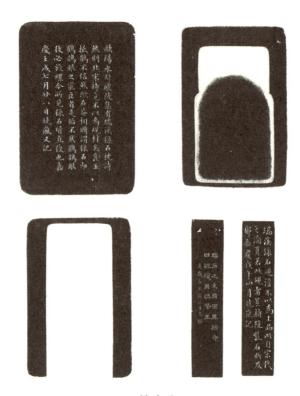

绿琼砚

纪晓岚称绿端"用媲紫玉",稍显过誉。然人不能无偏好,对喜爱者言之略过,实亦"人之常情"。

欲化干戈作玉帛

《阅微草堂砚谱》录螭纹端砚,形近椭圆,开椭圆墨池,池外对称浅雕双螭相对。纪晓岚于砚背题云:"和庵自广东巡抚还京,以此研赠余曰:'端溪旧石稀若晨星,新石之佳者则此为上品矣。'竹虚亦言:'歙石久尽,新砚公采于婺源。'然则端紫、罗文已同归于尽,又何必纷纷相轧乎!嘉庆甲子(九年)四月,晓岚记,时年八十有一。"

又,纪晓岚尝为孙子纪树馨题"紫玉砚",云:"端州旧石,稀若晨星。树馨得此,我为之铭。掫一语于葩经,曰:'尚有典型。'"又有《为刘青垣侍郎题砚》,诗云:"歙州采尽旧云根,斧凿如今到婺源。三十年来才识得,斑斑都作淡金痕。"此二题,与和庵赠砚上所题可相印证。

和庵,暂不可考。查嘉庆九年四月在任广东巡抚者为孙玉庭,孙氏于嘉庆

螭纹端砚（摘自《上海博物馆藏品研究大系·中国古砚》）

八年九月由广西巡抚改任，九年十一月回任广西，十年六月由广西巡抚再回任
广东。孙玉庭字佳树，号寄圃、寄圃老人，然未见史料记载孙氏有"和庵"之
号。纪晓岚此铭作于嘉庆九年，查是年纪晓岚所题之砚，多达三十二方，数量
如此之多，未必皆在嘉庆九年所得，亦有可能为以前所得而是年才逐一题铭。
则嘉庆甲子四月乃题砚之时间而非赠砚之时间，赠砚者之考察范围，还可前
推。然遍查乾嘉间曾任广东巡抚者，皆未发现有"和庵"之号，而有"和庵"
字号之清人如王定勋、甘士调、刘煦、魏瓃、周瑛等人，又未出任过广东巡
抚。"和庵"究为何人？俟考。

"竹虚"即曹文埴（1735—1798），字近薇，号竹虚，安徽歙县人，父曹景宸是扬州大盐商。竹虚为乾隆二十五年二甲一名进士，改庶吉士，授编修。四迁翰林院侍读学士。历任左副都御史，刑、兵、工、户部侍郎，兼顺天府尹。为《四库全书》副总裁之一。曾典试广东，视学江西、浙江。后升任户部尚书。在家乡重建古紫阳书院。乾隆五十二年，因不愿与和珅为伍，以母老为由请求归养，帝从其请，加太子太保。著有《石鼓砚斋文钞》等。《西清砚谱》卷七"宋宣和梁苑雕龙砚"，有曹氏奉敕题诗。

端歙之争，由来已久。宋代欧阳修认为端石"十无一二发墨者，但充玩好而已"。"较其优劣，龙尾远出端溪"（《砚谱》）。欧阳修此论一出，一片哗然。宋代叶梦得云："欧文忠作砚谱，推歙石在端石上，世多不然之。""岂公所有，适歙之良，而端之不良者乎。"（《避暑录话》）约成书于嘉庆三年之朱栋《砚小史》，亦论："适当端州中下岩封塞之后，尔时岁贡，惟取上岩。上岩之品不及龙尾老坑，并不如罗纹旧产。因时立说，有未可厚非者。"朱栋认为，还是以"歙亚于端"之说法为长。

类似争论，自宋以来，不绝于耳。大概正是有感于此，纪晓岚在题识中发出"又何必纷纷相轧乎"之感叹。

端与歙，优缺各具，加之各人之喜好不同，再争千年，亦未可达成一致。纪晓岚关于何必纷纷相轧之观点，无疑为开明之见。

和庵赠砚今藏上海博物馆。据华慈祥先生《上海博物馆藏品研究大系·中国古砚》载：砚长15.4厘米、宽10.7厘米、厚1.9厘米。色呈紫红，有鱼脑冻、金线、火捺等石品。

砚犹在，而端歙之争，亦依然在继续中。

秉持公论说坚柔

阅微草堂藏砚之题识，涉及砚材坚老柔腻得失之论者甚多，反映时人用砚之不同偏好。

"端溪新石一字池砚"，形作长方平板，开一字池，池周有纪晓岚作于嘉庆癸亥六月望日之题识。砚背，纪又题："石庵论砚贵坚老，听涛论砚贵柔腻，两派交争，各立门户。余则谓其互有得失，均未可全非。此砚即听涛之所取，亦乌可竟斥耶？是岁中秋前二日，观弈道人又记。"

刘石庵为"坚老派"之代表，其有《题研》诗云："歙州端州皆出石，歙乃先出端后之。歙产刚劲露廉锷，端贡肤腻凝膏脂。欧公谱研首龙尾，锋芒索索无柔姿。尔来贵贱颇异古，软者易合刚难施。君不见华原石泗滨磬，古人不

取今人听。"刘石庵乃挺坚老之"歙
粉",人各有所好,本亦情理中事,只是
谓"歙乃先出端后之",则石庵之相挺似
有"用力过度"之嫌。

听涛即金士松(1730—1800),字亭
立,号听涛,原籍江苏吴江,寄籍宛平
(今属北京)。乾隆二十五年进士,与毕
沅、王文治、曹文埴及纪晓岚门生刘权之
为同年。选庶吉士,散馆授编修,历任侍
读、广东学政(接翁方纲任)、顺天学
政、礼部侍郎等职。官至礼部、兵部尚
书。嘉庆元年春会试,纪晓岚充正考官,
金士松为副考官。同年六月,纪由礼部尚

端溪新石一字池砚(背面)

书调兵部尚书,金则由左都御史接纪任礼部尚书;十月,纪又调左都御史。次
年八月,纪再迁礼部尚书,金则为兵部尚书。嘉庆五年正月,金卒,纪晓岚为
其撰墓志铭。金氏既能举"柔腻派"之大旗而"立门户",可知其当是一"端
粉"。《西清砚谱》卷六"明制瓦砚"、卷七"宋宣和梁苑雕龙砚"、卷八
"宋苏轼从星砚",有金氏奉勅题诗。

阅微草堂中,又有黄荣阁双砚,皆作长方形。其一覆手题:"黄荣阁赠余
双砚,新石柔腻,与笔墨颇宜。或谓其肌理不坚,恐墨渍渐滑,然勤于洗涤,
使胶气不能渗入,亦尚不遽钝也。嘉庆甲子二月,晓岚记。"其二覆手题:

黄荣阁赠双砚之一

黄荣阁赠双砚之二

"冶亭尝言：'石庵论砚贵坚老，殆为子孙数百年计。余则谓嫩石细润，用之最适，钝则别换，有何不可乎？'此语亦殊有理，因书于荣阁所赠第二砚背。晓岚又记。"

又有"随形砚"，据天然石形制为砚，砚背右侧石皮上镌"雪蕉"二字，题记云："《丽人行》有'肌理细腻骨肉匀'句，余谓可移以品砚。石庵论研专尚骨，听涛、冶亭专尚肉，余皆谓然，亦皆不谓然。偶得此砚，因书于其背。甲子二月，晓岚记。"

随形砚

又有"好春轩古歙砚"，长方形。其一侧镌："好春轩之故物，今归于阅微草堂。"砚背覆手铭："刚不拒墨，相著则黑。金屑斑斑，歙之古石。"落款："晓岚铭。"另一侧题："坚而不顽，古砚类然。久矣夫，此意不传。"
"石庵论砚之宗旨，此砚近之，因括其意复为此铭。"

好春轩古歙砚

好春轩为纪晓岚受业师裘曰修小屋名字。《阅微草堂笔记》卷十《如是我闻》（四）记："裘文达公赐第，在宣武门内石虎胡同……厅事西小屋两楹，曰'好春轩'，为文达燕见宾客地……"

以上题铭，纪晓岚反复言及石庵及听涛、冶亭两派论砚之观点，并表明自己看法："余则谓其互有得失，均未可全非。""余皆谓然，亦皆不谓然。"其于砚材品质、特性之理解，更为全面、深刻、客观、公正。

纵评新旧品优劣

《阅微草堂砚谱》中，言及旧坑、新坑或旧石、新石之题识，有十三砚，涉及端砚、歙砚、红丝砚、淄石砚、松花江砚等砚种。

大致上，纪晓岚认为，新石（坑）不如旧石（坑）。如题鲍树堂所赠歙砚："喜其柔腻，无新坑刚燥之气。"翁树培则接其言云："龙尾旧坑久绝，故歙砚较端砚为难得。此石犹前代物也。"又如题"红丝砚"："此在旧坑，亦平平耳。新石累累，乃不复有此。"题铁保寄赠淄石砚："惟淄石之佳者颇似端溪，然新石皆粗材，旧石佳者亦罕。""此砚乃冶亭所续寄，虽较前寄三砚为稍新，然肌理缜密，亦非近日淄石所有也。"又题"长方池砚"："虽非旧石，尚不枯焦；虽非旧式，尚不剞雕。古研日稀矣，斯亦勿过于訾謷。"（此砚为砚谱最后一方，不知何砚种）言下之意，新石不枯焦颇感难得。

长方池砚

至于论端砚，纪晓岚同样不掩饰对旧坑石之偏爱。如题"叶子砚"："信俗工之所作。旧石希矣，此犹其膜。"此叶子砚，制作匠气，显出俗工之手，若非旧石，绝不足取；既为旧石，因其日稀，虽为石膜，且出俗工之手，犹有可取处。题"端溪旧石砚"："研背'端溪旧石'字，不知谁题，然非市侩所伪作也。"砚为旧石，字亦不劣，自可收归草堂。又题青花砚："持较旧坑，远居其后；持较新坑，汝则稍旧。边幅虽狭，贵其敦厚。偃息墨林，静以养寿。更越百年，汝亦稀觏。"题和庵所赠砚："和庵自广东巡抚还京，以此研赠余，曰：'端溪旧石稀若晨星，新石之佳者则此为上品矣。'……"和庵之说，无疑更增纪晓岚对旧石之珍重。又如题两广总督策楞砚："此策制军所采新坑石，其质微粗。"另，纪晓岚有《戈仙舟太仆凿井得砚》诗，有句云："诗翁手拂拭，紫玉炫光采。""真赏终有人，知胜新坑采。"

端溪旧石砚　　　　　　　　青花砚

随形砚　　　　　　　澄绿砚（砚匣）

正因为纪晓岚品评砚石有新者不如旧者之定识，故当其听到相反论调时，辄感意外。乾隆五十五年六月，纪晓岚题松花江石"澄绿砚"云："张桂岩以此研见赠，云端溪绿石。余以其有芒，疑为歙产。老砚工马生曰：'是松花江新坑石也。松花江旧坑多顽，新坑则发墨，以其晚出，故赏鉴家多未知耳。'此语昔所未闻，因镌诸研匣，以资博识。"

张桂岩即张赐宁（1743—1818），字坤一，号桂岩、十三峰老人，直隶沧州（今河北沧县）人。官江南通州管河州判，晚年侨寓维扬（今江苏扬州）。能诗画，工山水、花卉，兼善人物。《阅微草堂砚谱》卷首纪晓岚持砚半身像，即出其手。张桂岩为纪晓岚表弟，曾两度赠砚纪氏。纪作有《题张桂岩寿星纳凉图》等诗。又，天津博物馆有"十三峰草堂藏端砚"，长方形，开门字池，绿端石所制，砚盖面刻"十三峰草堂藏砚"（见《天津博物馆藏砚》），不知是否即张氏物。

嘉庆八年，纪晓岚对新旧坑之评论发生转变，其题端溪新石一字池砚云："端溪石品，新旧悬殊。然旧坑未必定佳，新坑未必定不佳，但问其适用否耳。此砚犹新石之可用者，腰裹不易求，即款段亦可乘也。嘉庆癸亥六月望日，观弈道人题，时年八十。"腰裹：古骏马名；款段：马行迟缓貌，亦借指普通马。纪晓岚云"腰裹不易求，即款段亦可乘也"，虽有退而求其次之意，然其关于"旧坑未必定佳，新坑未必定不佳"之论，至为公正，乃赏鉴家当持之客观态度。

端溪新石一字池砚（正面）

嘉庆九年，纪晓岚在黄荣阁所赠双砚之第一砚上，又题云："黄荣阁赠余双砚，新石柔腻，与笔墨颇宜。或谓其肌理不坚，恐墨渍渐滑，然勤于洗涤，使胶气不能渗入，亦尚不遽钝也。"此数语，中庸、持正，可见纪晓岚对新石亦予肯定。

纪晓岚先是偏爱于旧坑、旧石，后来随着所接触之新石逐渐增多，发现新石中亦不乏佳者，于是对新石重新给予客观、肯定之评价，正属情理中事。实际上，砚石开采，同一坑口不同时期所采不尽相同，以端溪老坑言之，乾隆时所产砚材，不如嘉庆元年广玉所采。而就算同一个时期所采，材质亦有差异，不能一概言之。因时立说、因手头上所见之实物作评，无可厚非。

妙题西洞与青白

端州砚石，以老坑称最；老坑砚石，以西洞为佳。明清间，老坑采至西洞，所出砚石美胜悬黎。当时文人，无不趋之若鹜，万幸获得一片西洞美材，珍若拱璧，或颂之以诗，或镌之以铭。

纪晓岚尝作《西洞石砚铭》："端溪砚坑沦于水，椉以桔槔刷石髓，费二万缗不少矣，滪波所得固无几，佳者不过如斯耳。"是铭言开采之难、成本之重、所得之少，而佳者不过如这一砚而已。可知所题之砚，尚非西洞中之至佳者。西洞石虽是老坑中之极品，然非次次开采、片片砚石皆是美材，此亦更显西洞佳石之难得。

又一则题西洞石砚铭云："西洞残石，今或偶有。其出虽新，其生已久。譬温太真，居第二流之首。嘉庆壬戌八月。"是砚由纪晓岚孙子纪树蕤赠纪晓岚门生陶澍，陶氏得砚后专门作《纪文达师九十九研斋第九十九研歌》以记之。

温峤（288—329），字太真。太原祁县（今山西祁县）人，东晋政治家。拜骠骑将军、开府仪同三司，加散骑常侍，封始安郡公，邑三千户。卒，赠侍中大将军，使持节，谥曰"忠武"。刘义庆《世说新语》卷中之下《品藻第九》云："世论温太真，是过江第二流之高者。时名辈共说人物，第一将尽之间，温常失色。"纪晓岚巧借此典，言此一砚，仅能算是西洞第二流砚材中之上佳者，尚不能算是一流之品，然亦已属难得。

有清一代，因西洞石之稀罕，致假冒者流行，鬻者动辄宣称"西洞"，而得者则往往镌上"西洞神品"四字以标榜。《阅微草堂砚谱》录一"蛋形素砚"，纪晓岚于砚背铭云："云此砚材，凿诸西洞，未审必然，然颇适用。"正是当时"西洞热"中之"冷思考"。有人说这是西洞石，纪认为不一定是，但砚颇适宜使用。正如其题《腾村石砚铭》："绛州澄泥天下推，遂有赝者欺书痴，老夫一见咥然嗤，腾村石也吾知之，然与笔墨犹相宜。"（《纪文达公遗集》文卷十三）二铭所言，乃同一理。

蛋形素砚

自来论端砚者，必津津乐道其石品，而又以一青（青花）、一白（蕉叶白）最受关注。纪晓岚有《题青花砚》诗云："紫云割尽无奇石，次品才珍蕉叶白。如今又复推青花，摩挲指点争相夸。一蟹不能如一蟹，可怜浪掷黄金买。请君试此新砚砖，挥毫亦自如云烟。"落款："庚戌（乾隆五十五年）腊月，晓岚题。"

唐李贺有《杨生青花紫石砚歌》，首二句云："端州石工巧如神，踏天磨刀割紫云。"纪晓岚之"紫云割尽无奇石"，当是续李贺诗意而言之。所割者何？青花紫石也。其大意约云：（自唐以来），青花紫石采割不断，已然"割尽"，再无珍奇之石。

纪晓岚所谓"次品才珍蕉叶白"，与其在翁方纲摹"五凤二年刻石"砚盒上之题识相一致，其题云："蕉叶白，世所称。古中驷，今上乘。譬韩、欧已远，有王、李之代兴。"古人论端砚石品，多以青花居首，次之蕉叶白（"鱼脑冻"一名出现后，蕉叶白才居于其后排第三位）。从时间上说，唐人已言及青花，而"蕉叶白"一名，大约在明清之际才出现于砚书中。清乾隆年间梁巘《承晋斋积闻录·砚论》云："至明而蕉叶（白）出焉。"朱栋《砚小史》亦云："蕉叶白，古亦无是语。"可知纪氏此语，乃有"史"为据之论。

青花砚

入清以后，端砚石品之研究渐趋细密，尤以青花为最，人们又从中细分出微尘青花、鹅毛毰青花、蚁脚青花、雨淋墙青花、冬瓜瓤青花、蛤肚纹青花、鱼仔队青花、玫瑰紫青花等品类，这或许就是纪晓岚所谓"如今又复推青花"之来由。由于青花越分越细，人们偶得一青花砚，自然要详加分辨比对一番，"摩挲指点争相夸"。

苏轼《艾子杂说》有载："艾子行于海上，见一物圆而褊，且多足，问居人曰：'此何物也？'曰：'蝤蛑也。'既，又见一物圆褊多足，问居人曰：'此何物也？'曰：'螃蟹也。'又于后得一物，状貌皆若前所见，而极小，问居人曰：'此何物也？'曰：'彭越也。'艾子喟然叹曰：'何一蟹不如一蟹也！'"纪晓岚在诗中借用此典，或以言人们这种越来越细微琐碎之追求，过于"钻牛角尖"，属"文人例有嗜奇癖"之又一例证，其结果，只会是"可怜浪掷黄金买"。

最后两句"请君试此新砚砖，挥毫亦自如云烟"，当与题端溪新石一字池砚"旧坑未必定佳，新坑未必不佳，但问其适用否耳"之大意相近，意谓此砚虽为"新砚砖"，但研墨挥毫"亦自如云烟"，何必如此斤斤计较于石品？

平生喜奏无弦琴

　　清代，砚学研究上接两宋余绪，再入达官文人视野，一时砚著迭出。然著书者多沉溺于砚石坑口材质之描述，而于砚艺之道着墨甚少。纪晓岚晚年所作砚铭，虽为片言只语，零星散碎，但观点极鲜明，其中包含诸多事关"砚道"之精警见解，串联起来，亦自成体系。

崇尚古雅，弦外听音

　　纪晓岚原藏三琴砚，繁简不一，纪之喜爱程度亦不一。

　　第一方有琴形而无弦、徽，纪晓岚于砚背右边题铭云："无弦琴，不在音。仿琢研，置墨林。浸太清，练余心。"左边以小字题记："琴研亦古式，然弦徽曲肖则俗不可耐。命工磨治，略存形似，庶乎俗中之雅耳。乙卯六月，晓岚记。"乙卯为乾隆六十年。从题记可知，此琴砚原有琴弦、琴徽，纪晓岚嫌其与真琴太似而过俗，乃命工匠将其磨去，仅存琴形。

无弦琴砚

无弦琴，史载出陶渊明。南朝沈约《宋书·陶潜传》记："潜不解音声，而畜素琴一张，无弦，每有酒适，辄抚弄以寄其意。"《晋书·陶潜传》亦云："（潜）性不解音，而畜素琴一张，弦徽不具，每朋酒之会，则抚而和之，曰：'但识琴中趣，何劳弦上声！'"又，东汉蔡邕有《琴歌》云："练余心兮浸太清，涤秽浊兮存正灵。"纪之题"浸太清，练余心"，自于此。

清上官周《晚笑堂画传》有陶靖节像，图中陶氏手抱一把无弦琴。

纪晓岚尝作《赋得无弦琴（得琴字）》，诗云："无弦聊自抚，寓兴不关琴。谁识丝桐外，别存山水音。一弹声寂寂，独坐思沉沉。往复如相引，成亏总莫寻。何论操缦术，正似据梧心。得意频三叹，移情偶一吟。穆然怀雅乐，邈尔涤烦襟。千载成连曲，风吹大海深。"

第二方有琴形，亦具弦、徽。纪晓岚于砚背题云："空山鼓琴，沉思忽往。含毫邈然，作如是想。"落款："嘉庆辛酉十月，晓岚铭，时年七十有八。"嘉庆辛酉为嘉庆六年。

空山鼓琴砚

《明史·高叔嗣传》载："叔嗣少受知邑人李梦阳，及官吏部，与三原马理、武城王道同署，以文艺相磨切。其为诗，清新婉约，虽为梦阳所知，不宗其说。陈束序其《苏门集》，谓有应物之冲澹，兼曲江之沈雄，体王、孟之清适，具高、岑之悲壮。王世贞则曰：'子业诗，如高山鼓琴，沈思忽往，木叶尽脱，石气自青；又如卫洗马言愁，憔悴婉笃，令人心折。'而蔡汝楠至推为本朝第一云。"高叔嗣（1501—1537），字子业，号苏门山人，祥符（今河南开封）人。年十八举于乡，嘉靖二年进士，授工部主事，改吏部。历稽勋郎中，出为山西左参政，后迁湖广按察使。

《四库全书总目提要·苏门集》云：高叔嗣"其诗初受知于李梦阳，然摆脱窠臼，自抒性情，乃迥与梦阳异调。王世贞《艺苑卮言》曰：'高子业诗如空山鼓琴，沈思忽往……'"此处则把"高山鼓琴"变作"空山鼓琴"。又，纪晓岚在《田侯松岩诗序》中亦有云："昔人称高苏门诗，'如空山鼓琴，沈思忽来，木叶尽脱，石气自青。'"

"含毫邈然"句，见西晋陆机《文赋》："或操觚以率尔，或含毫而邈然。"

第三方略具琴形，无弦、徽，朴拙古雅而气度不凡。纪晓岚于砚背铭云："濡笔微吟，如对素琴。弦外有音，净洗余心，邈然月白而江深。"又题："余有琴砚三，此为第一，宋牧仲家故物也。晓岚铭并识。"时间不具。

按：唐代常建有《江上琴兴》诗，云："江上调玉琴，一弦清一心。泠泠七弦遍，万木澄幽阴。能

宋荦旧藏琴砚

使江月白，又令江水深。始知梧桐枝，可以徽黄金。"纪晓岚"邈然月白而江深"一语，当从此诗中化出。

宋荦（1634—1713），字牧仲，号漫堂、西陂、绵津山人，晚号西陂老人、西陂放鸭翁。河南商丘人。顺治四年，应诏以大臣子列侍卫。逾年考试，铨通判。康熙三年，授黄州通判，累擢江苏巡抚，官至吏部尚书。康熙帝誉其"清廉为天下巡抚第一"。性嗜古，精鉴赏。能诗善画。其《西陂类稿》卷二十七《端砚铭》，录砚铭六首。

纪晓岚云"余有琴砚三"，当指以上三方。三砚中，第一方因原"弦徽曲肖"，被纪斥之"俗不可耐"，并命工磨去。第二方同样有弦、徽，纪虽未作评语，亦未磨去，然揣其在纪心目中，亦当入"俗"列，姑存其貌而已。第三方，素雅大气，被纪推为第一。则纪晓岚之品位审矣。

又，考纪晓岚所藏琴砚，并不止三方。见载者，至少尚有两方。

其一亦录《阅微草堂砚谱》，应在以上三砚之后所得。其雕饰之繁复，远过前述第二方，不但有琴弦、琴徽，琴面还对称雕饰两夔龙。纪晓岚于砚背铭云："此研刻镂稍工，而琴徽误作七点。晓岚戏为之铭曰：'无曰七徽，难调宫羽。此偶象形，昭文不鼓。书兴倘酣，笔风墨雨。亦似胎仙，闻琴自

舞。'"纪晓岚对此砚之点评，尚算"温和含蓄"，仅谓"刻镂稍工"，亦留而未磨。纪尝作螭纹砚铭："雕镂盘螭，俗工之式。然周以为鼎文，秦以为印纽，奚不可以为砚饰？存而勿劚，尚未嫌溷杂乎翰墨。"此或许也是此琴砚纹饰虽俗而仍得留存之原因。且"琴徽误作七点"，正好授

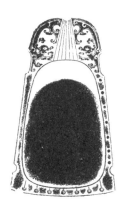

七徽琴砚

人话柄，可大做文章"戏为之铭"，若无"误作"，倒不稀奇了。

"昭文不鼓"之说，典出庄子《齐物论》："有成与亏，故昭氏之鼓琴也；无成与亏，故昭氏之不鼓琴也。昭文之鼓琴也，师旷之枝策也，惠子之据梧也，三子之知几乎皆其盛者也，故载之末年。"然此处"昭文不鼓"，非出于成亏之考虑，乃因"琴徽误作七点"，琴只是"偶象形"而已，"难调宫羽"。

其二为张赐宁所赠。《阅微草堂笔记》之《槐西杂志》（四）载："张桂岩（赐宁）自扬州还，携一琴砚见赠，斑驳剥落，古色黝然。右侧近下，镌'西涯'（李东阳号）二篆字，盖怀麓堂故物也。中镌行书一诗曰：'如以文章论，公原胜谢刘。玉堂挥翰手，对此忆风流。'款曰'稚绳'，高杨孙相国字也。左侧镌小楷一诗曰：'草绿湘江叫子规，茶陵青史有微词。流传此砚人犹惜，应为高阳五字诗。'款曰'不凋'，乃太仓崔华之字。华，渔洋山人之门人。渔洋论诗绝句曰：'溪水碧于前渡日，桃花红似去年时。江南肠断何人会？只有崔郎七字诗。'即其人也。"此砚镌有名款三、五绝一、七绝一，唯未知纪晓岚得砚后有否题铭。

《槐西杂志》四卷成于乾隆五十七年六月以前，则张赐宁赠砚亦在此之前。可知此砚在五琴砚中，得之最早。因"后以赠庆大司马丹年（兵部尚书庆桂）"，故纪晓岚言"余有琴砚三"，并不含此一砚。又，对此砚，"刘石庵参知颇疑其伪"，盖"二诗本集皆不载"。而纪推测"岂以诋诃前辈，微涉讦直，编集时自删之欤？"且"古人多有集外诗"，"终弗能明也。"

视俗如疮，化俗为雅

纪晓岚喜简素之砚，尝作留耕砚铭云："作砚者谁？善留余地。忠厚之心，庆延于世。"而对雕琢繁复、铭字恶俗者，要么不取，要么改制。《阅微

草堂砚谱》所录部分藏品，原砚因琢制恶俗，或被磨去雕饰、文字，或重新修改制作，非经一番收拾，不轻易入藏、题铭。

"椭圆淄水石砚"，开门字池，简洁素雅，砚背覆手镌："嘉庆癸亥十月，河间纪氏阅微草堂重制。"砚侧铭云："刻鸟镂花，弥工弥俗。我思古人，斫雕为朴。""斫雕为朴"指去掉雕饰，崇尚质朴；亦指斫理雕弊之俗，使返朴实。语出

椭圆淄水石砚

《史记·酷吏列传》："汉兴，破觚而为圜，斫雕而为朴。"又，《后汉书·皇后传序》："及光武中兴，斫雕为朴，六宫称号，唯皇后及贵人。"揣此砚原来雕刻繁俗，纪晓岚因延工重制之。砚侧铭辞，正为纪氏品砚之基本理念。纪又有《赤石砚铭》，云："羚羊峡石，温如紫玉。琢砚者谁？锦文密簇。迁士得之，斫雕为朴。入我墨林，庶免其俗。"

纪晓岚视俗工如"疮痏"，必去之而后快。其《铜雀瓦砚歌》有云："他时偶尔取一试，觉与笔墨颇相宜。惜其本质原不恶，俗工强使生疮痏。急呼奴子具励石，阶前交手相磨治。莹然顿见真面目，对之方觉心神怡。"此砚原物"额镌坡谷诸铭词"，"坡"即苏东坡，"谷"即黄山谷（庭坚），料因铭词书、刻皆俗不可耐，显为出于俗手之作伪，故被纪氏"痛下杀手"，命家奴将其磨去。

当然，即使纪晓岚挑剔如斯，《阅微草堂砚谱》所录，并非件件雅制，亦有俗砚。此种砚，多不便重新磨治，却又具有某个优处，以致不忍舍弃。于此，纪晓岚题识时多有交代。

"叶子砚"，砚形作叶片状，正面右上方叶片、叶脉雕琢精巧。纪晓岚于砚背题云："信俗工之所作。旧

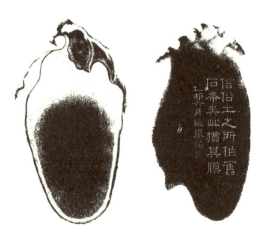

叶子砚

石希矣，此犹其膜。"此砚虽出俗工之手，因是旧石，故仍保留。可知此砚之价值，在石不在工。有趣者，湖北美术出版社2002年出版之《阅微草堂砚谱》，恰选中此砚拓作封面图。

"五蝠砚"，正面墨池作五蝠环绕，布局巧妙；砚背覆手有圆点，似为石眼，纪晓岚题识其下："五蝠本俗样，此研布置生动，遂可入赏鉴。即此可悟文心矣。嘉庆癸亥正月，晓岚识，时年八十。"反其意而推之，若非布置生动，此砚则纯属俗砚一方，要么弃之，要么重制，盖五蝠之类题材，本为俗样。

五蝠砚

"夔龙砚"，《阅微草堂砚谱》不录，未知其形。纪晓岚铭云："盘曲蟠螭，文如方钘。粤匠所雕，犹差近于古者。是为雅中之俗，俗中之雅。"（《纪文达公遗集》文卷十三）是砚题材亦俗，好在"犹差近于古者"，古意尚存，亦算是俗中有雅。

又有某些藏砚，虽非俗作，然亦非雅制。此种砚，纪晓岚则以题识作"补救"，韵味不足，以铭雅之。

"卷阿砚"，长方式，正面墨池雕凤落梧桐，砚背浅雕云龙。其题材甚"俗"，然布局、雕工尚可，为粤匠所常制。纪晓岚于砚背空白处铭云："桐生朝阳，凤鸣高冈。卷阿效咏，周以世昌。勖哉君子，仰企召康。四门宏辟，

卷阿砚

邦家之光。"落款："嘉庆甲子正月，晓岚铭。"按："卷阿"为《诗经·雅·大雅·生民之什》篇名。据《竹书纪年》载，周成王率文武群臣至卷阿宴歌游乐，召康公从游并赋《卷阿》诗一首，一来为周成王歌功颂德，二来带有劝勉周成王礼贤下士之意。诗中有句云："凤凰鸣矣，于彼高冈。梧桐生矣，于彼朝阳。"纪铭之"桐生朝阳，凤鸣高冈"即自此化出。是铭由砚面之凤落梧桐而联想到《诗经》名篇《卷阿》，铭辞优美，颇有《诗经》本身之韵味，读之朗朗上口，堪称铭中妙文。经此一铭，是砚顿有"化腐朽为神奇"之感。

召康公，姓姬名奭。因其采邑在召（今陕西岐山西南），谓之召公，又称周召公、召康公或召伯。曾辅助周武王灭商，被封于燕（今河北北部），都城在蓟（今北京），但并未前往，由长子克前往就任，是后来燕国及召国之始祖。历经文武成康四世，周成王时，位列三公，任太保之职。

别趣可人，更重古法

砚为文房中物，不俗，仅为砚该有之"本分"，并不等于高境界。《阅微草堂砚谱》录刘石庵赠山水砚一方，长方形，正面上方浅刻"米点"山水，砚侧题："岭上多白云。仿米元章意。"不具名。赠砚时，刘石庵突发奇想，直接手书一札于砚背，云："砚附上，石旧而正润，作手极雅，非琉璃厂中俗工所能。公必鉴赏，面言不尽。晓岚四兄。弟墉拜具。"落"石庵"印。

纪晓岚得砚后，延工把刘石庵手书镌入砚石，并在砚之另一侧题云："石庵以砚赠余，戏书小札于砚背，因镌以代铭。时乾隆乙卯九月九日。"未几，又题铭于砚匣："砚至王岫君，如诗至钟伯敬，虽非古法，要自别趣横生。石庵尚书酷爱之，亦欧阳公之偶思螺蛤也。乾隆乙卯十月重制砚匣，因记。晓岚。"揣纪氏题识，此砚似出王岫君之手。

王岫君，清初琢砚名家，擅雕山水砚。阮葵生《茶余客话》卷十有记："顾青娘、王幼君治砚"，"皆名闻朝野，信今传后无疑也"。又，乾嘉间江阴人金捧阊《客窗偶笔》卷三《徐研》亦有云："国朝斫砚名手，江南首推王岫筠，盖其雄浑精密，可意会而不可言传也。"天津博物馆藏其山水砚两方，依材而作，两面皆雕，颇足观赏。另《沈氏砚林》录"腾蛟砚"，砚背有"岫君琢"款，亦作山水，极写意。

钟惺（1574—1624），字伯敬，一作景伯，号退谷、止公居士，湖广竟陵（今湖北天门）人。万历三十八年进士。四十三年，赴贵州主持乡试。后迁工部主事，又调江南，任南京礼部祭祠司主事，迁南京礼部仪制司郎中。天启初年，升任福建提学佥事，在闽中倡幽峭诗风，有"诗妖"之名。后因丧父回家

岭上多白云砚

守制，病逝于家。钟惺能诗文，冠绝一时，公推为竟陵派之首。其反对拟古文风，主张诗人应抒写性灵，然其狭窄之题材、情怀，艰涩幽冷之语言、文风，亦束缚其创作。清代曾将"竟陵"之作列为禁书。

"欧阳公之偶思螺蛤"，典出苏轼《东坡题跋》卷二之《书常建诗》："常建诗云：'竹径通幽处，禅房花木深。'欧阳公最爱赏，以为不可及。此语诚可人意，然于公何足道，岂非厌饫刍豢，反思螺蛤耶？"纪晓岚用此典，意谓王岫君之砚，有如钟伯敬之诗，皆非来自传统之"古法"，只是追求一种"别趣"。刘石庵喜欢这种砚，有如欧阳修之爱常建诗，无非是"厌饫刍豢，反思螺蛤"而已。

在纪氏看来，砚不俗而有趣，固可人意，然终非大道。砚之大道，尚在"古法"。

纪晓岚与刘石庵，虽皆癖砚，然二人于砚之眼光、境界，则颇有别。从"鹤山"、"唐子西"两宋砚，知石庵鉴古之眼力；从论绿端"即鸲鹆眼之最巨者"，知石庵于端砚之常识；从岭上多白云砚，知石庵之品位。是石庵于砚上之用功、用心，不及晓岚也。或曰：石庵爱砚，不求其解。

倡顺自然，恶规方竹

道法自然，追求似雕非雕、甚至非雕非凿之艺术效果，乃纪氏论砚艺之重要主张。

张赐宁赠松花石"澄绿砚"，以一小石片磨出砚堂及开出墨池，形态极"天然"，无过多之人工修饰。纪晓岚于砚背题云："似出自然而实雕镂，吾乃知人工之巧，幻态万千，赏鉴者慎旃。"落款："晓岚。"

戴均元赠"石函砚"，砚盖面直取砚石斑驳剥落之"原生态"，纪晓岚于砚背铭："似出自然而非自然，然亦渐近于自然。观弈道人铭。"与前砚铭辞表述有别，而得异曲同工之妙，从中可洞悉纪晓岚对砚雕之见解。

"天然砚"，砚面简单开出砚堂及墨池，周边起线；砚背就石形开覆手。纪晓岚铭云："不方不圆，因其自然，固差胜于雕镂。"落款："嘉庆庚申（五年）三月，晓岚铭。"

"破叶砚"，铭云："虫之蛀叶，非方非圆。古之至文，自然而然。"（《纪文达公遗集》文卷

澄绿砚

天然砚

十三）此砚《阅微草堂砚谱》未见录。

"瀚海玛瑙朱砚"，砚背略近桃形，纪晓岚于砚匣题铭云："石产龙堆，西征偶遇。不琢不磨，砚形略具。试墨未宜，研朱其庶。"落款："晓岚铭。"是一典型"天砚"。是砚今藏天津博物馆。据文物出版社《天津博物馆藏砚》载：砚长10厘米、宽9.5厘米、厚3.7厘米，土黄色。应为纪晓岚谪戍新疆时所得。

瀚海玛瑙朱砚（摘自《天津博物馆藏砚》）

龙堆石随形砚
2014年6月12日
—8月3日在深圳市博物馆展出的《雅韵清玩——天津博物馆藏文房用具展》展品（观炎摄）

《纪文达公遗集》文卷十三录天然砚两方，其一为"天然瓶砚"，铭云："上敛下哆，微乎似瓶。取以为砚，姑以当守口之铭。"其二为"天然石子砚"，铭云："石窦嵌空，非雕非凿。笔墨之间，天然丘壑。"此两砚，应当亦可入"天砚"之列。

纪晓岚常以"削圆方竹"一词，比喻那些损害事物本来自然美好状态之俗工作为。《阅微草堂砚谱》录近似斧形大砚一方，纪晓岚于砚背题云："此砚不知误落谁手，凡自然皴皱之处，皆磨治使平，遂不可复入赏鉴。削圆方竹，何代无贤才？研材未损，尚可供大书挥洒耳。嘉庆甲子二月，晓岚记。"

"削圆方竹"铭素砚

又，《阅微草堂笔记》之《槐西杂志》（一），有"卖花者顾媪"一则，纪于文末感言："世多以高价市赝物，而真古器或往往见摈。余尚非规方竹漆断纹者，而交臂失之尚如此，然则蓄宝不彰者，可胜数哉？"

纪晓岚自谓"尚非规方竹漆断纹者"，却偏被友朋指为此辈。其《铜雀瓦砚歌》有云："惜其本质原不恶，俗工强使生疮痍。急呼奴子具砺石，阶前交手相磨治。莹然顿见真面目，对之方觉心神怡。友朋骤见骇且笑，谓如方竹加圆规。"乃友朋之"道行"不及晓岚也。

随形赋意，因材施艺

制砚，自不可一律作"天砚"，亦未必每砚皆能达到实有雕镌而不见雕镌之高度。然砚雕当顺应砚材之天然，随形赋意，因材施艺，此乃砚艺之"正道"。阅微草堂藏砚，此中实例甚多。

"余材紫玉砚"，本为一块狭长边角料，制作者仅在砚石上端开一椭圆小池，即成一方精巧小砚。纪晓岚于砚背铭云："砚璞余材，窘于边幅。取尔粹温，莹然紫玉。"落款："嘉庆癸亥（八年）十月，晓岚铭。"朱传荣编著《萧山朱氏藏砚选》，录朱文钧藏"纪晓岚砚"一方，砚作长方形，正面三边雕夔龙纹，铭辞、落款及其布局与此砚全同，书法亦近似。然长方之砚，并无边幅之窘，显非余材。可知其砚铭乃抄袭而来。

余材紫玉砚　　　　晓岚款余材铭砚（摘自《萧山朱氏藏砚选》）

"自然风字砚"，原为一方荷叶砚，因坠落地上裂成数片，乃以其中一片随形制成。纪晓岚于砚背记其原委并题铭："旧荷叶研堕地口（碎？），中一片自成风字形，因琢为风字研，而系以铭曰：'其碎也适然，其成形也宛然。因其已然，乃似本然。问所以然，莫知其然。此之谓自然而然。'嘉庆甲子三月十一日，晓岚识，时年八十有一。"

自然风字砚

"大葫芦砚"，作葫芦形，纪晓岚于砚背上方铭云："因石之形，琢为此状。虽画壶卢，实非依样。"又于下方铭云："观弈道人，作斯墨注。虚则翕受，凹则汇聚。君子谦谦，憬然可悟。"落款："嘉庆乙丑（十年）正月铭，时年八十有二。"乃去世前一月所作。是砚今藏天津博物馆，据蔡鸿茹《中华古砚100讲》之《第43讲：清纪昀葫芦形端砚》记：砚长16厘米、宽9.6厘米、高3厘米。徐世章记：此砚"为其（指纪晓岚）裔孙智怡先生堪谨守藏，己卯（1939）冬经友人之介归于寒斋"。按：严智怡乃严修次子，纪堪谨为纪晓岚裔孙，智怡、堪谨是两个人之名字，徐氏言"为其裔孙智怡先生堪谨守藏"之说

大葫芦砚（摘自《天津博物馆藏砚》）

有误。严智怡1935年已卒，徐当直接得此砚于纪堪谨手，时纪堪谨正寓居天津。

又，"天然荷叶砚"，随石形而雕荷叶状，纪晓岚于砚堂正下方以行书铭云："作荷叶形，而不甚肖。画竹似芦，倪迂之妙。"

倪迂即倪瓒（1301—1374），初名珽，字泰宇，后字元镇，号云林居士、云林子，别号荆蛮民、净名居士、萧闲仙卿，自署倪迂、懒瓒、东海瓒等。江苏无锡人。工诗画，画山水意境幽深，与黄公望、王蒙、吴镇合称"元四家"。性情狷介、行为古怪、清高绝俗、爱洁成癖，有"倪迂"之称。林在峩《砚史》卷七录一倪瓒砚，镌"萧闲馆书画研"，落款"懒瓒"，印"云林子"。其好画竹，尝作《书画竹》云："余之竹聊以写胸中逸气耳！岂复较其似与非、叶之繁与疏、枝之斜与直哉？或涂抹久之，他人视以为麻、为芦，仆亦不能强辨为竹，真没奈览者何。"（《倪云林先生诗集》附录）纪晓岚"画

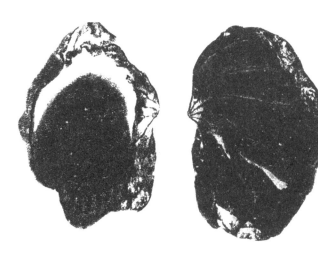

天然荷叶砚

竹似芦，倪迂之妙"一语，即典出于此。

重视形制，器用为功

《阅微草堂砚谱》所录，部分砚台有雕纹饰，题材如叶子、荔枝、竹节、葫芦、荷叶、蕉叶、五蝠、鸣凤、云龙及博古纹等，除此外，逾六成者为素砚。论形制，具对称性之规矩砚可达七成；论实用，则无一不可用。可知纪晓岚择砚之好尚，一方面追求自然而然，反对削圆方竹；另一方面又偏爱端正规矩之砚，推尚砚台之形制美。

"聚星砚"，典型抄手式，高墙足。砚背上方篆"聚星"二字。砚之一侧镌："乾隆丙午（五十一年）六月，河间纪氏阅微草堂重制。"或原有雕饰，纪以其多余磨去。砚之另一侧，纪晓岚铭云："如星夜聚，睒睒其光。或疏或

聚星砚

密，或低或昂，是为自然之文章。"落款："晓岚。"读此铭，推测此砚应有不少石眼，进而推测此砚可能为端州梅花坑，砚背原起有眼柱，被纪磨去，而砚面、砚身之石眼尚多，有如"聚星"。砚匣上，纪晓岚题曰："宋太史砚，赏鉴家多嫌其笨，弃之不收，甚或割裂为小研。盖雕镂之式盛行，故相形见绌耳……"此砚历经数人之手，后"售于余。其不毁者，幸也！"可见纪晓岚品砚与同时代赏鉴家之迥异。按：天津博物馆藏"黄易铭玄武星柱端砚"，形作腰圆，砚背星柱满布，砚体右侧有铭云："如星之聚，晱晱其光。或疏或密，或低或昂。其砚之璞，为此一方。"落款："乾隆丁酉（四十二年）七月，钱塘黄易识。"（见《天津博物馆藏砚》）时间款虽在纪砚之前，然此砚铭，当制赝者抄袭篡改自纪氏。

黄易款玄武星柱端砚（摘自《天津博物馆藏砚》）

纪晓岚另有一抄手砚，砚背题云："石则新，式则古，与其雕镂，吾宁取汝。嘉庆三载，岁在戊午，晓岚作铭，时年七十有五。"此砚今藏天津博物馆，据《天津博物馆藏砚》载：砚长15.8厘米、宽9.6厘米、厚2.4厘米，为长方抄手式端砚。

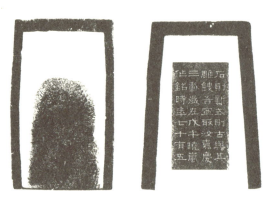

仿宋抄手砚拓片（摘自《天津博物馆藏砚》）

仿宋抄手砚（摘自《天津博物馆藏砚》）

明人陈继儒有"镜须秦汉，砚必宋唐"（《妮古录》）之语，盖取其形制、气息也。砚至乾隆一朝，时风尚巧，雕饰渐趋繁缛，宋砚之经典砚式，反为赏鉴家见弃。纪晓岚之语，实为事出有因，有感而发。其论砚之识见，使其能鹤立于时代之赏鉴者中。

阅微草堂藏砚，不乏经典形制，虽非至美，胜在古雅得体，可入赏鉴。纪晓岚题识其上，每有精辟之语。

"风字砚"，形制极简洁，纪晓岚于砚背题云："《砚史》载王右军（王羲之）有风字砚。此虽因敧斜石角牵就琢成，然是书家最古之样也。"落款："壬戌（嘉庆七年）八月，晓岚记。"按：米芾《砚史》之《样品》有记："……盖以上并晋制，见于晋人图画，世俗呼为'风字'……今人有收得右军

风字砚

砚，其制与晋图画同……"此即纪晓岚题记所指。纪氏另有一则风字砚铭："风字样，传自古。瘦削之，乃似斧。喜其轻，易携取。上直庐，则用汝。"（《纪文达公遗集》文卷十三）

纪晓岚谓风字砚"瘦削之，乃似斧"，《阅微草堂砚谱》录一小斧砚，纪晓岚于砚背题云："斧形虽具，而无刃可磨，亦无可执之柯。其无用审矣，且濡墨而吟哦。"落款："晓岚。"

"水田砚"，砚作长方形，开"凹"字形砚堂，纪晓岚于砚背题云："沟洫之制，尚见于水田，不干不溢则有年。均调其燥湿，惟墨亦然。"落款："嘉庆甲子长至前四日，晓岚铭。"按：沟洫之制指田间水道之规制。《周礼·考工记·匠人》云："匠人为沟洫……九夫为井，井间广四尺，深四尺，谓之沟；方十里为成，成间广八尺，深八尺，谓之洫。"

"黼黻砚"，形制颇特别。砚堂两边作两"己"相背，两"己"凸起成阳线；两"己"之内正上方，深挖小斧形墨池。砚背两边，在正面两

小斧砚

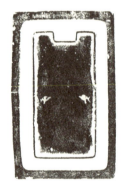 

水田砚

"己"正对应之位置，凹刻两"己"相背；两"己"之内正中央，浅挖大斧形。砚之一侧，纪晓岚题云："黼作斧形，贵其断也；黻作两己，无我见也。此绨绣之本旨，非徒取文章之绚烂也。"落款："乾隆癸巳（三十八年）仲秋，晓岚铭。"砚之另一侧，纪又铭："黼黻升平，藉有文章。老夫耄矣，幸际虞唐，犹思拜手而赓飏。"落款："嘉庆乙丑二月，晓岚又铭，时年八十有二。"两铭相隔三十二年，数日后，纪晓岚即离世。按：黼黻泛指礼服上所绣之华美花纹。黼者，黑白相次，作斧形，刃白身黑；黻者，黑青相次，作亞形，如两"己"字相背。《旧唐书·杨炯传》："黼能断割，象圣王临事能决也。黻者，两己相背，象君臣可否相济也。"黼黻亦借指辞藻，谓华美之文辞。

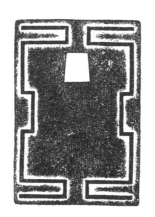

黼黻砚

"圭砚"，整砚作圭之形，纪晓岚于砚背题云："圭本出棱，无嫌于露。腹剑深藏，君子所恶。"落款："庚戌（乾隆五十五年）十月一日，晓岚铭。"纪晓岚另有一圭砚铭，云："圭肖其形，玉比其德。借汝研濡，资于翰墨。"（《纪文达公遗集》文卷十三）按：圭为古玉器名，长条形，上端作三角形，下端方形，古代贵族朝聘、祭祀、丧葬时以为礼器。依其大小，以别尊卑。

"古币砚"，正方形，内雕一枚大五铢钱，以"钱币"之"方孔"作砚堂。纪晓岚于砚面四角铭云："孔方兄，入□府。此中人，惟□□。"纪晓岚另有一则古币砚铭，铭云："翰墨之器，形如古币，吾心知其意"（《纪文达公遗集》文卷十三）。又，纪尝作《题古币砚二首》，诗云："琢砚形如币，分明寓意存。治生为最急，应记许衡言。""客曰斯言娱，余知匠者心。正如古彝鼎，饕餮铸精金。"许衡（1209—1281），字仲平，怀州河内（今河南省焦作市沁阳）人。累任元资善大夫、京兆提学、太子太保、国子祭

圭砚

五铢砚

酒、议事中书省、集贤大学士兼国子祭酒、教领太史院事。在思想、教育、历法、哲学、政治、文学诸领域皆有建树，提出"治生论"，认为"为学者，治生最为先务。"笔者亦尝作古钱砚铭："雅也雅，俗亦俗，孔方兄来砚中住。与之邻，心莫浮，勤耕石田别荒芜。"附此以供一哂。

以上各制，无不各具其美。

古云："器以用为功。"一砚之形制，其样式、大小、厚薄，无不与实用紧密相关。纪晓岚深谙此道，论析极精到。

"坦腹砚"，砚两边向外鼓出，背面作抄手式。纪晓岚于砚之一侧题云："此砚形制颇别，曩所未见。然非俗工所能作，必古有是式，后人耳目自隘耳。嘉庆甲子八月，晓岚记，时年八十有一。"另一侧，又题："研心太薄，则磨之易热，热则墨生沫而无光。此砚故作悬赘，或即为此与（欤）？晓岚又记。"砚匣一如砚形，匣面镌："坦腹儳然，如如不动。问汝此中，其真空洞。"匣底镌："阅微草堂。"

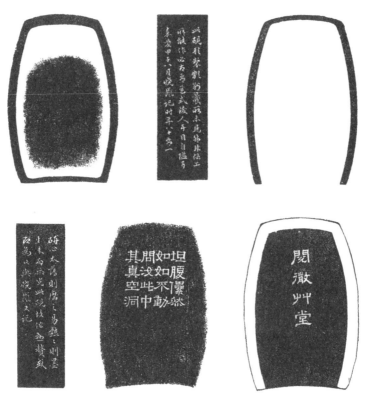

坦腹砚

"长方形巨砚"，砚体硕大开阔，纪晓岚于砚侧题云："巨砚笨重不适用，余所蓄不过十余。然多年旧石，如庞眉耆宿，古貌古心，座上亦不可无此客。嘉庆甲子八月，晓岚记，时年八十有一。"按：翁树培为纪晓岚题鲍勋茂赠古歙砚，亦有"古貌古心，如逢耆旧"之语。

纪晓岚论砚，周到如此。从中亦可知砚之为砚，虽形态各具，然皆自有其道理。宋代何薳《春渚纪闻》有云："昔人创物制器，虽甚微者，皆所不苟，非若后世之简陋也。"

长方形巨砚

通儒砚铭足赏会

纪晓岚题砚，或有韵，或无韵，或二者兼而有之。有韵者多用典，无韵者多叙事。有韵者易上口，绝无佶屈聱牙之句；无韵者娓娓道来，夹叙夹议。《阅微草堂砚谱》所录砚铭，多作于晚年，正是年龄、学识俱老之时，往往信手拈来，皆是学问，更可与其平日所作序、跋、诗、记之见解相印证，有些甚至就是《四库全书总目提要》的学术观点在砚铭上之呈现。"提要"长至一段、一篇，砚铭短仅一句、两句，堪为精华中之精华。又喜以砚喻人、以人喻砚，人砚交融，在其砚铭出现之人物，有姬奭、郤蒐、周勃、司马相如、温峤、魏收、魏征、韩愈、孟郊、包拯、韩琦、范仲淹、欧阳修、唐庚、米芾、邵雍、富弼、魏了翁、郑樵、家之巽、倪瓒、李东阳、李梦阳、王世贞、李攀龙、高叔嗣、钟惺、黄汝亨、周绍龙、陈维崧等。纪晓岚被尊为通儒，其博学淹通，于砚上亦表现得淋漓尽致。读其铭，大有赏会。

喻砚风周勃魏收

宋太史"聚星砚"之砚匣上，纪晓岚题识云："宋太史砚，赏鉴家多嫌其笨，弃之不收，甚或割裂为小研。盖雕镂之式盛行，故相形见绌耳。此砚乃明高斗南鸿胪旧物，后归五公山人，又转入束州孔氏。孔氏中落，以售于余，其不毁者幸也。偶与门生话及，因再为之铭曰：'厚重少文，无薄我绛侯。如惊蛱蝶，彼乃魏收。'嘉庆辛酉（六年）长至前六日，观弈道人题，时年七十有八矣。"

高斗南即高梦箕（1595—1659），字斗南，献县人。少入太学，为人慷慨。崇祯十七年思宗殉国，高梦箕奔南京扶福王即

聚星砚（砚匣）

位，为鸿胪少卿。

王余佑（1615—1684），字申之，一字介祺，号五公山人。先世为小兴州（今河北栾平北）人，本姓宓，自八世祖时徙居直隶新城，赘于王氏，因改姓王。其父名延善，伯父名建善，余佑过继与伯父为嗣子。入清，父兄罹难，即奉继父母隐居易州五公山双峰村，自称五公山人。后流寓献县，在献陵书院讲学。喜谈气节，任侠重友，慷慨好施。著有《五公山人集》等。

王余佑与高梦箕儿子高旷（字骏章，号理叔）、侄子高程（字龙章）为好友。高梦箕卒，王余佑作《过瀛吊高斗南先生》，诗云："天运同逝水，孤忠难奏功。廿年江海上，悲歌动秋风。浩气凌霜白，血泪洒杯红。叹息此人去，萧条燕赵空。"（《河间府志》）

束州为献县村落名。

此砚流传有序，在献县辗转数人之手，终归献县人纪晓岚，亦算是"楚弓楚得"。

铭中所言"绛侯"即周勃（约前240—前169），沛县（今江苏沛县）人。周勃以布衣从高祖刘邦定天下，赐爵列侯，食绛八千一百八十户，号绛侯。为人朴质敦厚，高祖以为可托大事。《史记·高祖本纪》载刘邦对吕后曰："周勃重厚少文，然安刘氏者必勃也，可令为太尉。"又，《史记·绛侯周勃世家》载："勃为人木强敦厚，高帝以为可属大事。勃不好文学，每召诸生说士。东乡坐而责之：'趣为我语。'其椎少文如此。"纪晓岚"厚重少文，无薄我绛侯"之语，典出于此。

魏收（506—572），字伯起，小字佛助，钜鹿下曲阳（今河北晋县）人。仕魏除太学博士，历官散骑侍郎等，编修国史。入北齐，除中书令，兼著作郎，官至尚书右仆射，位特进。与温子升、邢邵并称"北地三才子"，但生性轻薄，人称"惊蛱蝶"。《北史·魏收传》载："收昔在洛京，轻薄尤甚，人号云'魏收惊蛱蝶。'文襄曾游东山，令给事黄门侍郎颢等宴。文襄曰：'魏收恃才无宜适，须出其短。'往复数番，收忽大唱曰：'杨遵彦理屈已倒。'愔从容曰：'我绰有余暇，山立不动，若遇当涂，恐翩翩遂逝。'当涂者魏，翩翩者蛱蝶也。文襄先知之，大笑称善。"魏收奉命著《魏书》，每言："何物小子，敢共魏收作色，举之则使上天，按之则使入地。"书成之后，众口喧嚣，指为"秽史"，魏收三易其稿，方成定本。

纪晓岚题"厚重少文，无薄我绛侯"，乃拟此太史砚；又题"如惊蛱蝶，彼乃魏收"，则以喻其时"雕镂之式盛行"之花巧砚台。

又，纪晓岚尝作《蝶翅砚》诗，有云："蝶翎巧仿滕王迹，山灵幻化非雕刻。良工剖作墨池双，犹似穿花张两腋。”“翩翩尔勿矜风流，轻薄久已嫌魏收。惟应伴我弄柔翰，栩然自适如庄周。”

改砚名戏拟相如

《阅微草堂砚谱》录一长方形小砚，有石眼。砚之左右上下四侧皆有铭，一侧镌“波斋一品研”；另一侧镌“星悬河写”，落款“松石”，其下镌印“子孙世守”。上侧铭曰：“圆者图，方者书，进笔墨友而与道为徒。研乎？

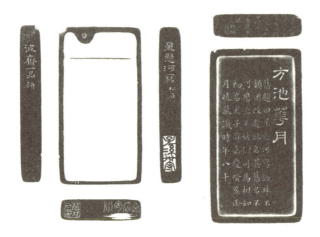

方池华月砚（摘自《天津博物馆藏砚》）

砚乎？"落款"唐建中铭"，镌印"大山子"。下侧镌"西仙□□"，镌印"□林□印"。四侧铭字，应为纪晓岚得砚时已有。

砚背，乃纪晓岚得砚后所题，右边隶书大字"方池华月"，其左以楷书小字题云："旧题曰'星悬河写'，语殊不类。因改题此名，其旧名不可磨治，不妨似司马相如初名'犬子'耳。嘉庆癸亥（八年）正月，晓岚识，时年八十。"

司马相如（约前179—前118），司马迁《史记·司马相如传》载："司马相如者，蜀郡成都人也，字长卿。少时好读书，学击剑，故其亲名之曰犬子。相如既学，慕蔺相如之为人，更名相如。"司马相如为西汉大辞赋家，《汉书·艺文志》著录"司马相如赋二十九篇"，代表作有《子虚赋》等。其赋辞藻富丽，结构宏大，故后人称之为"赋圣"。

"犬子"一名，三国时期学者孟康注云："爱而字之也。"而民间则有父母特意为孩儿取一低贱小名，以求易于养活之习俗，不知相如父母当年是否出于此意？衍至后来，"犬子"已成谦称自己儿子之称呼。纪晓岚在题识中，以"司马相如初名犬子"，喻砚侧"星悬河写"之旧名，颇为有趣，亦甚恰当。

是砚今藏天津博物馆，据蔡鸿茹《中华古砚100讲》之《第42讲：清纪昀方池华月端砚》记：砚长10厘米、宽5.2厘米、高1.4厘米，极小巧。又据文物出版社《天津博物馆藏砚》所刊彩图，应为端溪坑仔岩材。

见云龙犹忆韩孟

云龙砚，就石作随形。砚面上端雕云龙图，墨池亦作云状。因左上方缺材，形不饱满，略感失重，乃补饰云纹以平衡之。砚背，纪晓岚题铭两则，其一云："龙无定形，云无定态。形态万变，云龙不改。文无定法，是即法在。无骋尔才，横流沧海。"落款："晓岚铭。"又一则云："韩孟云龙，文章真契。此非植党，彼非附势。渺渺予怀，慨焉一喟。"落款："甲子二月，晓岚又铭。"

"韩孟"即韩愈、孟郊。韩愈（768—824），字退之，唐河内河阳（今河南孟县）人。自谓郡望昌黎，世称韩昌黎。唐时古文运动之倡导者，苏轼称其"文起八代之衰"，明人推为唐宋八大家之首，有"文章巨公"、"百代文宗"之名。孟郊（751—814），字东野，湖州武康（今浙江德清）人，祖籍平昌（今山东临邑东北），先世居洛阳（今属河南）。作诗以苦吟著称，现存诗歌五百余首，多为五言古体。孟郊与韩愈并称"孟诗韩笔"。实韩愈同样能诗，且诗风豪放雄奇，气势磅礴。二人于诗歌创作主张、趣味相近，尚古好奇，形成奇崛硬险

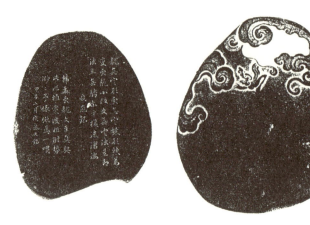

云龙砚

之风，力矫大历诗风之平弱纤巧，世称"韩孟诗派"。

韩愈与孟郊交契。《旧唐书·韩愈传》载："愈性弘通，与人交，荣悴不易。少时与洛阳人孟郊、东郡人张籍友善。二人名位未振，愈不避寒暑，称荐于公卿间……"《旧唐书·孟郊传》亦载：孟郊"性孤僻寡合，韩愈一见以为忘形之契，常称其字曰东野，与之唱和于文酒之间"。韩愈对孟郊甚为推许，《新唐书·孟郊传》云："郊为诗有理致，最为愈所称……"韩愈有《醉留东野》诗，云："昔年因读李白杜甫诗，长恨二人不相从。吾与东野生并世，如何复蹑二子踪。东野不得官，白首夸龙钟。韩子稍奸黠，自惭青蒿倚长松。低头拜东野，原得终始如駏蛩。东野不回头，有如寸筳撞巨钟。我愿身为云，东野变为龙。四方上下逐东野，虽有离别无由逢。"

后世多有引用"韩孟云龙"之典。如宋代仇远《送杨志行赴徽州教授》："平生韩孟交，云龙阻相从。"元代张养浩《挽元后初》："韩孟云龙上下从，岂期神物去无踪。"清代缪沅《送顾嗣宗返吴门次留别韵》："韩孟云龙日夕依，故山猿鹤久相违。"袁枚《随园诗话》卷十六记孙子未（襄）赠弟子马墨麟和卢抱孙诗："卢全马异总能诗，韩孟云龙意可师。"赵翼《余简稚存诗，稚存答诗，再简奉酬》："昔唐有韩孟，云龙两连翩。"纪晓岚亦有《寄寿徐筠亭先生》诗："独于先生一倾倒，昌黎东野相云龙。"

纪晓岚颇推崇孟郊，仅从以下一事即可窥之：苏轼有《读孟郊诗二首》，云："孤芳擢荒秽，苦语余诗骚。水清石凿凿，湍激不受篙。初如食小鱼，所得不偿劳。又如煮彭蚏，竟日嚼空螯。要当斗僧清，未足当韩豪。"对孟郊之评价，颇为"苛刻"。纪晓岚一生虽极推崇苏轼，但对苏公此评，却不认同。《四库全书总目提要·孟东野集》云："郊诗托兴深微，而结体古奥。唐人自韩愈以下，莫不推之。自苏轼'诗空螯小鱼'之诮，始有异词。元好问《论诗绝句》乃有'东野穷愁死不休，高天厚地一诗囚'之句。当以苏尚俊迈，元尚高华，门径不同，故是丹非素。究之郊诗品格，不以二人之论减价也。"

又，纪晓岚铭中"渺渺予怀"一语，出苏轼《前赤壁赋》："渺渺兮予怀，望美人兮天一方。"

月到天心知邵雍

"月到天心砚"，长方砚，其正面《阅微草堂砚谱》不录，背面正上方挂一"圆月"（揣为端砚石眼）。"圆月"对下空白处，纪晓岚题云："月到天心，清无纤翳。惟邵尧夫，知其意味。"落款："嘉庆甲子九月望日，晓岚铭。""望日"为月圆之日，月圆之日题"圆月"，自有一番意味在心头。

邵尧夫即邵雍（1011—1077），字尧夫，自号安乐先生、伊川翁，后人称百源先生。其祖先范阳（今河北涿县）人，幼随父迁共城（今河南辉县）。少有志，读书苏门山百源上。一生不求功名，乐过隐逸生活。《宋史·邵雍传》载：初至洛，"虽平居屡空，而怡然有所甚乐，人莫能窥也。""富弼、司马光、吕公著诸贤退居洛中，雅敬雍，恒相从游，为市园宅。雍岁时耕稼，仅给衣食。名其居曰'安乐窝'，因自号'安乐先生'。且则焚香燕坐，晡时酌酒三四瓯，微醺即止，常不及醉也，兴至辄哦诗自咏。春秋时出游城中，风雨

月到天心砚

常不出，出则乘小车，一人挽之，惟意所适。士大夫家识其车音，争相迎候，童孺厮隶皆欢相谓曰：'吾家先生至也。'不复称其姓字。或留信宿乃去。好事者别作屋如雍所居，以候其至，名曰'行窝'。"宋仁宗嘉祐及神宗熙宁中，邵雍先后被召授官，皆不赴。创"先天学"，以为万物皆由"太极"演化而成。著有《观物篇》、《先天图》、《皇极经世书》等。《四库全书总目提要·皇极经世书》谓是书"类皆立义正大，垂训深切"。"是《经世》一书，虽明天道而实责成于人事，淘粹然儒者之言，固非谶纬术数家所可同年而语也。"

邵雍尝作《清夜吟》，诗云："月到天心处，风来水面时。一般清意味，料得少人知。"纪晓岚此铭，正从是诗而出。

纪尝作《赋得月到天心处（得心字）》诗，云："好对梧桐月，闲将妙理寻。一轮初朗澈，万象正萧森。珠斗中央对，银河左界临。半天光皎皎，四面碧沉沉。大野烟痕白，凉宵露气深。自然群籁寂，那得片云侵。别馆何人望，高楼此夜心。谁知清意味，领略坐微吟。"

纪晓岚云"惟邵尧夫，知其意味"，而读其铭其诗，可知纪晓岚不仅知邵尧夫，亦知月到天心之清意味！

持较新旧比二李

"红丝砚"，长方式。纪晓岚于砚背铭云："此在旧坑，亦平平耳；新石累累，乃不复有此。长沙、北地之文章，可从此悟矣。"落款："嘉庆癸亥（八年）正月，晓岚铭，时年八十。"

红丝砚

红丝砚以宋代所出为美，北宋唐询著《砚录》，列青州红丝石为首，端州斧柯石为二。后红丝佳石逐渐罕得。纪晓岚之意，乃言此红丝砚若与旧坑相比，其材质亦仅属一般；然时下新石虽多，却也再找不出此种材质者，所谓比旧不足、比新有余。

长沙指李东阳（1447—1516），字宾之，号西涯。祖籍湖广长沙府茶陵州（今湖南茶陵），寄籍京师（今北京市）。文人学者常称之"李长沙"、"李茶陵"，为"茶陵诗派"核心人物。天顺八年十八岁时成进士，授编修，累迁侍讲学士，充东宫讲官。弘治十一年，加太子少保、礼部尚书兼文渊阁大学士。十六年，纂修《大明会典》成，进太子太保、户部尚书、谨身殿大学士。正德元年，迭加少师、太子太师、吏部尚书、华盖殿大学士。《明史·李东阳传》云："为文典雅流丽，朝廷大著作多出其手。工篆隶书，碑版篇翰流播四裔。奖成后进，推挽才彦，学士大夫出其门者，悉粲然有所成就。自明兴以来，宰臣以文章领袖缙绅者，杨士奇后，东阳而已。立朝五十年，清节不渝。"著有《怀麓堂集》等。

北地指李梦阳（1472—1530），初名莘，字献吉，号空同（也作崆峒），庆阳府安化县（今甘肃省庆城县，明代属陕西）人，迁居开封。因庆阳汉代属北地郡，故有人称之"北地"。弘治六年举陕西乡试第一，次年中进士。历任户部主事、员外郎、郎中。正德元年，户部尚书韩文得内阁三老臣刘健、李东阳、谢迁支持，令梦阳执笔代作疏劾宦官，请诛刘瑾等人，梦阳因此被谪山西布政司经历。正德五年，刘瑾伏诛。次年诏梦阳起复，迁江西按察司副使。一生几番下狱、数次罢官，清节不渝、胆气过人。工书，得颜真卿笔法。精于古文词，明代中期复古派前七子之领袖人物。《明史·李梦阳传》云："梦阳才思雄鸷，卓然以复古自命。弘治时，宰相李东阳主文柄，天下翕然宗之，梦阳独讥其萎弱。倡言文必秦、汉，诗必盛唐，非是者弗道。""迨嘉靖朝，李攀龙、王世贞出，复奉以为宗。天下推李（梦阳）、何（景明）、王（世贞）、李（攀龙）为四大家，无不争效其体。"李梦阳《空同集》卷六十中，有《端砚铭二首》，其一云："世以眼贵，而汝无此，人其瓦砾汝。"《西清砚谱》卷十四录"明李梦阳端石圭砚"，背面镌此二首砚铭，而其正面砚额，赫然有一石眼，可知是砚必伪。

纪晓岚在《四库全书总目提要》、《爱鼎堂遗集序》、《冶亭诗介序》、《香亭文稿序》及《槐西杂志》（四）等文章中，尝反复论及长沙、北地。尤以《四库全书总目提要》之《怀麓堂集》提要中所言为详，指李东阳文章，"究为明代一大宗"。"自李梦阳、何景明崛起弘、正之间，倡复古学，于是文必秦汉，诗必盛唐，其才学足以笼罩一世，天下亦响然从之，茶陵（李东阳）之光焰几烬。逮北地（李梦阳）、信阳（何景明）之派转相摹拟，流弊渐深，论者乃稍稍复理东阳之传，以相撑拄。盖明洪、永以后，文以平正典雅为宗，其究渐流于庸肤。庸肤之极，不得不变而求新。正、嘉以后，文以沉博伟丽为宗，其究渐流于虚憍。虚憍之极，不得不返而务实。二百余年，两派互相胜负，盖皆理势之必然。平心而论，何、李如齐桓、晋文，功烈震天下，而霸气终存。东阳如衰周、弱鲁，力不足御强横，而典章文物尚有先王之遗风。殚后来雄伟奇杰之才，终不能挤而废之，亦有由矣。"

以上论述，正好为此砚铭作一注脚。长沙、北地之文章，一如此红丝砚，若以之比古，亦平平耳；若以之比新，则不复有此。孙建先生《纪晓岚砚铭详注》认为"纪晓岚此处以砚喻人，谓东阳如旧坑红丝，而梦阳则似新石"，分而"对号入座"，值商榷。

有灵词客是维崧

"钟砚"，形取古钟样，背作抄手式。纪晓岚于砚背题云："此迦陵先生之故砚，伯恭司成以赠石庵相国。余偶取把玩，相国因以赠余。迦陵四六（骈文），颇为后来所嗤点，余撰《四库全书总目》，力支拄之。毋乃词客有灵，以此示翰墨因缘耶？嘉庆戊午（三年）十月，晓岚记。"

钟砚

迦陵先生即陈维崧（1625—1682），字其年，号迦陵，宜兴（今属江苏）人。诸生，康熙十八年举博学鸿词，授翰林院检讨。五十四岁时参修《明史》，四年后卒于任所。尝与朱彝尊在京师切磋词学，并合刊《朱陈村词》。清初词坛，陈、朱并列，陈为"阳羡派"词领袖。其骈体文亦为一大家。《清史稿·陈维崧传》云："平生无疾言遽色，友爱诸弟甚。游公卿间，慎密，随事匡正，故人乐近之，而卒莫之狎。著《湖海楼诗集》、《迦陵文集》。时汪琬于同辈少许可者，独推维崧骈体，谓自唐开、宝后无与抗矣。诗雄丽沉郁，词至千八百首之多，尤前此未有也。"

据野史笔记载，陈维崧好男风，对名优徐紫云一见神移，自此开始形影相随之同性恋生活。尝为徐紫云创作大量诗词，并请名画师为徐作《紫云出浴图卷》，诸多名士为之题诗。陈维崧有妻妾子女，徐紫云成年后亦已娶亲。然在徐婚后，二人仍来往甚洽，后陈维崧干脆携徐紫云归宜兴老家居住。徐病逝后，陈又为之写下大量怀念诗句。王文治有《陈检讨紫云砚歌为望之亲家作》，可知陈氏尝有一"紫云砚"，王氏介绍："检讨（指陈维崧）自铭云：'不见紫云，重见紫云。摩挲久之，松麝氤氲。捧侍何必石榴裙?'"王氏诗有句云："迦陵先生爱紫云，词场流播成美闻。""我闻端州之石肌理匀，手摩冰肤如美人。""迦陵之才绝一世，紫云亦妙从旁侍。""此砚风流足千古，天付君家世守之。"（《梦楼诗集》卷二十二）诗中以端砚之雅称"紫云"喻人之"紫云"，一语双关，颇为巧妙。

《四库全书总目提要》之《陈检讨·四六》提要云："国朝以四六名者，初有维崧及吴绮，次则章藻功《思绮堂集》亦颇见称于世。然绮才地稍弱于维崧，藻功欲以新巧胜二家，又遁为别调。譬诸明代之诗，维崧导源于庾信，气脉雄厚如李梦阳之学杜。绮追步于李商隐，风格雅秀，如何景明之近中唐。藻功刻意雕镂，纯为宋格，则三袁、钟、谭之流亚。平心而论，要当以维崧为冠，徒以传诵者太广，摹拟者太众，论者遂以肤廓为疑，如明代之诟北地，实则才力富健，风骨浑成，在诸家之中，独不失六朝、四杰之旧格。"纪晓岚在钟砚题识中言"迦陵四六，颇为后来所嗤点，余撰《四库全书总目》，力支拄之"，所指即此。前有撰文力挺陈维崧之事在先，后有喜得陈维崧故砚之"砚遇"，故言"毋乃词客有灵，以此示翰墨因缘耶"。

赠砚于刘石庵之"伯恭司成"，即陈崇本，字伯恭。河南商丘人。乾隆四十年进士，翰林院编修。官宗人府丞。善书，与翁方纲友善。山水工浅绛，宗法黄公望。精鉴别，富收藏。

耄耋老人作铭忙

　　纪晓岚一生与砚结缘，自谓"自四岁至今，无一日离笔砚"。从《阅微草堂砚谱》、《纪文达公遗集》所录砚铭、砚诗，可悉纪晓岚与砚相伴之人生际遇及其足迹。少年时曾用之合浦还珠砚；乾隆二十七年三十九岁充顺天乡试同考官时之《壬午顺天乡试分校砚》；乾隆二十八年不惑之年出任福建学政时所用之闽中校士砚；乾隆三十二年四十四岁服阕赴京，受诏续修《通志》时恩师裘曰修赠送之郑夹漈砚；乾隆三十三年至三十五年四十五至四十七岁时遣戍新疆，与之共往还之长方形小砚；从新疆还京，在寂寞、苦闷中等待授职时，座师刘统勋相赠之黄贞父砚；乾隆三十八年五十岁起，以十余年之功，总纂四库全书时使用之校勘四库全书砚，以及期间乾隆帝御赐之浮筠砚，无一不是清晰记录其人生重要轨迹之坐标点及标志物。

　　五十岁以前，砚之于纪晓岚，用为主，玩为辅。五十岁后至七十岁之间二十年，把玩遣兴、题铭记事之砚台逐渐增多，当中一部分随得随赠门生。乾隆五十九年纪晓岚七十一岁时，门人伊秉绶为其辑录砚铭草稿，装之成册。赵怀玉次韵题后有"铭辞廿纸剪裁新"句（《亦有生斋集》诗卷十四），可知其时纪晓岚所题之砚铭，已颇可观。

　　进入"人生七十古来稀"以后，砚台更逐渐成为纪晓岚晚年公务余暇之摩挲爱物及重要精神寄托，品题增多。

　　但毋庸讳言，越近"人之将去"，纪晓岚"铭砚传世"之"故意"痕迹便愈明显。查《阅微草堂砚谱》所录，纪晓岚八十岁时所作砚铭，有十二则；八十一岁时所作，猛增至三十二则，有时一月数则；而八十二岁去世前一月之内，尚作三则。或有念头，务在有生之年，将手头上藏砚悉以铭之。其晚年所题砚铭，多标示岁数，时间落款清晰，甚至详及月日，似要"以为后来之证"。

　　乾隆六十年，纪晓岚曾以水蛀砚等物品托人带赠朝鲜洪良浩，并奉书一函，有云："前两接手书，俱已装潢成轴，付小孙树馨收贮……此孙尚能读书，俾知两老人如是之神交，亦将来佳话也。"嘉庆九年，其题"甘林瓦当砚"砚匣，又有云："余与石庵皆好蓄砚……太平卿相不以声色货利相矜，而惟以此事为笑乐，殆亦后来之佳话与。嘉庆甲子五月十日，晓岚记，时年八十有一。"数度提及"后（将）来"之"佳话"，可知其对此颇为看重。

《如是我闻》（一）载："余尝与董曲江（元度）言：'大地山河，佛氏尚以为泡影，区区者复何足云！我百年后，傥图器书玩，散落人间，使赏鉴家指点摩挲，曰：此纪晓岚故物。是亦佳话，何所恨哉！'曲江曰：'君作是言，名心尚在。余则谓消闲遣日，不能不借此自娱。至我已弗存，其他何有？任其饱虫鼠，委泥沙耳。故我书无印记，砚无铭识，正如好花朗月，胜水名山，偶与我逢，便为我有。迨云烟过眼，不复问为谁家物矣！何必镌号题名，为后人计哉！'所见尤洒脱也。"

纪晓岚自记此番对白，正好为其晚年之大量铭砚作一"揭秘"。纪氏所需者，或正是百年后人们见到其曾用之物，指点云："此纪晓岚故物。"而如董曲江所言："作是言，名心尚在。"纪晓岚本人也不得不感叹：董曲江"所见尤洒脱也"。纪晓岚故知曲江之潇洒，但并未想仿效曲江之"书无印记，砚无铭识"，恰恰相反，其家中之物，从砚、笔、墨、笔斗、笔床、墨床、笔掭、水滴、印规、界尺，乃至裁刀、木锉、圆凿、掸帚、算盘、熨斗，无不一一题铭镌刻。论精神境界，或董曲江更胜一筹；然于后人而言，正是纪晓岚此种执着，留下了一笔精神财富。

圆毁铭
毁方为圆，宛转周旋，盖於势不得不然

试金石铭
蔺能试金，惜不能试心

砺石铭
百工之事，必先利其器，他山之石，用汝作砺

刷铭
治人之道，忌察渊鱼，治己之道，则污垢必除，言各有当

硬刷铭
君子念诸

软刷铭
柔以克刚，积渐而除，吾日计之而不足，岁计之而有馀

硬刷铭
刚劲之中，参以柔意，因物而施，从宜之义
寸长

掭帚铭
常有秃时，尘无尽期，然一日在手，则一日当拂之

小等铭
所黏虽轻，亦务使平，盖千万之差，生於毫忽之畸零

《纪文达公遗集》文卷十三

《阅微草堂砚谱》所录砚台纪昀题铭年龄时段统计表

年龄段	题铭砚数（方/次）	题铭时年龄（岁）	题铭砚数（方/次）
40—69	10	48	3
		50	1
		63	1
		67	4
		69	1
70—79	21	72	5
		73	1
		74	1
		75	3
		77	1
		78	4
		79	6
80—82	47	80	12
		81	32
		82	3
无标注年份（方）	25（不含第59砚，因其可推知时间）		
合计（方/次）	103		
其中：隔若干年后再铭一次（方）	4（分别为：第6、12、14、89砚）		
实际题铭砚数（方）	99		

此翁原不入书家

关于自己不善书之"糗事"，纪晓岚本人从未视之为"难言之隐"而刻意回避，相反，曾在不同"场合"多次主动言及。

《滦阳消夏录》（四）有云："余稍能诗而不能书，从兄坦居能书而不能诗。余扶乩，则诗敏捷而书潦草；坦居扶乩，则书清整而诗浅率。"《姑妄听之》（二）又云："人又微知余能诗不能书。"其《笔斗铭》云："司笔之神，果佩阿欹？姑妄听之，为卜此居。予书苦拙，汝其相予。"

嘉庆元年，纪晓岚侍宴重华宫联句，得嘉庆帝御赐八棱形砚，作《赐砚恭纪八首》，一首云："笔札从来似墨猪，擘笺惭对御筵书。情知难押兰亭缝，且照青藜校鲁鱼。"嘉庆六年，纪晓岚再得嘉庆帝赐砚，又作《翰林院侍宴联句赐砚恭纪二首》，一首云："西抹东涂似墨猪，兰亭押缝敢轻书。只应携照青藜火，六典辛勤校鲁鱼。"

墨猪者，谓字体笔画臃肿而乏筋骨也，因字如墨团，戏称之。唐代张彦远《法书要录》引东晋卫夫人《笔阵图》云："多骨微肉者，谓之筋书；多肉微骨者，谓之墨猪。"纪晓岚在诗中两次提及"墨猪"，倒也并非完全出于"谦称"。

纪晓岚还作有《题砚匣》二首，诗云："笔札匆匆总似忙，晦翁原自怪荆王。老夫今已头如雪，恕我涂鸦亦无妨。""虽云老眼尚无花，其奈疏慵日有加。传语清河张彦远，此翁原不入书家。"

张彦远（815—907），字爱宾。著有《法书要录》，为研究中国书法史及书法理论之重要文献。《四库全书总目提要·法书要录》云："是编集古人论书之语，起于东汉，迄于元和，皆具录原文。""其书采摭繁富，汉以来佚文绪论，多赖以存。"

又，纪晓岚《致鲍树堂书》有云："上次承惠歙砚，已手为铭识"，"今又蒙致此旧石，欣抃何似！惟一生书似方平，不免有负此二砚耳。"

方平即王远，《太平广记》卷七引《神仙传》："王远，字方平，东海人也。弃官司入山修道。""其书廓落，大而不工。"纪晓岚以不工书之方平书法自比，自叹有负良砚。

铭辞中，纪晓岚对自己不善书同样毫不掩饰。

《阅微草堂砚谱》录蕉叶砚一方，纪于砚背题云："蕉叶学书，贫无纸也。今非纸不足，而倦于书写。刻蕉于砚，盖以愧夫不学书者。"多少带有自我解嘲、反省之意。

蕉叶砚

既非纸不足，亦非笔不良。翁方纲《复初斋诗集》卷六十四之《董文敏书刘必通卖笔木牌》诗，有句云："十年票本笔盈笥，追陪钱七与纪四。纪四自嘲古锦囊（自注：晓岚以锦囊囊之，自题句谓：'虽不善书，而用此笔，以傲人也'），钱七醉满欹徐字。"纪晓岚自题用此笔以傲人云云，实亦自我解嘲之语。

除其本人外，时人甚至学生，亦不忌讳谈及纪晓岚之"短处"。

赵慎畛为纪晓岚嘉庆丙辰科会试所取士，纪对赵颇为赏识，其在《书王孝承（赵慎畛舅氏）手札后》云："余丙辰典试，得武陵赵子笛楼（慎畛号）。初见余，恂恂然有儒者风；与之言，笃实近里，无少年巧宦之习；比入词馆，仍循谨如寒素。间与论世务，事事知大体，而非老生迂阔之言。"赵慎畛在《榆巢杂识》卷上有言："河间师博洽淹通，今世之刘原父（敞）、郑渔仲（樵）也。独不善书，即以书求者，亦不应。"可见门生亦不讳言老师书法。

时人赵怀玉《亦有生斋集》诗卷十四，有《纪尚书昀拙于书，皆门下士代写。同年伊比部秉绶辑其砚铭草稿，装之成册，次韵题后》，诗云："阅微堂左拓窗纱，想见挥毫落彩霞。持与柳家新样比，可能敛手笑姜芽。""秩宗文字久撑肠，寿石缘还藉省郎。我亦乞书卢子干，数行残墨至今藏（自注：召弓学士亦拙于书，简翰多起草属人录之，唯予则必欲致其手迹）。"

实事求是而言，纪晓岚于书法仅是"手略低"而已，眼光仍在，为典型之"眼高手低"者。其《书刘石庵相国临王右军帖后》云："诗文晚境多颓唐，书画则晚境多高妙。倪迂（瓒）写竹似芦，石田翁（沈周）题咏之笔每侵画位，脱略畦封，独以神运，天机所触，别趣横生，几几乎不自觉也。石庵今岁八十四，余今岁亦八十，相交之久，无如我二人者。余不能书，而喜闻石庵论书。盖其始点规画矩，余见之；久而拟议变化，摆脱蹊径，余亦见之。今则手与笔忘，心与手忘，虽石庵不自知亦不能自言矣。此所临摹，以临摹为寄焉耳，勿以似不似求之。"此番话，自非不通书法之"门外汉"所能言。

正因纪晓岚手虽稍低而眼不低，更贵有自知之明，故多不"硬着头皮""蛮干"，简函著述，多门下士代书，或由书吏誊录。至于书联题匾此等"大作"，还需挚交如刘石庵者"友情相助"。据英和《恩福堂笔记》卷下记："纪文达公出刘文正公（刘统勋）门，与刘文清公（刘墉）相友善，文达凡自制联语，皆求文清书。余所知有：'浮沈（沉）宦海如鸥鸟，生死书丛似蠹鱼。''习气未除犹识字，名心已退不谈文。''两登耆宴今犹健，五掌乌台古所无。'"

谢稚柳先生《鉴余杂稿》之《北行所见书画琐记》有记："纪昀试帖诗手稿一卷，诗共十一首，其中有和御制诗，后附一启云：'请为托相好代书。'诗稿作小楷，稚拙之至，与平日所见者全不类，此定是真笔，纪昀实不能书，即数行馆阁小楷，亦须请人代笔。世所流传其条幅楹联之类，可知其概非出于本人之手，即此手稿，亦极少见。"

因为写字问题，纪晓岚也曾遭遇尴尬。《滦阳续录》（四）记：沧州甜水井有老尼曰慧师父，戒律谨严，"乾隆甲戌、乙亥间，年已七八十矣，忽过余家，云将诣潭柘寺礼佛，为小尼受戒。""临行，索余题佛殿一额，余属赵青磵（春涧）代书。合掌曰：'谁书即乞题谁名，佛前勿作诳语。'为易赵名，乃持去，后不再来。"当时之情景，无疑颇为难堪。乾隆甲戌、乙亥间，为乾隆十九、二十年之间，纪晓岚三十一二岁，刚成进士，找人代书，应尚未成习惯，可能出于为佛殿书额，兹事体大，才急中生智，请赵春涧代书。偏此老尼是不谙世故之人，遂生出这场"小风波"来。

《阅微草堂砚谱》所录砚铭，字体不一属正常，而同一字体书风亦大异，显然非出一人之手。料其中之隶书砚铭，伊秉绶及桂馥俱有代笔。除请朋友及门人代书外，纪晓岚还常有出人意料之举，直接把友人赠砚时附书之手札摹刻入砚，以札代铭，如刘墉、铁保之札，或镌于砚背，或刻于砚匣，却也颇得出奇制胜之效果。

砚谱中，明确为纪晓岚手迹者，有一"削圆方竹"铭素砚，是砚之砚匣上，有书云："墨沈浓于漆，谁将大笔濡。张颠如兴到，且倩写桃符。"落款："甲子三月六日，晓岚戏题，时年八十有一。笔砚久疏，殆不成字，存以为友朋一笑云尔。"可知为纪晓岚之手书无疑。年过八旬，笔力倒尚雄健，字则确实"不入书家"。

"削圆方竹"铭素砚（砚匣）

观弈款铭二疑砚

故宫博物院藏"端石观弈道人铭砚"

是砚覆手刻纪晓岚题诗，云："入土七尺余，不知几百载。凿井出重泉，密栗性无改。诗翁手拂拭，紫玉炫光采。迢迢灵芝宫，人往石犹在。我偶寻旧居，摩挲为一慨。坡老笠屐图，流传从粤海。笥河醉学士，曾以百金买。良觌契自深，宁辞俗耳骇。此砚好韫藏，无以沉沦悔。真赏终有人，知胜新坑采。"诗后有落款："嘉庆庚申二月，观弈道人题，时年七十有七。""嘉庆庚申"为嘉庆五年（1800）。

是诗在《纪文达公遗集》诗卷十二有录，题为《戈仙舟太仆凿井得砚》，可知为戈仙舟之砚而题。但卷中此诗无时间落款。查其在卷中所在位置，前数首有《己未武会试阅卷得诗四首》，后数首有《壬戌会试阅卷偶作》，"己未"为嘉庆四年（1799），"壬戌"为嘉庆七年（1802），则是诗当作于此期间。砚铭落款之"嘉庆庚申"，时间上符合。

戈仙舟即戈源（1737—1799），官至太仆寺少卿，与纪晓岚为乾隆甲戌科会试同年。戈、纪两家乃世婚，纪晓岚第三女许婚戈源之子，惜夭折未成。嘉庆四年，戈源卒，纪晓岚为撰《戈太仆传》。从"迢迢灵芝宫，人往石犹在"一句，可知纪晓岚前去观砚时，戈源已下世。而欲以百金买"坡老笠屐图"之"笥河醉学士"，即朱筠，朱珪之兄，卒于乾隆四十六年（1781）。

又，从"紫玉炫光彩"一语，可知砚为端石，与故宫博物院所藏此砚相符。

砚背覆手外，有翁方纲题铭，云："凿井得研，喻功及泉。宝之无斁，肯构斯传。"落款："庚申四月，覃溪铭。"则为纪晓岚题诗后两月所铭。按：戈源与翁方纲为儿女亲家，翁氏五女树龄，嫁戈源儿子。查稿本《复初斋集》（影印本）第十四册，录有是铭，铭文、落款与此砚所刻同。铭乃戈源儿子请岳父翁方纲所题（见沈津《翁方纲年谱》）。

砚之两侧，分别有刘墉、朱珪题铭。朱珪铭云："井之厥，研可垡。匪歆粤，功矻矻。"落款："嘉庆癸亥四月朔，盘陀居士珪。"则题铭在嘉庆八年（1803）四月初一。刘墉题云："此戈太仆凿井所得砚。石庵居士审定为宣德下岩石。"印："石庵"。不具时间款。虽未知刘墉何以审定为"宣德下岩

端石观弈道人铭砚（摘自《文房四宝·纸砚》）

石", 但观此砚形制, 确具明代时风。

纪、翁、朱、刘四人铭文, 皆围绕"凿 (掘) 井得研"做文章, 题铭时间相符, 书法亦大致吻合。四人与戈氏皆同朝为官, 相熟相交, 纪、翁、朱又为乾隆十二年顺天乡试同年, 时有小聚, 纪、刘更常在一起品砚, 或亲或故, 共铭一砚, 顺理成章。因纪诗中提及朱筠, 而朱筠早已下世, 故由弟弟朱珪题铭, 亦颇妥当。综合以上诸因素, 此砚似真。

然细加揣摩, 亦有疑点。

一者, 纪晓岚在诗中, 已有"紫玉炫光彩"之句, 喻此砚为端石, 刘墉亦审定为端州之"宣德下岩石"。且观此实物, 开门端砚无疑。而朱珪却曰"匪歙粤", 其意似指既非歙州所产之歙砚, 亦非粤地所产之端砚。岂不矛盾?

二者, 嘉庆五年时, 纪晓岚为礼部尚书, 从一品; 翁方纲为鸿胪寺卿, 正四品。古代等级观念森严, 正式行文尤其制铭, 尊卑颇有讲究, 翁氏题铭, 不当用如此大字把纪晓岚题铭包围其中。

文献资料显示, 纪晓岚、翁方纲为戈仙舟太仆凿井所得砚题铭, 确有其事; 刘墉之铭, 虽暂未见其他文献记载, 然铭文直言"此戈太仆凿井所得砚", 乃有针对而题, 书风亦合刘书风格, 刘或确有此题。若此砚不真, 则此三铭乃从"真戈氏砚"上移植而来。至于朱珪铭, 有两种可能: 一是"真戈氏砚"上确有此铭, 但"真戈氏砚"之砚种并不开门, 纪晓岚认为是端石, 朱珪认为非歙非端, 最后经刘石庵"终审", 认定为端石。从刘题"石庵居士审定为宣德下岩石"之语气看, 似有所指而发。二是朱珪铭可能是朱氏题其他"匪歙粤"之井砚的铭文, 作伪者把其一并生搬过来。

是砚俟考。

首都博物馆藏 "端溪绿石上品砚"

是砚见录王代文、蔡鸿茹主编《中华古砚》, 书中名为"云龙洮河石砚", 附说明文字云: "砚长方形⋯⋯砚底线刻云中降龙, 石色微泛绿。砚面上部有纪昀隶书铭'端溪佳 (绿) 石上品', 背有'嘉庆壬戌长至日记, 观弈道人审定宋砚', 说明纪昀将此砚定为宋绿端砚。1970年为康生所藏, 砚面墨书六行, 否定了纪昀的定论。后经专家审定为明代洮河石砚。"

经对照, 砚背铭文移植自《阅微草堂砚谱》第23号"宋砚", 因谱中"識"字笔画多, 拓印不清, 作伪者遂改为"記", 又故意把两列文字左右位置对调以障目, 致章法欠妥。砚额铭字, 亦摘录拼凑自《阅微草堂砚谱》, 其中"溪"、"石"二字, 摘自第29号"端溪新石一字池砚"铭文之开头第二、三字；"端"、"绿"二字，摘自第14号"绿琼砚"一侧隶书铭之同字。是砚必伪。

砚面康生题跋云："纪晓岚自名为识研者，还刊行《归云砚谱》，其实他对砚连基本常识也没有。他把洮河石当作绿端，把青州红丝叫作红端，他不知端石为何物，更不必说识别古砚了。"落款："康生，一九七零年二月。"

康生此番题跋，用今人俗话言之，为"又屎又恶"。

说其"屎"，本欲批判纪晓岚"对砚连基本常识也没有"，却恰恰暴露了自己"基本常识"的虚弱。首先，《归云（楼）砚谱》乃徐世昌所藏砚台之砚谱，而非纪晓岚；纪之藏砚谱，名《阅微草堂砚谱》，其民国石印本，由徐世昌作序，严修与李浚之商付石印。其次，康生指纪晓岚"把洮河石当作绿端"，实际上，从实物之石质、石品、石色综合观之，此砚就是绿端而非洮河。再次，康生指纪氏"把青州红丝叫作红端"，然遍查纪氏著作，皆未见这一记述，康氏如不是故意"诬陷"，就是无意中误用了"伪证"。更甚者，如此"开门"的一方"赝铭砚"，康氏竟没能看出破绽，而是拿着一方伪砚加以发挥，可见其对"纪砚"的鉴别一窍不通。

说其"恶"，一是把文字直接题到砚堂上，霸道至极，连"基本的题跋常识也没有"。二是行文语气，带有人身攻击意味，颇类当时之"文革体"，与学术讨论毫无关系。

此砚"后经专家审定为明代洮河石砚"，不知"专家"审定为"洮河石砚"之依据何在？

端溪綠石上品

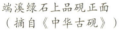
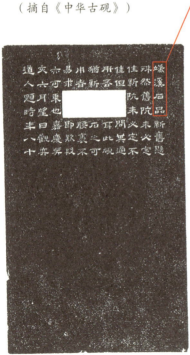

端溪绿石上品砚正面
（摘自《中华古砚》）

端溪新石一字池砚（摘自《阅微草堂砚谱》）　　　绿琼砚（摘自《阅微草堂砚谱》）

觀弈道人審定宋硯

嘉慶壬戌長至日記

端溪綠石上品硯背面
（摘自《中華古硯》）

宋硯（摘自《閱微草堂硯譜》）

《阅微草堂砚谱》所录砚台一览表

序号	砚名	纪昀题铭时间	年龄	名号	藏砚来历	其他铭者	砚种	谱中位置
1	仿宋天成风字砚				乾隆帝赐砚	乾隆帝		1
2	八棱形砚	(嘉庆)丙辰(元年,1796)正月五日	73	纪昀	嘉庆帝赐砚		似为歙砚	2
3	"枯研"铭长方形门池砚	乾隆辛卯(三十六年,1771)六月•	48	晓岚				3
4	校勘四库全书砚	•		晓岚			端砚	4(现藏天津博物馆)
5	刘文正公旧研	乾隆癸巳(三十八年,1773)以后(刘统勋卒于是年,谥文正)★	50岁后	纪昀	刘统勋赠	黄贞父(汝亨)		5-6
		(砚侧铭)						
		•		纪昀			砚匣	
6	聚星砚	乾隆丙午(五十一年,1786)六月	63	河间纪氏阅微草堂	高梦箕-王余佑-束州孔氏-纪昀		似为端砚	7-9(中国现代文学馆萧军旧藏砚为赝品)
		(砚侧铭)★		晓岚				
		(砚背铭)						
		嘉庆辛酉(六年,1801)长至前六日★	78	观弈道人			砚匣	
7	澄绿砚	(砚背铭)★		晓岚	张赐宁赠		松花石	10
		(乾隆)庚戌(五十五年,1790)六月	67				砚匣	
8	戴文砚	(乾隆)壬子(五十七年,1792)二月(刘墉赠砚并作铭时间)	69	晓岚	刘墉赠	刘墉、蒋师爚、伊秉绶、桂馥		11-12(2008西泠印社春拍拍品)
9	绛堂砚	乾隆乙卯(六十年,1795)长至•	72	晓岚	那彦成赠		端砚	13-14(现藏天津博物馆)
							砚匣	
10	无弦琴砚	(乾隆)乙卯六月★	72	晓岚				15

序号	砚名	纪昀题铭时间	年龄	名号	藏砚来历	其他铭者	砚种	谱中位置
11	叶子砚	（乾隆）乙卯六月	72	晓岚			似为端砚	16
12	扪参历井砚	乾隆乙卯七月	72	晓岚	吴玉纶赠	周瑞峰(绍龙)	似为端砚	17-18
		嘉庆癸亥（八年，1803）二月三日★	80	晓岚			砚匣	
13	岭上多白云砚	乾隆乙卯九月九日	72		刘墉赠	刘墉		19-20
		乾隆乙卯十月		晓岚			砚匣	
14	绿琼砚	嘉庆戊午（三年，1798）四月	75	晓岚			端砚	21-22
		嘉庆戊午长至前三日★						
		嘉庆壬戌（七年，1802）七月廿八日	79	晓岚			砚匣	
15	钟砚	嘉庆戊午十月	75	晓岚	陈维崧-陈崇本-刘墉-纪昀			23
16	天然砚	嘉庆庚申（五年，1800）三月★	77	晓岚				24
17	挈瓶砚	嘉庆辛酉（六年，1801）八月卅日★	78	晓岚	彭元瑞赠			25
18	空山鼓琴砚	嘉庆辛酉十月★	78	晓岚				26
19	缜密以栗砚	嘉庆辛酉十月	78	晓岚				27
20	色自驳杂砚	嘉庆壬戌 二月朔日	79	晓岚				28
21	翁方纲摹五凤二年刻石端砚	嘉庆壬戌四月（砚堂铭文无时间款）	79	晓岚	皆山（潘应椿）赠	翁方纲、翁树培	端砚	29-30
		（嘉庆）壬戌三月三★（又铭无时间款）★		晓岚			砚匣	
22	龙尾石砚	嘉庆壬戌四月★	79	晓岚	鲍勋茂赠	翁树培	歙砚	31
23	宋砚	嘉庆壬戌长至日	79	观弈道人				32
24	风字砚	（嘉庆）壬戌八月	79	晓岚				33
25	方池华月	嘉庆癸亥正月	80	晓岚		松石等	端砚	34（现藏天津博物馆）

序号	砚名	纪昀题铭时间	年龄	名号	藏砚来历	其他铭者	砚种	谱中位置
26	红丝砚	嘉庆癸亥正月★	80	晓岚			红丝砚	35
27	五蝠砚	嘉庆癸亥正月	80	晓岚			似为端砚	36
28	墨注砚	（嘉庆）癸亥正月★	80	晓岚				37
				阅微草堂，晓岚			砚匣	
29	端溪新石一字池砚	嘉庆癸亥六月望日	80	观弈道人			端砚	38
		嘉庆癸亥中秋前二日						
30	鹤山款抄手砚	嘉庆癸亥六月	80	晓岚	刘墉赠	鹤山(魏了翁)		39—40
						刘墉	砚匣	
31	汗简砚	嘉庆癸亥六月★	80	晓岚		秋吟居士（蒋诗）、纪树乔		41
32	董诰赠抄手砚	嘉庆癸亥七月	80	晓岚	董诰赠			42
33	正方砚	嘉庆癸亥七月	80	晓岚				43
34	余材紫玉砚	嘉庆癸亥十月	80	晓岚			端砚	44
35	椭圆淄水石砚	嘉庆癸亥十月★	80		河间纪氏阅微草堂		淄水石砚	45
		（砚侧铭）		晓岚				
36	端溪旧石砚	嘉庆甲子（九年，1804）正月	81	晓岚			端砚	46
37	直上青云砚	嘉庆甲子正月★	81	晓岚				47
38	卷阿砚	嘉庆甲子正月★	81	晓岚			似为端砚	48
39	青花砚	嘉庆甲子正月★	81	晓岚			端砚	49
40	荔枝砚	（嘉庆）甲子正月★	81	晓岚			似为端砚	50
41	圭砚	嘉庆甲子二月二日（圭形内铭）★	81	晓岚	刘环之赠			51
42	黄荣阁赠双砚之一	嘉庆甲子二月	81	晓岚	黄荣阁赠		似为端砚	52
43	黄荣阁赠双砚之二	（当与上砚同）	81	晓岚	黄荣阁赠		似为端砚	52
44	云龙砚	（砚底右边铭）★		晓岚			似为端砚	53
		（嘉庆）甲子二月★	81					

序号	砚名	纪昀题铭时间	年龄	名号	藏砚来历	其他铭者	砚种	谱中位置
45	随形砚	（嘉庆）甲子二月	81	晓岚				54
46	"削圆方竹"铭素砚	嘉庆甲子二月	81	晓岚				55-56
		（嘉庆）甲子三月六日					砚匣	
47	自然风字砚	嘉庆甲子三月十一日★	81	晓岚				57
48	黄崑圃旧砚	嘉庆甲子四月	81	晓岚	黄叔琳旧藏			58-59（现藏天津博物馆）
49	螭纹端砚	嘉庆甲子四月	81	晓岚	和庵赠		端砚	60（现藏上海市博物馆）
50	甘林瓦当砚	（嘉庆）甲子四月	81	观弈道人	取自刘墉			61-62
		嘉庆甲子五月十日		晓岚			砚匣	
51	水田砚	嘉庆甲子长至前四日★	81	晓岚				63
52	合浦还珠砚	嘉庆甲子六月	81	晓岚	少年时用砚,为李基塙持去,后复得			64
53	伊秉绶赠端溪老坑长方形砚	嘉庆甲子七月	81	晓岚	伊秉绶赠		端砚	65
54	长方形巨砚	嘉庆甲子八月	81	晓岚				66
55	坦腹砚	嘉庆甲子八月	81	晓岚				67-68
		（砚侧又记）		晓岚				
		★		阅微草堂			砚匣	
56	门字池砚	嘉庆甲子八月	81	晓岚				69
57	桃砚	嘉庆甲子重九★	81	晓岚				70
58	月牙池砚	嘉庆甲子九月	81	晓岚	铁保赠		淄石	71
59	长方池砚	（摹刻铁保手札代铭,时间与上同）	81		铁保赠	铁保	淄石	72
60	月到天心砚	嘉庆甲子九月望日★	81	晓岚			似为端砚	73
61	下岩石砚	嘉庆甲子九月★	81	晓岚			端砚	73
62	金水附日砚	嘉庆甲子九月★	81	晓岚			似为端砚	74

序号	砚名	纪昀题铭时间	年龄	名号	藏砚来历	其他铭者	砚种	谱中位置
63	宋眉寿砚	嘉庆甲子十月	81	晓岚	陈世倌旧藏	性存居士（家之巽）	歙砚	75-76（传张中行先生藏）
64	唐子西砚	嘉庆甲子九月	81	观弈道人	刘墉赠	日观峰老衲(刘墉)	端砚	77-78
65	石函砚（《丛考》误作二砚）	嘉庆甲子十月	81	观弈道人	戴均元赠	广玉、思补堂	端砚	79-80
		（砚底铭）		观弈道人				
66	风字砚	嘉庆甲子十月	81	晓岚	铁保赠		淄石	81
67	月堤砚	（嘉庆）甲子冬至前三日★	81	晓岚				82
68	大葫芦砚	（砚背上方铭）★					端砚	83（现藏天津博物馆）
		嘉庆乙丑（十年，1805）正月★	82	观弈道人				
69	竹节砚	（嘉庆）乙丑正月★	82	晓岚				84
70	宋荦旧藏琴砚	（砚背铭）★		晓岚	宋荦故物			85-86
71	好春轩古歙砚	（砚背铭）★		晓岚	裘日修好春轩故物		歙砚	87-88
		（砚侧铭）★						
		（砚侧铭）		阅微草堂				
72	蛋形素砚	（砚背铭）		晓岚			端砚	89
73	小斧砚	（砚背铭）★		晓岚				90
74	小葫芦砚	（砚背铭）★		晓岚				90
75	天然荷叶砚	（砚堂下方铭）★		晓岚				91
76	正方水田砚	（砚背铭）★		晓岚				92
77	长方水田砚	（砚额铭）★		晓岚				93
78	澄泥仿瓦砚	（砚额铭）★		晓岚			澄泥砚	93
79	连环砚	（砚背铭）★		晓岚				94
80	七徽琴砚	（砚背铭）★		晓岚				95
81	随形砚	（砚背铭）		观弈道人	策楞所采新坑石		端砚	96

序号	砚名	纪昀题铭时间	年龄	名号	藏砚来历	其他铭者	砚种	谱中位置
82	瀚海玛瑙朱砚	（砚匣铭）★		晓岚			玛瑙	97（现藏天津博物馆）
83	随形小砚	（砚背铭）		晓岚				98
84	石函砚			晓岚、河间纪氏阅微草堂				99-100
85	松皮砚			晓岚				101
86	椭圆素砚			槐西老屋				102
87	御赐竹节砚	（砚唇铭）★		纪昀	皇帝御赐			103
88	玉井砚	乾隆辛卯长至★	48	晓岚				104
89	黼黻砚	乾隆癸巳仲秋★	50	晓岚				105-106（纪清远藏。待考。见《丛考》）
		嘉庆乙丑二月★	82					
90	"斑斑墨绣"铭砚	乾隆庚戌五月二十二日●	67	晓岚	蒋宗海赠		镌于砚匣	107
91	羚峡石砚			晓岚			似为端砚	108
92	圭砚	（乾隆）庚戌十一月★	67	晓岚				109
93	青花砚	（乾隆）庚戌腊月●	67	晓岚			端砚	110
94	石骨坚砚	（嘉庆）丁巳（二年，1797）八月	74	晓岚				110
95	仿宋抄手砚	嘉庆戊午★	75	晓岚			端砚	111（现藏天津博物馆）
96	质薄肌坚长方砚	（砚背铭）		晓岚				112
97	蕉叶砚	（砚背铭）★		晓岚			似为端砚	113

序号	砚名	纪昀题铭时间	年龄	名号	藏砚来历	其他铭者	砚种	谱中位置
98	五铢砚	（砚面铭）						114
99	长方池砚	（砚侧铭）		晓岚				114

分析：

　　99 方砚中，有纪氏铭（记）共 124 则（含带韵及不带韵；第 85、86 号只有藏款而无其他铭字，不计入铭、记则数），其中《纪文达公遗集》文卷十三砚铭部分有录者 48 方 53 则（第 12、88 号之带韵砚铭同，只计一则）；《纪文达公遗集》诗卷有录者 6 方 6 首（题诗镌于砚台或砚匣上者方计入）。则"遗集"中合计有录 54 方 59 则，无录者为 45 方 65 则。

注：1."砚名"为笔者参考《纪文达公遗集》（嘉庆十七年纪树馨刻本）文卷十三所录砚铭题目所拟，如该集中无收录，或虽有录而用之不便区分或欠妥，则为笔者据砚铭或砚形暂且命名。
2. 砚种之判断以"遗集"为主要依据，结合最新研究成果考虑。3. 带"★"号者为"遗集"砚铭卷有录；带"●"号者为"遗集"诗卷有录、且诗文镌于砚（匣）上者。 4."谱中所处位置"指所录各砚在湖北美术出版社 2002 年 8 月出版之《阅微草堂砚谱》中所处页码。5. 据蔡鸿茹《中华古砚 100 讲》之第 41 讲云：天津博物馆藏有纪晓岚款砚多件，有的铭款有疑问，经与《阅微草堂砚谱》核对，在谱者约七八件。6.《丛考》指王敏之先生《纪晓岚遗物丛考》(下同)。

《纪文达公遗集》文卷十三所录砚铭情况一览表

序号	在砚谱中序号	砚　名	备　注
1	87	御赐浮筠砚铭	推测砚谱中 87 号御赐竹节砚即为浮筠砚。但正背面拓片未见浮筠砚铭。
2		升恒砚铭	
3	38	卷阿砚铭	
4	89	黼黻砚铭（之一）	两则砚铭同属一砚。
5		黼黻砚铭（之二）	
6		洛书砚铭	
7		泮池砚铭（之一）	
8		泮池砚铭（之二）	
9		圭砚铭（之一）	
10	41	圭砚铭（之二）	首句为"三复白圭"。
11	92	圭砚铭（之三）	首句为"圭本出棱"。
12	62	金水附日砚铭	
13	12、88	井阑砚铭（之一）	即"扪参历井砚"和"玉井砚"。二砚同铭。
14		井阑砚铭（之二）	
15	77	水田砚铭（之一）	首句为"流水周圆"。
16	76	水田砚铭（之二）	首句为"宛肖水田"。
17	51	水田砚铭（之三）	首句为"沟洫之制"。
18	44	云龙砚铭（之一）	两则砚铭同属一砚。
19		云龙砚铭（之二）	
20		未央宫瓦砚铭（之一）	
21		未央宫瓦砚铭（之二）	
22		未央宫瓦砚铭（之三）	
23		未央宫瓦砚铭（之四）	
24		甘泉宫瓦砚铭	
25	78	澄泥仿瓦砚铭	
26		圆池砚铭	
27		辋池砚铭	
28	6	宋太史砚铭	此为砚匣铭文，与第 88 号聚星砚为同一砚。
29		郑夹漈砚铭	袭曰修赠纪晓岚，纪后来转赠林乔荫。
30	5	刘文正公砚铭	
31		阿文成公瓦砚铭	
32	21	仿西汉五凤砖砚铭（之一）	即"翁方纲摹五凤二年刻石端砚"。 两则砚铭同属一砚。
33		仿西汉五凤砖砚铭（之二）	
34		风字砚铭（之一）	
35	47	风字砚铭（之二）	即"自然风字砚"。首句为"其碎也适然"。
36	70	琴砚铭（之一）	首句为"濡笔微吟"。
37	18	琴砚铭（之二）	即"空山鼓琴砚"。
38	80	琴砚铭（之三）	即"七徽琴砚"。
39	10	琴砚铭（之四）	即"无弦琴砚"。
40		天然瓶砚铭	

序号	在砚谱中序号	砚　名	备　注
41	17	挈瓶砚铭（之一）	首二句为"守口如瓶，郑公八十之所铭"。
42		挈瓶砚铭（之二）	
43	31	竹节砚铭（之一）	即"汗简砚"。
44	37	竹节砚铭（之二）	即"直上青云砚"。
45	69	竹节砚铭（之三）	首句为"其断简欤"。
46	57	桃砚铭	
47	40	荔支砚铭	
48	75	天然荷叶砚铭	
49		荷叶砚铭	
50		蕉叶砚铭（之一）	
51	97	蕉叶砚铭（之二）	首句为"蕉叶学书"。
52		白菜砚铭	
53		破叶砚铭	
54	68	壶卢砚铭（之一）	即"大葫芦砚"。首句为"因石之形"。与第56号墨注砚为同一砚。
55	74	壶卢砚铭（之二）	即"小葫芦砚"。首句为"既有壶卢"。
56	68	墨注砚铭（之一）	首句为"观弈道人"。与第54号壶卢砚为同一砚。
57	28	墨注砚铭（之二）	首句为"工于蓄墨"。
58	67	月堤砚铭	
59		留耕砚铭	
60		岭云砚铭（之一）	
61		岭云砚铭（之二）	
62	73	小斧砚铭	
63		古币砚铭	纪有《题古币砚二首》。
64	79	连环砚铭	
65		墨薮砚铭	
66	71	龙尾石砚铭（之一）	即"好春轩古歙砚"。　两则砚铭同属一砚。
67		龙尾石砚铭（之二）	
68	22	龙尾石砚铭（之三）	首句为"勿曰罗文"。
69	7	松花石砚铭	即"澄绿砚"。
70	16	天然砚铭	拓片首句为"不方不圆"，而书中作"非方非圆"。
71		淄水石砚铭（之一）	铭中有云："小冯君，赠纪子。"
72		淄水石砚铭（之二）	
73	35	淄水石砚铭（之三）	即"椭圆淄水石砚"。首句为"刻鸟雕花"。
74		龟变石砚铭	
75		松化石砚铭（之一）	
76		松化石砚铭（之二）	
77		月池砚铭	
78		水波砚铭	纪于乾隆三十九年把此砚赠弟子刘权之。（见《纪文达公遗集》刘权之序）
79		螭纹砚铭	

序号	在砚谱中序号	砚　名	备　注
80		断璧砚铭	
81	26	红丝砚铭	
82	39	青花砚铭	首句为"持较旧坑"。
83		瓜砚铭	
84		夔龙砚铭	
85		西洞石砚铭	
86	55	坦腹砚铭	
87		滕村石砚铭	
88	6	聚星砚铭	此为砚侧铭文，与第 28 号宋太史砚为同一砚。
89	60	月到天心砚铭	
90		卢绍弓虎符砚铭	铭中有云："岁昭阳（嘉庆八年），归于纪。"
91	95	仿宋砚铭	
92	61	下岩石砚铭	
93		两曜砚铭	
94		天然石子砚铭	
95		赤石砚铭	
96		天青石砚铭	
97		斗池砚铭	
98		苍璆砚铭	潘世恩《思补斋笔记》及陈康祺《郎潜纪闻初笔》卷十一皆有记，是铭乃纪昀为潘世恩歙砚所题，铭辞与此铭个别字词有异。
99	14	绿琼砚铭	
100		紫玉砚铭	孙子纪树馨藏砚。
101		绿石朱砚铭	
102	82	瀚海玛瑙朱砚铭	

分析：

1. 砚铭总数 102 则，已知有 6 方砚为一砚两铭（分别为：第 4 与第 5、第 18 与第 19、第 28 与第 88、第 32 与第 33、第 54 与第 56、第 66 与第 67）。减去后，实际题砚数为 96 方（因有部分砚台砚谱不录，无拓片作依据，未知是否仍有一砚两铭或多铭者，此处暂且假设砚谱不录者均为一砚一铭）。

2. 以上 96 方砚 102 则铭文中，《阅微草堂砚谱》有录者为 48 方 53 则（第 13 号井阑砚，同一铭在砚谱中有两方）。《阅微草堂砚谱》未录者为 49 方 49 则。

注：1.《纪文达公遗集》所录砚铭均为带韵者，不带韵之题记不录。2."在砚谱中序号"指在湖北美术出版社 2002 年 8 月出版之《阅微草堂砚谱》中之排序（见上表）。

《纪文达公遗集》(文卷十三除外)
所录题砚诗文情况一览表

序号	在砚谱中序号	诗文题目	备 注
1		书汉瓦当拓本后 二则	为伊秉绶乞去制为砚。
2	2	赐砚恭纪八首	嘉庆帝赐八棱砚。是诗无镌砚上。
3		翰林院侍宴联句赐砚恭纪二首	嘉庆帝赐砚。
4		壬午顺天乡试分校砚	纪自用砚。
5	3	辛卯六月自乌鲁木齐归,囊留一砚,题二十八字识之	是诗镌于砚背。
6		辛卯十月再入翰林,戏书所用玉井砚背	是诗书于砚背。
7		断碑砚歌为裘漫士先生作	
8		漫士先生绘断碑砚图敬题其后	
9	4	自题校勘四库全书砚	是诗镌于砚背。
10		题黄莘田砚	黄任所赠"十研轩"藏砚之一。谱中未录。
11		郑编修际唐出其曾祖赐砚见示,敬赋古诗二十六韵	郑际唐藏曾祖赐砚。
12		为伊墨卿题黄瘿瓢画册十二首（文具）	题画诗。非有实物。
13		铜雀瓦砚歌	诗中有"急呼奴子具砺石,阶前交手相磨治"句,知为纪氏藏砚（据《丛考》,砚藏河北省博物馆,为保定刘秀臣捐。待考）。
14		菱花砚	
15	5	刘文正公旧砚	是诗镌于砚匣。
16	90	蒋春农舍人寄砚,摩挲古泽,如见故人。盖自壬午江干一别,弹指二十八年矣。远想慨然,因题一绝	是诗镌于砚匣。
17		题闽中校士砚	纪自用砚。
18		吴子屿提手拓夹漈草堂砚铭字归闽,为题四十字。砚本南昌农家穿井所得,先师裘文达公以稻三斛易之。后余续修通志,公因付焉	题夹漈草堂砚拓本。
19		题古币砚二首	《纪文达公遗集》砚铭卷录古币砚铭。
20		为刘青垣侍郎题砚	刘青垣藏砚。
21	93	题青花砚	是诗镌于砚背。
22		题蝶翅砚二首	诗中有"惟应伴我弄柔翰"、"谁欤琢砚吾得之"句,知为纪藏砚。

序号	在砚谱中序号	诗 文 题 目	备 注
23	9	绛堂尝攫取石庵砚,后与余阅卷聚奎堂,有砚至佳,余亦攫取之。绛堂爱不能割,出砚来赎,戏答以诗	是诗镌于砚匣。
24		题绛堂砚	绛堂所赠砚。
25		以水蛙砚、水中丞、搔背、茶注赠朝鲜国相洪良浩,各系小诗	纪赠洪良浩砚。
26		戈仙舟太仆凿井得砚	故宫博物院藏《端石观弈道人铭砚》,覆手刻此诗。另有翁方纲、刘墉、朱珪铭。俟考。
27		题砚箧(二首)	镌斋中藏砚砚匣。
28	58、59、66	冶亭巡抚山东,寄余淄石砚,戏答以诗	是诗未镌砚上。砚为铁保所赠。

分析:

1. 诗文 28 题 40 首(则),涉砚 27 方(第 7、8 号为同一砚,第 12 号是画非砚,第 23、24 号为同一砚,第 28 号似与谱中三砚皆有联系)。27 方砚中,《阅微草堂砚谱》有录者 10 方(分别为第 2、5、9、15、16、21、23、28 号,其中 28 号对应 3 方)。10 方砚中,诗文直接镌于砚(匣)上的有 6 方(分别为第 5、9、15、16、21、23 号)。另,"砚谱"未录而"遗集"文卷十三砚铭部分有录者 2 方(第 18、19 号)。据此,"砚谱"及"遗集"文卷十三砚铭部分皆未录者有 15 方 34 首(则)。

2. 表中所涉 27 方砚中,属于为他人题诗而未经纪曾藏者 4 方(分别为第 7、8 号断碑砚、第 11 号郑际唐藏砚、第 20 号刘青垣藏砚、第 26 号戈仙舟藏砚)。

注:表中除 1 号在《纪文达公遗集》文卷十一外,其余皆在"遗集"诗卷。

纪昀藏砚、题砚补遗

序号	砚名	纪题铭文内容	出　处
1	井阑砚	惟井及泉,挹焉弗竭。惟勤以濬之,弥甘以冽。	砚谱第 12 号扪参历井砚,砚匣有纪题记:"旧有井栏研,为作此铭,后为门生辈携去……"(疑被携去者即砚谱第 88 号玉井砚)
2	墨注砚	(不详)	砚谱第 28 号墨注砚,砚匣有纪题记:"余以意造墨注,颇便挥染,为伊墨卿持去……"
3	竹节砚	介如石,直如竹,史氏笔,挠不曲。	砚谱第 31 号竹节砚,纪题:"曩在史馆,尝为竹节砚,铭曰:'……(如左)。'后为人持去……"
4	圭砚	三复白圭,防言之玷。文亦匿瑕,慎哉自检。	砚谱第 41 号圭砚,纪题:"此余旧作圭研铭,研久为门生持去……"
5	家之巽端砚	(不详)	砚谱第 63 号宋眉寿砚,纪题:"海宁陈文勤公蓄古砚二,辗转贩鬻,皆归于余。一为端石,刻'澂泉结翠'四篆字,署'性存居士家之巽题',为石庵持去……"
6	朱筼赠砚	(不详)	乾隆五十六年一月十七日,纪以朱筼赠砚请翁方纲题铭。翁方纲记:"纪晓岚宗伯以竹君学士赠研来属,为铭云:'竹君之研赠晓岚,为之铭者翁正三。'因拓其文装轴……"(《纪晓岚年谱》、《翁方纲年谱》)
7	琴砚	(不详)	《槐西杂志》(四)载:"张桂岩自扬州还,携一琴砚见赠,斑驳剥落,古色黝然。右侧近下,镌'西涯'(李东阳号)二篆字,盖怀麓堂故物也……"
8	淄石砚	(不详)	砚谱第 58 号月牙砚,纪题:"冶亭巡抚山东,为余购得研璞一、砚砖二,皆故家所蓄百年以外之物……"砚谱只有二方,尚有一方未录。
9	未央宫瓦砚	(不详)	纪《书汉瓦当拓本后》云:"同年王司寇兰泉官西安时,以未央宫瓦数片见寄,惟此一片裂为二……伊子墨卿嗜古成癖,乃从余乞去,束以铜而琢为砚,余既为之铭矣。"(《纪文达公遗集》文第十一卷)
10	第九十九砚	西洞残石,今或偶有。其出虽新,其生已久。譬温太真,居第二流之首。嘉庆壬戌八月。	陶澍《纪文达师九十九研斋第九十九研歌》。(《陶文毅公全集》卷五十六诗集)
11	下岩石砚	下岩石,惜已断,然不似博准敩之顽砚。	赵慎畛《榆巢杂识》下卷记:河间师……得一砚,背微有裂痕,铭云:"……(如左)。"
12	云凤砚	失而复得,如宝玉大弓。孰使之然?故物适逢。譬威凤之翀云,翩没影于遥空;及其归也,必仍止于梧桐。	砚铭为纪所题,但非纪藏砚。纪《姑妄听之》(一)记:"陈来章先生,余姻家也。尝得一古砚,上刻云中仪凤形。""余又为之铭曰:'……(如左)。'"

序号	砚名	纪题铭文内容	出　处
13	票本小砚	（不详）	《阅微草堂砚谱》卷首，有翁方纲《题文达公洗砚遗照》，有句云："橐笔上薇垣，蔷露犹珍筒（自注：公在内阁票本小砚，予为题曰'薇垣蔷露'）。"可知此砚为纪晓岚专门用以写章奏之一方小砚。
14-15	汉瓦双砚	（不详）	梁章钜《退庵诗存》卷八《黄霁青斋中题纪文达师九十九砚拓本》中有自注："丙辰下第，师以汉瓦双砚赠行。"卷十六《陈芝楣观察传研图》又有自注："余旧藏汉瓦当双研，为纪文达师所贻。"

分析：

1. 15 方砚中，第 1 方虽为门生持去，《阅微草堂砚谱》仍见录，则谱中未录者为 14 方。

2. 表中第 12 号为纪晓岚姻家陈来章藏砚，其余 14 方皆为纪藏或曾经纪藏。

3. "纪题铭文内容"不详者，亦姑作一砚有一铭计，则有纪题铭文 15 则，其中砚谱未录者为 14 则。

注：表中第 1-5 号砚，据《阅微草堂砚谱》录出。从纪氏题记可知，此 5 砚先后为人持去。

纪昀藏砚、题砚统计表

数据来源	砚（方）	为他人题铭，非纪昀自藏（方）	曾经纪昀所藏之砚（方）	题铭记诗文（首、则）
《阅微草堂砚谱》所录砚台	99	0	99	124
《纪文达公遗集》文卷十三所录砚铭	49（已减去砚谱有录部分）	2（为潘世恩、纪树馨各题1方，其余不详）	47	49（已减去砚谱有录部分）
《纪文达公遗集》（文卷十三除外）所录题砚诗文	15（已减去砚谱及遗集文卷十三有录部分）	4	11	34（已减去砚谱及遗集文卷十三有录部分）
纪晓岚藏砚、题砚补遗	14（已减去砚谱有录部分）	1	13	14（已减去砚谱有录部分）
合　计	177	7	170	221

注：1.《阅微草堂砚谱》第54号"长方形巨砚"有纪晓岚铭："巨砚笨重不适用，余所蓄不过十余。"分析谱中各砚，此"十余"方巨砚，应未全部收录入谱，因未知具体数量，故未统计在表内。2. 据王敏之《纪晓岚遗物丛考》载：天津博物馆藏"爨婢砚"，铭云："譬老爨婢，豁齿蓬首，然其来也已久。晓岚戏铭。"铭辞风格可信。砚为徐世章所捐。待考，亦未录入。

阮元砚事考

阮元像

主持风会奉山斗

阮元（1764—1849），字梁伯、一作良伯，改字伯元，号云台、一作芸台，又号瀛舟仙客、雷塘庵主、云翁、苍山画仙，晚号节性斋主人、擘经老人、研堂老人、怡（颐）性老人、选楼老人等。谥号"文达"。江苏扬州人，占籍仪征，故文人笔下又有"阮仪征"之谓。斋馆名称甚多，有学寿斋、小琅嬛仙馆、积古斋、小沧浪亭、白圭诗馆、八砖吟馆、谱研斋、文选楼、擘经室、雷塘庵、节性斋等。

阮伯元为乾隆、嘉庆、道光"三朝阁老，九省疆臣"，历官所至，政绩斐然，兼振兴文教、倡导学术、整理典籍、刊刻图书。六十九岁时，尝作诗云："回思数十载，浙粤到黔滇。筹海及镇夷，万绪如云烟。役志在书史，刻书卷三千。"（《擘经室续集》卷十《和香山知非篇》）

伯元博学淹通，凡经史、数学、天算、舆地、编纂、金石、音韵、训诂、校勘，无不穷极隐微，有所阐发，在清代学术史上享有极高地位，被尊为清代大儒、一代文宗。《清史稿·阮元传》称其"身历乾、嘉文物鼎盛之时，主持风会数十年，海内学者奉为山斗焉"。张文虎《呈仪征相国》四首之三云："通儒名世两兼难，钜集煌煌几续刊。手订尚将新稿易，人间久作古书看。传经四世天伦乐，历仕三朝政绩安。远溯文贞（自注：安溪相国）近文正（自注：大兴相国），他年青史庶齐观。"（《舒艺室诗存》三）

阮伯元对清代碑学发展贡献巨大，所撰《南北书派论》及《北碑南帖论》，为清代碑学正式形成之标志。故今有学者称："要研究清代书法史离不开扬州，要研究清代碑学，更离不开扬州人阮元。"（金丹《阮元书学研究》引言）

阮元像（摘自《清代学者象传》）

　　佚名绘像、王学浩补松、阮元题《雷塘庵主小象》（左图），图中阮元小像与《雷塘庵主小象》拓本（右图）同，画题下之"阮元伯元甫印"、"雷塘庵主"印亦同。二图皆藏扬州博物馆。

　　见于某拍卖会之《雷塘庵主小象》（见右页），与扬博所藏之《雷塘庵主小象》对比，题图隶书笔迹近同，但画题下印章，却为阮元弟子张鉴的"张鉴之印"、"夕庵"。另，对比王学浩补松之图与拍卖会之图，两图落款之字体、分列布局及内容亦大致同，仅有两处小异：一者王学浩为"补松"，一者王学浩为"写照"；又，王学浩名字前，一冠"畦山"，一冠"崐山"。考两图落款之"戊辰"，为嘉庆十三年，时阮元四十五岁。观王学浩补松之阮元像，与此年龄相符；而拍卖会上所见之"阮元像"，乃六七十岁之老头。

《大雅芸台——纪念阮元
诞辰250周年文物联展》展品。

　　某拍卖会上王学浩款写照之《雷塘庵主小象》（左上图），及据此图摹刻之《雷塘
庵主小象》端砚。此砚今已入藏扬州博物馆，并在2014年扬博主办之《大雅芸台——纪
念阮元诞辰250周年文物联展》上展出。

积古图

    是图出阮元家藏古器物集拓长卷。长卷高38厘米，长2640厘米，内含历代钟鼎彝器、镜、洗、砖砚及泉布等91件器物铭文，以及91方秦汉以来古印之印蜕。阮元撰《积古斋记》，翁方纲题引首，周瓒绘图，图中可见案上摆放砚台等器物。翁方纲撰《积古图记》。有伊秉绶、赵魏题跋。（摘自《铭刻撷萃——国家图书馆馆藏精品大展金石拓片图录》）

阮元

阮元之印

雷塘庵主

罗经老人

琅嬛仙馆

积古斋

文选楼

阮元签名及用章（摘自上海博物馆编《中国书画家印鉴款识》）

三朝宠遇一完人

乾隆二十九年（1764），阮伯元出生于江苏扬州。祖父阮玉堂为武进士出身，历湖南九谿营、河南卫辉营参将，诰授昭勇将军。父亲阮承信是国子生，娴于武略，通文史。伯元于二十三岁中举。乾隆五十四年（1789），二十六岁的阮伯元会试中式，殿试为二甲第三名，赐进士出身，入翰林院为庶吉士、充史馆纂修官。次年散馆，钦取一等第一名，授翰林院编修。乾隆五十六年（1791），阮伯元大考翰詹，乾隆亲擢一等第一名，升少詹事，旋奉旨南书房行走。高宗喜曰："不意朕八旬外又得一人！"

乾隆五十八年（1793）七月，阮伯元到济南，接翁方纲出任山东学政。乾隆六十年（1795）八月，奉旨调任浙江学政。嘉庆三年（1798）八月，奉旨补授兵部右侍郎，后又调补礼部右侍郎。翌年正月，兼署兵部左侍郎。三月，调补户部左侍郎，充己未科会试副总裁。七月，奉旨兼署礼部左侍郎。九月，管理国子监算学。十月，奉署浙江巡抚。

嘉庆五年（1800）正月，阮伯元奉谕实授浙江巡抚。嘉庆六年（1801），在杭州建立诂经精舍。

见于某拍卖会之朱本《阮元初仕象》。右上角有阮元题识："此余二十八岁初为詹事时小象，嘉庆丙寅在文选楼抚画因识之，阮元。""一枝轩乃詹事府旧石，王穉登所书。"嘉庆丙寅为嘉庆十一年，时阮元丁父忧在扬州家中。

嘉庆十年（1805）闰六月，父卒，伯元奏请解职，归扬州三年。服除，于嘉庆十二年（1807）十月入京，十一月奉上谕补授兵部右侍郎。十二月，迁浙江巡抚。其时，阮伯元正身在河南查办事件，而河南巡抚员缺，上谕伯元先暂署河南巡抚，待接任者到豫交代，再赴浙江巡抚之任。次年三月二十八日，伯元抵杭州，接印出任浙江巡抚。

嘉庆十四年（1809）九月，阮伯元受浙江学政刘凤诰科场舞弊案牵连，革职。上谕曰："……明系祖庇同年，阮元止知友谊，罔顾君恩，轻重倒置，不可不严行惩处，即著照部议革职。"是年冬，伯元重入翰林。

嘉庆十五年（1810）四月，奉旨补授翰林院侍讲。九月，充署日讲起居注官。十月，自愿兼国史馆总辑，辑《儒林传》。嘉庆十六年（1811）七月，奉旨补授詹事府少詹事。十二月，补授内阁学士兼礼部侍郎。蒙召见，谕云："尔于刘凤诰事不过失察，尚非有心徇隐。"嘉庆十七年（1812）五月，补授工部右侍郎，兼管钱法堂事务。八月，补授漕运总督。

嘉庆十九年（1814）八月，接印出任江西巡抚。十月，赏加太子少保衔。嘉庆二十一年（1816）八月，到任河南巡抚。十一月，迁任湖广总督。

嘉庆二十二年（1817）正月，至汉阳，到任接印。八月，奉旨调补两广总督，十月二十二日，到达广州接印。在粤期间，修《广东通志》，创学海堂。后梁启超有赞："省志中嘉道间之广西《谢志》，浙江、广东《阮志》，其价值久为学界所公认。"（梁启超《中国近三百年学术史》）又云："广东近百年的学风，由他一手开出。"（张品兴主编《梁启超全集》第4987页）

道光六年（1826）五月，奉调云贵总督，九月到任。道光十二年（1832）八月，升协办大学士，仍留云贵总督任。道光十三年（1833），道光皇帝赏七十寿辰，御书"亮功锡祜"赐之。三月，充会试副总裁。

道光十五年（1835）三月，著充体仁阁大学士，管理兵部。六月，启程入都。十月，以大学士兼署都察院左都御史。道光十六年（1836）二月，充经筵讲官。四月，充殿试读卷官。五月，命教习庶吉士。

道光十八年（1838）五月，上谕著准阮伯元以大学士致仕。八月，奏请回籍，晋加太子太保衔。十月，归扬州，回大东门福寿庭宅，谨守上谕"怡志林泉"，始署"怡志老人"。道光二十三年（1843），阮伯元八十寿辰，道光皇帝赏御书"颐性延龄"匾。道光二十六年（1846）六月，晋加太傅衔，重赴鹿鸣宴。

道光二十九年（1849）十月十三日，卒于扬州康山私宅，谥"文达"，享寿八十六岁。《御制晋加太傅衔致仕大学士阮元祭文》中，称阮伯元："极三朝之宠遇，为一代之完人。"

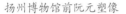

扬州博物馆前阮元塑像　　　　　　扬州阮元墓

谒阮公

　　甲午年十月，与半隐庐主人赴扬州，谒伯元墓及阮公家庙，归作古风一首：

扬州风物早入梦，
文选古楼几回登。
主人最是神交久，
只憾相去二百庚。
为官曾经历九省，
关注民事多善政。
尊才重教搜典籍，
提携后学常力捧。
论碑喜邀黄大易，
传拓爱招六舟僧。
玩砚不计端与歙，
情有独钟荐茶坑。
博识淹通穷隐微，
主持骚坛逾半生。
三朝阁老士崇敬，
一代风流阮仪征。

　　　　　　　　　　欧忠荣

扬州阮元家庙及宅第

浙江杭州阮公祠，门额挂"引领风会"匾

数度蒙恩得赐砚

乾隆五十七年正月，阮伯元侍宴重华宫联句，恭和乾隆皇帝《紫光阁》诗，获赏赐端砚一方、三清瓷碗五器（张鉴《雷塘庵主弟子记》卷一乾隆五十七年壬子二十九岁谱）。

乾隆五十八年正月茶宴，伯元又获赐乾隆帝御笔亲题杜琼《溪山雪景》（伯元称《溪山瑞雪图》）一轴及端砚、茶瓯等件（张鉴《雷塘庵主弟子记》卷一乾隆五十八年癸丑三十岁谱）。

见刊章用秀先生《拓片收藏四十题》一书，有录阮伯元铭"康宁砚"一方，砚作长方形而砚身略阔，砚池处雕水波及水牛。砚背，篆书"康宁"二大字。四侧以隶书题曰："乾隆癸丑，重华宫茶宴，以《洪范·九·五福》之'三曰康宁'联句，恩赐此研，因集楚石鼓字铭之。内廷供奉詹事、臣阮元敬识。"当即《雷塘庵主弟子记》所记载赐砚事，时阮元为詹事府詹事。

是次茶宴，纪晓岚亦有出席，《纪文达公遗集》诗卷三，有《恭和御制新正重华宫茶宴廷臣及内廷翰林，用〈洪范·九·五福〉之"三曰康宁"联句，复成二律元韵》，与阮元所题此砚正相符。此次茶宴，分别用《尚书·洪范·九·五福》之"一曰寿"、"二曰富"、"三曰康宁"、"四曰攸好德"、"五曰考终命"联句，"康宁"乃其一。

是砚之铭文，后于20世纪70年代初被康生命人磨去。据当年手拓此砚的傅大卣先生附记："回忆在1970年夏季，由文管处领导人认为是该处一名知识分

清张鉴《雷塘庵主弟子记》卷一

子传话云：曹一鸥（即康生之妻曹轶鸥）送来令将该砚铭文全部磨掉。余受令将该砚（侧面）和背面铭文去掉后，那位知识分子又说：再将砚池水和牛磨掉。余劝说：水和牛全世界各国也都有，这不能列入'四旧'应毁掉之物。这样经余没有驴列头脑的人胡说，将这方砚雕的水和牛保留下来，这张拓本成为地球上一个孤本。"（见章用秀《拓片收藏四十题》）此乃后话。

傅大卣（1917—1994），河北三河县人，十五岁到琉璃厂古光阁当学徒，并随民国间古物金石文字研究团体"冰社"成员周康元学习文物鉴别及传拓绝技，一生手拓钟鼎彝器、砚、印章、甲骨、玉、陶、铜、石器等数万件，新中国成立后曾任国家文物鉴定委员会委员等职。

除得乾隆帝赐砚外，阮伯元又尝得嘉庆帝赐砚。嘉庆十二年十月，伯元服阕入都，"又奉进恭注《御制味余书室随笔》二册及四库未收经史子集杂书六十种，蒙赐奖览，旋赐纸、墨、笔、砚、朝珠、荷包、蟒袍"（阮常生续编《雷塘庵主弟子记》卷三嘉庆十二年丁卯四十四岁谱）。

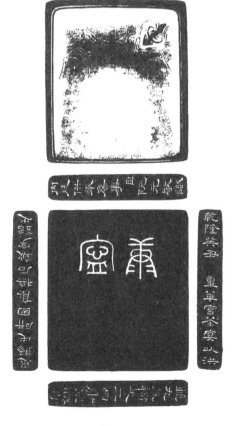

康宁砚（摘自《拓片收藏四十题》）

往来素有爱砚家

阮伯元爱砚，其有一印，文曰："扬州阮伯元氏藏书处曰琅嬛仙馆、藏金石处曰积古斋、藏研处曰谱砚斋、著书处曰揅经室。"可知伯元家中专门设有谱研斋以收藏砚台。

嘉庆八年，法式善作《阮芸台抚军》，诗云："经济文章妙兼擅，求诸古人不数见。海风万里吹楼船，破贼归来涤诗砚。"（《存素堂诗初集录存》卷十六）正是伯元之写照。

阮伯元之师、友中，不乏爱砚人士。名最著者，当推纪昀。伯元于乾隆五十二年认识纪氏。嘉庆十七年九月，伯元应纪昀之孙纪树馨所请，作《纪文达公集序》，文中云："元以科名出公门生门下，初入都，公见元所撰书，称许之。自入词馆，闻公议论益详。"纪昀一生富蓄砚，所题砚铭亦多，并有《阅微草堂砚谱》传世。

刘墉与纪昀同有砚癖，伯元与之交往亦洽。嘉庆四年，刘墉尝为伯元《谱砚图》书卷首，并有赠砚。据伯元从弟阮亨《瀛舟笔谈》卷七记："兄所藏各砚，尝属奚铁生写《谱砚图》。石庵相国为大书卷首，并赠一砚，仍作铭砚侧云：'宗伯文章，如玉如金。绘图谱砚，寄怀静愔。匪砚之宝，石友是寻。忠义研磨，二人同心。我往公来，交乃逾深。猗欤久要，学海文林。'"伯元扬州家中之"谱研斋"匾额，亦出刘墉手书。

为阮伯元写《谱砚图》之奚铁生即奚冈（1746—1803），原名钢，字铁生、纯章，号萝龛、蝶野子，别号鹤渚生、奚道士、冬花庵主等，原籍歙县（一作黟县），寓杭州西湖。性孤介，不应科举。治印与丁敬、黄易、蒋仁齐名，号西泠四大家。亦工诗善书，而以绘画名于世。著有《冬花庵烬余稿》。

阮伯元与纪昀门人伊秉绶交往甚笃。伯元丁父忧回扬州，与时任扬州知府的伊秉绶来往尤密，议辑史志、研究金石、共商地方文化发展。伊氏爱砚，嘉庆六年出任惠州知府期间，尝专程至端溪观采砚，进入老坑洞中，捡得佳石数

扬州阮伯元氏藏书处曰琅嬛仙馆、藏金石处曰积古斋、藏研处曰谱砚斋、著书处曰揅经室（摘自上海博物馆编《中国书画家印鉴款识》）

片，并把其一赠予纪昀。

阮伯元与翁方纲皆精于金石及考据之学，时交流研讨金石碑版，翁氏并曾为伯元所藏砖砚作记题诗。翁于砚学用功亦深，《复初斋文集》中，录有《宝苏室研铭记》、《宝晋斋研山考》、《跋谢文节桥亭卜卦研拓本后》、《跋南唐研》等篇，俱见功力。另《复初斋诗集》中，有涉砚诗多首。

阮伯元与张廷济交契。二人皆精鉴藏，尤有同好于古砖瓦，所蓄甚丰，伯元有"八砖吟馆"，张氏有"八砖精舍"。翁方纲《元康砖歌寄酬苣堂兼寄芸台叔未雪庐三君子》诗有云："清仪阁主张孝廉，亦有斋同八砖例。"所言即此。阮伯元《定香亭笔谈》卷二记："嘉兴张叔未廷济诗文斐然，留心金石，于海上得汉晋砖。""因以八砖颜其斋，余为书'八砖精舍'额。"道光二十三年，阔别四十余年的张廷济来

阮元为张廷济题签（摘自张廷济《清仪阁所藏古器物文》卷2）

访，阮伯元属稽枢绘两人合像，并撰《张叔未眉寿图说》贻之。张廷济喜蓄砚，所著《清仪阁所藏古器物文》中，录砚十数方。亦喜以砖瓦制砚，其《秦汉十二瓦当》诗有云："嬴颠刘蹶寻常事，输与人间作砚材。"（《桂馨堂集》）故又有"汉瓦晋砖唐碑三宝研之室"。张廷济藏砚，每砚皆有手书长跋题拓，一丝不苟。翁方纲尝为之作《张叔未断碑砚歌》（《复初斋诗集》卷六十二）。

阮伯元抚浙时，于嘉庆七年欲铸文庙鏄钟，邀程瑶田为考文庙钟磬鼓三乐器。程氏考毕，撰《乐器三事能言》记其颠末，云："杭州府学，久未修葺，兹乃帅属倡捐，重作新之，校录礼器、乐器而考定之。以瑶田曾于《考工》所记钟磬鼓三事，解说间字，辩论倨句之法，能正从来注家之误，征之来浙而下问之。""嘉庆七年七月己巳朔，十日戊寅，歙程瑶田，时年七十有八。"未几，鏄钟铸成，阮伯元又请程瑶田撰文记铸钟之缘起。程瑶田亦留心砚事，尝作歙砚专著《纪砚》。

阮伯元与江藩素有交情，其在序江氏《汉学师承记》中言："元幼与君同里同学，窃闻论说三十余年。"江藩（1761—1831），字子屏，晚字节甫、号郑堂。江苏甘泉（今扬州市）人。博综群经，尤深汉诂。为古文词，豪迈雄俊。一生未官，以监生终。著述不辍，尤精于史。著有《汉学师承记》、《扁舟载酒词》等。其《扁舟载酒词》卷末，有光绪丙戌仪征张丙炎跋，言江藩"与阮文达公同学交善"，"阮文达督漕，驻山阳，聘主丽正书院讲席，以布衣为诸生师。迨开府两粤，延先生纂辑《皇清经解》、《广东通志》、《肇庆府志》，留幕府最久。所得馆金，尽易端溪石砚以归。归装压担，暴客疑其挟巨金，尾之兼旬，易舟发簏，乃唾而去。"

江藩像。清丁以诚、费丹旭绘，南京博物馆藏

　　江藩来粤入伯元幕，在嘉庆二十三年夏天。其时，阮幕中尚有二位"知名人士"：一为吴兰修，一为谢兰生。阮伯元重修《广东通志》，江藩及谢兰生等为总纂，吴兰修等为分纂。江、吴二人皆长于端砚研究，后江氏有《端研记》问世，吴氏更著成《端溪砚史》三卷。谢氏虽无砚著，然长于刻铭及镌刻砚背图画。吴兰修

吴兰修像(摘自《清代学者象传》)

《端溪砚史》卷一附《恩平茶坑石》后，有按语云："谢里甫（兰生）太史善画，亦喜为之随石点缀，各有生趣，由是石以画传。"

一砚一诗总关情

　　阮伯元与人订交，出于友人情谊或鼓励提携士人，时以砚台相赠。嘉庆十一年春，阮伯元交王豫于扬州，读其诗为之惊异。复访王豫于翠屏洲，赞助其辑《江苏诗征》。是年六月二十日，伯元寄书王豫，商榷《淮海英灵续集》、《江苏诗征》、《皇清碑版录》诸书事，并馈赠砚墨等物品。王豫《种竹轩诗文集》卷首，录伯元所寄书信，内有云："兹送上端砚二方、古墨二盒、江郎山茶二瓶，希鉴登不备。"扶掖之意，令王氏深为感动。

　　王豫（1768—1826），字应和，号柳村。江都人（一作丹徒人，居江都）。诸生，性酷嗜诗。道光初年举孝廉方正，力辞不就。历十二年辑成《江苏诗征》。著有《种竹轩诗文集》等。

　　浙江乌程人张鉴（1768—1850），字春冶，号秋水。少时肄业诂经精舍，工诗古文，曾入阮幕，并编《雷塘庵主弟子记》。道光元年，伯元寄赠张鉴《文选楼诗存》及《桐叶吟蝉砚》。张鉴作《阮师自岭南寄到〈文选楼诗存〉及恩平坑〈桐叶吟蝉砚〉，赋谢二首》，第二首云："巧琢云根活翠鲜，先秋一叶坠书筵。传观肯羡连城璧，生计从输下濮田。茗醵笔床新位置，龟肠蝉腹久随缘。自知无复金貂梦，正要同吟落木天。"（《冬青馆甲集》卷三）

张鉴编《雷塘庵主弟子记》　　　　　张鉴《冬青馆甲集》卷三

道光十五年，时任体仁阁大学士的阮伯元以贺兰山石砚赠邓廷桢，邓时署两广总督。方东树赋诗《贺兰山石砚诗仪征相国遗尚书邓公者》记其事，有句云："相国体好奇，动辄见新格。取石供砚材，远致流沙碛。"（《仪卫轩诗集》卷三）

阮伯元亦常为友朋亲戚题砚赋诗或作砚记。

江苏泰州人朱鹤年，字野云，擅画，阮伯元甚重其画品、人品，时与之游。尝作《野云山人传》，曰："元与山人（朱鹤年）早以同乡相友善。己巳（嘉庆十四年）后数年，曾与山人遍游都下诸伽蓝，至于檀柘。"嘉庆十四年冬天，阮伯元与朱野云会于京师。朱出示《祭砚图》，伯元作《题朱野云处士鹤年祭研图》七绝二首，诗云："久与端溪订石交，岁寒为尔拜深宵。须知一片闲云意，除却苍岩不折腰。""不食官仓不种田，一家耕石祝丰年。来年再写新诗卷，更是焚香贾浪仙。"（《揅经室四集》诗卷八）朱鹤年蓄砚，名其斋曰"三砚斋"，翁方纲为之作《三砚斋记》："野云朱君蓄三古砚于楗，予为铭曰：一即三，三即一……"（《复初斋文集》卷六）又为之题匾（《复初斋诗集》卷六十《朱野云祭研图二首》有注云："属题三研斋扁"）。朱鹤年亦尝为翁氏摹砚背苏东坡像（《复初斋诗集》卷六十四《野云为摹赵子固砚背坡像》）。

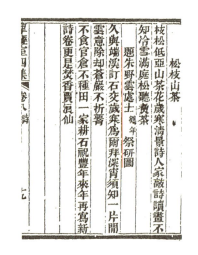

阮元《揅经室四集》诗卷八

江虞泉，阮伯元舅叔祖，藏有端溪佳石。伯元任浙江学政时，江氏子清池来浙，向伯元出示家藏佳砚，伯元为之作记。记云："余舅叔祖虞泉先生藏七砚，皆端溪佳石，奔之一室，颜曰'七研书堂'。嘉庆元年，公嗣清池先生来浙，避暑于学署之再到亭，出其砚以示余曰：'此书堂七砚之五也。鸳鸯、荷叶之二已失之矣。'余第而录之：一曰"浴日砚"，宋琢，背有鸲鹆眼，为柱二十，而一眼镂其旁为池波，肖咸池也，江冷红炳炎铭其匣。次曰"竹池砚"，如破竹为简，初就刀削，面有蠹缺，即以为池，公自铭之。三曰"蕉叶砚"，叶大满握，仿元人没骨画，略得其意而已，陈玉几撰铭其匣。四曰"蛾眉砚"，片石椭若面，额有绿纹弓弓然，月之偃、眉之修也，金寿门农铭其匣。五曰"斧砚"，无刃无銎，形若画斸，无铭。先生又出数砚示余，曰：'此余所藏，子曷为我补其数。'余遂择其正方无雕凿者名之曰"玉版砚"，为第六。择其破碎暴裂极似夏禹玉焦墨斧劈皴、刻公铭及蔡松原嘉铭者名之曰"画皴砚"，为第七。于是七砚复完。先生复曰：'余字清池，今有感于竹池之铭，杯棬之泽存焉，易字为竹池可乎？'余曰：'善。公固有池之铭矣：因其自然，归于荡平，敬尔出筑，修辞立诚。十六言皆遗教也，不可以赅七砚之义欤？'"是记载阮亨《瀛舟笔谈》卷七。伯元状七砚之特征，言简意赅，堪称写端砚之美文。

又，王廷绍字善述，号楷堂，北京大兴人，曾师事纪昀，嘉庆四年进士。王氏为俗曲专家，于乾隆六十年编订俗曲总集《霓裳续谱》。其家藏一方端溪大砚，嘉庆十六年，伯元时在京师，曾应邀至王氏斋中看砚，并作《王楷堂比部廷绍斋中七尺端溪大石砚歌》，云："王郎抑塞磊落才，扫叶延我来秋斋。篱脚黄菊立碧苔，秋阴堂下多强楷。斋中一砚真奇材，端溪七尺横安排。以几为匣糅发胎，紫云绿雨摩幽崖。平方正直谁量裁，羲之宅里一片阶。任人十手执笔来，尽可一研容其侪。锲墨无声墨顿摧，如蜡涂釜腻莫揩。曰非端州何石哉？器大反与恒情乖。楷堂宝此休轻开，神寒骨重勿受猜。急须刻字铭研隈，淄尘百斛无能埋。"（《揅经室四集》诗卷九）

阮元《揅经室四集》诗卷九

王廷绍此砚，山东栖霞人郝懿行《案砚记》中记之甚详，云："案砚，王楷堂廷绍家物也。砚长六尺有半，横尺半有一寸，厚三寸有奇。平净如几，因材为案，糅木为匣，施足为阁，浑成为砚。色类马肝，文兼鸲眼。面有云烟、蛟龙萦绕之状，光莹如玉，滑腻若脂。试以摩墨，如蜡涂釜，似印黏泥，若阴雨之辰，又如以方诸取水，真奇物也。始嘉庆庚午（嘉庆十五年），楷堂游木肆中，见于墙阴，庋坏版片，尘土蒙面，叩之有声。询之肆主人，答言自其祖时便有此石，从无人过问，亦不知石所自来。时楷堂虽购以归，委之篱落间，施楷柱为坐具。后值大雨，泥涂尽涤，光采焕然矣。"是砚"旁镌杜工部《石砚诗》四句云：'其滑乃波涛，其光或雷电。''挥洒容数人，十手可对面。'盖楷堂所为，并志得石之年月。一时题咏颇多，楷堂亦赋百韵纪之"（郝懿行《晒书堂文集》卷十）。则阮伯元题砚在王廷绍得砚之次年，诗中"任人十手执笔来"云云之句，乃据杜诗而来。

清郝懿行《晒书堂文集》卷十《案砚记》

此大砚，王廷绍后寄予其同年、安徽歙县人鲍桂星。王氏又一同年、武威人张澍《挽鲍觉生桂星宫詹同年》诗中有注言及此砚之下落，诗注云："王楷堂比部有六尺大砚寄君。许比部没后，君写券付其嗣子。"（《养素堂诗集》卷二十二）

清张澍《养素堂诗集》卷二十二

嗜古喜藏砖瓦砚

阮伯元喜藏古砖，有斋室号"八砖吟馆"。其《毗陵吕氏古砖文字拓本跋》云："曩余在浙得汉晋八砖，聚之一室为'八砖吟馆'。"阮亨《瀛舟笔谈》卷十二亦言："家兄在浙江时，曾集所藏八砖，自黄龙以至兴宁，极为修整，因于节署东偏别立'八砖吟馆'，与同人觞其中。"

伯元后将所藏汉晋古砖悉改制成砚，其《定香亭笔谈》卷四云："浙西碑石无汉晋古刻，惟砖文独多，予得西汉五凤五年砖一、东汉永康元年砖一、西晋建兴四年砖二、东晋咸和二年砖一、兴宁二年砖一，皆制为砚。又有奉华堂砚，南宋宫中物也。"

阮元《定香亭笔谈》卷四

莫轻区区五凤砖

伯元所藏古砖改制砚中，以西汉五凤五年砖砚名声最著。

嘉庆三年，伯元将所藏砖砚携至京师，翁方纲见之，专门为其中之五凤五年砖作《五凤五年砖记并诗》（见《定香亭笔谈》卷四。翁氏集则以《五凤砖记》、《五凤五年砖歌》为题，收录《复初斋文集》卷五、《复初斋诗集》卷五十二），极为推许，谓此一砖也，可以见工度，可以见史法，可以见书势，并云："莫轻区区一方璞，多少宝刻难齐肩。"

翁氏记中，还提及一方"五凤二年石"（其提督广东学政时，曾以端石摹刻此石碑文，是砚后归

阮元《定香亭笔谈》卷四

纪昀）。历史上，有一桩关于"五凤二年"碑刻是砖是石的公案，朱彝尊认为是砖，翁方纲以其为石。故翁氏《五凤五年砖记并诗》末二句云："欲为竹垞解嘲否？五凤此刻方真砖。"下注："竹垞以曲阜五凤二年石目为砖。"翁氏意：五凤二年之刻为石，五凤五年之刻才为砖。

李富孙《校经庼文稿》卷十七之《汉五凤三年砖砚拓本跋》，有述阮伯元所藏五凤砖砚之来由。跋云："右汉五凤三年砖，家作舟族祖得于海盐城外古寺颓垣中，有'五凤三年造'阳文篆一行。喜剧携归，因属友人吾君竹房斫为砚，篆文在右侧，并识有'竹房琢'三字。钱择石（载）少宗伯见之作铭辞，张君芑堂（燕昌）为镌于上下侧方。后归仪征阮云台师，以为古砖第一品。大兴翁覃溪学士赋长歌一篇……而以竹房竟为元之吾邱衍，则縡未知得砚之所自也……此砚砖，宜为云台师鉴赏而宝爱之。"

李富孙《校经庼文稿》卷十七

阮元临《五凤刻石》轴

据李氏言，是砚乃其"家作舟族祖得于海盐城外古寺颓垣中"而"属友人吾君竹房斫为砚"。翁方纲在《五凤砖记》中云："择石家澉浦，芑堂家海盐，皆吾子行居游之地，而择石、芑堂若皆不知有吾竹房者，何也？"翁氏所言之吾子行、吾竹房，即元人吾邱衍，其字子行、号竹房，翁氏把此"竹房"当作彼"竹房"，方有此疑问，故李富孙谓翁氏"而以竹房竟为元之吾邱衍，则縡未知得砚之所自也"。

不过，此砖阮伯元及翁方纲皆称"五凤五年砖"，而李富孙称之"五凤三年"。查翁氏记，云"五凤五年"之"下

'五'字视上'五'字稍长"，李氏或把下"五"字作成"三"字解读? 尝见某拍卖会有阮伯元临五凤砖轴，伯元落款中有云："余藏五凤四字砖，覃溪先生审以为五年。"看来"五年"之"五"字并不直观，故观者对同一砖有不同之解读。

李富孙（1764—1843），字既汸，一字芗沚，浙江嘉兴人。阮伯元抚浙，李富孙肄业诂经精舍。嘉庆六年拔贡生。著有《校经庼文稿》等。

又，阮伯元学生陈文述《颐道堂诗选》卷一，有《西汉五凤五年砖砚歌为云台师作，用覃溪光禄韵》，诗末有句云："此砖书势兼史法，老辈考定推翁（方纲）钱（载）。亦如阳官马印太平镜，好事往往哦长篇。竹房误认嗜古失，未必难跋曾洪肩。"亦言及误认竹房。

陈文述像
（摘自《清代学者象传》）

陈文述（1771—1843），初名文杰，字谱香，又字隽甫、云伯，后改名文述，号退庵，又号碧城外史、颐道居士等，钱塘（今浙江杭州）人。嘉庆五年举人。少以诗名，阮伯元以杭州诸生之诗，文述为第一。曾入伯元幕下。后官知县，多惠政。

犹剩青陵台一寸

阮伯元署河南巡抚时，曾得一古砖，上有古文字三，伯元经考证，知为"青陵台"三字。

陈文述《颐道堂诗选》卷九《青陵台砖砚歌》序中，述及此砚之出处："阮云台师抚豫，得古砖于卫辉之野。"有古篆三字，经考证，"则是青陵台砖也。青陵台为宋康王思舍人韩凭妻所筑，事见古乐府。《太平寰宇记》以为在河南道济州郓城县，《一统志》以为在开封府封邱县界。其为六国时砖无疑。师制为研，揭

陈文述《颐道堂诗选》卷九

本见示，因作此诗。"诗云："芙蓉匣底樱桃雨，苔花绣篆凝香乳。怨女贞魂不可磨，一片青陵台下土。""汉宫有客珍残瓦，金谷何人识故砖。玉蟾蜍水涵清泪，欲起苏卿谭轶事。乐府谁繙乌鹊歌，香魂不化鸳鸯字。彤管新编待补亡，千秋古墨自生香。西行莫更寻铜雀，漳水东流自夕阳。"

舒位《瓶水斋诗集》卷十四

　　舒位《瓶水斋诗集》卷十四，亦有《青陵台砖砚歌》，序云："砚为阮云台中丞所藏"，上有三字，"中丞以《六书正伪》考之，知为古文'青陵台'字也。"诗云："琵琶歇绝胭脂晕，犹剩青陵台一寸。鸲鹆纹斑碧血飞，鸳鸯篆小黄泥印。石不能言镜不圆，谁从香径更怀砖。昔年杨柳楼台下，今日琉璃砚匣边。磨洗烟苔扫落叶，密字相思粉蛾贴。只应泪滴玉蟾蜍，定有魂飞惊蛱蝶。东南初日照扶桑，西北浮云墨渖香。但看金谷楼头月，莫管铜台瓦上霜。"是诗作于嘉庆十五年。

舒位像
（摘自《清代学者象传》）

　　舒位（1765—1816），字立人，小字犀禅，号铁云。大兴（今属北京市）人，生于吴县（今江苏苏州）。乾隆五十三年举人，屡试进士不第，游食四方，以馆幕为生。博学，工诗，善书画。著有《瓶水斋诗集》及杂剧多种。

古砖瓦砚藏尚多

　　阮伯元所藏古砖瓦砚，尚有多种。阮亨《瀛舟笔谈》卷十二记："兄（指伯元）于嘉庆甲子（九年）得阳曲申氏所藏二十余瓦，以'千秋万岁'等九瓦入贡内府，余皆藏之祠塾，曾拓其文为谱研第二图。"

　　伯元有破琴研，传为宋复古殿瓦所琢。嘉庆四年，翁方纲作《破琴研诗四

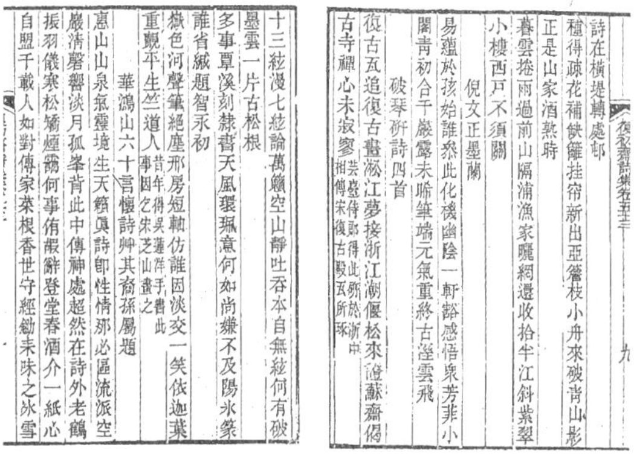

首》，诗云："复古瓦追复古画，淞江梦接浙江潮。偃松来证苏斋偈，古寺禅心未寂寥（自注：芸台侍郎得此研于浙中，相传宋复古殿瓦所琢）。"

"十三弦漫七弦论，万籁空山静吐吞。本自无弦何有破？墨云一片古松根。""多事覃溪刻隶书，天风环珮意何如。尚嫌不及阳冰篆，谁省缄题智永初？""岳色河声笔绝尘，邢房短轴仿谁因？淡交一笑依迦叶，重觌平生竺道人（自注：昔年得吴莲洋手书此事，因乞宋芝山画之）。"（《复初斋诗集》卷五十三）

伯元又曾购得黄易以武梁祠祠阙碎石所琢之

翁方纲《复初斋诗集》卷五十三

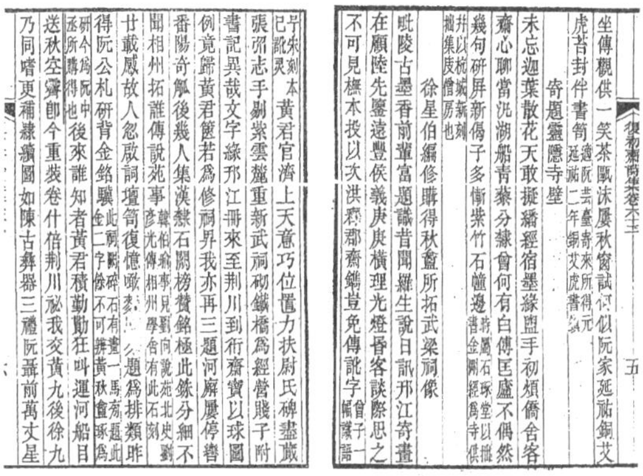

翁方纲《复初斋诗集》卷六十二

硯。嘉庆十三年翁方纲作《徐星伯编修购得秋庵所拓武梁祠像》诗中，有句云："昨得阮公札，研背金铭骥。"下有注云："此祠阙碎石有画一马，旁题'此金'二字，余不可辨，黄秋庵琢为研，今为阮中丞所购得也。"（《复初斋诗集》卷六十二）

黄秋庵即黄易，字大易，号小松、秋庵、秋影庵主等，斋堂有小松斋、秋影庵、小蓬莱阁诸名。能诗、工书、善画、精篆刻。喜集金石文字，广搜碑刻，著有《小蓬莱阁金石文字》等。黄易于乾隆五十一年访得武梁祠堂画像原石，据其《秋庵得碑十二图》之《紫云山探碑图》记："紫云山石室零落，古碑有孔，拓视乃汉敦煌长史武斑碑及武梁祠堂画像……次第搜得前后左三石室，祥瑞图、武氏石阙、孔子见老子画像诸石……"翁氏所云"祠阙碎石"之"祠阙"，当即黄易所云之"武氏石阙"。是砚为阮伯元在黄易去世后第六年所购得。

黄易《紫云山探碑图》。题识云："辛亥三月六日，访
武氏石室画像，得碑之多莫过此役，图以自喜，秋庵。"

天津博物馆藏有"清黄易摹武梁祠画像石砚"，砚面右上角有刻字云：
"汉武氏石室碎石柱，因材为研，补刻缺字。黄易。"背面摹刻两人物及一鸟
头，砚四侧皆有铭刻（见蔡鸿茹《中华古砚100讲》之第24讲）。津博所藏之黄
易砚拓片，《广仓砚录》有录。则黄易以武梁祠碎石所制之砚，原或不止一
方，津博所藏之砚，是由"武氏石室碎石柱"所制；而阮伯元所得之砚，是以
"祠阙碎石"制成。

黄易摹刻汉武梁祠石刻砚（摘自《中国历代名砚拓谱》下册）

阮伯元又尝得隋宫瓦。
嘉庆十八年，伯元作《隋宫
瓦》诗，云："隋宫黄土迷
芜城，大雷小雷春草生。玉
勾金钗掘已尽，荒原还有耕
夫耕。我过芜城见耕者，拾
得隋时故宫瓦。但有双环四
出纹，惜无文字周迴写。回
雁宫，芳林门，知是何方檐

阮元《揅经室四集》诗卷十

溜痕？流珠堂，成象殿，建瓴形势分明见。一规翠甂阅千年，只宜琢就圆池砚。麝煤响搨写隋书，护儿先录来家传。"（《揅经室四集》诗卷十）则此片隋宫瓦，伯元亦已改制成砚。

《兰千山馆名砚目录》收录一方"吴凤凰三年砖砚"，砚匣上有铭云："八砖精舍珍藏。"（隶书）"汉富贵砖世多有之，吴砖较为难得。今是砖'凤凰三年'字迹明显，知出于吴代无疑。宝而藏之，俾子孙世守勿替焉。道光八年，阮元。"（行书）镌"阮元印"。砚之一侧，有廷济款铭，云："吴孙皓以凤凰纪年，是砖必出于吴。今芸台相国罗而致之八砖精舍中，淘瑰宝也。廷济。"

是砚之疑点在：

一者，"八砖精舍"乃张廷济之斋名，阮伯元为之书额；而阮伯元藏砖之室名"八砖吟馆"。二人乃"当事人"，斋名绝不会有张冠李戴之误。此砚若为阮伯元搜罗得来后赠给张廷济，因而致（作"送给"解）张氏之八砖精舍中，尚可解释；若是伯元自己珍藏、"致（作'放置'解）之八砖精舍中"，张廷济为之题铭，则二人皆错题斋名，难以解释。考量二人题铭之用语，若赠物与人，即使自己觉得物有多珍，礼数上一般不会要求对方对获赠之物要好好"珍藏"、"宝而藏之，俾子孙世守勿替"。若用于自铭自勉或寄语后代，则为砚铭中所常见。故撇开斋名不论，两则题铭在语气上以后一种情形更为合适。唯一能说得过去的是：阮伯元得砚后，在砚匣上题了"汉富贵砖世多有之"云云之行书铭自藏，后把此砚送给了张廷济，张在砚匣阮铭右边补上了"八砖精舍珍藏"六字隶书，并在砚侧题铭。然随之问题又出现：难道伯元题砚匣时，已想好日后把此砚赠送给他人，于是在匣面右边提前预留了让他人刻字的位置？而张叔未题铭，只言"珍藏"、"瑰宝"，无一表示感激之字，合常理否？

二者，阮伯元之题铭，时在"道光八年"，张廷济之铭虽无时间款，但从张氏"今芸台相国罗而致之八砖精舍中"之"今"字，可推测：一是阮伯元"罗"砚与"致"砚之时间相距不远，二是张叔未题铭与阮伯元"罗而致之"之时间亦应相差不远，均应约在伯元题铭之道光八年或稍后。然伯元直至道光十二年八月方有协办大学士之任，在此之前皆不可称"相国"。道光八年时，伯元在云贵总督任上，其此前二十五年及此后十五年，四十余年间与张氏皆未见面（据阮伯元《张叔未眉寿图说》），伯元若真赠砚张氏，要托寄，确需费时较长，但再长也不至于要五年。

是砚存疑。

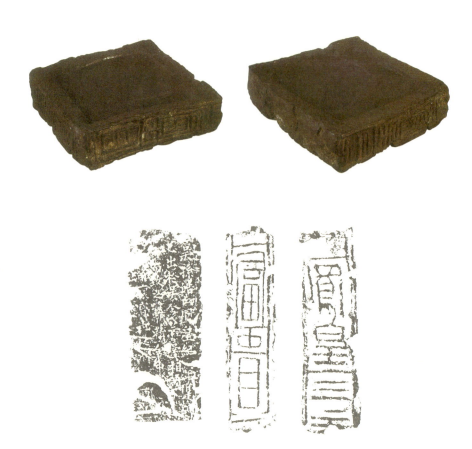

阮元、张廷济款铭吴凤凰三年砖砚及拓片、砚匣
（摘自《兰千山馆名砚目录》）

南宋宫砚遗仙馆

阮伯元《定香亭笔谈》卷四："又有'奉华堂砚'，南宋宫中物也。"

"奉华堂"乃南宋德寿宫一座配殿，为宋高宗宠妃大刘妃子所居。刘性好艺术，才色兼备，深得高宗宠爱。世传有奉华堂印，为大刘妃子所钤用。《宋史·后妃下》载："刘贤妃，临安人。入宫为红霞帔，迁才人，累迁婕妤、婉容，绍兴二十四年进贤妃。颇恃宠骄侈……淳熙十四年薨。"又，明陶宗仪《书史会要》卷六有载："刘夫人希字，号夫人，建炎间掌内翰文字及写宸翰字，高宗甚眷之。亦善画，上用'奉华堂'印记。"（《四库全书》本）清代赵棻《南宋宫闱杂咏》有诗云："论诗赞画侍宸游，艳才清绝数大刘。想见芝泥红沁纸，奉华小印最风流。"阮伯元所言之砚，即所谓大刘妃子所用者。

伯元珍藏之奉华堂砚，得观并题诗者多。《定香亭笔谈》卷四中，录有朱文藻、陈文杰（即陈文述）《琅嬛仙馆观所藏南宋奉华堂砚歌》及林述曾奉华堂砚诗。

朱文藻诗云："澄泥宋砚制作奇，其纵六寸广半之。面宽中凹受墨处，细刻云气蟠夔螭。分明左右提两耳，圆口恰作受水池。是尊是罍置弗论，侧有三字为铭词。曰奉华堂楷格整，其秀在骨腴在肌。"此描砚之情状。"考昔临安宋驻跸，夫人刘氏颜堂楣。工书善画笔娟秀，往往印记堂名垂。奉华春华或互异，图绘宝鉴讹传疑。曾闻石经代御笔，想见研腹流险巇。"此言大刘妃子。"研材贵石乃后起，从前多尚澄泥为。相州虢州与绛县，研史遗法犹可追。此研不知出何郡，但爱绿色流春漪。"此言砚之材质。"使君报国擅文采，笔花染墨敷芳蕤。

阮元《定香亭笔谈》卷四

六百余年砚得所，物以人重传自兹。"此言藏砚者阮伯元也。

朱文藻（1735—1806），字映漘，号朗斋。浙江仁和（今杭州）人。诸生。与阮氏交谊甚笃。伯元编《两浙輶轩录》，分任其役。著述宏富，有《碧溪草堂诗文集》等。

陈文述诗开首云："紫云一片浮元液，古砚摩挲珍尺璧。稜稜玉质土花斑，绍兴题款犹堪识。忆昔光尧在位年，三千宫女尽婵娟。大刘妃子尤明艳，德寿宫中第一仙。"中又云："此砚当年雕石髓，深宫长伴乌皮几。阅尽繁华七百年，一双鸲眼清如水。"篇末云："红羊小劫付沧桑，指点题铭感倍长。半壁江山留片石，至今犹说奉华堂。"

陈氏之咏奉华堂砚，还有另一"版本"，其《颐道堂诗外集》卷七录《奉华堂砚》诗，大意相同，而近半诗句有别。如开首四句云："玉蟾滴尽天水碧，琉璃宝匣螺花饰。紫云细腻仙露寒，香姜铜雀无颜色。"中又云："此砚当年雕石髓，挥毫题遍澄心纸。"后两句同。篇末云："百年小劫又红羊，金粉飞灰海月凉。半壁江山留一砚，至今犹说奉华堂。"

阮元《定香亭笔谈》卷四

林述曾诗云："大刘妃子奉华堂，宫禁留传砚一方。清泪流珠咽鸲鹆，高台残瓦忆鸳鸯。代书玉诏颁诸将，闲写兰亭侍上皇。南渡江山空半壁，墨池天水自沧桑。"

林述曾（1765—？），字季修，号小溪，阮伯元表弟。江苏甘泉人。伯元抚浙，入其幕中相助。援例选授武康县知县。著有《梅花书屋诗》。

以上朱、陈、林所咏，对此砚之材质，各有看法。朱文藻开首即云"澄泥宋砚制作奇"，指为澄泥砚。陈文述言"紫云一片浮元液"、"此砚当年雕石髓"、"一双鸲眼清如水。""半壁江山留片石"，乃端石。林述曾云"高台残瓦忆鸳鸯"，瓦耶？而阮伯元本人在《定香亭笔谈》中，在逐一数及所藏砖砚后，紧接云"又有奉华堂砚"，揣其意，似亦认为是澄泥砚或砖砚之类。

张鉴《冬青馆甲集》卷一

除朱、陈、林三人外，张鉴两次作歌吟咏此砚。其《冬青馆甲集》卷一《奉华堂研歌》云："先辈匣中一片云，云是绍兴末年宫里物。我闻光尧阁中之经且难保，汝研何由得淊被？背刻三字奉华堂，辇下传闻口先吃。得非闭关颂酒之子孙，雾鬓云鬟忆仿佛。大刘妃本临安人，德寿以此供晨昏。图成宫绣妙粉墨，比诸画院还入神。"其《冬青馆乙集》卷一《后奉华堂研歌》又云："古今研说不自同，

张鉴《冬青馆乙集》卷一

羽阳已去香姜空。澄泥之研出何处？令我一歌犹未终。忆昔天水南渡日，凤皇山下楼台出。红霞帔属大刘妃，妙选纤腰初第一。""我闻德寿日写经，一百九研同繁星。采来宁向洮河绿，琢出浑似端溪青。"

从张鉴"澄泥之研出何处"一句，可知张氏亦认为此砚是澄泥砚，与朱文藻说法相同。然朱氏云"侧有三字为铭词"，而张氏则言"背刻三字奉华堂"，二人所指"奉华堂"三字所刻位置不同，是其中一人之记忆有误，或看的只是拓本（如朱氏诗中有句云伯元"持示拓本兼索诗"）而未分清是侧是背？抑或还有其他原因？俟考。

所见《广仓研录》载一"奉华堂"砚拓，砚作长方抄手式，开瓶形池，背面刻楷书"奉华堂"三大字。砚之一侧，有隶书铭云："奉华堂，为南宋高宗刘夫人所居。夫人字希，建炎间举内翰文字，或代高宗作宸翰。此当是刘夫人之研。琅嬛仙馆审藏。"砚之另一侧，镌；"阮元之印。"

砚拓上，有《广仓研录》编者邹安题跋："南宋奉华堂澄泥研。详见《定香亭笔谈》。""甘泉林季修述曾《奉华堂砚诗》云：'（略）。'刘夫人即贵嫔，宋内府法书名画皆为其所掌。"

然则《广仓研录》所载此砚，正为阮伯元所珍藏者？上述朱、陈、林、张四人所作奉华堂砚诗，以朱氏诗对砚之情状描述最详，比对于《广仓研录》之砚拓，颇为相近。唯朱氏云"侧有三字为铭词"，而《广仓研录》所载，"奉华堂"三字却刻在砚背，并不相符。然仅凭此点，仍未能否定《广仓研录》所载之砚，盖阮伯元之身边人张鉴，亦言"奉华堂"三字刻在背面。故《广仓研录》之"奉华堂砚"与阮伯元所藏之砚是否为同一物，还待确证。

至于阮伯元所藏之奉华堂砚，是否真为大刘妃所用之"南宋宫中物"，暂无考。

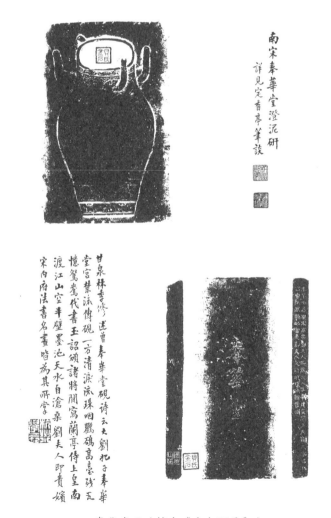

奉华堂砚（摘自《广仓研录》）

数过端州砚石峡

嘉庆二十二年十月，阮伯元到达广州接印出任两广总督。至道光六年六月迁任云贵总督，在粤前后共十年。其间，阮伯元数至肇庆，宿阅江楼。其在《重建肇庆总督行台并续题名碑记》中云，督粤以来，"元屡以简阅东西官兵，往来肇庆，止宿于阅江楼上。"

肇庆位置重要，自明嘉靖四十三年（1564）两广提督署由梧州迁往肇庆，至乾隆十一年（1746）再从肇庆迁移广州，肇庆作为华南政治、军事中心长达一百八十余年。总督署虽迁广州，因肇庆地处入桂之水路要冲，依然具有重要战略地位，故阮伯元督粤时，曾数度到肇庆检阅水陆各师。公务之余，观砚山、看砚石，留下诸多诗篇。同时，因兼治两广，任内数度从西江水路前往广西，多次从端溪砚坑旁擦身而过。

阮元就任两广总督时的官服像

肇庆羚羊峡。图右下角为端溪出口，附近分布端砚诸名坑。

嘉庆二十三年（1818）十月，阮伯元首次阅兵肇庆，作《肇庆七星岩下校武望石砚山》诗。诗云：“星岩何嵯峨，石室有仙殿。山南阅武场，阵马得平甸。岁寅节小雪（十月二十五日），温暖犹持扇。出城风满旗，入埒草鸣箭。东南斧柯山，峡对羚羊转。明霞冠翠微，流露暈光晛。石气韫生辉，文彩相与绚。俨若几案列，砚山当吾面。直使古今笔，共此一巨砚。踏天工如神，篝火巧刓劁。星晕结三岩，水肪截万片。官求戒骚劳，民取任利便。新坑多粗燥，割卖竟殊贱。吾家旧紫云，知自兹岩鑱。今日置船窗，似人返乡县。忠义老磨研，古人可想见。”（《揅经室四集》诗卷十一）

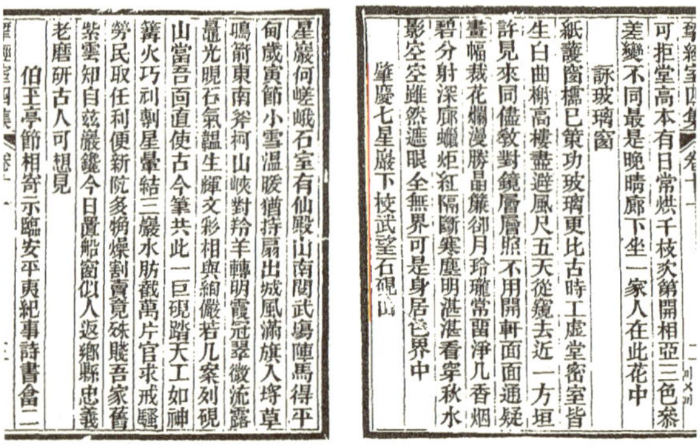
可拒堂高本有日常烘千枝次第開相亞三色叅
差變不同最是晚晴廊下坐一家人在此花中
詠玻璃窗
紙護窗櫺已策功玻璃更比古時工虛堂密室皆
生白曲榭高樓盡避風尺五天從窺去近一方垣
許見來同儘教對鏡層層照不用開軒面面通疑
畫幅裁花爛漫勝晶簾卻月玲瓏常留淨几香烟
碧分射深廊蠟炬紅隔斷寒塵明湛湛看穿秋水
影空空雖然遮眼全無界可是身居色界中
肇慶七星巖下校武望石硯山
星巖何嵯峨石室有仙殿山南閱武塲陣馬得平
甸歲寅節小雪温暖猶持扇出城風滿旗入埒草
鳴箭東南斧柯山峽對羚羊轉明霞冠翠微流露
暈光晛石氣韞生輝文彩相與絢儼若几案列硯
山當吾面直使古今筆共此一巨硯踏天工如神
篝火巧刓劁星暈結三巖水肪截萬片官求戒騷
勞民取任利便新阬多粗燥割賣竟殊賤吾家舊
紫雲知自茲巖鑱今日置船窗似人返鄉縣忠義
老磨研古人可想見
伯王亭節相寄示臨安平夷紀事詩書會二

阮元《揅经室四集》诗卷十一

同年十一月初三，再至肇庆，原拟赴广西会同钦差、侍郎熙昌查办地方大员不和案，因熙昌在湖南病故，遂折回广州，候续派大臣。十一月十五日，阮伯元再次由广州出发，经肇庆，自梧州、平乐阅兵，往广西省城。

嘉庆二十五年（1820），阮伯元二度来肇阅兵，其间作《端州北岩绿砚石歌》。序云：“绿石岩在高要七星岩北，在羚羊峡西北数十里，粤人以绿石为不锲墨，然余所凿之研殊腻而发墨。王安石诗云：‘凤池新样世争传，况以蛮溪绿石镌。’是北宋已有绿端石矣。宋人皆称‘端溪’为‘蛮溪’，故梅尧臣《端溪圆砚诗》云：‘案头蛮溪砚，其状若圆璧。’”诗云：“端溪北岩藏砚璞，苔满烟生暖如玉。何人剖玉出山来，更比端州江水绿。春波绿净唾不可，山石绿肥有云里。清风吹落笔床边，还是沉沉云一

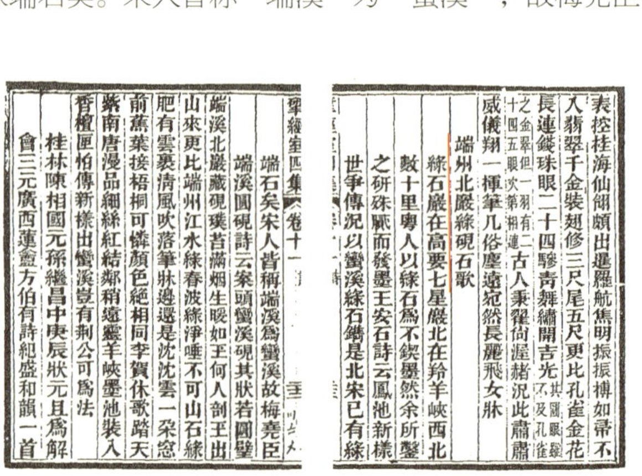
表控桂海仙翎頗出暹羅舶焦明振振搏如帚不
入翡翠千金裝翅修三尺尾五尺更比孔雀金花
長連錢珠眼二十四驂青舞繡開吉光（其圓眼雖不及孔雀之金翠但一羽有二十四五眼次第相連）古人秉翟尚渥赭況此肅肅
威儀翔一揮筆几俗塵遠宛然長麗飛女牀
端州北巖綠硯石歌
綠石巖在高要七星巖北在羚羊峽西北
數十里粵人以綠石為不鍥墨然余所鑿
之研殊膩而發墨王安石詩云鳳池新樣
世爭傳況以蠻溪綠石鐫是北宋已有綠
端石矣宋人皆稱端溪為蠻溪故梅堯臣
端溪圓硯詩云案頭蠻溪硯其狀若圓璧
端溪北巖藏硯璞苔滿烟生暖如玉何人剖玉出
山來更比端州江水綠春波綠淨唾不可山石綠
肥有雲裏清風吹落筆牀邊還是沈沈雲一朵窓
前蕉葉接梧桐可憐顏色絕相同李賀休歌踏天
紫南唐漫品細絲紅結鄰稍遠靈羊峽墨池裝入
香檀匣恰傳新樣出蠻溪豈有荊公可為法
桂林陳相國元孫繼昌中庚辰狀元且為解
會三元廣西蓮龕方伯有詩紀盛和韻一首

阮元《揅经室四集》诗卷十一

朵。窗前蕉叶接梧桐，可怜颜色绝相同。李贺休歌踏天紫，南唐漫品细丝红。结邻稍远灵（羚）羊峡，墨池装入香檀匣。怕传新样出蛮溪，岂有荆公可为法"（《揅经室四集》诗卷十一）。

道光三年（1823）四月初十日，阮伯元第三次来肇庆检阅八营官兵。是次来肇，儿子阮福随同，父子同宿阅江楼上，至十九日始回广州。其间，作诗数首，其中涉砚诗一首，题为《羚羊峡峡东即端溪研洞，今有水，不令开凿》，诗云："五羊仙人来何处？必从此峡骑羊去。万羊化石埋紫云，石角无痕著岩树。端州研匠巧如神，水洞磨刀久迷路。诗砚皆无迹可寻，非仙那得知其故。"（《揅经室续集》卷五）老坑自嘉庆六年重开后，二十三年来未有开采，阮伯元故有此说。

阮元《揅经室续集》卷五

同年九月初七日，阮伯元往广西阅兵，初九日，夜过端州，作《重九夜过端州》诗一首。在广西阅兵毕，十一月初六日，又至新兴县阅罗定协兵。途中，作《将由肇庆往雷州，至新兴河头，水最清浅》诗。

道光五年（1825）二月二十七日，阮伯元第四次阅兵肇庆，宿阅江楼，于三月初二日离肇庆赴顺德。作诗《乙酉春宿端州阅江楼四夜》，首二句云："端州四度阅兵来（阮福注：大人戊寅十月巡阅肇庆督标兵，越庚辰、癸未、乙酉，凡四阅），今日春光晴后开。"（《揅经室续集》卷六）

同年十二月，阮伯元重建肇庆总督行台，并续刻总督题名碑。"是时，修肇庆府总督行台成。旧有大青枫树一株，因名曰'大树行台'，并续刻《总督题名碑》。"（《雷塘庵主弟子记》）"道光五年，于旧基重建行台，惟立门屏两重，堂室两重，取可以校武暂住而已，无多构也。""庶几体制得宜，而往来均便。且重兵所在，当务其本也。堂前题名碑自乾隆九年后续刻，爰书列之，以续前而开后焉。"（《揅经室续集》卷二《重建肇庆总督行台并续题名碑记》）

道光六年（1826）三月，阮伯元赴广西阅兵，再经肇庆。作《过端州羚羊砚石峡》诗，诗云："千里青山百道舟，合流一峡在端州。会齐万派清泉眼，润透三岩腻石头。灵障磨开天不惜，慧根凿破尔应愁。'羚羊'有角成何迹?

莫向诗禅捉摸求。"
（《揅经室续集》卷七）

阮元《揅经室续集》卷七

同年五月，阮伯元奉调云贵总督。六月二十六日从广州启程，二十八日舟至肇庆府。因正值盛暑，担心诸孙生病，伯元自己先由广西取道湖南、贵州赴滇，而命阮福与八弟奉慈亲并生慈在大树行台避暑，小住月余，随后赴滇。

阮伯元离开广东时，行囊中有无携带端砚，不得而知。其作于离粤时之《检书》云："十载居岭南，积书数十架。兹为南诏行，安得全弃卸。戚友可以别，此事岂能罢。损之又损之，已劳四牡驾。儿曹复好事，丰碑载泰华（阮福注：余请箧双碑以行）。滇池虽控夷，内政颇清暇。正宜理陈编，青镫坐清夜。思书若无书，未免动嗟讶。彼鲜藏书家，一瓶安所借（古人向人借书，以瓶盛酒为酬）。琴鹤欲相随，莞尔可辞谢。"（《揅经室续集》卷七）诗中，未提及行装中除却书籍、双碑，还有何长物？（鉴于北宋包拯不持一砚归之故事影响深远，其后至广东为官者，离任时多回避端砚之话题。）

根据清代惯例，两广总督有重开老坑之决定权。而阮伯元虽多次往来肇庆，似乎并未专注于此，从其《羚羊峡峡东即端溪研洞，今有水，不令开凿》一诗中，难以察觉其是否动过重开之心思。道光八年，即阮伯元离粤两年之后，高要县丞陈铨重开老坑。又道光十三年，阮伯元弟子、两广总督卢坤（嘉庆四年己未科进士，伯元为该科副总裁）应民请开坑，得石佳者三百余砚，有青花、鱼脑冻、蕉叶白、天青、冰纹、火捺、马尾纹、胭脂晕、石眼诸品，史称"卢坑"。

阮元数度来肇庆时留宿之阅江楼。今为肇庆市博物馆及叶挺独立团团部旧址纪念馆。

一记茶坑天下知

阮伯元总督两广时，尝于道光初年作有砚史名篇《恩平茶坑砚石记》。茶坑虽非端石，因当时恩平县为肇庆府所辖，加之茶坑石外貌极似端石，故自其问世时起，辄被人有意无意混淆于端石，与端石颇有"牵扯"。伯元《恩平茶坑砚石记》云：

> 岭南恩平县南廿余里，溪尽处入山，又廿余里，有岩曰茶坑，产异石。嘉庆初，山民始掘之，持至端州。端州砚工见之曰："此非吾端石，何佳乃尔？"于是端州工始采为研，以冒端州石。端州老坑石几尽，坑闭不复采，今采者新坑耳。新坑有鱼脑、青花、火捺、鸲鹆眼诸色，与老坑同。恩平石无鱼脑、青花，而石中有黄龙、火捺、绿眼，又多绿胍，或纵横相交，此则端岩所少矣。端州新坑润而滑，不发墨，恩平石虽不及老坑，而发墨胜于新坑。端州之石割于洞，故石外无皮，制砚者必削其砺确，使中规矩。恩平石则天成椭扁三角等形，积万小石戴土成大岩，岿岿碎泐，不相连属，采之者如拆壁掘地而得砖。或重数十斤，或重数十两。石外有皮色裹之，或黄如霜叶，或红如榴皮、如燕支，或绿如蕉叶、如苔钱、如荇带、如蛛丝；或皴如松皮，或斑如虎皮；或青绿如古彝器。剖之，其中或有黄龙纹如气水之流，或有绿纹如绳线之结，或青绿数层相叠，种种形色，与端岩大异。而砚工必尽去其异者，以冒端岩，故二十年其名未显。余近知此石佳，惜其久冒端岩而不自立名也，爰命砚工买石留其形色而琢为砚，且记之。（《揅经室三集》卷五）

茶坑石自出嘉庆初年，二十年来其名不扬，因阮伯元一记，自此为世人所知。钱泳《履园丛话》之《艺能·琢砚》云："近日阮云台宫保在粤东，又得恩平茶坑石，甚发墨，五色俱有，较端州新坑为优，此前人所未见。"吴兰修《端溪砚史》亦有言："茶坑石不见纪载，自阮仪征师极称之，始以名著。"

阮伯元门人童槐作有《读芸台师茶坑石记感赋》，赋云："砚才百万茶坑中，造化孕异难为功。彼岨戴土分（自注：去声）埋没，谁辟厚土开鸿濛。形模绝奇颜色古，蕉黄荇绿榴皮红。虬干嶙峋髓凝珀，虎豸斑斓肌蚀铜。只惊一朝破混沌，岂知廿载潜磨砻。颠末试考节楼记，情伪漫恨端州工。举世徇名但耳食，紫云旧价文房崇。新坑虽滑好规矩，有若胡广称中庸。古来人事物理悟，羌无依托难发矇。史传往迹足涂附，治谱剿说堪雷同。几辈遭遇遂维翰，如尔识拔艰帝鸿。青花鱼脑强相冒，位置才许承明充。真龙肯幻与画似，受篆琼不惊叶公。所叹致身历岁月，如隐云雾仍朦胧。席前瑚琏愧虚器，崖下铁石坚此衷。实事求是本真在，美质待价精诚通。谁叹文章许露名许立，端复得之命世之人宗。吁嗟乎！清时国宝最须惜，寄语诸君慎持格。若道岩穴无遗材，何得此坑有佳石？"（《今白华堂诗录》卷三）

童槐《今白华堂诗录》卷三

童槐（1773—1857），字晋三，一字树眉，号萼君。浙江鄞县（今宁波）人。嘉庆十年进士。历任山东按察使、江西按察使、通政司副使。工诗，擅书。曾应阮伯元之邀掌教广东学海堂。

伯元在粤日，购茶坑石甚多，吴兰修《端溪砚史》记："其直廉于新坑，积古斋购藏数百块，就其异纹略加刻画。尝示余二砚：一背有青绿纹，刻为山水，题苏诗云：'一水护田将绿绕，两山排闼送青来'（注：此诗实出王安石《书湖阴先生壁》）。一砚心有螺纹旋至二三十重，其细如丝，浅碧色，其外纯紫色，俱异品也。又赠余一砚，背刻云林小景，石之赭、叶之黄、水之碧，皆自然本色。时谢里甫（兰生）太史善画，亦喜为之随石点缀，各有生趣，由是石以画传。近且以充贡品矣。"

关于以茶坑充贡品事，吴兰修在同一书中谓：上贡之砚，"嘉庆中用麻子坑，近（道光中）则用茶坑，购自民间，制为宫式，县官、石户均无科累矣"。

又，吴兰修对于茶坑石之评价，比阮伯元客观得多，《端溪砚史》云："大抵茶坑石质燥，扣之作金声，发墨而损毫。若择其纹之佳者镂作砚山，亦雅品也。"故道光后之"端石砚山"，尤其带石皮者，部分实为茶坑石所琢。

江西人曾燠尝得阮伯元惠赠茶坑石砚。其《赏雨茅屋诗集》卷十六有《阮芸台宫保寄赠新制"春绿砚"，以诗谢之》，序云："砚一大方，紫色，与端石相仿，而上有绿丝横拖，外有绿丝石皮包之，出于恩平茶坑。其浮津耀墨，胜于端之新坑多矣。宫保名曰'春绿砚'，集司空表胜（图）《诗品》句为铭，并刻《赏雨茅屋图》于背，持以见赠，又有文记制砚之由云。"诗云："天南海水摇空绿，片云飞到西山麓。故人贻我一函书，佐以琅环一方玉。开缄生气蒸蒸然，墨渖未干五旬蓄。文君秀色在眉黛，姑射冰肌匪膏沐。是时立春才一宿，已觉春风满茅屋。浅草菲菲庭下芳，新醅滟滟杯中渌。宵来月影写寒潭，昼有烟光映修竹。佳哉此石非端溪，水岩空闭精英衰。恩平茶坑韫奇宝，二十余载无人知

（自注：宫保《茶坑砚石记》云：嘉庆初，砚石始出，石工采之以冒端岩，故二十年其名未显。余近知此石佳，惜其久冒端岩而不自立名也）。明公精鉴扬侧陋，结绿长价今庶几。只惭余诗不入品，未足报此琼瑶贻。"砚有绿丝，砚背又以曾燠之

曾燠《赏雨茅屋诗集》卷十六

"赏雨茅屋"为图刻入，从材质以至制作，与吴兰修所见过"背有青绿纹，刻为山水"应属同一类砚。

曾燠（1759—1831），字庶蕃，一字宾谷，晚号西溪渔隐。南城（今属江西）人。乾隆四十六年进士，改庶吉士。曾任两淮盐运使，在江苏扬州城开辟"题襟馆"，同宾客赋诗同乐。著有《赏雨茅屋诗集》等。

因昔年所购茶坑石颇多，阮伯元告老回扬州后，仍有以之赠友。如道光十九年，伯元以茶坑石砚馈赠僧人达受。时为道光十九年五月十九日，阮伯元偕达受游扬州瘦西湖，归后赠砚。达受《宝素室金石书画编年录》记："既挂帆回广陵，谒阮文达公，款留旬日，以家庙齐侯罍等器出观。坐绿野小舟游平山诸胜，并出赠前督任两广时开凿茶坑石研，甚佳。随笔跋曰：'此昔时茶坑石，玩其绿纹似竹者，奉赠六舟，以供案头一研。己亥五月十九日，雨中邀六舟登绿野小舟，过双树庵看竹始返。阮元识。'"

达受（1791—1858），俗姓姚，字六舟，又字秋楫，自号万峰退叟，别号南屏退叟、小绿天庵僧，斋号宝素室、磨砖作镜室、玉佛庵、墨王楼等。浙江海宁人。精鉴别古器、碑版，阮元尝招至文选楼，称之"金石僧"。间写花卉，篆、隶、飞白、铁笔皆妙。摩拓彝器精绝，能具各器全形，时称绝技。富收藏，喜蓄砚，其砚友钱泰吉《甘泉乡人余稿》卷二《涤砚》诗末二句："僧房所留遗，何人出于淖。"注云："六舟晚岁储砚甚夥。"达受与钱氏相交甚

西汉定陶鼎全形拓手卷（局部）

达受手拓。此鼎旧为阮元藏器，后送至焦山，与无惠鼎同贮海云庵。手卷引首阮元篆书题端并跋。达受拓此图，在道光十九年夏末，时在与阮元游扬州瘦西湖并获赠茶坑石砚之次月。（浙江省博物馆藏）

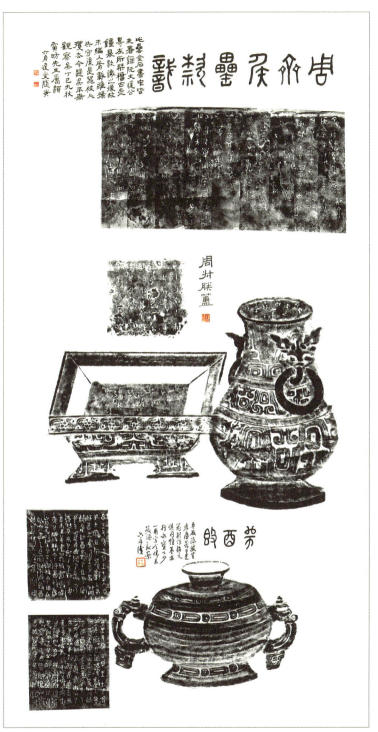

阮元藏器三种全形拓本轴
阮元旧藏西周齐侯罍、周叔朕簠、师酉簋全形及铭文集拓。
达受篆书题端并跋。（浙江省博物馆藏）

契，尝赠砚钱氏。亦擅制砚，尤喜制砖砚。其《磨砖作镜》诗序云："余性嗜金石，集所得古砖，计五百余种，择温润者制为砚材，颜其轩曰'磨砖作镜'，聊以自警云。"（《小绿天庵诗钞》）阮伯元书赠其匾额。天津博物馆藏有"六舟制吴越宝正四年砖砚"，下侧有六舟隶书铭"百八砖砚斋珍藏"，可知其尚有此一斋名。

阮伯元晚年，对茶坑石依然津津乐道。道光二十五年，钱塘人吴清鹏登门拜访阮伯元，伯元出示一方茶坑石砚，与客人详述茶坑石之来历及其品质之美。翌日，吴氏作《恩平茶坑砚石为阮相国赋》述其事，赋云："昨谒真州相国座，手携一砚出示我。乃在岭南属县之恩平，南二十里缘溪行，溪尽入山有岩曰茶坑，中产异石人未识，嘉庆之初始掘得，持示砚工惊叹绝（下所云大致同《恩平茶坑砚石记》）……于时我闻真州说，座中把石还起立，口为咨嗟手拂拭，乃知一砚之材亦为公所惜。士有抱嶔嵚磊落者，又何忧乎岩穴。"（《笏庵诗》卷十四）

吴清鹏（1786—1853后），字程九，号西谷，又号笏庵，浙江钱塘人。嘉庆二十二年探花。由翰林院编修官至顺天府丞。著有《笏庵诗》。

吴清鹏《笏庵诗》卷十四

煌煌砚史一巨砚

  阮伯元称达受为"金石僧",实其本人亦有金石癖,一生不遗余力搜访、编印金石文字,用功于金石之学。诚如郭道明先生在《乾嘉学派与阮元》中所言:"在研究方法上,阮元用吉金铭文和碑刻文字来研究历史,开创了用实物校勘古书和考证古制的新途径。"(《阮元评传》第216页)其出任山东学政期间,广交山东及寓鲁金石学家,遍访山东金石文物,并在毕沅主持下,撰成《山左金石志》二十四卷,对山东乾嘉之际金石学之兴盛贡献巨大。巡抚浙江期间,于嘉庆七年三月摹刻成《宋王复斋钟鼎款识》,隶书考释、题跋。十一月,撰集《皇清碑版录》。嘉庆九年八月,刻成《积古斋钟鼎彝器款识》。嘉庆十年正月,嘱元和何元锡修《两浙金石志》成。后就任云贵总督时,还指导儿子阮福撰成《滇南金石录》。

  嘉庆十三年,阮伯元再次出任浙江巡抚期间,购得钱东壁所藏《汉延熹西岳华山庙碑》四明本(即未剪本)拓本。次年,嘱长洲吴国宝摹刻《汉延熹西岳华山庙碑》四明本、《泰山残字石》及《天发神谶碑》,置于扬州北湖祠塾中。又以欧阳修《集古录跋》墨迹卷内《华山碑跋》一段摹刻于汉碑缺处。嘉庆十五年三月初二日,伯元在四明本《华山碑》上题跋,言及在桂芳家借钩长垣本百字补于缺处,并将是碑拓片装裱成轴,复记以长诗。是年夏,以四明本与长垣本相较;十月二十一日,又与关中本(亦称华阴本、山史本)相较。嘉庆十六年六月,撰《汉延熹西

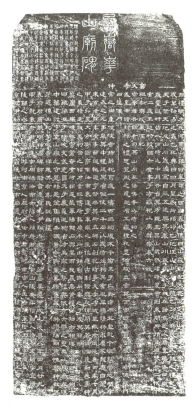

西岳华山庙碑

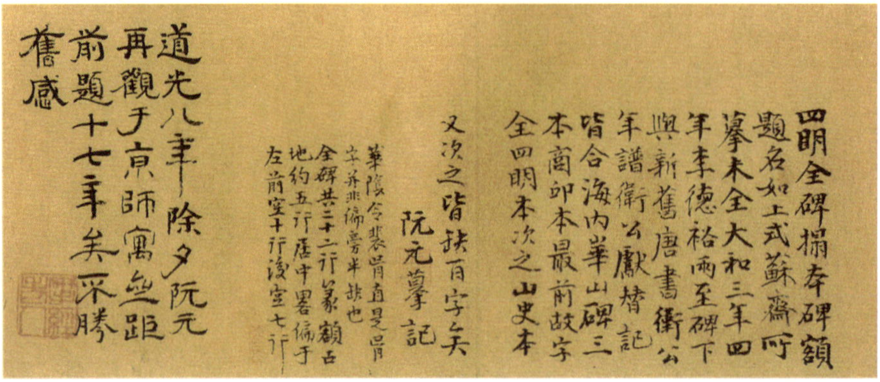

阮元为《西岳华山庙碑》（长垣本）题跋

岳华山碑考》四卷成。是年，复跋《汉延熹华岳庙碑》。嘉庆十八年，《汉延熹西岳华山碑考》四卷刊成，江藩为序。

凡对一物喜之至极者，必生创举。道光三年，阮伯元在广州购得端州巨型砚材，延工制成《西岳华山庙碑》巨砚，置扬州公道祠塾。是砚为长方形，上端两角作圆角，下端两角作方角。长95厘米、宽55.5厘米、厚4.5厘米，开正方形砚堂，气势凛然。

砚额处，以楷书分别铭录成亲王永瑆《诒晋斋诗》（即《题汉西岳华山碑》诗）和阮伯元《文选楼诗》（即《题家藏汉延熹华岳庙碑轴子》诗），后有阮福题记，云：“家大人摹《汉华山碑》缺字于端溪石版，福开石之背以为巨砚，非为砚，不知其为端溪佳石也。成亲王有《华山碑诗》，家大人亦有《华山碑诗》，福复恭录二诗刻于砚额。道光三年阮福谨记。”

巨砚背面，摹刻阮伯元藏四明本所缺而成亲王长垣本保存之字。下方偏左位置，有阮伯元《摹刻诒晋斋华山碑全字跋》，云：“嘉庆十四年，余摹刻《汉延熹华山碑》未翦本于北湖祠楼，其右方缺石一凷，全缺者七十八字，半缺者三十三字，因以家藏欧阳文忠公《华山碑跋》墨迹摹补于缺空处。俄入京师，得见成亲王所藏已翦本，虽无碑额题名，而余

俟再令家塾子弟補成之時甲申冬日
摹刻詒晉齋華山碑全字跋
嘉慶十四年余摹刻漢延熹華山碑未翦本於北湖祠樓其右方缺石一凷全缺者七十八字半缺者三十三字因以家藏歐陽文忠公華山碑跋墨蹟摹補於缺空處俄入京師得見成親王所藏已翦本雖無碑額題名而余碑缺字彼皆未缺遂借鈎入未翦本缺空處道光三年在廣州購端州巨硯材復摹刻成親王本未缺之字及後銘詞內民說二字同置祠樓若兩石並搨遂成全碑矣好古者以兩搨本翦補合裝爲一碑可留歐公書而分裝之亦可
兩浙金石志序
余在浙久遊浙之名山大川殆遍錄浙人之詩數千家成兩浙輶軒錄刻之訪兩浙帝王賢哲之陵墓加以修護成防護錄刻之以其餘力及于金石刻搜訪摹搨頗窮幽遠又勒成兩浙金石志一書爾時助余搜訪考證者則有趙晉齋魏何夢華元錫諸君子許周生兵部宗彥亦多考訂增益且錄全藁以去匆匆十餘年矣道光四年粵中有鈔本十八卷校原藁文有所刪鐘鼎錢印之不定爲浙物者亦多所刪然亦
揅經室續集 卷三 三集

阮元《揅经室续集》卷三

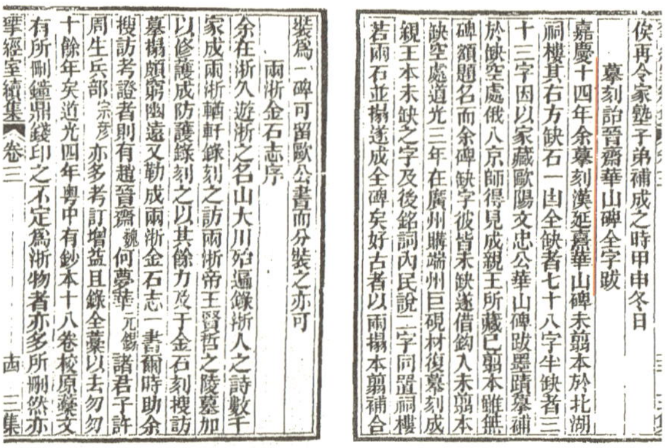

阮元摹刻"西岳华山庙碑"巨型端砚（摘自《中华古砚》）

碑缺字彼皆未缺,遂借钩入未龗本缺空处。道光三年,在广州购端州巨砚材,复摹刻成亲王本未缺之字及后铭词内'民说'二字,同置祠楼,若两石并揭,遂成全碑矣。好古者以两揭本龗补合装为一碑可,留欧公书而分装之亦可。"(《挈经室续集》卷三)

砚之右侧,有"端州七十三岁老工梁振馨刻"落款。梁振馨者,未知其为端州梁氏家族哪一支传人之先祖,然能为两广总督阮元选中担此大任者,自非等闲之辈,料当时亦颇有名声于业界,憾至今未见地方史志中有关于其本人及其作品之文献资料。又,是砚落款中所言"刻",未知是否仅是"刻字"?有无包括"刻砚"?想当年岭南,刻砚与刻碑版皆是端州艺人之胜场,然刻砚与刻字毕竟是两门手艺,刻砚者未必刻字,刻字者未必刻砚。亦有二者兼擅者,但毕竟为少数。这位刻字"老工梁振馨",不知是否也是刻砚的老砚工?

"西岳华山庙碑"为著名汉碑之一,阮伯元好友钱泳《履园丛话》之《碑帖汉西岳华山庙碑》记:"是碑旧在陕西华阴县西岳庙中,明嘉靖三十四年地震,碑毁,片石无存。"而其拓本寥寥。则是砚之史料价值可以想见。

阮伯元既痴迷金石碑刻,又喜砚台,更得身在广东为官之便,遂为砚史留下此一煌煌巨制。据今人王章涛先生所著《阮元年谱》载,20世纪30年代,阮氏后裔有欲将此砚出售者,曾于外地与人接洽,拟分割成二十块小端砚,售价四百元。幸为当时在扬州执行会计师业务之阮氏裔孙阮荫传索去珍藏,因得躲过一劫。或上苍亦有"护宝"之心,不欲其四分五裂,故设法使全其身,可谓冥冥之中,自有定数矣。

是砚今藏江苏省扬州市博物馆,并于2014年11月8日至2015年1月8日在扬博主办之《大雅芸台——纪念阮元诞辰250周年文物联展》上展出。

《大雅芸台——纪念阮元诞辰250周年文物联展》展品。实物石色偏红,有彩带,为产于肇庆北岭山之宋坑砚石。

配我端溪三尺研

阮伯元每至一地为官，必留心当地物产，选择契合意趣者，研究并推介之。总督云贵后，随着军政要务渐上正轨，伯元渐关注起云南大理石屏画，初仅偶然购藏零星稀品，如"乌云红日"之类。至道光十一年，阮伯元搜罗得一批石画，题名题诗。其《大理石仿古山水小册十六幅歌》有云："点苍石画画者谁，造物不以心为师。模山范水有古意，半出唐宋诗人诗。""集此小册十六幅，宛然手笔新淋漓。石可共语索题句，幅幅幼妇韩陵碑。""反惜古人不见此，收藏鉴赏今何迟。"伯元云："年来颇爱大理文石，众石杂陈，以能合诗画之意、有色泽者入选。"（《壬辰春，园梅盛开，有画者貌我为采芝、选石、撘柏、扶梅四图》）

阮伯元收藏之石画，除作观赏外，亦时与"砚"相联，择其合适者作砚屏之用。其《作石画记并题》云："小屏立砚北，大幅悬墙东。"《大理石五色云屏》诗云："烂然立作四尺屏，配我端溪三尺研。"石画之文房雅趣，为之陡增。又，其《题仇池穴小有天大理石屏用杜工部诗韵》有句："万古清虚境，来吾尺砚边。"《峄阳孤桐石屏》有云："今当立我书砚侧，听我万壑弹松风。"

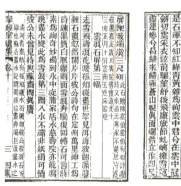

阮元《揅经室续集》卷十

以上皆见《揅经室续集》卷十，是卷所题石画屏诗中，直名之"研屏"者甚多。如，《题花鸣夕阳迟石画研屏》、《青山白雨研屏》、《蕉林天影小砚屏》、《雪林石砚屏第二再用苏黄韵》、《小方两面石砚屏》、《四更山吐月石画砚屏》、《题林屋洞天之横石研屏》、《树林石砚屏》（以上作于道光十一、十二年）。《揅经室续集》卷十一中，又有：《题双仙画石图研屏》（道光十四年）、《夏日雨晴题霞天急雨石画砚屏》（道光十七年，时已回京师）、《快雪时晴石画研屏》（同上）。

　　品题之余，更编撰《石画记》，其《石画记序》云："余到滇数年以来，所见不少，已如云烟过眼。又于到点苍时，张氏兰坡为余亲至石屋选买数十幅，间有题咏，或持赠戚友，或儿辈乞去。又兰坡诸公在省肆买石，各请品题。余择其得古人诗画之意者，不假思索，随手拈出，口授指划，各与题识，付兰坡暨侄荫曾，或镌或记，半不忆为谁之石。否则各石虽有造化之巧，若无品题，犹未凿破混沌……昔欧阳永叔（修）、梅圣俞（尧臣）、苏子美（舜钦）、苏子瞻（轼）、范纯甫（祖禹）皆有月石风林砚屏诗，吟赏不已，是其意趣远于俗情。今之石胜于宋石，更惜欧苏诸公未见耳。"落款："道光十二年，扬州阮元序于滇南节署石画轩。"（《揅经室续集》卷三、《石画记》卷首）伯元以石画为砚屏，颇有效古人之意。

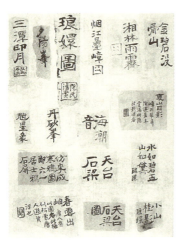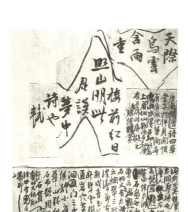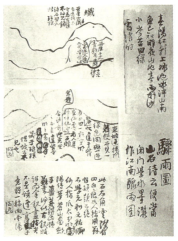

阮元题石画手稿（见《书法丛刊》2006年第1期）

挈经余暇作诗铭

公务之余，阮伯元"破贼归来涤诗砚"（法式善诗句），流连书斋，自得其乐。其《西斋铭》云："西斋老圃，似野人家。无多篱落，少著桑麻。砚惟墨守，天有绿遮。端岩列翠，让木分桠（自注：斋前有二木相让）。井泉本爽，阶水勿斜（自注：南雄有斜阶水）。榻横蒲席，窗护葛纱。鹦母啄稻，鹿女踏花。离枝摘荔，引蔓绵瓜。长匏扁豆，素馨紫茄。围樊观槿，欹廊煮茶。涤烦习静，存朴黜华。学为圃者，忘在官衙。"（《挈经室四集》卷二）

在书斋内，伯元读书挈经，著书立说，赋诗作铭。其中，不乏砚诗砚铭。《挈经室四集》卷二中，有砚铭数首，兹辑录如下：

《注曾子研铭》："中四德，通六艺。省言行，谨身世。测天员，穷礼制。圣所传，贤勿替。"按：嘉庆三年六月，阮伯元注释《曾子》十篇成，制

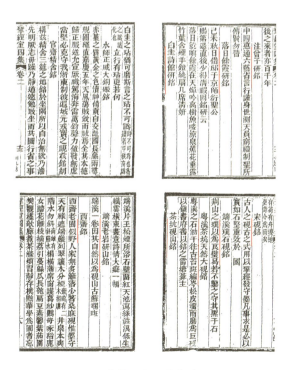

阮元《挈经室四集》卷二

此砚铭，镌于注《曾子》时所用之砚。

《落日余霞研铭》："己未（嘉庆四年）秋日，借邸于京师衍圣公赐第。退直后，少得清暇，因铭研云：'落日就暝，余霞在天。蝉吟高树，鱼喋凉泉。蕉花垂露，竹叶含烟。羊镫纨扇，几席清妍。'"

《白圭诗馆研铭》："白圭之玷犹可磨，斯言之玷不可讹，立行有玷更若何？"按：白圭诗馆，阮伯元之斋馆名。

《宋砚铭》："古人之砚古之式，用以摹经发守墨。凡事求是必以实，如石坚重效于国。"

《端溪璞石砚铭》："荆山之璞，以为良璧。曷若不凿之，守其黑于石。"

《端溪老岩研山铭》："端溪一卷，因其自然。以为砚山，古藓斓斑。"

除以上砚铭外，《揅经室四集》卷二中尚有茶坑砚铭二首，将在后文提及。

《揅经室四集》诗卷八中，有《分咏岁寒杂物二首》，其一《温研》诗云："俗尘满案拂还多，赖此温温一研磨。墨暖易干寒易冻，笔尖最好是中和。"

《揅经室续集》卷六中，有砚诗一首，题为《老蚌珠光研，研石中有石纹，圆晕数层，莫知造物之理。镌诗代铭》，诗云："千年老蚌化为石，中有珠光晕圆白。南海方诸生古魄，弄霏更向淮南夕。太极圈成点周易，研中物理烦君格。"

《揅经室再续集》卷四中，又录铭两首，分别为：

《端溪古璞石砚山刻琅嬛仙馆铭》："茂先博闻，梦游福地。元观手钞，琅嬛秘记。石门洞宫，奇书史志。嵯峨玉京，金真紫字。我名书室，窃慕其意。有犬有童，守此宝箧。问谁来游，建安从事。共读此书，铭碑以志。"

《端溪石大砚山铭》："立之为摩崖碑，卧之为巨砚池。虽非下崖西洞，乃在端崖之外、端溪之湄。黄龙走气连骨皮，锲墨如泥粗可知。濡染大笔何淋漓，我视同郁林之石而舟载之。"

阮伯元曾摹苏东坡像于砚背。嘉庆十六年秋，伯元得西瑯阿摹《坡公笠屐图》，旋择佳砚镌刻坡公笠屐像于砚背，并为之题赞、赋诗。其《研背坡公笠屐像》诗云："苏公片石携，袖中有东海。研背勒眉山，英灵动真宰。我昔到蓬莱，天东望渤澥。一笠翻海光，知有坡公在。纵横一万里，上下七百载。此意远茫茫，碧环若为解。"

阮元《揅经室再续集》卷四

又，《沈氏砚林》录"阮文达公鹅群砚"一方，长方形，背面下方刻鹅二，上方镌徐天池（渭）诗，旁有小字云："乾隆甲寅十二月，伯元属，黄易摹。"砚之一侧，有阮元题识，记此砚之来由，云："元得徐天池所藏鹅群帖，卷首画鹅，意态逼真。小松司马（黄易）见而爱之。元曰：'能摹研背，当奉赠。'越日，果持此砚来，其神采出天池上。盖天池所能，小松能之；小松之能，天池所不能耳。"落款："甲寅冬，阮元识于小沧浪。"乾隆甲寅为乾隆五十九年（1794）。

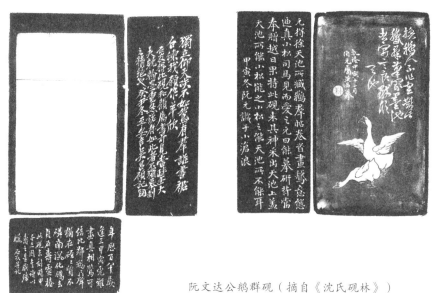

阮文达公鹅群砚（摘自《沈氏砚林》）

按：乾隆五十八年七月，阮伯元到济南接任山东学政，直至乾隆六十年八月奉调浙江。而黄易于乾隆五十四年十月出任山东兖州府运河同知，直至乾隆六十年闰二月母亲去世丁忧归里。二人在鲁期间，时有交往。乾隆五十九年十月，阮伯元路过济宁，曾在黄易斋中观赏黄所藏汉魏五碑，并逐一题识。其中在《范式碑》册后所题最详，云："乾隆五十九年秋冬十月廿六日，按试曹州，道经济宁，晚集小松司马斋中，得纵观所藏金石，并商略撰集《山左金石志》也。阮元识于范君碑后。"又，黄易所藏《熹平石经残石》册后，亦有阮伯元题识，云："乾隆五十九年十二月初七日，小松司马从任城（济宁）寄示此本，留观二日。时在曲阜试院，初九日率鲁诸生谒孔子庙，礼成后题。阮元"（以上所引皆见《蓬莱宿约——故宫藏黄易汉魏碑刻特集》）。此段题识，与黄易摹刻鹅群于砚背之"乾隆甲寅十二月"，为同年同月。则是年冬天二人之来往为：十月廿六日，阮伯元路过济宁，至黄易斋中观赏所藏金石；十二月七日，黄易从济宁寄示《熹平石经残石》册请阮伯元题识，伯元于初九日作题；同月，二人再度相聚，伯元以徐渭所藏鹅群帖与黄易摹刻之鹅砚换赠。

"司马"为明清时对府同知之雅称，黄易时在同知任上，故伯元称之为"小松司马"。砚当可信。

阮元题黄易藏《熹平石经残石》册　　　　阮元题黄易藏《范式碑》册

砚后为沈石友所得，并和韵一首，而倩吴昌硕书之。吴氏想及阮伯元以鹅群帖与黄易换鹅砚之事，感叹曰："可见当时士大夫耽翰墨、重然诺有如此者，不独摹刻之精绝也。"

罹遭火厄失书砚

　　道光二十三年三月三日，阮伯元与儿子阮福至乡下扫墓，是夜，城中失火，福寿庭毁于火灾。阮家损失颇重，除癸巳、癸卯两次御赉皆得护出外，其余书物皆烬。伯元收藏的"唐刘蜕研"，应亦毁于此次大火之中。

　　是砚拓片见刊邹安《广仓砚录》，砚作长方形。砚之左侧正中位置，镌一篆字"蜕"；右侧以楷书题云："《金石契》以为唐陈蜕研。阮元藏。"拓片之砚堂左边位置，钤长方印"积古斋"，乃伯元斋号之一。未刊背面，故未知其详。

"蜕"字款研（摘自《广仓砚录》）

　　阮元之题识"高明"，盖砚侧只镌有一"蜕"字，仅凭此难以确切断定为谁，伯元乃引用张燕昌之说法："《金石契》以为唐陈蜕研。"推测是砚背面，亦无有助确认"蜕"身份之更多信息。

　　张燕昌（1738—1814），字文鱼，号芑堂，又号金粟山人。浙江海盐人。擅书能画，精金石篆刻、勒石，亦精竹木雕刻，为浙派创始人丁敬高弟。善鉴别，曾自摹古文字为《金石契》，收录吉金贞石资料达数百种。

砚拓左侧，有邹安题拓文字，云："吴骞客（骞）《拜经楼诗话》谓沈椒园（廷芳）旧藏，后归陈仲鱼（鳣）。以唐诗人有陈蜕，戏仲鱼曰：'君家研。'仲鱼为文达（伯元谥号）弟子，此研因入文选楼，同付一炬。此六舟僧（达受）拓本，当时遗管芷湘（庭芬）乡丈者。癸丑适庐。"

查吴骞《拜经楼诗话》卷一"虹桥板"一节，有记："予尝见沈椒园廉访旧藏《唐刘蜕砚》，以虹桥板为匣。砚石紫色，长不及三寸，广寸余，厚四分，旁有'蜕'字篆书。按：唐诗人尚有陈蜕，肃、代间人，见《唐诗纪事》。此不知何以定为'刘蜕'也。砚今归陈仲鱼孝廉。"

张燕昌像
（摘自《清代学者象传》）

而无疑者各系之以五言律几君干首分类为小
十种董实非钱而以钱之礷见经传
义典蜀勿董志字偁迁险人尝为非钱诗百五
盎骨前千里目流至衣上十年塵有诗不焦所作
景御恐凤凰笑发诗极萧爽或偁和其韵
异焉天民江山寄跡原非我天地为庐亦惜详佳
穆陵关壁间有人题诗云独上吾臺耳目新惝惘何
尚有陈蜕书代间人见唐诗纪事此不知何以定
为刘蜕也砚今归陈仲鱼孝廉

九　　愚谷丛书

及三寸广寸余厚四分旁有蜕字篆书按唐诗人
访旧藏唐刘蜕砚以虹桥板为匣砚石紫色长不
武夷幽仙凡悒悒将毋同须防一夜风疾飞去
板才径尺付与幽人镇玉格延陵宝藏东海题
识卿今散落市廛中君独采取信事可追耆忏垮予尝见沈椒园廉
天遊化断虹此诗可追耆非柏非柏无人
白赏玩家多著於此咏采山舟太史诗云虹桥之
二寸厚三分色如楠木其贸坚而有文一角徵
为之题识越十年馀宽越芑堂所得板长尺馀广

所颎也
凌空飞去张芑堂
能剌尝因凤墮礌禰为樵枚所得稍不谨则
俞卿长安志跋元戎师诗语亦有此论差升巷
则季好文志园中语而升卷以凤求其安志乃无之後說
温陵黄俞卿云玟衮前說今本長安志乃無之後說
阒去長楊五百里此乃凤人長楊树莱作兩聲也
求長安志乃是星字敏求又云長楊非宮名朝元
句西凤字或改作䳭乘亦未佳楊升巷云宋敏
虹桥板出武夷山中传为仙物在高峯之巅人跡不

吴骞《拜经楼诗话》卷一

吴骞（1733—1813），字槎客，又字葵里，号兔床、兔床山人，海宁新仓人。学识渊博，能画工诗，喜藏书，积有名刻善本四万五千余卷，筑拜经楼以庋藏。常与同里陈鳣及吴县黄丕烈等往来，鉴赏析疑。著有《愚谷文存》、《拜经楼诗话》等。

又查沈廷芳《隐拙斋集》卷十七《刘蜕小砚十八韵》，有序云："砚紫色，石长二寸余，广半之，厚得广之半而杀焉。其制殊朴。仲兄得之吴市，顷访余东莱，暇日品砚出此，谓为唐时物。余视之，旁有籀书'蜕'字篆刻，古雅无匹。

因考之载籍，定为蜕砚。按《唐书》：蜕字复愚，少与孙樵齐名，曾论乡饮酒礼及论江陵耆老书，著有《文泉子》，盛称于时。懿宗朝官左拾遗，弹令狐绹之子滈纳贿，贬华阴令。是其人其文皆足重。其遗物洵足珍也。爰相与联句识之。"序之后，即为沈廷芳与沈心、吴可驯之联句。

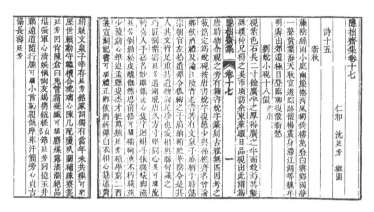

沈廷芳《隐拙斋集》卷十七

沈廷芳序中所称"仲兄"，即沈心，其初名廷机，字房仲，号松阜，一作松皋，仁和诸生，精篆刻，山水宗黄公望，尤精于诗。从沈廷芳诗序可知，砚为沈心得之吴市。吴骞云"尝见沈椒园廉访旧藏《唐刘蜕砚》"，然则沈心后已把砚赠予其弟廷芳？

张燕昌与陈鳣，皆曾得阮伯元抬爱。嘉庆元年五月，伯元在任浙江学政期间，奉诏荐举孝廉方正，浙江举者十二人，其中即有张、陈二人。

陈鳣（1753—1817），字仲鱼，号简庄，又号河庄，浙江海宁硖石人。博学好古，阮伯元尝为其《论语古训》作序，又称其为"浙西诸生经学中最深者"。陈鳣精于校勘，藏书达十万卷。常与吴骞、黄丕烈交换校勘。著有《简庄缀文》、《河庄诗钞》、《两汉金石记》等。

此砚几经辗转，归于陈鳣。陈得砚后，作《唐砚记》考证之。记云："唐华阴令长沙刘蜕砚，修四寸，广二寸，厚四分，受墨处有界画，分其三之一以为沱，沱形如花之六出。左侧刻篆文'蜕'字。底平。色正紫。盖唐之端溪石，《翰墨志》所谓端砚如一团紫玉，莹润无瑕乃佳，不必以眼为贵也。仁和沈房仲先生得之吴市，后携至莱州与其弟皖叔廉访及益都朱天门孝廉共赏，因联句十八韵，廉访手书细楷于匣上，匣以虹桥版为之。其联句并载《孤石山房集》（沈心撰）及《隐拙斋集》中，惟'朱孝廉承煦'《隐拙斋集》作'吴可驯'，今观砚匣作'朱'，则集中偶误也。先君为隐拙斋著录弟子，每言及是砚，津津不置。后归海盐鹤桥查氏，吾友张君芑堂曾摹入《金石契》，鳣辗转购得之。《唐诗纪事》有诗人陈蜕，今此砚相

陈鳣小像及阮元题像赞，见《简庄文钞》卷前

陈鳣《简庄文钞》卷五

传为刘蜕……（接下来为对刘蜕之考证，略）。鳣更铭其砚曰：'文虽瘗，砚未焚。历千载，为席珍。'"（陈鳣《简庄文钞》卷五）

此砚先由沈心得之吴市，而赠弟沈廷芳，沈廷芳与沈心、吴可驯联句识之，成《刘蜕小砚十八韵》。沈廷芳是联句之直接参与者，道理上不可能把"朱孝廉承煦"误作"吴可驯"。陈鳣《唐砚记》言"今观砚匣作'朱'"，或其砚并非沈廷芳所得者，而是一仿品？

再看诸人对砚大小之描述：沈廷芳谓"石长二寸余，广半之，厚得广之半而杀焉"，吴骞谓"长不及三寸，广寸余，厚四分"，陈鳣则谓"修四寸，广二寸，厚四分"。沈、吴二人表述之长、宽、厚皆接近；而陈氏之表述，除砚厚同外，砚长、砚宽皆明显大于沈、吴所见者。吴骞《拜经楼诗话》先言"予尝见沈椒园廉访旧藏'唐刘蜕砚'"，然后介绍此砚状况并作评论，最后才说"砚今归陈仲鱼孝廉"。揣文意，其见此砚当在砚归陈鳣之前。吴、陈虽

时有往来，但陈氏得砚后，吴氏未必及时亲眼见到，只是听说，故未知砚之真伪。则吴氏此前所见到之砚，极有可能真正是沈氏所有者；而其未有亲眼见到的陈鱣藏砚，只是一方"赝砚"，与其当初所见者并非同一物。

沈氏所得"蜕"砚之去处，已不可考；陈鱣所得之"蜕"砚，吴骞《拜经楼诗话》只云"砚今归陈仲鱼孝廉"，未有"下文"。查是书卷前，有吴氏作于嘉庆三年秋七月自序，则此砚其时似尚在陈鱣手中。实陈氏已把此砚赠予于己有恩的阮伯元。伯元《定香亭笔谈》卷三有《戊午（嘉庆三年）五月二十六日灵鹫峰销夏联句》，诗中有句云："砚怀抱刘蜕"，后有注："余藏晋咸和砖砚及唐刘蜕研。"可知嘉庆三年五月二十六日前，此砚已在伯元手上。按：阮伯元为陈鱣《论语古训》作序在嘉庆元年正月十五日（此前在京师时已见陈氏稿本），而荐举陈鱣为孝廉方正在同年五月，此二事，一为出于作润笔，一为出于感谢知遇之恩，皆有可能赠砚。只是陈鱣所赠、伯元所获之砚，并非沈氏所原有者。

又，邹安题拓云："仲鱼为文达弟子，此研因入文选楼，同付一炬。"砚"入文选楼"，应是再后来之事，盖砚归阮伯元时，阮伯元尚未建文选楼。据阮伯元《扬州隋文选楼记》，嘉庆九年，伯元才奉父命"立阮氏家庙"，庙西余地，"元因请为楼五楹，题曰'隋文选楼'"（《揅经室二集》卷二）。而邹安所云"同付一炬"，当指道光二十三年三月这场大火。幸伯元友人达受存有一拓本，"当时遗管芷湘乡丈者"，后人乃得知其大概（虽有可能是仿品之拓片）。所不知者，除此砚外，一同毁于火厄之砚台，还有几何？

最后，关于是砚之"蜕"，沈廷芳（还应包括沈心、吴可驯）认为是唐"刘蜕"；张燕昌以为是"唐陈蜕"；吴骞亦诘问"唐诗人尚有陈蜕，肃、代间人，见《唐诗纪事》。此不知何以定为'刘蜕'"？陈鱣则直接称作"唐华阴令长沙刘蜕砚"，又言"《唐诗纪事》有诗人陈蜕，今此砚相传为刘蜕"。阮伯元先引张燕昌之言题砚云"《金石契》以为唐陈蜕研"，后诗中又有注云"唐刘蜕研"，揣其意，应倾向认可砚为唐刘蜕物。不管从何人之说，从邹安《广仓砚录》所录是砚拓片之形制观之，并未到唐，应为宋以后物。诸家仅据一"蜕"字而以其为唐代之陈蜕或刘蜕，皆有失于武断。

山山水水任公裁

常见于刊载之阮伯元砚，除上面已述及者外，尚有数方，皆藏于天津博物馆中。

阮元款擘经室端砚

长37厘米、宽21.5厘米、高16.7厘米。砚体硕大，砚身保留石材原貌，周有黄皮包裹，仅开出砚堂、墨池，简朴大气。砚下侧有铭云："粤溪之石，泐于往古。苔华绣岑，松皮溜雨。磨为巨砚，以镇书府。书以铭之，雷塘荘主。"查《擘经室四集》卷二，有《粤溪茶坑天然大砚铭》，正与此铭同，只一字有别，此砚之"苔华绣岑"，《擘经室四集》中作"苔斑绣岑"（因成书在后，校订编印时，或个别字眼有改动）。铭为隶书，有行楷年款"道光元年"（《擘经室四集》卷二所录砚铭无年款，该集所录诗文，时间下限为道光二年，故是砚铭文年款符合）。砚面右上方，另有阮元款行楷铭，云："□（道）光廿年正月廿日，应茶隐，遂至□（桂）树庵访胜量和尚，看竹吃茶。□听其桂树庵弹琴。归而以□端溪璞石砚捐置竹林深处，当久远也。阮元，时年七十有七。"因上部略有损伤，有几个字已不可见。两铭题刻时间，相隔近二十年。砚体右侧，有"文治总统"徐世昌篆书"大璞不雕"云云之铭，落款云："擘经室旧砚，辛酉（1921）孟夏归水竹邨人，勒此识之。"（以上据《归云楼砚谱》及《天津博物馆藏砚》）

《擘经室四集》称为《粤溪茶坑天然大砚铭》，而此砚铭云"归而以□端溪璞石砚捐置竹林深处"，二十年前后，砚坑之称呼有异。因茶坑之特殊性，不能仅据此指其为赝。阮铭中，"茶坑"、"端溪"混题者时可见之。如《擘经室四集》中尚有《茶坑砚山铭》，铭云："端溪片玉，松烟所浴。石壁留红，天池泻绿。涩浪低生，纤云横束。画意诗情，大痴（黄公望）一幅。"题目与正文首句，亦不相符。津博所藏此天然大砚，从图片观之，更接近端石。或伯元初误以为茶坑，后明辨为端溪石。

砚面所题，切合伯元行迹。伯元有"茶隐"之好，如嘉庆二十四年正月二十日五十六岁生日时，尝谢客隐山，作《桂林隐山铭并序》，云："余生辰在

阮元款揅经室砚（摘自《天津博物馆藏砚》）

阮元款揅经室砚拓片（摘自《归云楼砚谱》）

见于某拍卖会之阮元 行书《桂林隐山铭》，落款之"丙申"为
道光十六年，而是铭作于嘉庆二十四年。此件应为后来重抄。

正月廿日。近十余年，所驻之地，每于是日效顾宁人谢客，独往山寺。""窃
以为此一日之隐也。"（《揅经室四集》卷二）道光三年生日，画《竹林茶隐
图》，并作诗，题云《道光癸未正月廿日，余六十岁生辰。时督两广，兼摄巡
抚印。抚署东园，竹树茂密，虚无人迹。避客竹中，煮茶竟日，即昔在广西作
一日隐诗意也。画〈竹林茶隐图〉小照，自题一律》，首二句云："万竿修竹
一茶炉，试写深林小隐图。"（《揅经室续集》卷五）故正月二十日，便成
"茶隐日"，是日若无紧要公务，必作"一日之隐"。又多为独游，间亦与二
三朋友一道。如道光十年六十七岁生日时，与刘廷植及王崧一同，其《正月二
十日，偕刘王二叟竹林茶隐》诗有云："三人二百五十岁，隐入竹林同所憩。
举瓯啜茗作寿朋，少破从前独游例。"（《揅经室续集》卷九）茶隐之所，因
地制宜，如七十三岁生日时，茶隐于京师城南龙树寺；七十四岁生日时，独游
万寿寺；七十九岁与八十岁生日时，于公道桥别业；八十二岁生日时，乘舟宿
长芦庵。津博所藏《阮元款揅经室端砚》所记茶隐事，当可信，砚看真。

小玲珑山馆端砚山

长41厘米、宽13厘米、高10.9厘米。砚呈圆雕立体山水形，刻有山石、树
木、亭屋、小径、人物，左边平滑处琢一池塘，可作砚堂之用。此砚巧用石材
不同色泽而为之，雕工精美，风格特异。砚底刻马曰璐、阮伯元铭文。马氏铭
云："山极其高田极腴，磨崖铭翰墨之勋，米家研山定弗如。"落款："马曰
璐铭。"阮氏铭云："端溪之石琢为山，阡阡良田在其间。笔耕墨耨期世守，
析薪负荷勿偷闲。"小字款："福儿来羊城省予，适得此研山，乃铭以口之。

小玲珑山馆端砚山拓片（摘自《中华古砚100讲》）

小玲珑山馆端砚山（摘自《中国古砚谱》）

芸台老人。"镌"伯元"小印。砚背有阮伯元收藏章"雷塘庵主",并有"胡昌龄"款题铭:"呼吸湖光饮山绿。道光元年胡昌龄清玩。"(据《中国古砚谱》及《中华古砚100讲》)

马曰璐(1695—1775,据蔡锦芳《清代扬州风雅盐商马曰璐生卒年考》),安徽祁门人。乾隆元年与其兄马曰琯并荐博学鸿词,不就,名重一时。好学工诗,喜结客。家有小玲珑山馆,富藏书。马氏兄弟侨居扬州,经营盐业,慷慨好义,人称"扬州二马"。著有《南斋集》。砚铭是否真出马氏,俟考。

砚应先为胡氏所得,再入伯元手中。阮福来羊城省亲,约在道光二年(翌年正月伯元茶隐时,福在粤)。

琅嬛仙馆端砚山

长56厘米、宽12.4厘米、厚3.8厘米。砚作长条形,两面雕山水。砚面由左向右浅凹琢随形长条状洼池,蜿蜒横贯,可作砚堂或墨池之用。池底平滑,恰如景中小湖泊,右湖面荡一小舟,舟中一渔翁垂钓,湖光山色,恬淡静谧。砚背亦雕山石树木,群峦起伏跌宕,古木郁郁葱葱,并刻铭曰:"琅嬛仙馆用端溪石片制研,仿元人清溪钓艇小景。"(据《中国古砚谱》录出,尺寸以《天津市艺术博物馆藏砚》一书为准)

琅嬛仙馆端砚山(摘自《天津博物馆藏砚》)

阮元清溪钓艇端砚（摘自《中国历代名砚拓谱》上册）

"琅嬛仙馆"为阮伯元室名。《揅经室续集》卷六有伯元作于道光四年《题小琅嬛画付福儿》诗，诗题下有阮福注："乾隆五十七年，孙渊如年伯为家大人题篆扁曰'小琅嬛仙馆'，家大人刻《诗略》时删去'小'字，今转以有'小'字之馆名并画赐福。"小琅嬛仙馆内，藏砚甚夥。童槐《今白华堂诗录》卷三《为阮赐卿（福）题小娜環（琅嬛）仙馆图》有句云："珊珊淬妃（古谓砚神，借指砚）来，款款黄奶（指书卷）就。"《今白华堂诗录补》卷七《寄怀阮赐卿小琅嬛仙馆》又有句云："长恩书卷淬妃砚，都向琅嬛奉职司。"

云林小景砚

天津博物馆藏"阮元铭云林小景端砚"，长17.3厘米、宽11.5厘米、厚2厘米。砚呈长方形，左下缺一小角。砚面平滑无雕饰。砚背利用石材天然形态及颜色，雕刻云林景色。砚一侧下方，刻"伯元精玩"四字。按：吴兰修亦尝得阮伯元赠背刻云林小景砚，茶坑石。观津博所藏此砚，黄膘甚厚，与一般端砚石皮有别，颇疑其为茶坑石。

云林小景砚（摘自《天津博物馆藏砚》）

云林小景砚局部

海源阁冰纹端砚

长18.4厘米、宽14厘米、厚2.5厘米。砚作随形，正背两面皆光素无饰，上有冰纹、金线交错。砚下侧篆书刻"海源阁珍藏"五字。背面右侧斜面有行楷题识，云："砚评争重大小西洞，然□翡翠砂钉。此则水归洞产也，蕉白处青花浮动，中有金线络绎，嫩润而不拒墨，驾乎西洞之上，信然。擎经室笔记。"印"伯元"（据《天津博物馆藏砚》）。按：海源阁为清代著名私人藏书楼之一，位于山东聊城杨氏宅院内，由杨以增始建于道光二十年。

海源阁冰纹端砚（摘自《天津博物馆藏砚》）

综观流传至今"阮元"款砚台实物，结合对阮伯元《擎经室集》所录涉砚诗、铭及吴兰修《端溪砚史》所记分析，可知"阮元砚"之大致面貌：一者，多大砚、砚山、天然砚，砚身多留石皮。二者，喜山水题材，重画意诗情，尤以在砚背就石材之颜色纹理作浅刀巧雕者为多。三者，碑、砚结合，把古碑文摹刻入砚，如"西岳华山庙碑"巨砚。四者，喜古砖瓦改制砚。若以"功用"论之，一为怡情雅物，供观赏把玩；一为金石载体，供研究保存。

既知公之砚，恍见公之面矣。

阮砚宜应细考辨

上海博物馆藏"张廷济题芸台小像澄泥砚"

砚作长方形,砚背刻一人物坐像,手抚书案,案上置一长方形砚,砚旁有五铢钱一枚。人物右上方,篆书"芸台小像"四大字,旁行书铭:"道光二十三年癸卯夏,承仪征相国阮夫子命题。张廷济。"人物左上方,有"隨(隋)

张廷济题芸台小像澄泥砚(摘自《上海博物馆藏品研究大系·中国古砚》)

文选楼"阳文大印。砚两侧有行书铭:"少筠先生藏伯元小象,拓本供在紫光阁,非执事当差者不得见。张叔未廷济所说必有据,并存此说亦可。"落款:"吴让之题。"

少筠指嵇枢(1820—1880),甘泉(今江苏扬州)人,据《扬州画苑录》卷二记:"枢字小筠,善画,工写照。凡一着笔,无不神肖……光绪六年卒,年六十一。"

吴让之即吴熙载(1799—1870),江苏仪征人,包世臣入室弟子,善书画,精篆刻。

是砚甚可疑。

阮伯元与张叔未交契,道光二十三年,两人相隔四十余年后再度相聚,伯元请嵇枢画《眉寿图》合像。阮氏《张叔未眉寿图说》记:"余与嘉兴张朿(叔)未解元廷济不见者四十余年矣。癸卯四月来选楼,相见不相识。其年七十有六,其眉特长,出寸许,世间罕见,此象真眉寿老友矣……适有画者,即嘱之画二人像。余寿而眉未长,朿未眉真长,足注《诗》《礼》。两人同坐石几,共观周齐侯罍。朿未又持一汉砖为余寿……道光二十三年四月十三日,颐性老人书于文选楼下……"(《揅经室再续集》卷三)张叔未则有《四月十五

阮元《揅经室再续集》卷三

日赋谢仪征师〈眉寿图〉并记之惠,即以留别》。是次旅扬,起因是"壬寅(道光二十二年)小除夕,仪征师书至"相邀,张叔未遂于四月二日由嘉兴雇舟出发,至四月十八日归自扬州。张并作《扬行杂诗》九首,记行踪、事迹颇详。诗中除第五首外,其余八首皆有夹注,其中第三首注:"师招扬城嵇枢炳烈画《眉寿图》,而为文以纪。"第四首注:"师为廷济书西岳华山庙原刻残拓……又为廷济书天玺纪功碑北宋拓。"第七首注:"四月十一日,书阮梅叔世叔(即阮亨)《珠湖渔隐图》后。"(《桂馨堂集·顺安诗草卷七》)是砚

张廷济《桂馨堂集·顺安诗草卷七》

张廷济铭云"道光二十三年癸卯夏，承仪征相国阮夫子命题"，与这次扬州行是在同一时候（是年夏天并无再聚）。《扬行杂诗》中，有对书拓、题画等雅事之注记，独于承命在砚背为仪征师小像题名、题识此等重要事体，身为砚痴之张氏却只字不提，甚是可疑。查《桂馨堂集》所录诗作，凡与阮伯元有相关者，张叔未多津津乐道，唯未见言及题像事。

经对照，此砚背小像之母本，应摹自嵇枢所画《眉寿图》，只是把图中石几上周齐侯罍及汉千石公侯寿贵砖变换为砚及五铢钱而已。番禺叶衍兰、叶恭绰祖孙编辑之《清代学者象传》，录阮元立像、坐像各一，其中坐像即出自《眉寿图》。同一书中之张廷济坐像，同亦摹自此图。相比之下，《清代学者

嵇枢画《眉寿图》。左为阮元，右为张廷济

阮元像（左）、张廷济像（右）。（摘自《清代学者象传》）

三老砚事考

410

象传》中所摹，颇得嵇枢原画神韵；而砚背图小像，则甚粗糙，形神俱失。

阮伯元于道光二十三年四月与张叔未重聚时，专嘱嵇枢画《眉寿图》合像。若此砚为真，则刚刚画完合像，阮氏即又命人把《眉寿图》合像中本人小像单独摹刻于砚背，而略去了张氏像，并趁张氏还在府上，请张氏为小像砚作题识。伯元如此做法，难道就不怕失礼于叔未？

又，从伯元《张叔未眉寿图说》中"适有画者，即嘱之画二人像"之语，可知画合像乃即兴事，属画者"现场写生"。时嵇枢年方廿四，看来其写照传神之本领早已名声在外。砚侧吴熙载题"少筠先生（嵇枢）藏伯元小象，拓本供在紫光阁，非执事当差者不得见。张叔未廷济所说必有据，并存此说亦可"，读之令人莫名其妙。是砚疑为好事者从《眉寿图》中摹刻阮伯元之像于砚背，并据阮、张二人之行迹，虚构而成。砚侧之吴款题识，亦疑从他处移植而来。况此砚无论从琢制、摹像、书刻乃至文字、印章之大小及布局，皆不高明，尤其是"张廷济"三字落款，几乎"砸"在伯元头上，古代文人为铭，无此等拙劣作为。

兰千山馆藏"张廷济赠阮元祝寿砚"

是砚见刊《兰千山馆名砚目录》，书中名为"张玉书铭十二章砚"，端石，长方形，砚面三边刻十二章纹，落潮处雕双凤，背雕寿星图，琢制极精细。砚右侧有张玉书（素存）隶书铭。盒盖右边刻篆书大字"黼国黻家，绥兹福禄"。旁刻行书云："道光二十三年癸卯四月十四日，恭寿仪征相国师。"落款："七十六岁弟子张廷济。"镌"张廷济印"。盒盖左边，有小字铭云："京江相国藏砚，张叔未先生得之以寿阮文达公。按是年癸卯，文达政八十岁也。此砚今归承潞，恭值宫太保相国夫子七旬览揆之辰，敬以为寿，并颂文贞（张玉书）铭词为异时八秩称觞之券云。光绪丙子冬日，门下士吴承潞谨识。"印"承潞"。

是砚盒盖张廷济款题识所言之时间，与上海博物馆藏"张廷济题芸台小像澄泥砚"之时间，为同一时候而更具体至月日。是铭之疑在于：阮伯元《张叔未眉寿图说》中云："两人同坐石几，共观周齐侯罍。未未又持一汉砖为余寿。"并未言及张廷济以砚为寿事。即使伯元未有把张廷济所赠寿礼一一列出，尚有他物，然看阮伯元作图说（言及寿礼）之时间，为"道光二十三年四月十三日"（《揅经室再续集》卷三），则此前张廷济所带来祝寿的寿礼，伯元当俱已收下。寿礼为提前准备，何故这方张氏用以"恭寿仪征相国师"的砚台，题识所言之时间，却为"道光二十三年癸卯四月十四日"？是铭存疑。

张廷济赠阮元祝寿砚（摘自《兰千山馆名砚目录》）

阮元、曾国藩题识"长方形澄泥砚"

是砚见刊台版《典藏古美术》2004年第3期。据云此砚为湖南省文物部门于20世纪50年代从曾国藩后人手中征得，砚右侧及砚额前侧分别有阮伯元、曾国藩题识。其中阮伯元隶书铭云："绛州澄泥甲天下。惟五色者，世所推重。此砚藏天籁阁中，见《庸斋笔记》。惜因缘浅薄，故未欣赏。辛未四月，舟次吴江，晤心余太守，出示属题。天壤瓌宝，不能终秘人间，愿后之君子永珍勿替。阮元识。"印："阮元"、"芸台"。

阮元、曾国藩题识"长方形澄泥砚"（摘自《典藏古美术》2004年第3期）

辛未为嘉庆十六年（1811），吴江指江苏吴江。查嘉庆十五年、十六年阮伯元行迹，罗列如下：

"京师万柳堂者，……今改拈花寺。嘉庆十五年，余与朱野云处士常游此地。"（阮元《扬州北湖万柳堂记》，见《扬州北湖续志》）

辛未正月初三日，阮元约秦瀛游万柳堂（指京师之万柳堂，下同）。（秦瀛《辛未正月三日，阮芸台中丞以书约游万柳堂，并录近诗见示，依韵酬之》，见《小岘山人诗集》卷二十一）

辛未正月十一日，阮元招集万柳堂，为秦瀛予告归田饯行。（秦瀛《立春日芸台招集万柳堂，得诗四首》，见《小岘山人诗集》卷二十一）

辛未二月十八日，阮元游万柳堂。（阮元《二月十八日，雪后独游万柳堂，题壁间元人雪景画中》，见《揅经室四集》诗卷九）

辛未三月初三日，朱鹤年邀阮元、翁方纲等集万柳堂。（阮元《上巳日万柳堂同人小集，看野云处士栽柳，和翁覃溪先生韵》，见《揅经室四集》诗卷九）

辛未三月十三日，阮元与朱鹤年游万柳堂。（阮元《寒食日偕朱野云游万柳堂，夜宿寺中，清明日，复看花柳》，见《揅经室四集》诗卷九）

"四月，（阮元）偕法时帆（式善）先生为西山之游，还过二老庄，拜朱文正公之墓（朱珪卒于嘉庆十一年，葬北京近郊）。"（张鉴等《雷塘庵主弟子记》嘉庆十六年谱。阮元亦作有《与法梧门前辈式善同游西山，先过八里庄慈寿寺》，见《揅经室四集》诗卷九）

"辛未夏，元在京师，得表叔江玉华先生书……"（阮元《连理玉树堂寿诗序》，见《揅经室三集》卷四）

辛未七月，伯元在京师移居阜成门内上冈新居。（阮元《辛未初秋移寓阜成门（自注：即平泽门）内上冈新居，有小园树石之趣，题壁四首》，见《揅经室四集》诗卷九）

"辛未、壬申间，余在京师赁屋于西城阜成门内之上冈。""辛未秋，有异蝶来园中，识者知为'太常仙蝶'。"（阮元《蝶梦园记》，见《揅经室三集》卷二）

从上述行迹可知，整个辛未年上半年，阮伯元都身在京师，四月则有北京西山之游。其时，伯元任翰林院侍讲、充署日讲起居注官，并兼国史馆总辑辑《儒林传》，至嘉庆十六年七月，补授詹事府少詹事。再查《揅经室四集》诗卷九所录之辛未年诗作，皆无提及是年有离京舟次吴江之行。可知所谓"辛未四月，舟次吴江，晤心余太守，出示属题"当为杜撰之说。是铭大有可疑。

广东省博物馆藏"阮元铭云蝠端砚"

砚作随形，端溪麻子坑石。砚额、砚唇雕云蝠纹，砚背刻隶书铭文："自有天然砚，山林景可嘉。诗题桐叶茂，笔点石阑斜。亚字非无用，端溪不必夸。鼠须滋雨露，麟角染泥沙。力定千军扫，毫成五色华。管城殊落纸，手腕自生花。屈曲云烟缀，回环翰墨加。杜公佳句在，珍重碧笼纱。"落款："嘉庆七年凉秋月，阮元。"下刻"阮元印"。嘉庆七年即1802年，时阮伯元在浙江巡抚任上。此诗《揅经室集》不见录，细揣诗意，应是一方天然山水砚之题诗，与此砚所刻之云蝠纹颇不相符。

然读是诗，其诗风及用典颇有"阮诗"风貌。如诗末"杜公佳句在，珍重碧笼纱"之"碧笼纱"一典，伯元就与之颇有"关联"，并在诗中用及。是典

阮元铭云蝠端砚（广东省博物馆藏）

出五代王定保《唐摭言》卷七《起自寒苦》，云："王播少孤贫，尝客扬州惠昭寺木兰院，随僧斋飧。诸僧厌怠，播至，已饭矣。后二纪，播自重位出镇是邦，因访旧游，向之题已皆碧纱幕其上。播继以二绝句曰：'二十年前此院游，木兰花发院新修。而今再到经行处，树老无花僧白头。''上堂已了各西东，惭愧阇黎饭后钟。二十年来尘扑面，如今始得碧纱笼。'"后多用"碧纱笼"一词喻诗以人重。阮伯元曾应木兰院僧人心平之请，为该院题"碧纱笼"匾。《揅经室三集》卷四《碧纱笼石刻跋》云："王敬公（播）之才之遇，岂阇黎所能预识，为之纱笼亦至矣，而犹以诗愧之，褊哉！""古木兰院僧心平属书'碧纱笼'扁，遂论之如此。"伯元亦尝在诗中用到此典，《揅经室四集》诗卷十之《泊瓜洲督运，自题〈江乡筹运图〉》有句云："旧游已叹华年改，故里还疑梦境同。今日伊娄河上住，幸无诗称碧纱笼。"是诗作于嘉庆十八年，时在漕运总督任上。

可见，"自有天然砚"一诗，颇有可能出自阮伯元，但所题并非此云蝠砚，或乃好事者生搬而来。是砚存疑。

后 记

  "三老"不是一个约定俗成的专有名称，因本书所写的三位清代砚史名人，都是年逾八十的老者，故姑且合称之。

  近年古砚拍卖市场兴起，古砚进入更多收藏者视野，作为清代赏砚家代表人物之一，黄任及其"十砚轩"的名字，常见诸网络、砚书及各种拍卖图录中，带有其名款的砚台，成为藏者追逐的目标。至于这些"名砚"的真赝，则少有人去深究，大家似乎已习惯于相信书上的"现成介绍"及"砖家"们的"考证"。恰这时本人写作中之《端砚史论》需补充黄任方面的内容，而自己又不愿做"抄书公"，遂把目光锁定在曾于肇庆所辖四会、高要担任过知县的黄任身上。细究之下，颇感吃惊。不论是坊间还是文史界，也不论是私人藏家还是公立博物馆，对于"黄任砚事"的认识，大多仅停留在传说的层面，这其中有太多不实的内容、虚假的"物证"。窃思之，一些漏洞百出的民间传说之所以能转化成人们信以为真的"共识"，一些根据以讹传讹的资料写成的文章之所以能贴上"研究成果"的标签发表在学术期刊，一些并不高明的赝砚之所以能堂而皇之地进入著名的博物馆或在拍卖会上拍出高价，既有那些"无识之士"懒得考究的"无心"，也不排除某些"有识之士"想要浑水摸鱼的"故意"。

  《黄任砚事考》写成后，因篇幅太长，放在《端砚史论》之《文化篇》中已不合适，而独立出来后，却又显单薄，于是便接着写了阮元。选择写阮元，最初的动机还有"地方情结"。盖阮氏曾任两广总督，其间数度来肇庆，留宿于现在的肇庆博物馆及端砚陈列馆——阅江楼，是个与肇庆颇有关联的"大人物"。后来随着写作的深入，才发现写阮元实在是一个"有趣"的选择。黄任与阮元，本无关联，但在某些方面却颇有些可资比较之处，如二人皆身历三朝（黄为康雍乾三朝，阮为乾嘉道三朝），皆得享大年，活到八十六岁，皆得重赴鹿鸣宴，皆喜砚，皆在砚史上留下了不可磨灭的痕迹。但二人之际遇，却又有天壤之别。黄任"仕运"不济，命途多舛，屡受挫折。其中年罢官，晚年困顿，靠朋友接济和参与编撰地方史志获得微薄收入以维持生活。而阮元宦途通达，天子恩宠，位高权重，兼得士人尊崇，"主持风会数十年，海内学者奉为山斗焉"（《清史稿·阮元传》）。较其人生，一者是"穷则独善其身"，一者是"达则兼济天下"，既可比，又不可比。

本书最后写的是纪昀。有了前面两篇，接着写纪昀就是十分自然的事情了。首先是纪氏也玩砚，而且玩得颇有名堂。其次是纪昀和阮元有着许多相同之处，二人皆为清朝重臣，在仕途上春风得意，前者"五掌乌台古所无"，三任礼部尚书，官至协办大学士、太子少保；后者为"三朝阁老，九省疆臣"，官至体仁阁大学士，晋加太傅衔。在学术上，二人同样被尊为学界领袖、一代文宗，各领一时之风骚，就连身后亦皆谥号"文达"。再次，是纪氏在三人中，颇有些"纽带"的作用。纪昀在外放任福建学政期间，认识了黄任。黄任在临终之前，把"十砚轩"中珍藏的最后一方砚寄赠了纪昀。而阮元"以科名出公（纪昀）门生门下，初入都，公见元所撰书，称许之。自入词馆，闻公议论益详"（阮元《纪文达公遗集序》）。可见，纪昀是把黄任、阮元"串联"起来的一个"中间节点人物"。合三人之砚事为一书，自有其意味。

对于玩砚，纪昀、阮元因喜而爱，而黄任则因爱而痴。纪、阮身为朝廷重臣，相较于黄任而言，玩砚自然"理智"得多。

而纪、阮之间又有不同。纪氏一生绝大部分时间为京官，长期笼罩在皇帝的眼皮底下，加上其所处的时代，是"文字狱"最为惨烈的乾隆朝，使其不得不慎微世故，有一种"浮沉宦海如鸥鸟"之感，或者只有躲在书斋里品砚的时候，身心才可以得到真正的放松。而阮氏一生大部分时间为封疆大吏，"山高皇帝远"，且其作为重臣主要在嘉道时期，比纪氏无疑潇洒得多，砚对他来说，更多了一些赏玩的乐趣。阮元爱砚，但更爱金石，一生醉心于对金石学的研究。正因如此，砚台又常常成了他研究金石的载体，爱得"别有用心"，那些"碑砚"就是例证。阮元兴趣广泛，对某种雅玩的关注，常与为官地之物产相联系：总督两广时，对端石及茶坑石喜爱有加，极力推广恩平茶坑石；赴云贵总督任后，又爱上了云南大理石，时以之赠送友人，并编成《石画记》五卷。砚只是阮元众多"玩器"之一而已。

黄任亦曾迷金石，家中所藏原本甚丰，其《八十生日漫成长句十首，自感自嘲不知工拙也》诗中有注云："古梅（谢道承）二梅亭、予家十研轩各贮汉隶唐碑百十本，每日持挈相过从，考订题识。""后两人各宦游南北，升沉聚散，垂二十年，两家所藏金石皆云散烟销，无有完本。"不过，黄任更喜欢的是端砚。对黄任来说，砚是其人生的重要组成部分，当屡摈礼部、流寓姑苏之时，玩砚（尤其是"顾二娘砚"）是其最大的精神寄托；当在四会、高要为官之时，砚见证了他一生中短暂的"得意时光"，且砚痴恰到砚乡为官，本身就是一种"天意"的体现；当晚年困顿之时，不得不"忍痛割爱"，砚救济了他的生活。黄任常常把对亲人之爱、朋友之情，都托付在砚台之中。一方《生春红砚》，寄托了其对亡妻的几多哀思、几许深情！

黄任玩砚，玩得专一、"痴情"，以致"衣带渐宽终不悔，为伊消得人憔悴"。正如纪昀《题黄莘田砚》诗所云："诗人藏十砚，憔悴卧蓬庐。"而纪昀玩砚，是一种"寄情"，是在宦海风浪中的"自我放松"；阮元玩砚，则是一种与众不同的"别情"，玩得最为随心所欲、轻松写意。

纪昀所蓄之砚，主要得自同僚、门人的赠送，这对于玩砚的"主动性"，毕竟受限。而黄任和阮元玩砚的"主动性"，则大得多。黄任在入粤前，专程到苏州请顾二娘制砚；在兼摄高要期间，干脆把家乡的名手董汉禹和杨洞一请到署斋，专事制砚。而阮元在任两广总督期间，除端石外，还购置了大量茶坑石，一来用以摹刻自己喜欢的古代名碑，制作碑刻砚；一来制作了不少观赏性强的山水砚。

三人玩砚的"口味"，各有侧重。黄任喜新端砚，重石品，讲究做工；所得古砚，如不合鉴赏，则重新改制。阮元出于对金石之好，喜欢收藏古砖瓦砚；对新砚不过于强调石质石品，而重其观赏性，喜欢利用石皮巧雕的山水砚。纪昀与阮氏正好相反，自谓"平生雅不信古物"，质疑"铜雀台址颓无遗，何乃剩瓦多如斯"（《铜雀瓦砚歌》句）；又对砚的雅俗十分挑剔，厌恶刻鸟镂花，对那些繁俗的雕饰及赝铭，必磨去重制而后快。其对砚之新与古并不特别关注，倒是对新石、旧石在材质上的差别极有讲究。阮元的山水砚，估计难入黄任"法眼"，更有可能会被纪昀视为"俗物"。

砚史上，黄任的贡献，在于对顾二娘、董汉禹、杨洞一等制砚家及其"砚风"的推介，在于对品砚题砚风气的推动，从而在闽地乃至整个清初文人玩砚圈中产生了广泛的影响，应和追随者广。纪昀的贡献，在于对当时官场玩砚之风的推波助澜，在于其《阅微草堂砚谱》为后世提供了难得的"实物（拓片）"文献，对品砚之道和砚铭创作均具借鉴意义。阮元的贡献，在于那些碑刻砚对于古代名碑的"保存"，在于对茶坑砚的"正名"和大力推广。乾隆帝以得到几方"十研轩砚"而沾沾自喜；纪昀、阮元以得到乾隆帝赏赐御砚而备感荣幸。

比较三人砚铭，黄任为"才子铭"，文学性强；纪昀为"学者铭"，文史性强；阮元为"士大夫铭"，哲理性强，如同箴言，亦有部分纯状物者，则颇具文学色彩。黄任铭砚，多镌印章，间或数章并用；纪昀铭砚，几不用章；阮元铭砚，有时用章，有时不用章。

在写作本书的过程中，虽然查阅了大量文献资料，但由于其中与砚相关的资料有限，即使名头大如纪昀、阮元者，有关其砚事的记述亦甚少见于著录，故写作起来颇受掣肘。至于黄任，由于其只做过几年"七品芝麻官"，文献对他的记录更少，写作难度更大。为便于后来人对黄任作更深入的研究，笔者专门为其编写了年谱。年谱始编于2010年，基本成于2012年，后又断断续续有所补充。2013年8月下旬，笔者收到了北京首都图书馆倪晓建馆长寄来的《黄任集（外四种）》复印件，是书由福建省文史研究馆整理，陈名实、黄曦点校，内附连天雄、郭云所编《黄任年表》；2013年10月中旬，又在《知网空间》上搜索到了廖虹虹发表在《励耘学刊（文学卷）》2009年第1期的《黄任行年考略》。三者对比研究，取长补短，作了个别改动。在此，对二谱的作者表示衷心感谢！相较于二谱，拙谱的编写重在"砚事"，突出以"砚事"为主线；同时，在黄任部分行迹及诗作的年份考证上，亦颇别于二谱。

拙作之成书，得力于各地图书馆及各界朋友相助甚多。国家图书馆、首都图书馆、广东省立中山图书馆、肇庆图书馆、端州图书馆及倪晓建、王惠君、张得一、吴笠谷先生，范雪梅、赵粤茹女士等提供了诸多有价值的文献资料；张得一先生还为本书及各章专门刻制了印章；黄海涛先生为本书的撰写给予了许多鼓励；陈大同、李护暖、骆礼刚老师及潘建华先生为本书作校对并提出了中肯的修改意见。彩星广告公司戴奇峰、何志彬先生为本书的编辑设计做了大量工作；张爱玲女士为本书的出版付出了辛勤劳动。在此，一并表示感谢。

是书之不足，在所难免，尚望读者诸君不吝赐教。

欧忠荣

2014年12月31日于端州